DOCUMENTS

POUR SERVIR A L'ÉTUDE DU

NORD OUEST AFRICAIN

RÉUNIS ET RÉDIGÉS PAR ORDRE DE

M. Jules CAMBON

Gouverneur général de l'Algérie,

PAR

H.-M.-P. DE LA MARTINIÈRE,	N. LACROIX,
Directeur du Cabinet au service des affaires indigènes du Gouvernement général de l'Algérie.	Capitaine d'infanterie hors cadre, Chef de bureau arabe détaché au service des affaires indigènes du Gouvernement général de l'Algérie.

GOUVERNEMENT GÉNÉRAL DE L'ALGÉRIE

SERVICE DES AFFAIRES INDIGÈNES

M DCCC XCIV

DOCUMENTS
pour servir à l'étude du
NORD-OUEST AFRICAIN

Tome I.

RÉGIONS LIMITROPHES DE LA FRONTIÈRE ALGÉRIENNE.
LE RIF. — LES DJEBALA.

Réserve

Tiré a 200 exemplaires numérotés.

N° 113.

DOCUMENTS

POUR SERVIR A L'ÉTUDE DU

NORD OUEST AFRICAIN

RÉUNIS ET RÉDIGÉS PAR ORDRE DE

Mr Jules CAMBON

Gouverneur général de l'Algérie,

PAR

H.-M.-P. DE LA MARTINIÈRE,	N. LACROIX,
Directeur du Cabinet au service des affaires indigènes du Gouvernement général de l'Algérie.	Capitaine d'infanterie hors cadre, Chef de bureau arabe détaché au service des affaires indigènes du Gouvernement général de l'Algérie.

GOUVERNEMENT GÉNÉRAL DE L'ALGÉRIE
SERVICE DES AFFAIRES INDIGÈNES

M DCCC XCIV

AVERTISSEMENT

Lorsque l'expédition de 1830 quitta Toulon pour conquérir Alger, sous la conduite de l'amiral Duperré et du général de Bourmont, tous les détails des opérations avaient été mûrement étudiés et le succès fut, pour la plus grande part, dû aux soins qu'on avait mis à le préparer.

On fit choix de la presqu'île de Sidi Ferruch, comme point de débarquement; on en avait trouvé l'indication dans les travaux du capitaine de vaisseau Boutin, qui remontaient à 1807. Cet officier, chargé par Napoléon d'explorer le littoral des États barbaresques, avait tracé jusqu'à l'itinéraire que nos troupes devaient suivre pour marcher de Sidi Ferruch sur Alger.

Ainsi la France recueillait, après vingt-trois années écoulées, le fruit de la prévoyance de l'Empereur.

C'est là un exemple de ce que peut, pour le succès des

grandes entreprises, l'étude intelligente des archives. Or, nous avons aujourd'hui, épars dans les cartons de divers services publics, mille renseignements, le plus souvent inconnus, et qui, rassemblés, comparés, mis en œuvre, pouvaient fournir des indications précieuses, et constituer, par leur réunion même, l'ensemble de documents le plus précieux à consulter, sur toutes les questions qui intéressent notre domination dans le nord de l'Afrique. Il était donc utile de les rechercher, de les compléter et de les coordonner. Le Gouverneur général de l'Algérie l'a pensé et c'est de là qu'est né ce travail dont le premier volume concerne l'ouest de l'Algérie et une partie du Maroc.

Nos populations indigènes sont en rapports constants avec celles de l'Empire Chérifien, une frontière indécise les sépare, aussi l'enchevêtrement des territoires de parcours, et des habitudes séculaires de déprédation y sont-elles une cause permanente d'hostilités, qui aboutissent parfois à des conflits sanglants. Nos officiers, qui ont mission de maintenir l'ordre dans ces régions, doivent être mis à même de connaître les traditions et la force des tribus qu'ils ont devant eux, non moins que la nature du pays qu'elles habitent.

D'un autre côté, l'Empire Chérifien est, depuis trop longtemps, le théâtre de troubles profonds, l'autorité du Sultan y est trop peu respectée, la situation géographique du Maroc entre l'Atlantique et la Méditerranée est trop importante, pour qu'il ne soit pas indispensable à tous les hommes qui s'occupent de nos affaires du dehors, de bien *connaître un pays, dont les destinées à venir préoccupent à juste titre notre diplomatie. Nous avons trop de points de contact avec lui pour qu'il nous soit possible de nous en désintéresser.*

Au reste, c'est à des explorateurs et à des savants français que sont dues la plupart des notions que l'on possède actuellement sur le Maroc. Car depuis l'époque déjà lointaine où Henri Barth était, en 1845, obligé de renoncer à dépasser la petite ville de Larache, peu d'Européens, hormis nos compatriotes, se sont écartés dans l'Empire Chérifien des sentiers battus. Aussi bien les levers hydrographiques des ingénieurs de la Marine française ont permis de dresser la carte côtière du Rif reproduite depuis par les Amirautés étrangères, les savantes recherches de Tissot sur la Maurétanie Tingitane, nous ont légué comme un monument impérissable les premières notions de géographie comparée observées sur le terrain de cette province peu connue de l'Empire Romain. M. de Foucauld, dans des reconnaissances hardies, a tracé des itinéraires d'une extrême valeur. Enfin les études consciencieuses d'Henri Duveyrier, en grande partie inédites, ainsi que les missions scientifiques de M. de La Martinière, nous ont fait pénétrer plus complètement dans le Maghreb.

Les itinéraires de notre mission militaire auprès du Sultan n'ont pas été une source moins précieuse d'informations. — D'autre part, les rapports des officiers des Affaires indigènes, et les documents qui se trouvent au ministère de la Guerre et au Gouvernement général de l'Algérie ont été mis à contribution et on a eu soin d'en indiquer chaque fois l'origine et la mention du nom des auteurs.

Le Gouverneur général a confié ce travail à M. de La Martinière, directeur de son cabinet, et à M. le capitaine Lacroix, du service des affaires indigènes, qui a longtemps servi dans la province d'Oran. Des cartes et des croquis topographiques, dressés et dessinés par le service géographique du Gouvernement général, faciliteront la lecture du texte.

L'ouvrage comprendra plusieurs volumes.

Le premier traite des régions qui bordent la frontière entre l'Algérie et le Maroc, jusqu'au point où elle a été délimitée, c'est-à-dire jusqu'à Teniet Es Sassi, ainsi que de celles qui forment le nord de l'Empire Chérifien.

Dans le deuxième seront décrits les pays situés au sud de Teniet Es Sassi et ces Oasis de l'extrême sud qui n'appartiennent pas au Maroc et qui dépendent géographiquement de l'Algérie, le Gourara, le Touat et le Tidikelt.

Le royaume de Fez, puis ceux de Merakech et de Sous, et l'ensemble de la région marocaine termineront cette étude.

Il peut être utile de donner ici quelques indications plus précises sur les matières qui sont traitées dans le présent volume.

Tout d'abord, on a cherché à faire une description générale de la frontière, telle que le traité de 1845 l'a dessinée, et on l'a fait précéder d'un résumé historique, qui remonte jusqu'aux temps antiques et jusqu'à l'époque de la domination turque. La tradition joue un grand rôle chez les musulmans, et nous l'invoquons souvent dans les difficultés quotidiennes qui sont nées de ce traité de Lalla Mar'nia.

Les tribus qui peuplent ces régions ont été étudiées; leurs terrains d'habitat et de parcours décrits; leurs groupements déterminés avec autant d'exactitude que possible, ainsi que les forces dont elles disposent au moyen de documents statistiques, souvent inédits.

Les difficultés de ce travail ont été de plus en plus grandes à mesure qu'il s'étendait à des régions plus éloignées de la frontière. Pour le Garet et le Rif, les informations mises en œuvre proviennent d'une source moins autorisée que les premières, et le plus souvent indigènes; elles n'en ont pas moins une réelle valeur et constituent toutes nos connaissances sur une des parties les moins connues de l'Afrique. Quant au Rif en particulier, on s'est attaché, dans un résumé historique, à montrer la nature des liens qui unissent à la Cour de Fez, ses populations Kabyles toujours prêtes à la sédition.

Des renseignements précieux ont été également recueillis sur les populations berbères de même race que les tribus du Rif et dont le territoire entoure comme une ceinture cette dernière région. Elles ne présentent pas les mêmes caractères politiques. Connues du Makhzen marocain sous l'appellation de Djebala ou montagnards, ces tribus d'un effectif considérable, bien armées et peu soumises au Gouvernement, sont appelées à jouer un rôle considé-

rable dans l'histoire du pays. Leurs territoires bordent les provinces de Tanger et de Tétouan et commandent en partie la route de Fez à Oudjda.

Il n'a pas semblé moins utile de traiter en détail le rôle des confréries. Ces associations religieuses exercent une grande influence dans les pays soumis à l'Islam. Elles se partagent le Maroc et quelques-unes ont de nombreux zélateurs dans les territoires soumis à notre domination. Parmi elles, il en est une dont la domination religieuse est presque incontestée dans le nord de l'Empire Chérifien et dans la plus grande partie de la province d'Oran, celle de l'ordre de Moulai Taïeb. Le chef de cette famille, Moulai Abd Es Selam, était notre protégé: son fils Moulai El Arbi continue cette tradition et a donné personnellement au Gouverneur de l'Algérie des gages de sa fidélité, lorsqu'il prenait possession, en 1893, de la succession de son père. L'importance des avantages que peut avoir pour nous la protection de l'ordre de Moulai Taïeb ne semble pas avoir toujours été bien comprise. Cependant, pour qui connaît l'étendue réelle du prestige des chérifs d'Ouazzan, il y a là un moyen d'action et une source d'informations également incomparables. Il existe entre le Makhzen et les familles religieuses, une sorte de rivalité secrète, et c'est ainsi que par une contradiction qui n'est qu'apparente, certaines influences traditionnelles ne nous sont pas hostiles.

Ce volume présente également une description succincte des présides ou places de guerre que l'Espagne entretient sur la côte du Rif. Ces établissements nous intéressent par la répercussion qu'ont sur les choses du Maroc et sur nos propres affaires, les incidents provoqués par les relations de leurs garnisons avec les populations qui les environnent.

On trouvera aussi dans cette première partie plusieurs itinéraires dont quelques-uns sont inédits. Ils pourront aider à combler les lacunes des cartes. On a donné un certain développement à la description topographique de la route qui unissait la ville de Fez à celle de Oudjda, route naturelle autrefois très suivie. Enfin la série des étapes de Tetouan à notre frontière, à la hauteur de la ville de Nedroma, le long de la côte du Rif, que l'on trouvera dans le même chapitre, nous a été donnée par des agents indigènes éprouvés. Leur importance géographique n'échappera à personne.

Tel est l'ensemble des études qui font l'objet de ce premier volume et qui, résumant nos connaissances sur une partie du Maroc septentrional, font ressortir les nécessités traditionnelles qui ont imposé une même politique aux différents maîtres des États barbaresques.

On ne sait ce qu'il faut le plus admirer dans l'histoire coloniale de l'Angleterre, de la persévérance qu'elle a mise à étendre et à consolider son empire ou du choix judicieux qu'elle semble avoir fait, depuis près de deux siècles, des points où elle devait s'établir. Il ne semble pas que nous ayons apporté dans nos efforts, la même continuité de vues ni le même esprit de méthode, et c'est pourquoi il y a lieu de faire un peu plus de *lumière sur toutes les questions où nous pouvons être engagés dans l'avenir.*

Le rôle que la conquête de l'Algérie avait donné à la France en Afrique était considérable. Les événements de ces dernières années l'ont encore grandi. L'Algérie n'est plus seulement une bande de territoire qui s'étend le long de la Méditerranée entre la Tunisie et le Maroc : elle détermine au nord, avec le Soudan et le Sénégal au sud, la part qui nous a été attribuée comme zone d'influence en Afrique, et il importe que nous ne laissions porter aucune atteinte aux droits qui nous ont été reconnus. La France a montré jadis une grande modération, après que sa flotte eut planté son pavillon dans l'île de Mogador, et son armée triomphé à Isly, mais elle ne saurait se montrer oublieuse de pareils souvenirs.

Cette publication n'est pas destinée au public, mais uniquement à nos représentants au dehors, à nos agents administratifs et à nos officiers des Affaires indigènes [1].

[1] Les renseignements contenus dans ce volume ont été mis à jour jusqu'au mois de Juin 1894, époque de la mort du Sultan Moulaï el Hassan.

OBSERVATIONS

Dans le cours de cet ouvrage, on a adopté comme règle de transcription française des noms arabes, celle qui a paru le plus se rapprocher de l'usage et de la prononciation phonétique. Afin de simplifier, on a évité de transcrire en français les pluriels sous leur forme arabe, ainsi, au lieu d'écrire au pluriel Cheurfa, Kiad, Mokadmine, on a préféré Cherifs, Kaïds ou caïds, Mokaddems. Pour ce qui concerne l'équivalence du ع on s'est arrêté au r' généralement usité. Quoi qu'il en soit, on a dû laisser subsister l'orthographe adoptée gh, rh, g, dans les reproductions de certains documents cartographiques.

H. M. et N. L.

ABRÉVIATIONS

H. D. : Henri Duveyrier.
H. M. : H. de La Martinière.
Cap. de B. : Capitaine de Breuille.

PREMIÈRE PARTIE

Étude descriptive de la région comprise entre l'embouchure de l'Oued Kiss et le Teniet es Sassi. — Régions et tribus à l'est de la Moulouïa. — Résumé de nos connaissances historiques et géographiques sur le Garet. — Le Rif. — Les Présides espagnols. — Les Djebala du Maroc. — Itinéraires de la frontière oranaise vers le Maroc.

DOCUMENTS

POUR SERVIR A L'ÉTUDE DU

NORD OUEST AFRICAIN

CHAPITRE PREMIER.

Étude historique et descriptive de la frontière entre l'Algérie et le Maroc.

La France, en prenant pied dans l'Afrique du Nord et en se substituant aux Turcs de l'Odjak d'Alger, avait hérité de leurs droits. Elle n'allait par tarder à être obligée de les soutenir vis-à-vis de son nouveau voisin, l'Empire du Maroc. C'est l'étude des événements qui en sont résultés et de leurs conséquences, au point de vue de la limite entre les deux états, que nous abordons ici.

Mais il paraît nécessaire, au préalable, de passer rapidement en revue les traditions historiques se rapportant à cette frontière. Nous pourrons ensuite examiner, en toute connaissance de cause, dans quelle mesure ces traditions ont été respectées dans le traité de délimitation du 18 mars 1845.

Nous nous attacherons enfin à ne traiter dans ce chapitre que de la frontière délimitée par cette convention, depuis la mer jusqu'au Teniet es Sassi. Ce n'est qu'incidemment que nous parlerons de nos relations avec le Maroc au Sud du Teniet es Sassi[1]. L'examen de la question de frontière dans le Sud-Ouest algérien sera repris dans le second volume.

Enfin, en terminant, nous dirons quelques mots des difficultés que les erreurs matérielles de cette convention ont fait surgir, ainsi que des incidents de toute nature auxquels elle a pu donner lieu.

Les documents antiques qui nous sont parvenus s'accordent à donner un grand cours d'eau comme limite aux deux Maurétanies. Au témoignage de Salluste, le fleuve Mulucha séparait le royaume de Bocchus de celui de Jugurtha[2]. Une indication similaire nous est transmise par Pomponius Méla[3] et par Pline[4]. D'autre part, Ptolémée[5] donne le nom de Μαλούα au cours d'eau qui formait la limite entre la Maurétanie Tingitane et la Maurétanie Césarienne, et c'est encore cette même Malva que « *l'Itinéraire d'Antonin* »[6]

---

[1] Au-dessous de ce point, aucune ligne de démarcation n'a été fixée par le traité de 1845.

[2] Bell. Jugurtha, XCVII « flumen Muluchæ quod Jugurthæ Bocchique regnum disjungebat. »

[3] 1. 5. « Mulucha amnis, nunc gentium, olim regnorum quoque terminus Bocchi Jugurthæque. »

[4] V. I (II), 19. « Amnis Muluchæ, Bocchi Massæsylorumque finis. »

[5] IV. I.

[6] Malva flumen dirimit Mauretanias duas.

attribue comme frontière aux deux provinces. Quant à Strabon, il appelle Molochath ce même fleuve qui marquait la séparation des Maurusii d'avec les Massæsylii[1]. Ce fleuve c'est la Moulouïa qui, sous les Turcs, avait séparé le Maroc de la Régence d'Alger, comme elle avait séparé au moyen-âge le royaume de Fez de celui de Tlemcen[2] ou, pour emprunter les expressions plus générales dont se sert Ibn Khaldoun, le Maghreb el Oust[3], équivalent de la Maurétanie Césarienne, du Maghreb el Aksa[4], qui représente la Tingitane. Il y a là, on le voit, une sorte de tradition ininterrompue à propos d'une limite qu'indiquait la force des choses et qui fut consacrée à toutes les époques. Cette limite n'a donc pas plus varié[5] dans l'antiquité qu'au moyen-âge arabe ou berbère et qu'à l'époque moderne.

[1] XVII. III, 6.

[2] Léon l'Africain dit (p. 253) : Le royaume de Tlemcen (Algérie » occidentale) de la partie du Ponant se termine au fleuve Za et à » celui de Maluïa (Moulouïa). » En citant ce passage, A. Berbrugger (*Rev. Afric.*, 4ᵉ vol., p. 414) ajoute : « Il n'est pas un auteur de » quelque poids en géographie africaine qui ne reproduise cette déli-» mitation. »

[3] Maghreb central.

[4] Maghreb extrême. On trouve assez souvent dans les auteurs arabes le terme Maghreb employé seul pour désigner le Maghreb el Aksa. Cette dénomination semble se généraliser aujourd'hui.

[5] Certaines dissemblances entre les textes de Pline et de Ptolémée ont pu faire considérer la Malva ou Malvana et la Mulucha ou Molochath comme deux cours d'eau distincts ; mais, ainsi que l'a nettement établi Tissot, d'après la place que chacun de ces auteurs attribue au fleuve, on ne doit accueillir qu'avec une extrême circonspection les données contradictoires de ces auteurs, et par le témoignage de Pline

Aussi bien, Ibn Khaldoun, qui vivait au XIVᵉ siècle, donne les mêmes limites au Maghreb el Aksa. Il écrit à ce propos[1] : « Le Maghreb el Aksa est borné à l'est
» par la Moulouïa ; il s'étend jusqu'à Asfi, port de la
» mer Environnante (l'Océan) et se termine par les
» montagnes de Deren[2] . . . .

» La Moulouïa, une des limites du Maghreb el Aksa,
» est un grand fleuve qui prend sa source dans les
» montagnes au midi de Taza et va se jeter dans la mer
» Romaine[3], auprès de R'assassa . . . . . »

Quant au Maghreb el Oust, il en parle en ces termes[4] :
« Le Maghreb central, dont la majeure partie est main-
» tenant habitée par les Zenata, avait appartenu aux
» Magraoua et aux Beni Ifren. . . . .
» Tlemcen en est maintenant la capitale et le siège de
» l'empire. »

La suite des événements qui se sont produits dans l'Afrique septentrionale, après la conquête arabe, ne peut que confirmer les traditions que nous venons de rapporter. L'étude de l'histoire permet, en outre, de

lui-même nous savons que la rivière qui formait les limites des anciens royaumes de Bocchus et de Jugurtha servait encore, de son temps, de frontière aux deux Maurétanies.

[1] *Histoire des Berbères*. Traduction de Slane. Tome I, p. 194 et suiv.

[2] La plupart des géographes arabes, comme ici Ibn Khaldoun, comme plus tard Léon l'Africain, ont commis l'erreur de considérer la côte occidentale du Maroc comme s'étendant de l'est à l'ouest.

[3] La Méditerranée.

[4] Tome I, page 196.

constater les tendances constantes des souverains du Maghreb el Aksa à s'étendre vers l'orient[1]. Car, dans leur capitale de Fez, ils ne se trouvaient pas suffisam-

[1] Nous résumerons ici, aussi brièvement que possible, la suite des événements historiques qui se sont déroulés, après la conquête arabe, dans la région de la frontière actuelle du Maroc et de l'Algérie.

Il nous paraît inutile de remonter au-delà du Xe siècle ; les faits antérieurs, qui ont pu se produire dans cette contrée, se confondant avec l'histoire générale de l'Afrique septentrionale, sont sans intérêt pour l'étude que nous poursuivons ici.

Lorsque, en 991, le Zénète Ziri ben Atia, chef des Magraoua, eut été investi par les Khalifes oméïades d'Espagne, du commandement des deux Maghreb, il dut d'abord faire la conquête du Maghreb el Oust, alors gouverné par Abou el Behar, oncle d'El Mansour, le prince Ziride qui régnait à Kairouan. Devenu maître de Tlemcen, Ziri résolut de s'installer au centre du pays qu'il avait à administrer en abandonnant Fez où, comme il le savait par expérience, il ne pouvait trouver un refuge suffisamment assuré en cas d'attaque. C'est dans ce but qu'il fonda, en 994, un peu à l'est de l'oued Isly, la ville d'Oudjda, où il s'établit avec sa famille et ses richesses. La forte position qu'il avait choisie, située à proximité des montagnes, pouvait lui servir d'abri en cas de revers. Mais ce qu'il n'avait pas prévu, et ce que la suite des siècles démontra, c'est que la nouvelle cité, placée sur la route de Tlemcen à Fez, devait nécessairement subir le premier choc toutes les fois que l'esprit de conquête des sultans du Maghreb el Aksa les amènerait à entrer en lutte avec les souverains de Tlemcen, maîtres du pays jusqu'à la Moulouïa (*).

C'est ainsi qu'environ un siècle plus tard, en 1084, l'almoravide Ioussof ben Tachefine, après s'être emparé de Tanger et avoir réduit les régions maritimes du Maghreb el Aksa, franchit la Moulouïa et

(*) « Dès lors, dit Ibn Khaldoun (t. 3, p. 243), Oudjda forma le boulevard de » la frontière qui sépare le Maghreb central du Maghreb el Aksa. » Le géographe El Bekri, qui écrivait vers l'an 1068 de notre ère, dit que, de son temps, la ville d'Oudjda comprenait deux cités bien distinctes dont l'une était de fondation récente : « Oudjda, écrit-il, se compose de deux villes ceintes de murailles, dont » une fut bâtie postérieurement à l'an 440 (1048-49 de notre ère) par Iala, fils » de Bologguin, de la tribu des Ourtaguin (Ourtedjin). »

ment à l'abri des invasions venant de l'est, invasions qui, pour les atteindre, n'avaient qu'à suivre la trouée

vient soumettre les populations belliqueuses des Beni Snassen ; puis il occupe Oudjda. De là, se portant sur Tlemcen, il s'en empare et fait massacrer les derniers débris des Magraoua et des Beni Ifrene (Zenata) qui s'y étaient réfugiés.

Deux siècles plus tard, Iar'moracène ben Zian, chef des Abdelouad, qui gouvernait à Tlemcen pour les Almohades, se déclare indépendant et fonde une dynastie nouvelle, celle des Beni Zian. Le khalife almohade Abou el Hassen Ali es Saïd, embarrassé par la lutte engagée avec les Beni Merin, est contraint d'ajourner sa vengeance. Ce n'est qu'en 1248 que, libre de ses actions par la défaite et la soumission des Mérinides, il peut marcher sur Tlemcen. Iar'moracène, ne se trouvant pas suffisamment en force pour résister dans sa capitale, l'abandonne et va se renfermer avec ses meilleures troupes dans la citadelle de Tamzezdekt, position fortifiée au milieu des montagnes voisines d'Oudjda (*).

Le khalife Es Saïd vient y assiéger Iar'moracène, mais à la première affaire le souverain almohade est tué et son armée se débande.

Profitant de cette défaite, les Mérinides reprennent aussitôt les armes et les Almohades, incapables de leur résister, implorent l'assistance de Iar'moracène. A cette nouvelle, l'émir mérinide Abou Iahia marche sur Tlemcen ; il atteint les forces des Abdelouad sur l'oued Isly, près d'Oudjda, (là où six siècles plus tard nous devions remporter une éclatante victoire sur les Marocains) et les met en complète déroute (1250).

Vingt ans plus tard, en 1271, le Sultan mérinide Abou Ioussof

---

(*) C'était, d'après Ibn Khaldoun (t. III, p. 405), une ancienne forteresse que les Beni Zian « possédaient dans la montagne qui s'élève au midi d'Oudjda et » dont ils se servaient avant d'avoir fondé leur royaume. » Léon l'Africain (t. I, p. 586) ajoute que ce château, placé au haut d'un rocher, sur les confins du territoire de Tlemcen et du désert d'Angad, appartenait aux souverains de Tlemcen qui s'en servaient pour barrer le passage aux invasions venant de Fez. Marmol (édit. de 1573, t. II, f° 172 v°) complète ces renseignements en disant que les Turcs avaient occupé et fortifié cette place, qu'ils l'avaient garnie d'artillerie et qu'ils y entretenaient une garnison. Ibn Khaldoun écrit Tamzezget, Léon l'Africain et Marmol, Tenzegzet.

bien marquée et relativement facile qui unit cette capitale à Lalla Mar'nia.

Iakoub ben Abd el Hak, débarrassé des Almohade, songe à tirer vengeance de la diversion qu'avait opérée Iar'moracène dans le Maghreb el Aksa pendant qu'il assiégeait Merakech. Réunissant de nombreux contingents, il marche de nouveau vers l'est. Le choc des deux armées eut lieu encore une fois sur le champ de bataille d'Isly. Iar'moracène fut complètement battu, et le souverain mérinide, s'emparant d'Oudjda, la détruisit de fond en comble ; puis, dévastant tout sur son passage, il vint assiéger Tlemcen (mai 1272). Mais devant la sérieuse résistance que lui opposa Iar'moracène, il dut lever le siège de cette place et rentrer à Fez.

En 1281, Abou Ioussof, rentrant en campagne, atteignait Iar'moracène à Kharzouza, sur la Tafna, au nord-est de Tlemcen. Cette fois encore les Abdelouad furent vaincus ; mais Abou Ioussof, n'ayant pu encore réduire Tlemcen, se retira après avoir toutefois ravagé la contrée.

En mai 1290, le nouveau sultan mérinide Abou Iakoub Ioussof, fils du précédent, reprenant les hostilités, marchait directement sur Tlemcen. Mais, après un siège de 40 jours, désespérant d'enlever cette place, il regagnait l'ouest non sans avoir dévasté les territoires voisins.

Il reparaissait au-delà de la Moulouïa, en 1295, ne s'avançant cette fois que jusqu'à Taourirt, sur l'oued Za, où se trouvait un petit poste frontière occupé alors moitié par les Mérinides, moitié par les Abdelouad. En ayant chassé ces derniers, il se borna à augmenter les fortifications de ce poste, sans pousser plus loin ses armes.

L'année d'après (1296), il s'emparait d'Oudjda et en rasait les fortifications, mais échouait dans sa tentative sur Nedroma. (Cette ville ne fut prise par les Mérinides qu'en 1298.)

Enfin, en 1297, Abou Iakoub se décidait à mettre le siège devant Tlemcen même. Mais, après trois mois de lutte, n'ayant pu s'en rendre maître, il se retirait, laissant une garnison à Oudjda dont il venait de relever les murailles et où il avait fait construire la Kasba, ainsi qu'une mosquée et une habitation pour lui-même.

En mai 1299, Abou Iakoub reparaît sous les murs de Tlemcen. Bien décidé cette fois à s'en emparer, il commence un siège en règle

Le premier fait important que l'on relève dans les traditions historiques est la fondation (994) d'Oudjda,

et débute par faire construire autour de la place un mur de circonvallation ; puis, non loin de là, il s'installe lui-même au milieu d'une vaste enceinte qu'il fait édifier et qui embrasse une véritable ville : il l'appelle Mansoura (la Victorieuse). Pendant huit ans, les Abdelouad résistent aux attaques du Sultan mérinide ; enfin réduits aux dernières extrémités, ils songeaient à se rendre, quand la mort d'Abou Iakoub vint les délivrer (13 mai 1307). Son petit-fils, Amer Abou Thabet, prévoyant les compétitions que cette mort allait faire surgir, traita avec l'émir Abou Zian, successeur de Othman ben Iar'moracène, mort en 1304, pendant le siège.

Les Mérinides se retirèrent, abandonnant toutes les conquêtes qu'ils avaient faites sur les Beni Zian et leur restituant toutes leurs places.

La paix ne dura guère : en 1314, le Sultan Abou Saïd Othman, reprenant les projets de ses prédécesseurs, franchit la Moulouïa et vient assiéger Oudjda. N'ayant pu réduire cette place, il ravage le pays aux alentours et se porte sur Tlemcen avec l'intention de l'investir. Mais la crainte d'une révolte dans ses états le contraint bientôt à lever son camp et à battre précipitamment en retraite.

Ce ne fut qu'en 1335 que le Sultan Abou el Hassen, fils d'Abou Saïd, put recommencer les hostilités contre les Beni Zian, alors commandés par Abou Tachefine. Pendant que des détachements de troupes mérinides s'emparaient d'Oudjda et de Nedroma, Abou el Hassen lui-même investissait Tlemcen. La ville résista deux ans : le 1er mai 1337, elle fut enlevée d'assaut. Abou Tachefine fut mis à mort par le vainqueur et tout le Maghreb el Oust tomba au pouvoir des Mérinides.

Cette situation se prolongea pendant douze ans. En 1347, Abou Saïd Othman, descendant de Iar'moracène, profitant des dissensions qui divisaient l'empire mérinide, relève le trône des Beni Zian. Il rentre à Tlemcen presque sans coup férir, et Abou Thabet, son frère, qu'il met à la tête des forces des Abdelouad reconstituées, achève de reconquérir les états de ses ancêtres, en battant successivement En Nacer, fils d'Abou El Hassen (1349), et Abou el Hassen lui-même (1350).

Dès 1352, le nouveau sultan mérinide Abou Eïnane reprend les armes contre les Beni Zian. Vainqueur près d'Oudjda (juin), il entre

par Ziri ben Atia, le chef des Magraoua, maître des deux Maghreb pour le compte des Khalifes oméïades

à Tlemcen qu'il trouve abandonnée. Pour la deuxième fois, la dynastie fondée par Iar'moracène est renversée.

Les Mérinides restent maîtres de Tlemcen jusqu'en 1359. A cette époque, un neveu d'Abou Thabet, nommé Abou Hammou, sortant de Tunis où il avait trouvé un refuge, reparaît dans le désert au sud de Tlemcen. Les partisans des Beni Zian accourent à lui ; il a bientôt une armée à la tête de laquelle il rentre à Tlemcen. Les troupes mérinides envoyées pour le combattre sont battues près d'Oudjda et leurs chefs trouvent un refuge dans cette place.

L'année suivante (1360), une nouvelle tentative du sultan mérinide Abou Salem pour reconquérir Tlemcen échoue devant l'habileté d'Abou Hammou. Ce prince, se jugeant trop faible encore pour résister au souverain mérinide, se retire devant lui et lui abandonne sa capitale ; puis, portant la guerre sur la haute Moulouïa, il le contraint à rentrer dans ses états pour les défendre. Cette tactique réussit pleinement et Abou Hammou, reprenant aussitôt le chemin de Tlemcen dégagée, chasse de son territoire tous les contingents que l'envahisseur avait pu y laisser.

En 1370, le mérinide Abd el Aziz, reprenant les projets de ses prédécesseurs sur Tlemcen, marche sur cette ville. Abou Hammou, qui y règne toujours, est abandonné de tous ; il se réfugie dans le désert. C'est la troisième fois que la dynastie des Beni Zian se trouve expulsée du Maghreb el Oust. Cette fois toutes les tentatives d'Abou Hammou, pour reconquérir son trône, restent infructueuses jusqu'à la mort d'Abdelaziz (1372).

A ce moment, le descendant de Iar'moracène, profitant de la faiclesse du jeune Es Saïd, fils et successeur d'Abd el Aziz, sort de sa retraite et rentre à Tlemcen, rappelé par les populations. Bientôt tout le territoire des Beni Zian est reconquis et Abou Hammou songe à se venger des humiliations passées en portant ses armes contre l'empire mérinide. Profitant des dissensions qui le partagent, il vient mettre le siège (1382) devant Taza. Mais la ville résiste à toutes les attaques et craignant une diversion, Abou Hammou se retire.

L'année suivante (1383), le sultan Abou el Abbas, voulant tirer vengeance de cette agression, envahit le Maghreb el Oust. Abou

d'Espagne. Après lui, les souverains de l'ouest, comprenant l'importance de cette place qui ferme l'accès vers

Hammou, abandonnant sa capitale, se réfugie dans l'est de ses états, et Tlemcen est livrée au pillage par le vainqueur.

La chute d'Abou el Abbas vint rendre, pour la quatrième fois, ses états à Abou Hammou. Mais, en 1389, son fils Abou Tachefine parvient à le détrôner avec l'aide des Mérinides et le fait mettre à mort. L'usurpateur meurt lui-même en 1394 et est remplacé par son frère Abou Zian qui se reconnaît vassal de la Cour de Fez.

Depuis ce moment jusqu'en 1411, les émirs de Tlemcen restent tributaires des sultans mérinides. A cette date, Abou Malek s'empare du pouvoir grâce à leur appui, mais, s'affranchissant aussitôt de cette tutelle, il cherche à venger sa dynastie des humiliations constantes qu'elle a eu à subir des souverains de l'Occident et porte la guerre dans le Maghreb el Aksa. (Nous n'avons pas d'autres renseignements historiques sur ce règne ; ils ont été tirés de l'*Imam el Tensi*, p. 111 et suiv.)

Un moment soumis (1428) au Khalife hafside de Tunis, Abou Farès, le royaume de Tlemcen ne tarda pas à reprendre son indépendance et à briller même, un instant, d'un assez vif éclat sous le règne de El Metaoukkel, petit-fils d'Abou Thabet (1461-1475). Mais ces luttes continuelles avaient affaibli cet empire, et, lorsque les Espagnols se furent emparés des principaux ports de la côte, les souverains de Tlemcen n'hésitèrent pas à chercher un appui auprès d'eux en se déclarant vassaux de l'Espagne (1512).

De leur côté, les Mérinides n'étaient plus en état de profiter de la décadence des Abdelouad et de reprendre leurs projets de conquête vers l'est. Affaiblis eux-mêmes par les luttes intestines et les continuelles attaques des chrétiens, ils avaient fort à faire à se maintenir contre les chérifs saadiens qui venaient de surgir dans la vallée de l'oued Drâa et se préparaient à les supplanter, en prenant en main le gouvernement du Maghreb el Aksa.

C'est au milieu de cette anarchie que les Turcs apparurent à Alger. La crainte du chrétien les fit accueillir comme des sauveurs et facilita leur tâche.

Dès 1517, la population de Tlemcen, humiliée du joug subi par ses souverains de la part de l'Espagne, appelle Baba Aroudj à son

Fez en avant de Taza, vont tout faire pour s'en emparer et la garder quand ils l'auront conquise. Mais, comme

aide. Celui-ci accourt et entre en vainqueur dans la place. Mais les atrocités qu'il commet en faisant mettre à mort tous les membres de la famille des Beni Zian qu'il peut saisir et une partie des habitants, provoque un soulèvement contre lui. Les Espagnols accourent d'Oran et Baba Aroudj s'enfuit avec ses contingents turcs avec l'intention de chercher un refuge dans la montagne des Beni Snassen. Atteints bientôt par ceux qui les poursuivent, les fuyards sont massacrés non sans avoir vendu chèrement leur vie (1518).

Ce n'est qu'en 1542 que les Turcs reprennent le chemin de Tlemcen. Hassan pacha, qui les y conduit, place sur le trône d'Iar'moracène, un de ses descendants, Abou Zian Ahmed, et se retire laissant dans la ville une garnison de 400 Turcs. A peine est-il parti que les Espagnols reparaissent, chassent Abou Zian et le remplacent par son frère Abou Abdallah (1543). Le règne de ce dernier fut de courte durée ; car son frère Abou Zian, reprenant l'offensive dès le départ des Espagnols, reconquiert bientôt son trône, rappelé du reste par les vœux de ses anciens sujets.

Vers la même époque, le chérif saadien, Mohammed el Mahdi, qui venait de se substituer à Fez au mérinide Ahmed, était accueilli partout, dans le Maghreb el Aksa, comme un libérateur. Ses succès retentissants firent espérer à la population de Tlemcen qu'il la délivrerait aussi bien du joug abhorré des Espagnols que de celui des Turcs. Elle l'appela à son secours. Répondant à cet appel, le chérif accourt à Tlemcen. Il y arrive le 10 juin 1550 et trouve la ville abandonnée par Abou Zian. Continuant leur marche vers l'Ouest, ses troupes s'avancent jusqu'au Chélif où elles se heurtent à l'armée turque d'Hassan Corso qui les bat. Une nouvelle victoire des Turcs (janvier 1552), sous les murs de Tlemcen, leur livre cette ville qu'ils mettent au pillage. L'armée chérifienne est poursuivie jusqu'à la Moulouïa et les Turcs s'établissent définitivement à Tlemcen.

Mais les Marocains vaincus n'en continuent pas moins leurs incursions constantes sur la rive droite de la Moulouïa. Dès 1553, le nouveau pacha d'Alger, Salah Raïs, irrité de ces continuelles agressions, réunit une armée formidable et marche contre Mohammed el Mahdi, emmenant avec lui un prétendant au trône de Fez, le mérinide

chaque fois qu'ils se retirent, elle retombe presque aussitôt entre les mains des maîtres de Tlemcen, la

Abou Hassoun. Vainqueur deux fois des troupes chérifiennes, il entre à Fez, le 5 janvier 1554, et rend momentanément à Abou Hassoun l'empire du Maghreb el Aksa. (*)

Après le départ des Turcs, Mohammed el Mahdi reconquiert bientôt ses états; puis, voulant profiter des troubles dont Alger était le théâtre, il lance une armée sur Tlemcen, s'empare de la ville et vient échouer contre le Méchouar (citadelle de Tlemcen) où s'était retranchée la garnison turque. Ces attaques constantes du souverain de l'Ouest ne pouvaient qu'exaspérer davantage Hassan pacha; aussi se décida-t-il à se débarrasser de cet adversaire acharné en le faisant assassiner (1557). Puis, profitant du trouble que cette mort devait porter dans l'empire chérifien, il s'avance avec une armée jusqu'à Fez et se fait battre (1558).

Les panégyristes d'Hassan pacha ont passé sous silence ce grave échec, sur lequel nous n'avons que des détails assez vagues.

De 1558 à 1647, c'est-à-dire pendant une période de 89 ans, nous n'avons à noter qu'une expédition des Turcs dans le Maghreb el Aksa, sous prétexte de rendre le trône de Fez à Abou Merouane Abdelmalek.

Son successeur, Abou el Abbas Ahmed, dit el Mansour, porta à son apogée l'empire des chérifs saadiens. Craignant l'issue d'un conflit avec les Turcs, il évita toujours de se mesurer avec eux et porta de préférence ses armes vers le Touat, le Gourara et le Soudan. Ses héritiers se disputèrent sa succession, préparant, par leurs divisions, l'avènement des chérifs filali qui règnent encore au Maroc.

Ce n'est qu'en 1647 que les souverains du Maghreb reprennent leurs projets sur les régions à l'est de la Moulouïa. Cette fois l'attaque ne vient plus de Fez, elle part de Sidjilmassa (Tafilalet), c'est-à-dire de l'extrême sud du Maroc. En effet, depuis quelques années, Moulai

---

(*) A. Berbrugger (Des frontières algériennes. *Revue africaine*, 1860, 4ᵉ vol., p. 414) écrit à propos de ces événements: « En 1553, Salah Raïs, pacha d'Alger, » écrit au roi de Fez qu'il lui demande seulement de ne pas dépasser les mon- » tagnes de la Moulouïa qui sont en face de Melilla et séparent le royaume de » Fez de celui de Tlemcen. Le chérif n'ayant pas tenu compte de cette recom- » mandation, le pacha d'Alger le bat à deux reprises et s'empare de sa capitale. » (Voir Haedo, p. 67, au verso.)

lutte change de face et c'est aux souverains de cette ville qu'ils s'attaquent bientôt, voulant les chasser de

Cherif d'abord, son fils Moulai M'hammed ensuite, les premiers sultans de la dynastie actuelle, s'étaient créé, dans ces régions, un état indépendant. Trop faible encore pour lutter avec avantage contre les marabouts de Dela qui s'étaient installés en maîtres à Fez, Moulai M'hammed chercha d'abord à rehausser sa puissance naissante par l'éclat de la victoire. Tournant ses yeux vers les régions soumises aux Turcs, il se décide à y porter la guerre, sachant que les populations y supportent difficilement le joug de leurs oppresseurs ottomans.

Vers 1647, il pénètre dans la haute Moulouïa et s'avance jusque dans la plaine d'Angad, soumettant successivement les Hallaf (Ahlaf) et les Angad. Puis, avec l'aide de ces derniers, il s'empare d'Oudjda et en chasse les Turcs. Faisant alors de cette place le centre de ses opérations, il se porte « contre les Beni Snassen qui étaient sur le » territoire soumis aux Turcs » (Ettordjemân, traduction Houdas, p. 6) et effectue sur ces populations une razzia des plus fructueuses. Il agit de même avec les Oulad Zekri, les Oulad Ali ben Talha, les Beni Mathar, les Beni Snouss et les Douï Iahia et contraint toutes ces tribus à reconnaître son autorité. Enfin, poussant plus à l'est, il bat et refoule les R'osel et les Beni Amer jusque sous les murs d'Oran et rentre à Oudjda, chargé de dépouilles, après avoir infligé un échec aux Turcs de Tlemcen qui avaient essayé de lui reprendre une partie de son butin.

L'année suivante (1648), sortant d'Oudjda où il a passé l'hiver, Moulai M'hammed parcourt en vainqueur le sud du Maghreb el Oust. Puis, rentrant à Oudjda, il repart aussitôt pour regagner le siège de son empire, Sidjilmassa. Pendant ce temps, le pacha d'Alger organisait une expédition pour rétablir l'autorité turque dans l'ouest de la Régence. Mais les déprédations commises par le chérif avaient tellement appauvri le pays que l'armée turque, après avoir atteint difficilement Tlemcen, dut rentrer à Alger sans avoir obtenu la satisfaction qu'elle cherchait.

Le pacha d'Alger se décida alors à envoyer à Sidjilmassa deux ambassadeurs pour amener Moulai M'hammed à conclure la paix. Après de longs pourparlers, les envoyés turcs durent se contenter de

leur capitale. Aussi le fondateur de la dynastie des Beni Zian à Tlemcen, Iar'moracène ben Zian, consi-

l'engagement que prit le Chérif, par serment, de ne pas franchir la Tafna.

C'est surtout depuis cette époque que les efforts des Marocains ont tendu à se maintenir sur la rive droite de la Moulouïa, malgré la menace constante des Beni Snassen, restés presque toujours fidèles aux Turcs.

Dès 1664, Moulai M'hammed reparaît dans la région ; il vient combattre son frère Moulai Rechid qui a su intéresser à sa cause les Angad et les Beni Snassen ainsi que tous les arabes Makil, s'est fait reconnaître par eux comme sultan et est entré en maître à Oudjda. Les deux frères en viennent aux mains dans la plaine d'Angad et, au début de l'action, Moulai M'hammed est tué.

Quelques années plus tard (1667), Moulai Rechid, maître du Maghreb el Aksa, revient dans la région d'Oudjda et châtie l'insolence des Beni Snassen. Son successeur, Moula Ismael, s'y montre également en 1674, pour réprimer les continuelles déprédations des tribus de la plaine d'Angad.

En 1678, Moula Ismael, reprenant les projets de conquête vers l'est de tous les souverains marocains, s'avance jusqu'au Chélif. Mais, abandonné des contingents arabes qu'il traîne à sa suite et qu'a effrayés le canon des Turcs, il se retire presque sans combattre après avoir de nouveau reconnu la Tafna pour limite.

En 1679, il se résout à faire transporter aux environs d'Oudjda les tribus remuantes des Chebanat et des Oulad Zerara qui habitaient aux environs de Merakech (ces deux tribus habitent actuellement la rive gauche de l'oued Oum er Rebia, à l'ouest du Tadla) et les chargea de maintenir en respect les Beni Snassen qui « relevaient du gouverne- » ment turc. » (Ettordjemân, traduction Houdas, p. 34). Puis, pour donner plus d'efficacité encore à cette mesure, il prescrit en outre la construction de Kasba à Selouan, à El Aïoun Sidi Mellouk et à Regada.

Mais les incursions des Beni Snassen continuant, Moula Ismael se décide à marcher lui-même contre eux (1680). Il envahit leur montagne, leur impose de dures conditions et exige d'eux la remise de leurs armes. Une semblable obligation est imposée aux

dérant que le danger pour ses successeurs viendrait toujours de l'ouest, aurait-il, d'après la tradition,

Angad, aux Mehaïa et aux Hallaf qui se soumettent. Enfin, pour compléter son œuvre, le Sultan décide la construction à Taourirt, sur l'oued Za, d'une Kasba qui porte encore aujourd'hui le nom de Kasba Moula Ismael.

Au printemps de 1682, le sultan marche de nouveau vers l'est. Cette fois, il s'avance jusque chez les Beni Amer et fait chez eux une importante razzia. Mais, à peine de retour à Fez, il apprend qu'une armée turque est venue opérer dans la région des Beni Snassen. Malgré toutes les difficultés que lui occasionne la révolte de son neveu Ahmed ben Mahrez, il accourt aussitôt, à marches forcées, et, parvenu à Oudjda, il apprend la retraite précipitée des Turcs, rappelés à Alger par l'attaque de Duquesne.

En mai 1692, Moula Ismael, reprenant ses projets de conquête, se met de nouveau en marche. Averti de ses intentions, le dey Hadj Chabane vient l'attendre sur la Moulouïa et lui inflige une sanglante défaite. L'armée marocaine, terrifiée par ce rude échec, oblige Moula Ismael à demander la paix ; elle lui fut accordée et il signa, à Oudjda, un traité reconnaissant tous les droits des Turcs jusqu'à la Moulouïa.

Mais, dès 1693, il reparaît dans la région d'Oran et, après avoir tenté de razzier les Beni Amer et d'autres tribus, il vient sans succès attaquer Oran même (cette ville était alors au pouvoir des Espagnols) et se retire avec de grosses pertes.

Voulant venger ce nouvel échec, Moula Ismael reprit les hostilités en 1701. Il s'avance jusqu'à la Djidouïa, affluent de gauche du Chélif, et là, au lieu dit Hadj bou R'azi, il essuie une sanglante défaite que lui inflige le dey El Hadj Moustafa (*). Moula Ismael ramène au

---

(*) De Grammont (*Histoire d'Alger*) identifie la localité de Hadj bou R'azi avec celle de Hassian Tizazin. Le nom de ce champ de bataille et les indications sur sa position géographique ont été puisés par les historiens modernes dans la *Gazette de France* (1701, p. 240) qui avait pris elle-même son information dans un rapport consulaire. D'autres auteurs, comme Léon Godard (*Description du Maroc*, p. 522), prétendent que cette bataille eut lieu à Zenboudj el Oust (le bosquet d'oliviers sauvages du milieu), endroit « connu depuis cette époque sous le nom » de forêt de Moula Ismael. » Enfin Walsin Esterhazy (*Domination turque*, p. 169) indique que la localité qui porte ce nom se trouve chez les Sbéah. Il existe

conseillé à ses héritiers, en mourant, d'étendre de préférence leurs conquêtes vers l'est. L'histoire nous montre que les Beni Zian, se conformant à cet avis, ont presque toujours gardé la défensive vis-à-vis des souverains du Maghreb el Aksa.

Lorsque enfin les Turcs apparaissent à Alger, la situation ne tarde pas à se modifier. C'est que les nouveaux venus, dans leur capitale éloignée de la frontière, sont plus à l'abri que les Beni Zian des coups de l'ennemi, ils ont moins à craindre de l'envahisseur. Mais cet éloignement même les contraint à entreprendre de fortes expéditions vers l'ouest pour pouvoir s'y maintenir.

Maroc les débris de son armée et ne cherche plus à entrer en lutte avec ses voisins de l'est. (*)

Jusqu'en 1795, les souverains du Maghreb, embarrassés à l'intérieur par des luttes intestines, semblent avoir abandonné les idées de conquête vers l'est de leurs prédécesseurs. Cette même année, le Sultan Moulai Sliman, reprenant le chemin de l'est, envoie une expédition sur la Moulouïa pour s'emparer d'Oudjda qui, avec les tribus « qui en » dépendent, faisait en ce moment partie du territoire turc. » (Ettordjemân, traduction Houdas, p. 178). Le bey d'Oran ne voulut opposer aucune résistance. Par son ordre, son Khalifa évacua cette ville et cessa tout acte d'autorité sur les tribus qui en dépendent.

Telle était encore la situation au moment de l'arrivée des Français en Algérie.

---

en effet, actuellement, un douar-commune appelé *Zebouoj el Oust*, formé d'une fraction des Sbéah, dans l'arrondissement d'Orléansville, à l'est de Charon et près de la limite du département d'Oran.

(*) Castonnet des Fosses (La dynastie des chérifs filali. *Revue de l'Afrique française*, 1888, p. 419 et suiv.) rapporte que Moula Ismael avait conçu le projet d'expulser les Turcs de l'Algérie. Il aurait été encouragé dans ce dessein par Louis XIV, avec lequel il avait signé un traité en 1699.

Tout d'abord, ils sont gênés par la présence des Espagnols qu'ils trouvent maîtres d'Oran ; Mazouna, dans le Dahra, est alors leur poste avancé vers l'ouest. Bientôt, se substituant aux Beni Zian, ils recueillent tous les droits de cette dynastie à la frontière de la Moulouïa. Cependant, si parfois encore ils ne tirent pas une vengeance immédiate des agressions commises par les Marocains, c'est qu'ils ont à combattre sur leur propre territoire les chrétiens d'Oran, ou que des luttes intestines les divisent. Mais, dès qu'ils sont en état de le faire, ils accourent sur la frontière de l'ouest et, souvent, vont porter la guerre chez leurs voisins mêmes. Jusqu'au jour où, affaiblis par leur organisation qui, tirant toute sa force du pays conquis, s'appuyait sur une partie du peuple vaincu pour exploiter l'autre, et, peut-être, ne se sentant plus capables de résister aux envahissements des Marocains, ils les laissent s'installer dans la région d'Oudjda (1795) [1].

Les Turcs ont donc occupé longtemps cette ville. Jusqu'à la fin du XVIIIe siècle, ils en ont été les maîtres ainsi que de tout le pays environnant. Après leur départ, les Marocains occupèrent Oudjda ; les tribus situées sur le territoire contesté vécurent, dès lors, à peu près indépendantes et on en vint à considérer le pays comme appartenant aux deux États, puis,

---

[1] On ne trouve indiqué dans aucun historien le véritable motif de l'abandon par les Turcs, en 1795, de toute prétention sur la rive droite de la Moulouïa. On ne peut se livrer, à ce point de vue, qu'à des conjectures.

peu à peu, le Kiss fut regardé comme la frontière commune.

Telle était la situation au moment de l'expédition d'Alger.

Dès les premiers jours de l'occupation de cette ville, la province d'Oran qui était alors commandée par le bey Hassan, vieillard sans énergie, se trouva livrée à ses propres ressources. Tout le pays fut bientôt en complète désorganisation, et les populations musulmanes, affolées par les succès des chrétiens, tournèrent leurs regards vers le souverain du Maghreb qui leur parut susceptible de les protéger contre l'envahisseur. Le Sultan du Maroc, informé de ces dispositions d'esprit des tribus oranaises, se hâta d'occuper Tlemcen et de réaliser ainsi un rêve longtemps caressé par ses prédécesseurs, celui de réunir à ses états l'ancien royaume des Beni Zian. Mais, devant les représentations de la France [1], le souverain marocain dut

---

[1] Dès la fin de 1830, le sultan Moulai Abderrhaman, appelé du reste par les vœux des habitants de Tlemcen qui lui avaient envoyé une députation, avait fait prendre possession de cette ville par son neveu Moulai Ali. Pour opposer une barrière aux prétentions naissantes du Maroc, le général Damrémont fut dirigé sur Oran en décembre 1830 ; il occupa cette ville le 4 janvier 1831. En même temps, le colonel d'état-major Auvray était envoyé au chérif pour le sommer d'évacuer la province d'Oran. Arrêté à Tanger, le colonel n'obtint que des promesses restées sans suite. Pendant ce temps, Moulai Ali, toujours à Tlemcen, se montrait impunément jusque sous les murs d'Oran, qu'il n'osait cependant attaquer. On apprit bientôt que trois agents du sultan, Cherif el Moati, Mohammed ben Chergui et Bel Ameri s'étaient installés, le premier à Médéa, le second à Miliana et le troisième à Mascara ; déjà les populations,

reculer : il retira ses troupes et se contenta d'exercer une autorité toute nominale sur les populations de la vallée de la Tafna.

Cet état de choses se maintint jusqu'en 1836, époque de l'occupation du méchouar (citadelle de Tlemcen) par le maréchal Clauzel[1]. Cet événement semblait

---

jusqu'aux portes d'Alger, s'étaient soumises à l'autorité de ces délégués du Chérif.

On se décida à faire des représentations énergiques à la cour chérifienne. Une mission fut envoyée à Meknas (mars-avril 1832). M. de Mornai, qui la dirigeait, obtint le rappel des agents marocains. Il reçut, en outre, du sultan l'engagement de ne plus se mêler des affaires de l'Algérie, la renonciation de toute prétention sur Tlemcen et son territoire, et, enfin, la reconnaissance de nos droits de conquête.

Mais, en 1836, à la suite de plusieurs combats livrés sur la Tafna, des correspondances furent saisies. Elles prouvèrent de nouveau l'immixtion des Marocains dans les affaires algériennes. Des protestations furent d'abord adressées au caïd d'Oudjda, qui était venu en aide à Abdelkader, au combat de Seba Chioukh, sur la Tafna, en lui envoyant ses cavaliers soldés et de nombreux contingents marocains. La situation fut jugée assez grave pour nécessiter, en outre, l'envoi d'une nouvelle mission au Maroc. Elle fut confiée au colonel de la Ruë qui se rendit à Meknas afin de rappeler le sultan à l'observation de la neutralité.

[1] Dès notre arrivée à Tlemcen, les populations du pays d'Angad, qui, de tout temps, s'étaient montrées hostiles à Abdelkader, nous offrirent leur concours.

« En 1836, écrit Galibert, dans son *Algérie ancienne et moderne,*
» lors de l'occupation de Tlemcen par le maréchal Clauzel, 400 cava-
» liers du désert d'Angad vinrent l'aider à poursuivre les contingents
» d'Abdelkader. Ces auxiliaires, appuyés par les Koulouglis et les
» Turcs de Mustapha ben Ismaël, atteignirent l'infanterie de l'émir
» et la mirent en déroute. »

Pellissier de Reynaud, dans les *Annales algériennes*, dit de son côté :
« Dès les premières ouvertures de soumission que parurent faire

devoir anéantir les espérances de la cour de Fez. Il paraissait, en effet, rationnel que, puisque nous nous étions substitués aux Turcs en Algérie, nous devions partout revendiquer comme nôtre toute l'étendue du territoire qui leur avait été soumis. Il n'en fut rien cependant, au moins dans cette région, et le sultan, se sentant incapable de lutter avec nous à armes égales, chercha à obtenir par un moyen détourné une partie au moins de ce qu'il n'avait pu avoir par une occupation illicite.

Dès notre installation à Tlemcen, il revendiqua hautement la vallée de la Tafna. En agissant ainsi, il

» les tribus des environs de Tlemcen, on s'était hâté de les frapper
» d'une réquisition de chevaux, ce qui eut pour résultat nécessaire
» de les éloigner de nous. On commit les mêmes fautes à l'égard des
» gens d'Angad, qui étaient venus présenter au maréchal, leur
» cheikh, jeune enfant, dernier fils d'El Gomary et seul rejeton d'une
» famille dont tous les membres avaient péri en combattant Abdel-
» kader. Les personnes qui furent chargées de les recevoir et de leur
» parler les traitèrent avec hauteur, ne trouvèrent pas assez beau le
» cheval d'hommage qu'ils offraient au maréchal et leur ordonnèrent
» d'en amener d'autres, non seulement pour le maréchal, mais encore
» pour sa suite. Ces hommes s'éloignèrent promettant de revenir
» avec ce qu'on exigeait d'eux, mais ils allèrent sur le champ faire
» leur soumission à Abdelkader, dont ils avaient méconnu l'autorité
» jusqu'alors. »

Parlant de cet El Gomary qui remplissait, du temps des Turcs, les fonctions de « chouaf », c'est-à-dire d'espion, chargé de les renseigner sur l'état d'esprit des tribus et sur leur situation, Walsin Esterhazy (*De la Domination turque*, 1840, p. 252) écrit : « Mohammed
» ben Gremari ez Zelbouni, celui qu'Abdelkader a fait pendre à
» Mascara à un des canons de la ville, était chouaf es Sahra, chouaf
» de l'Angad, du bey Hassan (le dernier bey d'Oran). Il arrivait

espérait, grâce aux difficultés que nous créait notre lutte avec Abdelkader, nous amener peu à peu par lassitude et aussi par nécessité d'assurer notre tranquillité, à abandonner à l'empire du Maroc une partie du territoire qu'il convoitait. C'est ce qui aurait sans doute eu lieu en effet, en raison surtout de notre ignorance absolue de la situation, si le traité de la Tafna (1837), en reconnaissant les droits d'Abdelkader à la possession de la majeure partie de la province d'Oran, n'était venu ajourner la question.

Elle ne fut reprise que quelques années plus tard, lorsque la lutte avec Abdelkader à peine interrompue

» Oran à l'improviste de jour ou de nuit; aussitôt le bey donnait » l'ordre aux makhzen de monter à cheval. Ils se transportaient » rapidement sur le terrain où campaient les tribus dont le chouaf » avait reconnu la position, les surprenaient et enlevaient tout ce » qu'ils pouvaient atteindre. On raconte qu'une fois, Mohammed » ben Gremari, qui était cheikh des Angad, étant arrivé en tête du » makhzen du bey à l'endroit où il croyait rencontrer une tribu » campée, et ne l'ayant pas trouvée, fit faire une razzia sur sa propre » tribu, la tribu des Angad, pour ne pas perdre la confiance du bey. »

Ajoutons ici que dès leur installation dans la province d'Oran, les Turcs eurent souvent affaire avec les Angad. Walsin Esterhazy, dans le même ouvrage (p. 107), parle en effet des « tentatives » quelquefois heureuses, souvent malheureuses des Turcs contre les » tribus nomades de l'Angad », tentatives qui eurent lieu depuis le gouvernement du troisième bey Saad, jusqu'à la mort du bey Chaban, sous les murs d'Oran qu'il assiégeait.

Enfin rappelons encore que pendant tout le temps qu'avait duré le siège soutenu par Mustapha ben Ismaël dans le méchouar, il avait trouvé une aide constante chez les Angad qui, par leurs fréquentes diversions, rendaient l'investissement moins rigoureux et facilitaient même le ravitaillement de la place.

par le traité de 1837, nous eut amenés à occuper peu à peu l'intérieur de la province d'Oran.

En 1842, nous étions de nouveau à Tlemcen[1] et nous en chassions l'émir malgré l'appui que lui apportaient les Beni Snassen et quelques autres tribus[2] soumises nominalement au caïd marocain que le Gouvernement de Fez entretenait à Oudjda.

Abdelkader se décida alors à porter les hostilités

---

[1] Dès notre arrivée dans cette ville, pour la deuxième fois, le Gouvernement français engagea des négociations avec la cour de Fez en vue de procéder à la délimitation de la frontière entre l'Algérie et le Maroc. Le général Bedeau fut désigné par le Ministre de la Guerre pour effectuer cette opération comme délégué français. Le Ministre rappela à ce propos, à la date du 22 août 1842, que la Moulouïa avait été presque toujours considérée comme limite entre le Maroc et la Régence d'Alger. Mais le sultan Moulaï Abderrahman refusa formellement de concourir à la délimitation proposée, sous prétexte que les frontières entre le Maroc et l'Algérie étaient bien connues et que l'opération dont il s'agissait pourrait faire naître certaines complications. En réalité, le sultan avait plus que jamais besoin d'user de circonspection et de ménagement à l'égard de ses sujets de la frontière est pour ne fournir aucun prétexte à ceux d'entre eux qui avaient de la sympathie pour l'émir Abdelkader, de faire un mouvement en sa faveur.

[2] L'attitude de ces tribus, en cette circonstance, fit l'objet de nouvelles représentations adressées par notre consul à Tanger à la cour chérifienne. L'incident se termina par une entrevue (le 3 juin 1842) où le général Bedeau, qui commandait à Tlemcen, se rencontra avec le caïd d'Oudjda. Il fut convenu que le commerce serait libre sur la frontière et que les émigrés qui voudraient rentrer en Algérie auraient toute faculté de le faire. En outre, le caïd marocain fit des excuses pour avoir laissé les tribus de son territoire fournir des secours à Abdelkader : il déclara avoir pris des mesures sévères pour empêcher à l'avenir toute violation de la neutralité.

Planche I

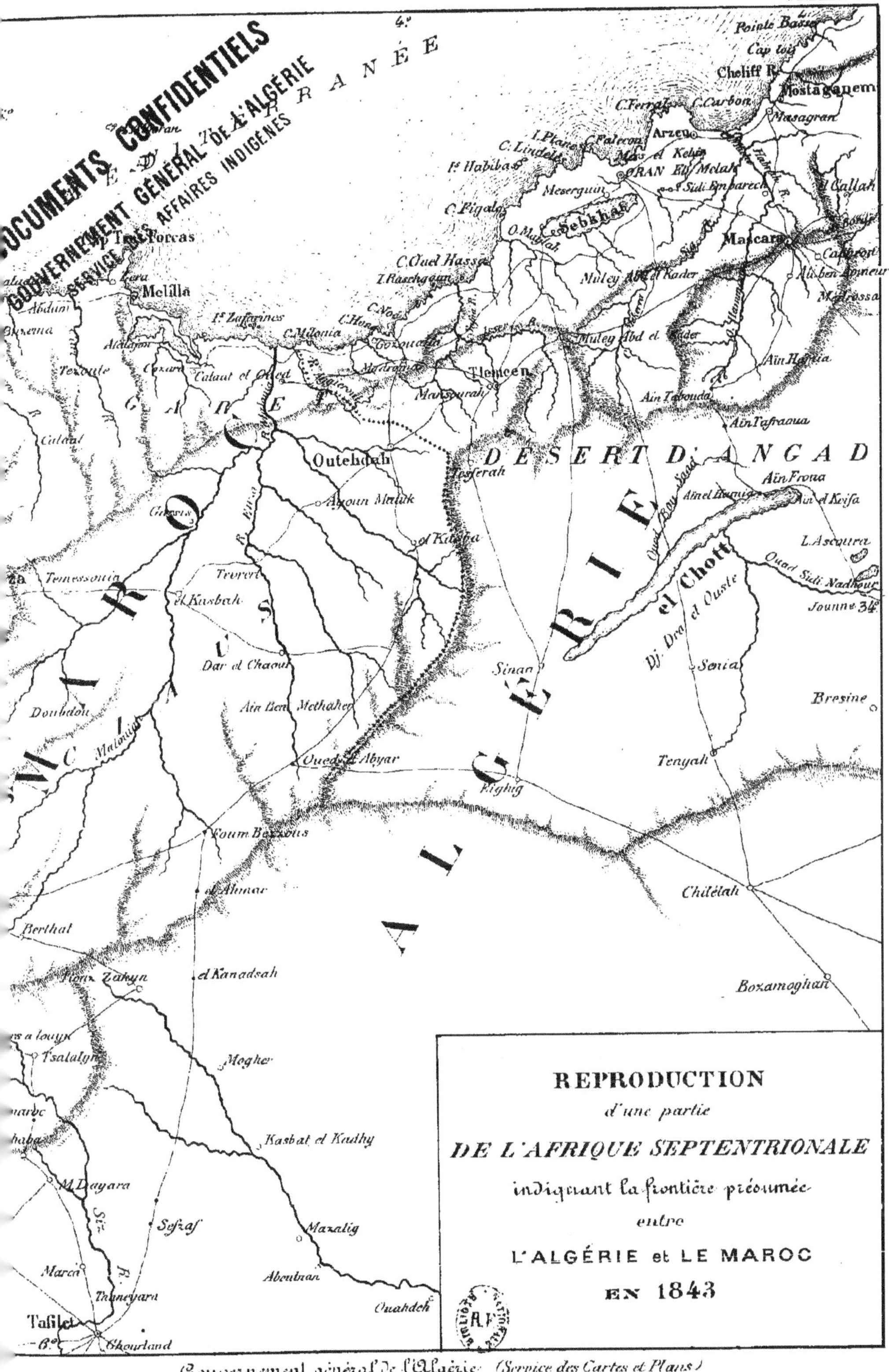

REPRODUCTION
d'une partie
DE L'AFRIQUE SEPTENTRIONALE
indiquant la frontière présumée
entre
L'ALGÉRIE et LE MAROC
EN 1843

Gouvernement général de l'Algérie (Service des Cartes et Plans)

dans la région de Mascara. Mais, vaincu sur tous les points et se sentant incapable de continuer la lutte avec ses seules ressources, il songea à amener une rupture ouverte entre nous et les Marocains. Si son plan réussissait, il espérait utiliser à son profit les forces que pourraient fournir la plupart des tribus de la frontière et particulièrement les Beni Snassen, qui lui avaient marqué leur dévouement. Les ouvertures qu'il fit à Moulai Abderrahman au commencement de 1844 [1], furent froidement accueillies. Ce prince, malgré son désir de reculer les limites de ses états, malgré la vénération personnelle qu'il avait pour Abdelkader, redoutait les suites d'un conflit avec la France et se souciait peu d'ailleurs de voir l'émir s'immiscer dans les affaires de son empire.

Mais les populations marocaines étaient fanatisées

[1] En août 1843, à la suite d'une collision survenue entre des cavaliers du caïd d'Oudjda et la colonne du général Bedeau, le Ministre de la Guerre prescrivit l'établissement d'un travail préparatoire en vue de la délimitation de la frontière que le Gouvernement français désirait provoquer de nouveau. D'après les instructions données, la ligne à étudier devait s'appuyer à la mer et remonter « dans le désert d'Angad jusqu'au point où il pouvait y avoir contact » avec le territoire du Maroc », en réunissant « autant que possible, » sur notre territoire, les tribus ou fractions de tribus de même » famille, au détriment, s'il le fallait, de l'abandon de quelques » portions de terrain sur les limites. » C'est pour faciliter ce travail préparatoire que le Ministre adressa, le 2 août 1843, au Gouvernement général de l'Algérie, quelques documents cartographiques et une note manuscrite sur la région de la frontière. Voir à ce sujet, à la fin du présent chapitre : Cartographie, p. 105 et 106, notes 2 et 1, et la planche 1 ci-contre.

par l'idée d'une guerre contre les chrétiens. Abdelkader sut habilement profiter de cette disposition des esprits, et lorsque l'on apprit que le général Bedeau avait décidé l'installation d'un camp retranché (1844) à l'entrée de la plaine qui conduit à Oudjda, à la Zaouïa de Lalla Mar'nia [1], les Marocains crièrent bien haut que c'était une violation de territoire. Depuis Oudjda jusqu'à Mogador, la guerre sainte fut partout proclamée. La cour de Fez dut s'émouvoir ; elle envoya des troupes à Oudjda, sous les ordres de *Si Ali et Taïeb el Guenaouï.*

Celui-ci avait ordre d'agir avec la plus grande circonspection et de ne pas prendre l'initiative de l'attaque. Mais le fanatisme de ses troupes l'emporta sur les conseils de la sagesse et la guerre qui s'ensuivit se termina, sur terre, par la bataille d'Isly (14 août 1844) et, sur mer, par les bombardements de Tanger (6 août) et de Mogador (15 août). La cour de Fez implora la paix ; elle fut signée à Tanger, le 10 septembre de la même année. Le traité qui fut conclu, était surtout dirigé contre Abdelkader [2] ; un article (le 5ᵉ) était

---

[1] A l'endroit où se trouvait l'oppidum romain qui s'appelait Numerus Syrorum.

[2] Voir à la fin de ce volume le texte complet de ce traité.

Comme on pourra le constater, par une des clauses (article 1ᵉʳ) de cet instrument diplomatique, le Maroc s'est engagé à n'avoir jamais sur la frontière qu'un corps de troupes dont la force ne peut excéder 2000 hommes et qui ne peut être augmenté que si les deux gouvernements en reconnaissent la nécessité. Nous n'avons jamais eu occasion depuis 1844 de nous prévaloir de cette disposition.

relatif à la frontière dont il prévoyait la prochaine délimitation [1]. Cet article était ainsi rédigé :

« La délimitation des frontières entre les possessions
» de Sa Majesté l'empereur des Français et celles de
» Sa Majesté l'empereur du Maroc, reste fixée et
» convenue, conformément à l'état des choses, reconnu
» par le gouvernement marocain à l'époque de la
» domination des Turcs en Algérie.

» L'exécution complète de la présente clause fera
» l'objet d'une convention spéciale, négociée et conçue
» sur les lieux, entre le plénipotentiaire désigné à cet
» effet par Sa Majesté l'empereur des Français et un
» délégué du gouvernement marocain. Sa Majesté
» l'empereur du Maroc s'engage à prendre, sans délai,
» dans ce but, les mesures convenables et à en
» informer le gouvernement français. »

Quelle frontière allait réclamer la France au moment de la conclusion de la convention de délimitation, prévue à l'article précédent ? Exigerait-elle la frontière naturelle et historique de la Moulouïa ou se contenterait-elle simplement de la limite indécise qu'avaient subie les Turcs depuis 1795 ?

Deux lettres du maréchal Bugeaud, adressées par lui

---

[1] On rapporte que le maréchal Bugeaud et le prince de Joinville avaient été d'avis d'exiger du chérif le paiement de 12 millions de francs pour frais de guerre. Les plénipotentiaires chargés des négociations, trouvèrent que la France gagnait suffisamment à avoir mis Moulai Abderrahman dans la nécessité de rompre solennellement à la face de ses peuples et de l'Europe, avec Abdelkader.

à el Guenaouï, le chef marocain qui commandait à Oudjda au début de la campagne de 1844, vont faire connaître quelles étaient les idées de nos gouvernants sur cette question.

Dans la première, le maréchal s'exprime ainsi :
« Les Marocains ont violé plusieurs fois notre terri-
» toire; deux fois ils nous ont attaqués sans aucune
» déclaration de guerre [1]; et cependant j'ai voulu, dès
» mon arrivée au camp, te donner une grande preuve
» du désir que j'avais de rétablir la bonne harmonie
» que vous seuls avez troublée par les procédés les
» plus hostiles, et je t'ai offert une entrevue.

» Tu y es venu et tu nous as proposé, pour prix des
» relations de bon voisinage, qui auraient dû toujours
» régner entre nous, d'abandonner notre frontière et
» de nous retirer derrière la Tafna.

» Nous ne tenons assurément pas à l'étendue du
» territoire, nous en avons bien assez ; mais nous
» tenons à l'honneur, et si tu nous avais vaincus dans
» dix combats, nous te céderions encore moins la
» frontière de la Tafna, parce que une grande nation
» comme la France ne se laisse rien imposer par la
» force, et surtout par les procédés comme ceux que
» vous avez employés avec nous depuis deux ans...
» . . . .
» Je veux donc me contenter d'aller à Oudjda, non

---

[1] Allusion aux combats de Si Aziz (30 mai 1844) et de Sidi Mohammed el Ouassini (16 juin suivant) où les Marocains attaquèrent nos troupes sans provocation.

» point pour le détruire, mais pour faire comprendre
» à nos tribus, qui s'y sont réfugiées, parce que vous
» les avez excitées à la rebellion, que je veux les
» atteindre partout, et que mon intention est de les
» ramener à l'obéissance par tous les moyens qui se
» présenteront.

» En même temps, je te déclare que je n'ai aucune
» intention de garder Oudjda, ni de prendre la moindre
» parcelle de territoire du Maroc. . . . . »

La seconde lettre est encore plus explicite : « Dans
» toutes tes lettres précédentes, tu nous as accusés
» d'avoir violé votre territoire et d'avoir enfreint les
» lois de la bonne amitié qui régnait entre nous ; . . .
» . . . .

» Nous voulons conserver la limite de la frontière
» qu'avaient les Turcs et Abdelkader après eux ; nous
» ne voulons rien de ce qui est à vous ; . . . . . »

Abdelkader n'ayant jamais eu sous sa domination le pays compris entre la frontière actuelle et la rive droite de la Moulouïa, la déclaration du maréchal Bugeaud équivalait à l'abandon de toute prétention de notre part sur ce pays qui avait incontestablement fait partie de la Régence d'Alger [1].

---

[1] A. Berbrugger (*Revue Africaine*, 4ᵉ vol., 1859-60, p. 415) s'exprime ainsi, à propos de cet abandon de toute prétention de notre part à la frontière historique de la Moulouïa : « La nature a séparé
» profondément le Maroc de l'Algérie par des frontières évidentes ;
» les Romains l'avaient si bien senti qu'ils rattachaient administrati-
» vement la Tintigane (le Maroc) à l'Espagne, tandis que le reste de
» l'Afrique septentrionale dépendait du proconsul d'Afrique. Cet

Cette déclaration n'était pas faite pour déplaire à Moulai Abderrahman qui n'ignorait certainement pas que les Turcs avaient étendu leur domination jusqu'à la Moulouïa. Il dut être entièrement rassuré sur nos intentions quand, au lieu de répondre à ses prétentions sur la Tafna par une revendication sur la région bornée à l'ouest par l'ancienne frontière du Maghreb el Oust, il apprit ainsi, par nous-mêmes, que nous ne dépasserions pas la ligne marquée par le Kiss, Lalla Mar'nia et Sebdou [1].

C'est dans cet ordre d'idées que fut signé, à Lalla Mar'nia, le 18 mars 1845, le traité de délimitation [2]. Dans cette convention [3], comme lors de la signature du traité de Tanger qui l'avait précédé, l'intérêt algérien

» isolement naturel a motivé, sous les dynasties indigènes, la distinc-
» tion des deux royaumes de Fez et de Tlemcen avec les mêmes fron-
» tières précisément qui existaient entre la Tintigane et la Césarienne
» (Algérie occidentale). On a vu enfin que le pachalik d'Alger avait
» aussi la Moulouïa pour frontière à l'ouest. On ne saurait trop le
» répéter, un fait qui persiste ainsi pendant vingt siècles doit avoir
» une puissante raison d'être et il constitue certainement un droit
» respectable que ne sauraient prescrire quelques usurpations récen-
» tes, arrachées à la faiblesse d'un gouvernement qui tombait en
» décrépitude et à l'ignorance bien naturelle au début du pouvoir qui
» lui a succédé. »

[1] Nous avons utilisé pour la rédaction de cette première partie une étude historique de la frontière de l'ouest due à M. le Capitaine Pansard, commandant supérieur du Cercle de Tiaret. Nous y avons même fait quelques emprunts.

[2] Voir à la fin du volume le texte complet du traité.

[3] Les plénipotentiaires, qui furent chargés d'en discuter les termes, furent : pour la France, le général comte de la Ruë, assisté de

dominant fut d'obtenir du Maroc la reconnaissance de notre souveraineté sur les musulmans algériens, en même temps qu'un concours efficace pour éloigner de

l'interprète Léon Roches, et pour le Maroc, Si Ahmida ben Ali, caïd d'Oudjda, assisté de Si Ahmed ben el Khadir.

M. Léon Roches, interprète principal de l'armée, dont il vient d'être question, raconte dans son ouvrage *Trente-deux ans à travers l'Islam*, (2ᵉ vol., p. 451 et suiv.) qu'en arrivant à Tlemcen, le général de La Moricière, commandant la province d'Oran, remit au général de la Ruë un travail qu'il avait fait préparer « sur les limites établies entre l'empire » du Maroc et la Régence d'Alger sous la domination des Turcs. »

Ce travail avait été rédigé d'après les documents sur la frontière trouvés dans les archives turques et d'après les renseignements recueillis auprès des chefs et notables indigènes des tribus algériennes limitrophes.

Sur ces données, le commandant de Martimprey, chef du service topographique de la Division, avait dressé une carte au cent millième où les limites se trouvaient indiquées.

Dans une entrevue préparatoire avec les délégués marocains, M. Léon Roches, envoyé spécialement à cet effet à Oudjda, fit admettre l'exactitude du tracé du commandant de Martimprey. Le général de la Ruë s'aboucha lui-même ensuite avec les plénipotentiaires marocains. Après plusieurs entrevues, le traité fut définitivement rédigé et signé, le 18 mars 1845, au poste de Lalla Mar'nia.

Sur les instances du général de La Moricière, en même temps que le traité de délimitation, le général de la Ruë avait fait signer aux plénipotentiaires marocains une convention destinée à régler les rapports commerciaux entre l'Algérie et le Maroc par la frontière de terre.

Le roi Louis-Philippe, craignant que cette convention commerciale ne fût cause de difficultés avec le Maroc, hésita à la ratifier. Il ne le fit que sur les instances pressantes du maréchal Soult.

Les prévisions du roi ne tardèrent pas à se réaliser : le Sultan refusa toute ratification.

C'est qu'en effet, comme le reconnut bientôt M. L. Roches, les intérêts du Maroc, comme les nôtres du reste, allaient se trouver

la frontière, Abdelkader qui y était établi et qui entretenait une fâcheuse perturbation chez nos tribus limitrophes. Comme intérêt européen, le commissaire

lésés. Car l'Espagne, ainsi que toutes les puissances qui avaient conclu des traités avec l'empire chérifien, avaient droit à tous les avantages accordés à l'une d'elles. Il en résultait que l'Espagne avait le droit de réclamer pour ses quatre présides la liberté de commerce par terre que la convention nous accordait, et que l'Angleterre et les autres puissances allaient également profiter des nouvelles voies commerciales qui allaient s'ouvrir dans des conditions aussi favorables pour elles.

Enfin, après des négociations habilement menées par M. L. Roches, Moulai Abderrahman se décida à ratifier le traité de délimitation seul, en y apposant la mention suivante :

« *J'approuve tous les articles du traité de délimitation qui précède,*
» *parce que mon intention a été, est et sera toujours de maintenir les*
» *frontières qui existaient du temps des Turcs.*
» *Quant à la convention commerciale, elle restera sans effet jusqu'à ce*
» *que, par un nouveau traité avec le sultan de France, nous réglions la*
» *question commerciale.* »

Tels seraient, brièvement résumés d'après M. Léon Roches, les divers incidents qui ont accompagné la conclusion de cette convention de délimitation et l'échange des ratifications qui suivit.

De son côté, le **général de Martimprey** a écrit dans ses mémoires (*Souvenirs d'un Officier d'Etat-Major,* p. 213) : « Dans le Tell, le
» travail était facile ; dans le Sahara, c'était beaucoup moins clair et
» je fus conduit à une erreur grave, en m'en rapportant au témoi-
» gnages du caïd de Tlemcen, Si Ammadi Sakal, et de l'agha de la
» montagne de l'ouest, Si ben Abdallah. Ils nous certifièrent que les
» Oulad Sidi Cheikh R'araba étaient Marocains. Ce mensonge, car ce
» ne pouvait être une erreur, était léger à des musulmans témoignant
» de la non appartenance aux chrétiens de populations musulmanes. »

Malgré l'affirmation bien justifiée du général de Martimprey, nous verrons au cours de cette étude que de graves erreurs ont été aussi bien commises au Nord qu'au Sud du Teniet es Sassi, lors de la conclusion du traité de 1845.

français avait pour mission de faciliter un accord entre la Suède et le Danemark avec le Maroc. La question des limites en elle-même était d'un intérêt secondaire. Nous n'étions établis à Tlemcen que depuis 1842; les postes de Sebdou, de Lalla Mar'nia et de Nemours étaient de création récente. Nous ne connaissions que très imparfaitement les populations algériennes les plus rapprochées du Maroc. Le voisinage d'Abdelkader entretenait la plus grande agitation dans ces contrées. Les préoccupations et les conditions dans lesquelles le traité de délimitation avait été fait, ne devaient pas tarder à amener des difficultés dès que les circonstances politiques seraient changées.

En effet, à la fin de 1847, Abdelkader fait sa soumission à la France. Les tribus algériennes rentrent dans le calme et se rangent plus entièrement sous notre domination. La fin de la guerre permet aux intérêts de se révéler et de prendre la parole. Bientôt se produisent les critiques et les plaintes contre le traité de 1845. Le 12 juin 1849, le général Pélissier, commandant la province d'Oran, présentait et appuyait un mémoire du général de Mac Mahon, commandant la subdivision de Tlemcen, pour demander la révision de la délimitation. Il exposait qu'en l'absence d'une rédaction bien précise des articles 3, 4 et 7, la mauvaise foi du caïd d'Oudjda et l'audace des tribus marocaines, adonnées au vol, pouvaient nous forcer, à tout instant, à prendre les armes.

Auprès de Sidi Zaher, nos Beni bou Saïd réclamaient

un terrain qu'ils avaient acheté des beys algériens [1] et qu'on avait compris dans le territoire marocain ; de ce côté les droits de nos administrés allaient jusqu'aux portes d'Oudjda, et pour éloigner de cette ville la limite qu'ils traçaient et qu'ils prétendaient identique à celle de l'époque turque, les commissaires délimitateurs avaient été obligés de faire une pointe dans le territoire algérien. Des discussions continuelles s'élevaient entre nos Achache et nos Beni Ouassin et les tribus marocaines au sujet de la possession de la plaine d'Amerhès. Les Attia et les Beni Mengouch Tahta, sujets marocains [2], autorisés par le traité à vivre sur le

[1] Les Beni bou Saïd ont cultivé ce terrain jusqu'en 1845. Ils l'avaient acheté une somme considérable des Turcs, qui établissaient ordinairement leurs campements à l'ouest de Sidi Zaher. La portion du territoire qui a été ainsi laissée au Maroc s'étendait jusqu'aux jardins de la ville d'Oudjda. (Voir à ce propos la reproduction du croquis établi en 1849 : planche II.)

[2] Malgré les dispositions bienveillantes des § 4 et 5 de l'art. 3 du traité du 18 mars 1845, les Beni Mengouch et les Attia continuèrent à payer l'impôt à l'amel d'Oudjda jusqu'en 1858.

Les premiers participaient pour un tiers à la contribution annuelle de 2000 francs imposée à la tribu des Beni Mengouch (Fouar'a et Tahta). Les seconds payaient le cinquième de l'impôt annuel de 2000 francs fixé pour la fraction des Beni Khaled.

Pour effectuer les recouvrements, l'amel envoyait chaque année, à la fin des moissons, six cavaliers du Makhzen chez les Attia et les Beni Mengouch sur notre territoire. Les Chioukh de ces fractions réunissaient l'impôt et se rendaient ensuite à Oudjda où ils le remettaient eux-mêmes entre les mains de l'amel.

Le dernier versement eut lieu en 1858 ; il ne fut pas renouvelé en 1859, parce que les Attia et les Beni Mengouch avaient fait défection et étaient passés au Maroc. En 1860, l'amel qui commandait à

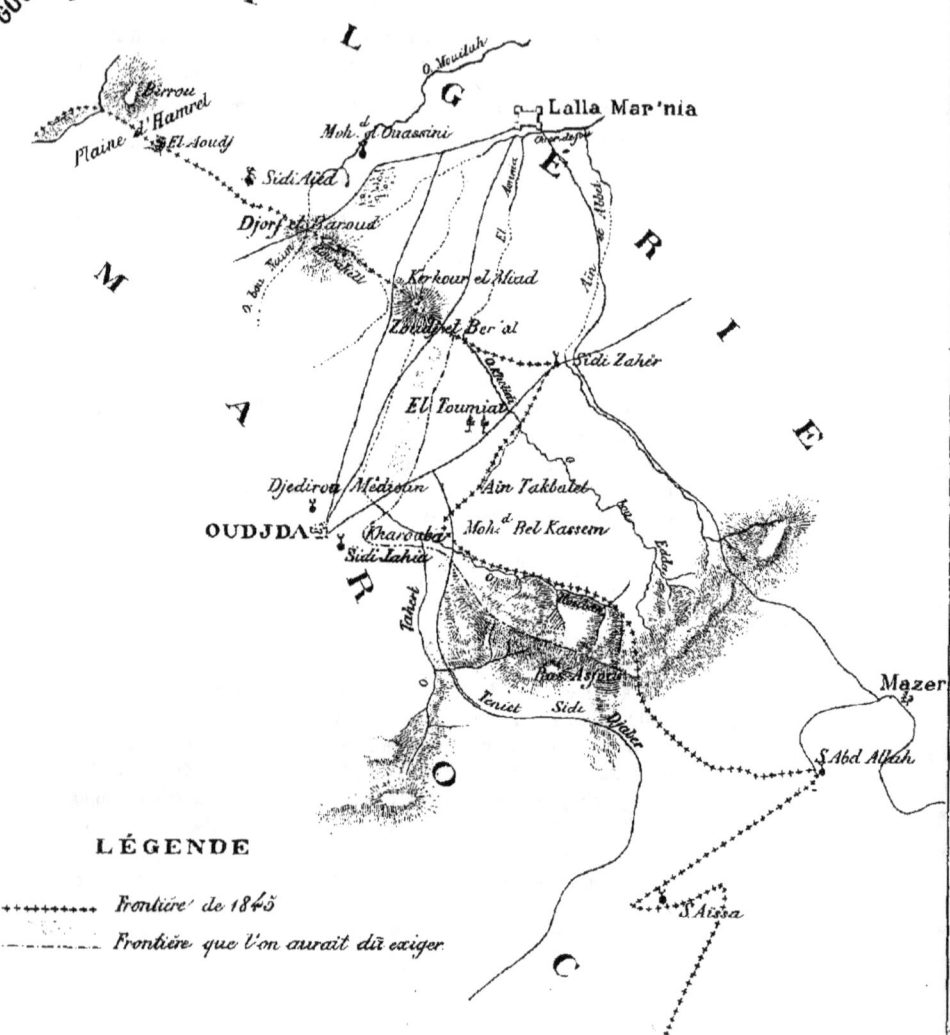

territoire algérien, étaient affranchis de toute redevance et administrés par les soins du caïd marocain

Oudjda demanda que ces fractions fussent astreintes par l'autorité française à lui verser l'impôt comme ils l'avaient fait précédemment.

A cette occasion, le général Deligny, commandant la province d'Oran, fit connaître que non seulement « nous n'avons pas à
» permettre que les agents marocains pénètrent sur notre territoire,
» pour y faire un acte quelconque de souveraineté sur les Attia, Beni
» Mengouch et Oulad Mansour (cette tribu marocaine était alors
» installée en territoire algérien), mais qu'encore nous ne pouvons
» prêter les mains à ce que ces tribus aillent acquitter sur le territoire
» marocain des impôts qui consacreraient cette souveraineté sur terre
» française. Car nous ne pouvons pas oublier que pour les gouverne-
» ments musulmans c'est la terre et non l'homme qui paie. Il n'est
» d'ailleurs pas douteux qu'il ne suffise de leur faire comprendre,
» ainsi que l'indiquait M. le Consul Général de France à Tanger
» (dans sa lettre au Ministre des Affaires Étrangères, du 13 août
» 1850) qu'elles sont libres de ne pas le faire. »

Les appréciations du général Deligny étaient du reste conformes aussi bien à l'esprit qu'à la lettre de l'art. 3 du traité de 1845 ; elles ont, depuis lors, servi de règle dans cette question.

Actuellement, les Beni Mengouch et les Attia sont affranchis de tout impôt. Ils ne sont astreints qu'au paiement des centimes additionnels.

Cette disposition bienveillante n'est pas appliquée aux indigènes étrangers à ces tribus qui possèdent, sur le territoire qu'elles occupent, des biens meubles ou immeubles ; ils paient pour leurs matières imposables.

En 1876, à la suite du voyage du Sultan à Oudjda, l'amel nous annonça son intention d'envoyer des agents recueillir l'impôt chez les Attia, Beni Mengouch el Hamian Djembâa. Sans attendre notre réponse, il écrivit même à ces derniers.

Il lui fut répondu que nous ne pouvions laisser pénétrer sur notre territoire aucun agent marocain, sans qu'au préalable, l'affaire n'ait été examinée par voie diplomatique. Cet incident souleva quelque émotion sur la frontière où le bruit courait, en même temps, que le Sultan voulait réclamer la Tafna comme limite des deux pays.

d'Oudjda. Cette concession avait été faite pour obtenir la signature du traité avec la Suède et le Danemark en vue d'abolir l'usage des présents annuels envoyés au Sultan. Les Hamian Djembâa avaient été assignés au Maroc; les Oulad Sidi Cheikh R'araba avaient été classés parmi les tribus marocaines [1], alors que le

---

[1] En nous appuyant sur les traditions, nous aurions pu, lors de la signature du traité, revendiquer encore d'autres tribus. L'étude des événements antérieurs à notre occupation l'a du reste déjà fait voir. Nous citerons cependant ici quelques exemples.

Les Oulad Ali ben Talha (Angad) et les Mehaïa se trouvent dans ce cas. Nous avons, en effet, gardé le souvenir d'une expédition faite, en 1781, contre ces deux tribus par le bey Mohammed ben Osman, qui les contraignit à se soumettre (Mercier, *Histoire de l'Afrique septentrionale*, t. III, p. 421).

Quant aux Mehaïa, Walsin Esterhazy (*Domination turque*, 1840, p. 268), qui les appelle El Mehaïa, les compte parmi les tribus raïas de la Iagoubia el R'arb, que commandait l'agha des Douair.

Le même auteur dit encore (p. 225) : « Une année après (1821),
» un autre marabout derkaouï, Sidi Ahmed, cheikh des Mehaïa, se
» révolta dans le pays au-delà de Tremecen (Tlemcen). Il s'était
» établi à Ouidjeda (Oudjda), petite ville à une journée de marche de
» Tremecen sur la frontière du Maroc. Hassan (le dernier bey d'Oran),
» sorti contre lui, eut une affaire très sérieuse chez les Oulad
» Medjahed. Il y perdit beaucoup de cavaliers de son makhzen. Il
» battit cependant les révoltés, s'empara de la maison et des trésors
» du marabout. Sidi Ahmed parvint à se sauver, il passa la frontière,
» et alla chercher un refuge dans le Maroc. »

Enfin le même écrivain rappelle encore (p. 251) qu' « il y avait
» dans le désert des tribus nomades, telles que. . . . . les Mehaïa, les
» Eumian (Hamian). . . . . . qui avaient toujours échappé à l'autorité
» des Turcs. La rapacité des beys parvenait cependant à arracher de
» lourds impôts à ces tribus errantes au moyen des chouaf, dont la
» seule mission était de pouvoir indiquer au bey la position où cam-
» paient ces tribus. »

centre de la tribu était à El Abiod, sur le sol algérien. Enfin, interprétant faussement l'article 7, les autorités marocaines refusaient de rendre les tribus qui se réfugiaient au Maroc, tandis que cet article n'applique qu'aux individus la liberté d'émigration [1].

Les plaintes des autorités militaires furent adressées au Ministre des Affaires Étrangères qui écrivit à ce sujet au Consul général de France au Maroc. Cet agent répondit que c'était se laisser aller à des idées trop européennes que de demander à une convention avec le Maroc toute la précision qui est désirable dans un traité avec les puissances continentales. Nous sommes habitués à respecter la légalité et le droit écrit, le gouvernement marocain ne l'est nullement. Nous avons du désavantage dans une position qui empêche nos mouvements, sans empêcher ceux d'un voisin moins scrupuleux ; l'important est d'être toujours le plus fort pour se faire respecter. Il concluait donc qu'il n'y avait pas lieu, matière ni motif suffisant à entamer une négociation en vue de faire modifier le traité de 1845.

Partant de ce principe, il proposait de résoudre les réclamations des autorités militaires en déclarant au Sultan qu'à l'avenir les tribus émigrant soient renvoyées ou internées, si on ne veut pas que nous allions les châtier nous-mêmes, au-delà de la frontière ; que le sultan signifie aux Attia et aux Beni Mengouch

---

[1] Le général de Mac Mahon proposait, en même temps, de modifier le tracé de la limite fixée en 1845 afin de faire disparaître une partie

Tahta qu'en les affranchissant d'impôt, ils restent soumis sur notre territoire à notre police, et que s'ils

des inconvénients signalés. Il préconisait, dans ce but, le remplacement de :

l'ancienne rédaction :	par la suivante :
« . . . . . Jusqu'à ce qu'elle arrive à Dra el Doum ; puis elle descend dans la plaine nommée El Aoudj. De là, elle se dirige, à peu près en ligne droite, sur Haouch Sidi Aïed. Toutefois, le Haouch lui-même reste à 500 coudées (250 mètres) environ, du côté de l'est, dans les limites algériennes. De Haouch Sidi Aïed, elle va sur Djorf el Baroud, situé sur l'oued bou Naïm ; de là, elle arrive à Kerkour Sidi Hamza ; de Kerkour Sidi Hamza à Zoudj el Beghal ; puis, longeant à gauche le pays des Oulad Ali ben Talha jusqu'à Sidi Zahir, qui est sur le territoire algérien, elle remonte sur la grande route jusqu'à Aïn Takbalet, qui se trouve entre l'oued bou Erda et les deux oliviers nommés El Toumiet qui sont sur le territoire marocain. » De Aïn Takbalet, elle monte avec l'oued Roubban jusqu'à Ras Asfour. . . . »	« . . . . . . Jusqu'à ce qu'elle arrive à Dra el Doum ; puis elle descend dans la plaine nommée El Aoudj, *en suivant le ravin de Sidi Azem jusqu'au mamelon de Barro ; de là, elle se dirige, en passant par la petite plaine d'Amerhès, sur le Mechera El Aoudj d'où elle suit à peu près une ligne droite jusqu'au Haouch Sidi Aïed* ; toutefois le Haouch lui-même reste à 500 coudées (250 mètres) environ, du côté de l'est, dans les limites algériennes. De Haouch Sidi Aïed, elle va sur Djorf el Baroud, situé sur l'oued bou Naïm ; de là, elle arrive à *Kerkour el Miad.* (*) » *De Kerkour el Miad, elle suit une ligne droite jusqu'aux deux mamelons appelés Zoudj el Beghal* ; puis longeant à gauche le pays des *Oulad Ali ben Talha, elle remonte le Châaba de Khelid jusqu'au point où il rencontre la grande route de Sidi Zahir à Oudjda qu'il suit jusqu'à l'Aïn Takbalet* qui se trouve entre l'oued bou Erda et les deux oliviers nommés El Toumiet qui sont sur le territoire marocain. » De Aïn Takbalet, elle monte avec l'oued Roubban jusqu'à Ras Asfour ; . . . . . . »

(*) Kerkour el Miad, dit le général de Mac-Mahon, a été appelé par erreur en 1845, Kerkour Sidi Hamza, bien que ce nom ne soit nullement connu dans le pays.

résistent, ils seront assimilés à nos tribus ou expulsés ; que le malentendu au sujet des Oulad Sidi Cheikh R'araba, étant une question de bonne foi, ne se prolonge pas ; que les Hamian Djembâa soient gardés en Algérie sans autre réclamation pour légaliser le fait ; quant à nos autres griefs, le Consul général pensait qu'ils ne pouvaient donner lieu actuellement à un nouveau projet de délimitation[1].

Les choses restèrent dans cette situation, le département des Affaires Étrangères n'ayant pas jugé opportun de donner suite aux demandes des autorités algériennes. Au commencement de l'année 1853, des troubles très graves éclatèrent dans l'intérieur du Maroc. Les Zemmour Chellaha et les Beni Mguild, vivement poursuivis par le Sultan, écrivirent, par l'intermédiaire de la mission de France à Tanger, au Gouverneur général de l'Algérie, pour réclamer un

---

[1] Lettre du Consul général de France à Tanger en date du 13 août 1850, adressée au Ministre des Affaires Étrangères.

Rappelons ici qu'en mai 1849, notre représentant à Tanger, qui était alors M. Léon Roches, amena son pavillon à la suite de différents incidents, ce qui provoqua une demande de réparation qui fut exigée par le gouvernement français. Le gouverneur général de l'Algérie proposa à ce moment de profiter de cette circonstance pour réviser certains points litigieux de la délimitation fixée par le traité de 1845. Mais le Ministre des Affaires Étrangères fut d'un avis opposé. Il considéra qu'il fallait attendre l'aplanissement des difficultés avec le Maroc avant d'entreprendre aucune négociation en vue d'une révision du traité. Toutes les satisfactions réclamées ayant été accordées par la cour chérifienne, la question de la révision fut reprise en 1850, ainsi qu'il est indiqué ici.

appui. Cette démarche, d'une authenticité suspecte, ne fut et ne devait pas être accueillie, mais à ce propos le Gouverneur général de l'Algérie par intérim [1], en rendant compte de ces faits et de l'état du Maroc au Ministre de la Guerre, demanda des instructions pour n'être pas pris au dépourvu au cas où la mort de Moulai Abderrahman ou tout autre événement amènerait la dissolution de l'empire marocain. Le Ministre [2] répondit, le 20 août 1853, qu'en présence de la situation délicate du Maroc, il fallait observer la plus grande réserve et ne songer qu'à établir notre ligne frontière à la Moulouïa.

A la suite de ces instructions, le Gouverneur général fit étudier la démarcation qu'on pourrait donner à la frontière avec la Moulouïa pour limite. Dans un mémoire communiqué [3] au Ministre au mois de novembre 1853, la question de modifications du traité

[1] Général Pélissier.

[2] Général de Saint-Arnaud.

[3] Dans ce mémoire, dû au capitaine Chanzy, chef du bureau arabe de Tlemcem, cet officier rappelait que la frontière des Turcs, que nous n'avions pas voulu dépasser, n'avait été, en réalité, qu'une limite née des événements, mais non authentiquement reconnue. Il proposait de la modifier parce que celle qu'avait tracée le traité de 1845 était une cause incessante de troubles et un obstacle à l'établissement rapide de notre colonisation ; parce que la véritable limite entre le pays formant aujourd'hui l'Algérie et le Maroc avait toujours été la Moulouïa ; parce que cette dernière était la seule admissible, la seule qui ne donnât point lieu à contestation, la seule qui tînt compte des intérêts, des liens, des habitudes des tribus ; et parce que nous n'avions qu'à perdre en différant de régler cette question. Il ajoutait que

de 1845 fut reprise avec des détails nouveaux. On fit valoir que cette convention a séparé des populations de même origine, ayant des habitudes communes, qu'elle

l'empereur du Maroc étant impuissant à faire respecter le traité, nous nous trouvions dégagés de droit.

En même temps, le capitaine Chanzy montrait que deux tracés pouvaient être préconisés : le premier, partant de l'embouchure de la Moulouïa, en remontait le cours jusqu'à l'oued Za, suivait cette rivière jusqu'à Ras el Aïn des Beni Mathar pour gagner de là Figuig, comme nous le verrons dans le second volume ; le deuxième empruntait le cours de la Moulouïa jusqu'à ses sources et, descendant ensuite l'oued Guir, atteignait le Touat.

En proposant le second tracé, le capitaine Chanzy avait en vue, évidemment, un passage d'Ibn Khaldoun où cet historien (t. I, p. 195 et suivantes), après avoir affirmé que la Moulouïa était une des limites du Maghreb el Aksa, semble indiquer que cette limite se prolonge au Sud par l'oued Guir. Mais cette assertion de l'écrivain musulman ne saurait être admise sans examen. L'étude des faits historiques permet, en effet, de constater que, dès 1295 (voir page 7), les Marocains étaient établis sur le cours inférieur de l'oued Za, que les Hallaf, installés dans cette même région, vers 1360, par Abou Hammou II, souverain de Tlemcen, n'avaient pas tardé à subir l'influence prédominante des sultans marocains qui trouvaient souvent un appui chez eux et s'en servaient pour garder la route de Fez en avant de Taza, et qu'enfin, les maîtres du Maroc ont toujours été possesseurs incontestés de la Haute Moulouïa.

Il en résulte que la véritable limite sur laquelle nous possédions des données certaines, pouvant, un jour ou l'autre, servir de bases à des revendications, serait celle de la Moulouïa inférieure jusqu'à l'oued Za, puis le cours de cette rivière dans toute la partie habitée par les Hallaf.

Dans le reste de son cours jusqu'à Ras el Aïn, l'oued Za traverse un pâté montagneux, habité par des tribus d'origine berbère, qui ont conservé à travers les siècles une indépendance presque absolue. Par suite, le tracé dans cette région devient incertain.

Enfin, le capitaine Chanzy terminait son étude en proposant de

est une cause incessante de troubles ; qu'elle est un obstacle à la prospérité et au développement des établissements industriels de cette zone[1] ; qu'en invoquant la frontière turque, on s'était appuyé non sur des bases fixes et rationnelles, mais sur le résultat des incidents variés des relations entre deux états musulmans limitrophes pour lesquels il n'y avait jamais rien eu d'écrit ; que des tribus marocaines sont sur le territoire algérien[2] ; que les Oulad el Moungar[3] de la plaine de Trifa sont frères de ceux de Lalla Mar'nia ; que les propriétés et les cultures de nos Beni Ouassin sont mêlées à celles des Beni Drar et des Mezaouir marocains au nord-ouest de Lalla Mar'nia ; que nos Angad ont des propriétés aux portes d'Oudjda et ceux du Maroc sur les bords de la Tafna ; que nos Oulad Sidi Medjahed ont leurs mechtas[4] sur le territoire marocain ; qu'enfin nous possédons les Ksour qui servent de dépôt aux Amour et aux Hamian Djembâa, classés comme Marocains.

D'autres préoccupations politiques assiégeaient alors

constituer avec les nouveaux territoires qui seraient acquis jusqu'à la Moulouïa, une subdivision dont le chef-lieu serait placé à Oudjda. Trois postes en auraient dépendu : un à l'embouchure de la Moulouïa, en un point à déterminer, un à Ras el Aïn des Beni Mathar et un à El Aïoun Sidi Mellouk.

[1] Mines de Gar Rouban et de Maaziz. Les premières sont seules exploitées aujourd'hui. Quant aux mines de Maaziz, on y a cessé tout travail depuis 1885, à la suite de la baisse des métaux.

[2] Attia et Beni Mengouch Tahta.

[3] Des Beni Snassen.

[4] Établissements d'hiver.

nos gouvernants ; la question de la révision du tracé de la frontière resta en suspens.

Plus tard, en 1859, on espéra un instant pouvoir la reprendre ; nous venions en ce moment de parcourir en maîtres le massif des Beni Snassen[1] et de calmer par une rapide campagne l'effervescence qui régnait parmi les populations de la frontière. Mais cette fois encore nos regards se portèrent ailleurs ; nous nous contentâmes des faciles succès que nous avions remportés sur les tribus marocaines limitrophes, sans chercher à exiger du Maroc lui-même une autre délimitation, ni même une réparation quelconque.

Les graves erreurs de fait ou d'appréciation, commises dans la rédaction du traité de 1845, ne devaient pas tarder cependant à nous créer de nouveaux embarras matériels.

La réorganisation de nos tribus nous avait forcés, dès 1859[2], comme suite de la campagne des Beni

---

[1] Depuis la fin de 1857, la frontière jouissait d'une tranquillité absolue. En août 1859, l'attitude des tribus marocaines changea subitement. Nous voyant engagés dans la guerre d'Italie, elles crurent l'heure propice pour nous attaquer. Après une série d'agressions et de coups de main contre nos troupes mêmes, il fallut recourir à la force pour ramener le calme dans la région.

Voir chapitre III, pour plus de détails.

[2] Rappelons ici qu'au commencement de 1858, le caravansérail de Sidi Zaher avait été construit malgré les dispositions de l'article 1er, § 2, du traité de 1845. Les autorités marocaines ne formulèrent aucune réclamation. Quant au caravansérail d'Aïn Tolba, construit à la même époque, il se trouve à l'intérieur des terres à une quinzaine de kilomètres en deçà de la frontière. Appréciant la disposition du

Snassen, à assigner [1] l'oued Tahert comme limite d'avenir aux tribus marocaines. On agissait sous l'empire de nécessités qu'imposaient les événements récents de la frontière. A ce moment, en effet, il n'y avait pas de caïd à Oudjda [2]; les tribus à moitié désorganisées ne se remettaient qu'à grand'peine de la secousse qui les avait profondément ébranlées : elles n'offraient que des garanties peu certaines et, bien qu'elles eussent accepté nos conditions, le moindre incident imprévu pouvait, d'un instant à l'autre, changer à nouveau leurs dispositions à notre égard.

traité, à laquelle nous venons de faire allusion, le général Cérez, commandant la division d'Oran, écrivait en juin 1879 : « Comme pour
» compliquer encore les clauses de ce traité, comme pour empêcher
» de résoudre les difficultés auxquelles on semble avoir prévu qu'il
» allait donner lieu, le second paragraphe de l'article premier porte :
» *Aucun d'eux* (les deux états) *n'élèvera à l'avenir de nouvelles con-*
» *structions sur le tracé de la limite,* ELLE NE SERA PAS DÉSIGNÉE
» PAR DES PIERRES. »

[1] Cette décision fut prise au camp d'Hammam bel Kheir, en novembre 1859, par le général Deligny qui commandait la colonne.

[2] Le caïd d'Oudjda, Bel R'adi, qui, à de nombreux et anciens sujets de plainte de notre part, avait ajouté celui de sa participation publique aux troubles d'août et septembre 1859, troubles qui avaient provoqué l'expédition du général de Martimprey au-delà de la frontière, avait mérité d'être sévèrement puni. Devant les succès de nos troupes, il changea d'attitude, se rendit à notre camp et offrit de payer l'impôt. On n'accepta aucune de ses propositions. On se contenta de le faire conduire à Nemours et de l'embarquer pour Tanger, où il fut remis au gouvernement marocain. Ce n'est qu'à partir de 1860 que, dans la correspondance, la dénomination d'amel est donnée au représentant du sultan à Oudjda.

Dans cet état de choses, il devenait urgent d'affirmer hautement notre volonté en imposant à nos ennemis de la veille une ligne de démarcation bien apparente sur le sol, et de nature à nous permettre, par son éloignement de la frontière, de reconstituer paisiblement les tribus algériennes et d'écarter d'elles tout prétexte de désordre.

Mais une semblable mesure ne devait et ne pouvait avoir qu'un caractère essentiellement transitoire. C'est ce que fit remarquer le général Deligny lui-même [1] en mars 1866, lorsque, par suite de l'application du sénatus-consulte de 1863 [2] dans la tribu des Beni Ouassin, la question de l'adoption définitive de l'oued Tahert comme frontière fut soulevée par le colonel Chanzy, commandant par intérim la subdivision de Tlemcen, qui proposait de s'entendre à cet effet avec le gouvernement marocain. Cette proposition fut rejetée, et le général Deligny prescrivit de s'en tenir aux dispositions pures et simples du traité du 18 mars 1845, sans se préoccuper de l'état de choses existant depuis 1859.

Mais les opérations de délimitation exécutées chez les Beni Ouassin avaient déjà fortement inquiété les populations marocaines : elles craignaient de voir leurs intérêts compromis. Pour couper court aux difficultés ultérieures qu'elles pourraient soulever et aussi en

---

[1] Le général Deligny commandait alors la province d'Oran.

[2] En vue de la constitution de la propriété indigène.

raison de l'intérêt qu'il y avait à nettement définir la frontière [1], le colonel Chanzy proposa à l'amel d'Oudjda de procéder à la reconnaissance de la partie de cette frontière concernant les Beni Ouassin [2]. Ce fonctionnaire marocain ayant accepté l'invitation qui lui avait été adressée, l'entrevue eut lieu le 18 juin 1866 au Djebel Birrou, d'où la vue s'étend au loin et sur tout le pays dont on avait à s'occuper. Le colonel et l'amel purent ainsi examiner la frontière, en s'aidant du texte même du traité et échanger leurs observations.

La reconnaissance de cette partie de la limite commune des deux états donna lieu à un rapport du colonel Chanzy [3], en date du 29 juillet 1866, où tous les incidents qui ont pu se produire sont relatés dans les termes suivants [4] :

Reproduction d'une partie du traité de 1845.

« Dans le pays, on désigne par *Dra* (bras) les contre-

---

[1] Les travaux préparatoires en vue de la délimitation des Beni Ouassin avaient déjà fait ressortir que le commandant de Martimprey, qui avait été chargé en 1845 du levé de la frontière (voir la carte annexée au traité et reproduite en réduction : planche VII) avait été trompé sur l'emplacement des points d'El Aoudj, de Djorf el Baroud et de Kerkour Sidi Hamza. La reconnaissance du colonel Chanzy vérifia en partie ces allégations.

[2] Cette reconnaissance fut successivement étendue, comme nous le verrons, à toutes les autres parties de la frontière.

[3] Dans ce rapport, le colonel Chanzy constate que, lors de sa promulgation, le traité du 18 mars 1845 ne fut pas porté à la connaissance des indigènes intéressés. Il en résulte qu'il ne put « modifier » d'une manière sensible, l'état de choses existant avant l'arrivée des » colonnes françaises, avant la bataille d'Isly. »

[4] Voir planche III la reproduction du croquis annexé à ce rapport.

Planche III

DOCUMENTS CONFIDENTIELS
GOUVERNEMENT GÉNÉRAL DE L'ALGÉRIE
SERVICE DES AFFAIRES INDIGÈNES

Reproduction d'un croquis de la frontière marocaine dans le cercle de Lalla Mar'nia annexé au rapport établi en 1866 à la suite de la reconnaissance exécutée par le Colonel Chanzy, commandant la Sub.^{on} de Tlemcen.

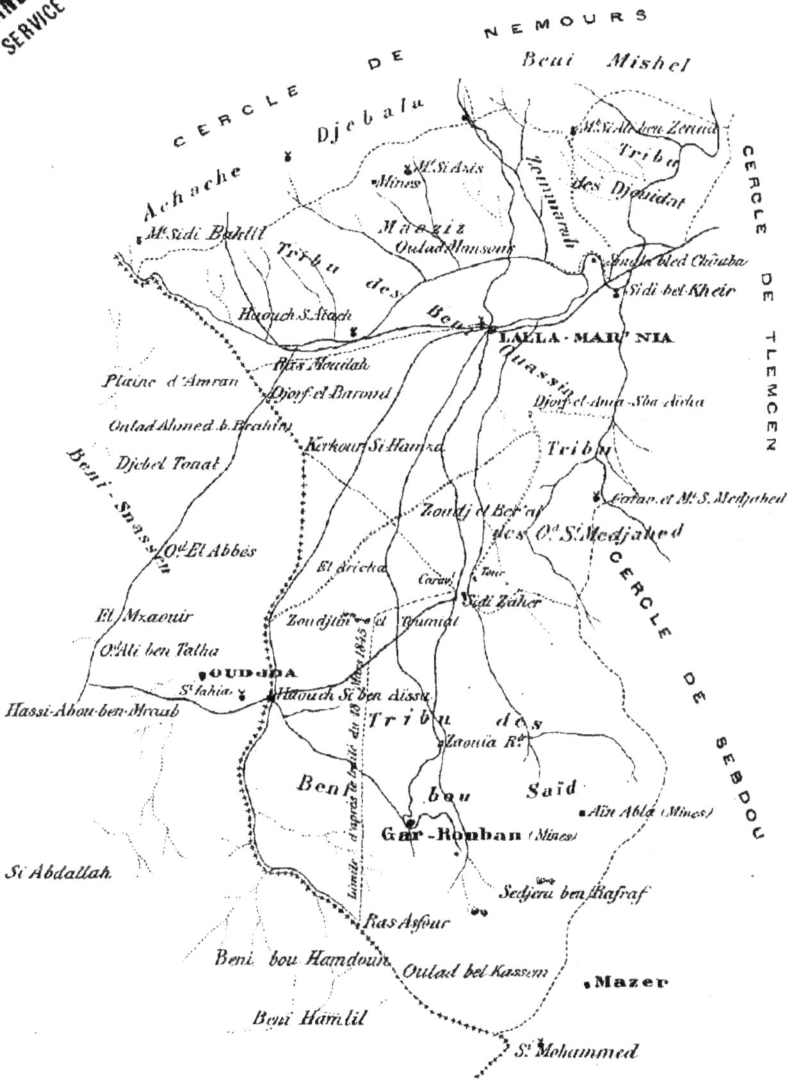

Echelle approximative du 1/400,000.

Gouvernement Général de l'Algérie *(Service des Cartes et Plans).*

» forts perpendiculaires aux montagnes principales,
» ou bien une série de crêtes reliant les montagnes
» plus élevées. C'est le cas de Dra el Doum. Mais ce
» Dra a environ 4 kilomètres de long..... Il fut
» convenu que le point de Dra el Doum devant servir
» de point frontière, serait *un terrain complètement*
» *blanc et parfaitement facile à reconnaître.*

» Mais comment y descend-elle ? En suivant les
» montagnes des Beni Snassen ou bien en suivant les
» montagnes de Birrou ? Cette plaine d'El Aoudj est
» très grande, produit habituellement de très bonnes
» récoltes et est également convoitée par les Marocains
» et les Algériens. Or, du *terrain blanc* dont il vient
» d'être question, descend un ravin, lequel traverse
» toute la plaine d'El Aoudj et se réunit à un autre
» ravin venant de l'ouest. Il y a là un confluent d'où
» sort un ravin plus considérable naturellement et
» qui porte le nom de Ras el Aoudj. Ce confluent
» parut devoir être le point à choisir comme limite
» entre les Beni Snassen, les Beni Ouassin et les
» Achache. La frontière pourrait donc être déterminée
» soit par une droite partant du *terrain blanc* et abou-
» tissant au confluent dit Ras el Aoudj, soit, ce qui
» vaudrait beaucoup mieux, par le cours du ravin,
» sortant du terrain blanc et arrivant à Ras el
» Aoudj [1].......

[1] En juillet 1866, le commandant supérieur de Nemours fit connaître que « d'après Hamdoun, cheikh des Achache, cette ligne » devrait être celle qui est tracée sur le croquis (qu'il envoyait) à

» .... L'amel d'Oudjda admet bien cette limite, » mais les Beni Snassen ne veulent pas la recon- » naître.......

De là elle se dirige à peu près en ligne droite sur Haouch Sidi Aïed. Toutefois le Haouch lui-même reste à 500 coudées (250 mètres environ, du côté de l'est, dans les limites algériennes.

» .... Ras el Aoudj étant un point de départ » bien déterminé,....... une distance de 250 mètres » fut choisie dans la direction de l'est à l'ouest ; » partant de la façade occidentale de l'Haouch, elle » aboutit sur une berge facile à reconnaître et située » sur la rive gauche du ravin d'El Aoudj.

» .... Ce dernier point et Ras el Aoudj sont » reliés par une droite, les Beni Ouassin et les Maro- » cains sont d'accord pour demander que le ravin » d'El Aoudj serve de limite. Il n'y a à cela que des » avantages : car le cours de ce ravin est sensiblement » en ligne droite.

De Haouch Sidi Aïed elle va sur Djorf el Baroud, situé sur l'oued bou Naïm.

» Djorf el Baroud est un point parfaitement connu » de tous les habitants du pays, Algériens et Maro- » cains ; c'est une berge élevée, composée d'assises de » grosses pierres et dominant à pic le cours de l'oued » bou Naïm (rive gauche). Il n'y a là aucune contes- » tation.

De là elle arrive à Kerkour Sidi Hamza.

» Ici, la question est toute différente, Marocains et » Algériens sont en désaccord complet. D'après les

» l'ouest du ravin d'El Aoudj (voir la reproduction de ce croquis, » planche V).

» Il est à remarquer, ajoutait-il, que l'indication donnée par » Hamdoun concorde presque entièrement avec les cartes du pays, » sur lesquelles la ligne frontière entre Dra el Doum et El Aoudj est » indiquée par le ravin portant lui-même le nom d'El Aoudj. »

» Beni Ouassin, ce Kerkour est le N° 1 ; d'après eux le
» Kerkour Sidi Hamza et le Kerkour Si M'hammed
» ben bou Zian[1] ne forment qu'un, et les plénipoten-
» tiaires ont bien eu l'intention de désigner le N° 1, le
» Kerkour Si M'hammed ben bou Zian ; mais il y a eu
» erreur et confusion dans les noms.

» D'après les sujets marocains, au contraire, les
» deux Kerkour sont parfaitement distincts et le
» Kerkour Sidi Hamza est le N° 2. C'est bien celui-là
» dont le traité a voulu parler.

» Mon avis est que le véritable Kerkour Sidi Hamza
» est le N° 2, celui désigné par les Marocains. J'en ai
» eu la conviction, d'abord parce qu'il se trouve sur la
» direction générale de la frontière, et ensuite parce
» que des bergers, des moissonneurs des Beni Ouassin,
» interrogés brusquement et hors la présence de gens
» influents, me l'ont déclaré.

» A l'examen du croquis, on remarquera que la
» frontière se dirigeant sur Zoudj el Ber'al, il était
» beaucoup plus rationnel de choisir le N° 2.

.... De Kerkoum Sidi Hamza à Zoudj el Ber'al ;

» Encore bien que Zoudj el Ber'al soit le nom de
» terrains considérables, les Djemaa désignaient d'un
» commun accord *un point* situé dans la plaine que
» rien ne fait reconnaître[2] et sur lequel on dut mettre

[1] Voir le croquis de la page 75 et la note de la page 76.

[2] Nous avons vu, page 35, note 1, que d'après le général de Mac Mahon, le point de Zoudj el Ber'al était désigné par deux mamelons.

» des pierres ¹ afin que les géomètres pussent le
» retrouver plus tard.

.... Puis longeant à gauche le pays des Oulad Ali ben Talha, jusqu'à Sidi Zahir qui est sur le territoire algérien;

» Interrogés sur ce qu'ils entendaient par Sidi
» Zaher, l'amel d'Oudjda, son cadi et toute leur suite
» déclarèrent que Sidi Zaher était un haouch et que la
» frontière partant de Zoudj el Ber'al arrivait jusqu'à
» la façade occidentale de l'Haouch . . . .

» Ainsi, pour résumer l'opération, un point situé à
» 250 mètres à l'ouest de l'Haouch Sidi Aïed, Djorf el
» Baroud, Kerkour Sidi Hamza, Zoudj el Ber'al,
» Haouch Sidi Zaher, tels sont les points qui, reliés
» par des droites, devraient former la frontière entre
» les Beni Ouassin et le Maroc. »

Ici le colonel Chanzy fait observer que si cette délimitation était adoptée, non seulement les Beni Ouassin, mais encore les Beni ben Saïd, allaient se trouver privés d'un territoire étendu sur lequel ils avaient des droits de propriété incontestables. A l'appui de leurs revendications, ces deux tribus faisaient remarquer que « Zoudj el Ber'al et Haouch
» Sidi Zaher n'avaient jamais été des points de la
» frontière et que cette frontière passait au contraire à
» dix mille mètres de Haouch Sidi Zaher.

» La carte de 1845² indique un tracé sensiblement
» conforme aux revendications de nos tribus. »

---

¹ Ainsi que nous l'avons déjà vu d'après une disposition inscrite dans le § 2 de l'art. 1ᵉʳ du traité de 1845, la limite ne « doit pas être désignée par des pierres. »

² Voir la réduction de cette carte : planche VII.

Sans doute « au moment de la convention interna-
» tionale, notre plénipotentiaire n'a pas parcouru la
» frontière. Il n'eût pas proposé, certainement, une
» délimitation faisant un angle rentrant aussi consi-
» dérable dans notre flanc. Sidi Zaher est sous le
» méridien de Lalla Mar'nia qui ne serait plus alors un
» avant-poste. Les Marocains campés sous Sidi Zaher
» seraient plus près de Tlemcen que nos troupes
» campées à Lalla Mar'nia. »

Dans ces conditions, il parut nécessaire au colonel Chanzy de ne pas borner sa reconnaissance de la frontière à la seule tribu des Beni Ouassin. Il résolut de reconnaître également avec l'amel la partie de cette limite qui longe le territoire des Beni bou Saïd dans le cercle de Mar'nia.

Puis, il prescrivit au commandant supérieur de Sebdou [1] d'exécuter une semblable reconnaissance depuis Ras Asfour jusqu'au Teniet es Sassi, de concert avec un délégué marocain. En même temps, le Commandant supérieur de Nemours dut étudier la frontière du Kiss et examiner les droits de nos administrés et des Marocains sur les terres de l'une ou l'autre rive de ce cours d'eau.

---

[1] En 1866, trois circonscriptions administratives algériennes touchaient à la frontière marocaine ; c'étaient les cercles de Nemours, de Lalla Mar'nia et de Sebdou. Aujourd'hui (1894), l'extension du territoire civil a fait modifier cette organisation. L'autorité militaire, ayant conservé l'administration des tribus qui avoisinent la frontière, le cercle de Lalla Mar'nia s'est augmenté de toutes celles qui dépen-

Poursuivant son étude de la frontière après Sidi Zaher, le colonel Chanzy s'exprime ainsi :

<small>.... Elle remonte sur la grande route jusqu'à Aïn Takbalet, qui se trouve entre l'oued bou Erdu et les deux oliviers nommés El Toumiet, qui sont sur le territoire marocain.
D'Aïn Takbalet, elle monte avec l'oued Rouban jusqu'à Ras Asfour;</small>

« D'après la carte jointe au traité et d'après l'amel
» d'Oudjda, l'oued Rouban serait celui qui passe au
» milieu de la concession des mines. S'il en était ainsi,
» toutes les constructions, et entre autres la fonderie,
» élevées sur la rive gauche de l'oued, se trouveraient
» en territoire marocain. Heureusement l'oued Rouban
» n'existe pas et le ravin qui passe au milieu des mines,
» se nomme *oued Aïache*. Cela a été établi de la manière
» la plus rigoureuse et d'après le témoignage des gens
» les plus anciens du pays, algériens et marocains.

» L'oued dont on a voulu parler est le Chabet
» Rouban, qui, sortant de la pointe occidentale de Ras
» Asfour, se jette dans l'oued Tahert après avoir
» traversé le territoire de la fraction de Rouban, frac-
» tion qui fait partie de la tribu des Beni bou Saïd.

» Ainsi... la frontière irait de Haouch Sidi Zaher à

daient de l'ancien cercle de Nemours supprimé. Au sud, le cercle de Sebdou, réduit d'étendue, est devenu l'annexe d'El Aricha.

Les tribus algériennes, limitrophes de la frontière, sont :

Du cercle de Lalla Mar'nia en 1894.	Beni Mengouch Tahta.. Attia................. Msirda.............. Achache	Du cercle de Nemours en 1866.
	Beni Ouassin.......... Beni bou Saïd.........	Du cercle de Lalla Mar'nia en 1866.
De l'annexe d'El Aricha en 1894.	Beni Snouss-El Khemis. Oulad En Nehar	Du cercle de Sebdou en 1866.

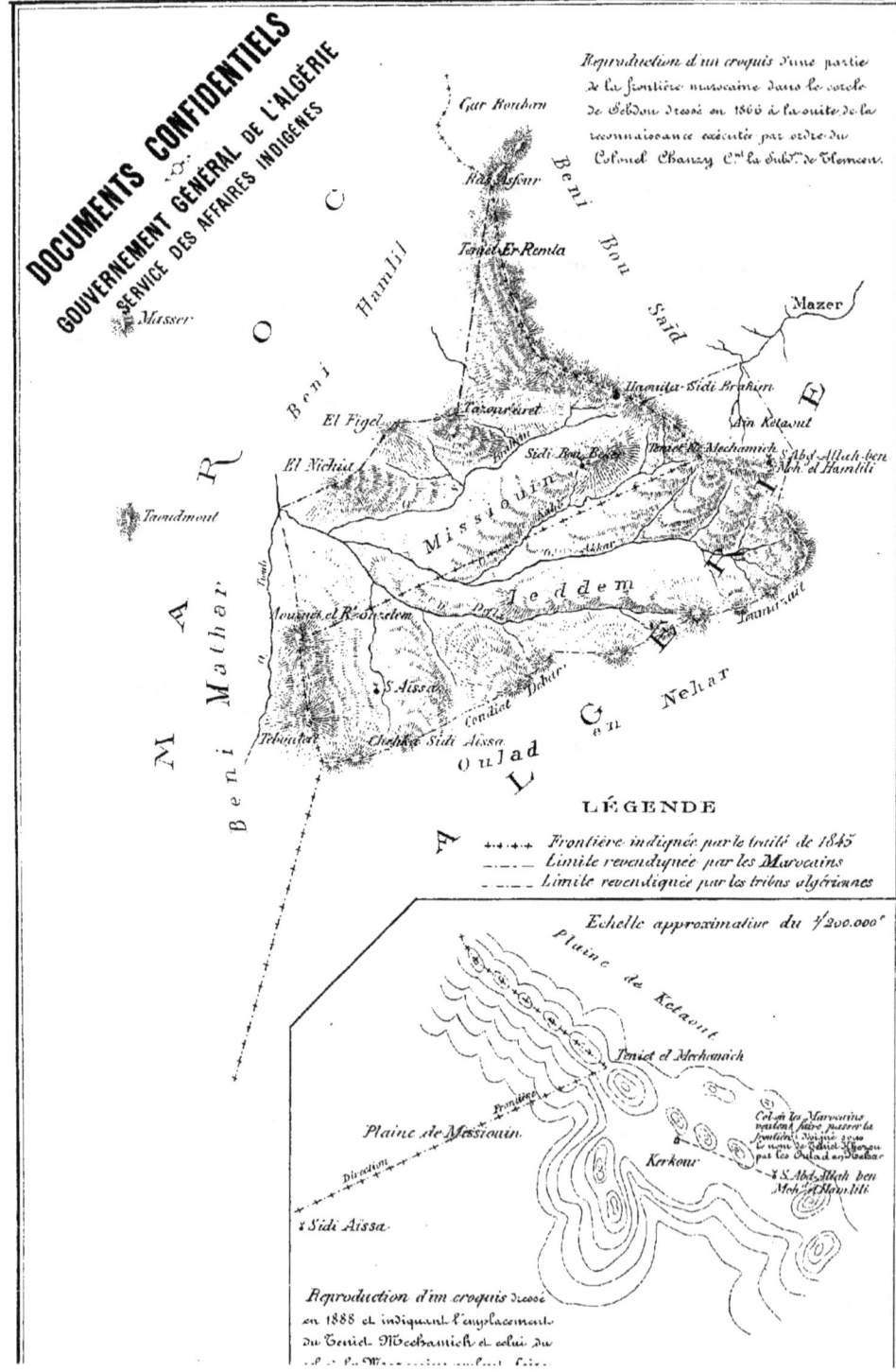

» Aïn Takbalet et de là au confluent du Chabet Rouban dans l'oued Tahert, de là enfin, à Ras Asfour en suivant le cours du ravin.

» Cette délimitation enlèverait aux Beni bou Saïd toutes leurs meilleures terres de labour.

» La plus grande partie de ces terrains n'est pas contestée à nos gens.... »

.... Elle suit au-delà le Kef, en laissant à l'Est le marabout de Sidi Abdallah ben Mohammed el Hamlili; puis après s'être dirigée vers l'Ouest, en suivant le col de El Mechemiche, elle va en ligne droite jusqu'au marabout de Sidi Aïssa, qui est à la fin de la plaine de Missiouin. Ce marabout et ses dépendances sont sur le territoire algérien. De là elle court vers le sud jusqu'à Koudiet el Debbar', colline située sur la limite extrême du Tell (c'est-à-dire le pays cultivé). De là elle prend la direction Sud jusqu'à Kheneg el Hada, d'où elle marche sur Teniet es Sassi, col dont la jouissance appartient aux deux empires.

A partir de Ras Asfour la reconnaissance de la frontière se poursuivit dans le cercle de Sebdou[1]. Elle permit de relever une erreur de la carte de 1845 en ce qui concerne le point appelé Sidi Aïssa : « Le Coudiat Debar' se trouve directement à l'est de la Koubba et non au sud. »[2]

Les Oulad En Nehar revendiquèrent alors tous les terrains situés à l'ouest de cette limite et englobés dans une ligne qui, « partant du point ouest des dépendances de Sidi Aïssa se dirige sur El Nichia, El Figel, Tazour'aret et va aboutir à Ras Asfour. » Ils faisaient remarquer que leur tribu ayant été internée dans le Tell pendant plusieurs années par l'autorité française, les Beni Hamlil marocains avaient profité de leur éloignement momentané pour s'emparer de leurs terres.

---

[1] Voir la reproduction du croquis de la frontière établi dans le cercle de Sebdou en 1866 : planche IV.

[2] D'après le rapport établi à Sebdou en 1866, « cette erreur doit être le résultat d'un manque d'accord en 1845 sur la signification du mot « guebla » qui, d'après les indigènes, veut aussi bien dire le côté où se lève le soleil et vers lequel on se tourne pour faire sa prière, que le Sud proprement dit. »

Ils ajoutaient qu'ils possédaient réellement « sur le
» territoire marocain une étendue de terrain, allant
» depuis les portes d'Oudjda jusqu'au pays des Beni
» Iala [1] et de là à Tiouli.

» De leur côté, les Beni Hamlil indiquaient, comme
» limite de leurs prétentions, une ligne qui partant
» de Sidi Aïssa qu'ils prétendaient devoir être à eux
» ainsi que ses dépendances [2], passe par Coudiat Debar',
» Toumazaït, Sidi Abdallah, Aïn Ktaout et va jusqu'à
» la limite du territoire de Mazer.

» Ils disaient que la limite établie entre les deux
» empires étant la ligne qui passe à Ras Asfour et au
» col de Mechamich, ils ne pouvaient admettre qu'elle
» suivît la crête des montagnes entre ces deux points
» et faire ainsi la courbe qui existe sur la carte signée
» par les plénipotentiaires de la France et du Maroc ;
» ils la supposent droite. Le terrain d'Aïn Ktaout
» serait forcément compris en grande partie à l'ouest
» de cette ligne. De là, suivant eux, la frontière doit
» aller à Sidi Abdallah ben Mohammed el Hamlili
» dont ils revendiquent l'habous ; car, disent-ils, la
» Koubba élevée à Sidi Abdallah [3], marabout de leur

---

[1] Les Oulad En Nehar réclamaient en outre 52 sekkas (charrues de labour), à Tadouaout, dans le pays des Beni Iala.

[2] Les Beni Hamlil « reconnaissent que Sidi Aïssa a été enterré » par les Oulad En Nehar et que la piété de ces derniers seulement » a constitué l'habous qui existe. »

[3] Les Oulad En Nehar affirment « que Sidi Abdallah, venu malade » sur le point qui porte son nom, y est mort, et a été enterré là » par leurs soins. Ils auraient élevé eux-mêmes la Koubba.

» tribu, n'a pu l'être que sur un territoire leur appar-
» tenant [1]. »

Tel fut le résultat de la reconnaissance de la frontière dans le cercle de Sebdou. Aucune observation ou revendication ne fut présentée tant par les Algériens que par les Marocains pour la partie de la limite comprise entre Sidi Aïssa et Teniet es Sassi, ainsi que l'a définie le traité de 1845.

[1] La question des cultures dans la plaine de Missiouïn est chaque année l'occasion de violentes discussions entre les Oulad En Nehar et les Beni Hamlil.

En août 1874, en juin 1875, les Beni Hamlil ont exposé leurs prétentions qui tendent à réserver à eux seuls la jouissance de toute la plaine de Missiouïn.

En 1877, ils ont déclaré que leur seul but en soulevant des conflits était de provoquer les plaintes des Oulad En Nehar afin de pouvoir reproduire leurs revendications au sujet du tracé de la frontière.

Une entrevue eut lieu, le 2 mars 1877, entre le capitaine Calley Saint-Paul, chef du bureau arabe de Sebdou, et les délégués de l'amel.

Le capitaine, pour éviter le retour de nouvelles difficultés entre les Oulad En Nehar et les Beni Hamlil, proposa de faire provisoirement une ligne que ces derniers ne dépasseraient ni avec leurs tentes, ni avec leurs troupeaux ; de même les Oulad En Nehar resteraient en deçà d'une ligne conventionnelle qu'il leur serait interdit de dépasser jusqu'à nouvel ordre. Cette proposition fut adoptée.

Le cadhi d'Oudjda fixa, comme ligne conventionnelle, aux Beni Hamlil, une colline désignée sous le nom de Terrichet et située un peu au-delà de la frontière vers le Maroc. Du côté des Oulad En Nehar, la ligne conventionnelle part du col de Mechamich, passe par le col d'Aïn Kelib et laisse toute la plaine de Missiouïn à l'ouest.

Le gouverneur général approuva, le 29 mars 1877, les dispositions qui avaient été prises relativement à l'indication d'une zone devant rester neutre jusqu'à la fin du litige.

Dans le cercle de Nemours la reconnaissance fut faite dans le but plus spécial d'établir les droits des Algériens et des Marocains à la propriété des terres « melk »[1], situées en deçà ou au-delà de la limite des deux États[2].

C'est qu'ici, au moins dans sa première partie, la frontière est exactement fixée par le cours de l'oued Kiss depuis la mer jusqu'à Ras el Aïoun. Il ne peut donc s'y produire d'autres contestations que celles relatives à la possession de propriétés privées.

Le rapport, établi à Nemours en 1866, donne à ce sujet les renseignements suivants :

Les Oulad Mansour marocains ont été les premiers occupants du cours inférieur du Kiss. Deux de leurs douars possèdent encore des terres sur la rive droite.

Les Beni Mengouch Tahta algériens[3], venus dans le pays après les Oulad Mansour, leur achetèrent des terres sur les deux rives du fleuve.

Les Attia[4] vinrent à leur tour s'installer sur le cours supérieur du Kiss (rive droite) et achetèrent des terres aux Msirda, tout en conservant leurs propriétés de la rive gauche.

De Ras el Aïoun à El Aoudj, la frontière était encore

---

[1] Propriétés privées, par opposition aux terres sabega ou arch qui sont collectives.

[2] Voir la reproduction du croquis de la frontière établi dans le cercle de Nemours en 1866 : planche V.

[3] Fraction originaire des Beni Snassen.

[4] Fraction originaire des Beni Khaled (Beni Snassen).

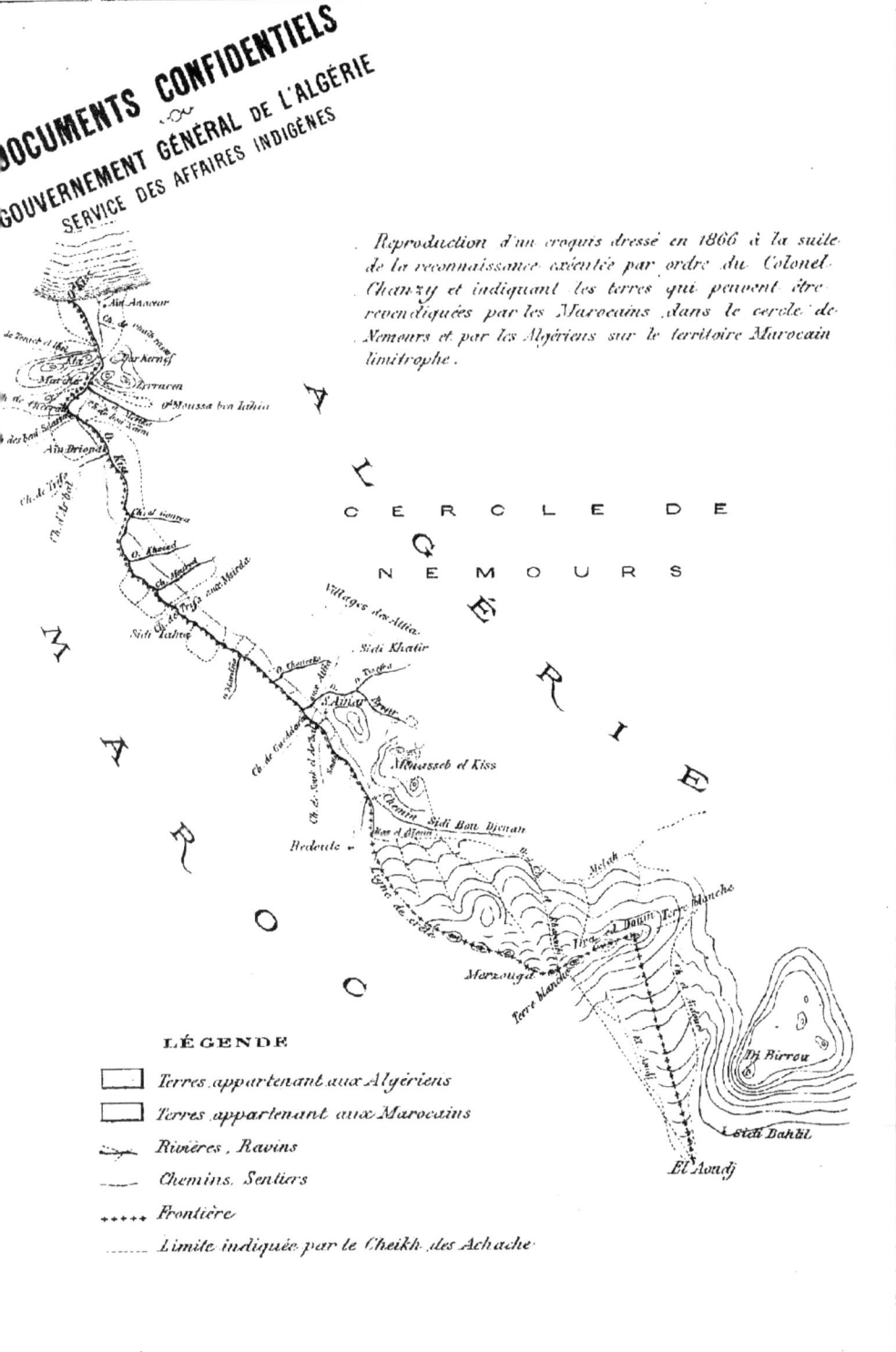

comprise dans le cercle de Nemours. Quoique cette partie eût déjà été examinée, comme nous l'avons vu, par le colonel Chanzy et l'amel d'Oudjda, le commandant supérieur du cercle de Nemours crut devoir en faire l'étude au point de vue des terres melk qui s'y trouvent.

Il fut alors constaté que de Ras el Aïoun à Dra el Doum « la limite laisse à l'est une étendue de terri- » toire assez considérable, appartenant aux Oulad el » Moungar, fraction des Beni Snassen » et limitée par la ligne de crête, qui, entre Ras el Aïoun et Dra ed Doum, forme la frontière, l'oued Melah et le Chabet el Karouba.

Enfin, il fut établi que, vers les premières années du XIXe siècle, les Beni Drar [1] s'étaient emparés sur les Beni Ouassin, qui en étaient alors propriétaires, « d'une assez grande étendue de territoire située à l'est « de la ligne joignant Dra ed Doum à El Aoudj. » Depuis, les Beni Drar n'ont jamais abandonné ce territoire. Car, en thèse générale, « le traité de 1845 n'a » apporté aucun changement à ce qui existait aupara- » vant au point de vue de l'occupation des terres. » Après 1845, comme avant, les propriétés collectives » ou particulières restèrent entre les mains de leurs » possesseurs. »

Cette longue et minutieuse enquête, tout en recueillant les opinions émises, avait permis de constater les

---

[1] Des Beni Snassen.

inconvénients qui devaient résulter de la stricte application de la ligne frontière indiquée par le traité de 1845. Elle avait servi, en même temps, à relever une différence assez considérable existant entre la limite fixée par le traité et celle portée sur la carte qui lui était annexée [1]. Elle avait enfin fait ressortir que la frontière telle que l'a décrite cette convention, n'est pas celle qui est réellement reconnue par les populations limitrophes et que l'obligation pour nous de nous renfermer dans la limite stipulée présenterait plusieurs inconvénients graves dont le principal serait, sans contredit, la perte pour nos tribus de Lalla Mar'nia d'une superficie d'environ 10.000 hectares d'excellentes terres qu'elles détiennent depuis un temps immémorial. C'est ce que le gouverneur général fit remarquer au ministre de la guerre en lui transmettant les résultats de cette enquête.

Mais, cette fois encore, la question de la frontière, soulevée par les opérations de délimitation de la tribu des Beni Ouassin, resta en suspens. Du reste, l'application du senatus-consulte [2] de 1863, momentanément arrêtée vers cette époque, rendait moins urgente une nouvelle fixation de la limite entre les deux États.

La situation ne fut donc nullement modifiée ; elle ne fit même qu'empirer chaque jour par ce fait que les

[1] Voir la réduction de cette carte : planche VII.

[2] Le travail de délimitation des Beni Ouassin établi en 1866, n'a jamais été homologué. Les opérations de la constitution de la propriété dans cette tribu, n'ont pas été reprises depuis cette époque.

Marocains, comme nos administrés, labouraient le long d'une frontière indécise où des similitudes de noms de lieux permettaient à nos tribus et à celles du Maroc, de proposer deux limites différentes. De là, des conflits fréquents ; de là encore, de graves difficultés chaque année pour obtenir des Marocains le paiement de l'impôt achour qu'ils nous devaient pour leurs cultures.

Dans les derniers jours de 1873, le général Carteret, commandant la subdivision de Tlemcen, prescrivit de recenser, en vue du paiement de l'impôt, les Marocains qui cultivaient sur notre frontière. Mais cette opération ne pouvant que présenter de grandes difficultés dans la pratique, cet officier général décida, pour les résoudre, de fixer, de concert avec les chefs des tribus marocaines limitrophes, les points qui seraient considérés provisoirement comme frontière [1].

Cette proposition ayant été agréée, le capitaine Boutan, chef du bureau arabe de Lalla Mar'nia, se rencontra avec les chefs marocains sur la frontière.

---

[1] Déjà en mai 1873, le général Dastugue, commandant alors la subdivision de Tlemcen, profitait d'une visite qu'il fit à Oudjda pour convenir avec l'amel que dans une zone déterminée de pays située entre l'Algérie et le Maroc, et revendiquée par les deux gouvernements, il ne serait pas payé d'impôt, ni par les Algériens, ni par les Marocains.

En outre, le versement de l'achour revenant au gouvernement français pour toutes les cultures des Marocains qui se trouvent à l'est de cette bande de terrain, devait avoir lieu avant la moisson, c'est-à-dire vers le 20 mai et cela pour éviter toute difficulté ultérieure.

Il en était absolument de même pour les redevances à payer au gouvernement marocain par les Algériens qui cultivent à l'ouest de cette ligne de démarcation.

Cette reconnaissance donna les résultats suivants, qui sont extraits du rapport adressé par le général Carteret [1] :

« Le tracé de la frontière entre Dra ed Doum et Ras
» el Aoudj ne fut point examiné ; les Marocains (Beni
» Drar) sont autorisés à camper dans la portion du
» territoire des Achache qu'ils revendiquent et dont les
» limites sont comprises entre la frontière à l'ouest, le
» chemin des Beni Snassen à Adjeroud au nord, les
» ravins de Tamsit et de Aïdour, ainsi que le Djebel
» Birrou à l'Est, et enfin les points de Sidi Bahlil et de
» Ras el Aoudj au sud.

» Le point de Dra el Doum avait été déterminé en
» 1866 ; il donnera néanmoins lieu plus tard à des
» difficultés.

» Le point de Ras el Aoudj fut considéré comme
» étant à la jonction d'un lit de rivière allant du nord
» au sud et d'une ligne partant de la Koubba de Sidi
» Bahlil [2] vers l'ouest, c'est à peu près le même point
» que celui proposé en 1866.

» De là, une ligne droite aboutit à 250 mètres à
» l'ouest de Sidi Aïed.

[1] Voir la repropuction du croquis annexé à ce rapport : planche VI.

[2] En 1888, une conférence eut lieu entre le khalifa de l'amel d'Oudjda et le chef du bureau arabe de Lalla Mar'nia, le capitaine de Saint-Julien. D'un commun accord, la limite, adoptée en 1874, fut modifiée par une ligne qui, partant de Sidi Bahlil, allait rejoindre Hassi Mokaddem Ahmed bou Chetat, dans l'oued El Aoudj. (Voir planche IX).

Planche VI

DOCUMENTS CONFIDENTIELS
GOUVERNEMENT GÉNÉRAL DE L'ALGÉRIE
SERVICE DES AFFAIRES INDIGÈNES

Reproduction d'un croquis dressé en 1874 à la suite de la reconnaissance du Capitaine Boutan, Chef du bureau arabe de Lalla Mar'nia, et indiquant les zones neutres déterminées par cet officier de concert avec l'amel d'Oudjda.

Dra ed Doum — Chabet Tamsit — Ch. Aidour — Dj. Birrou
Ras-el-Aoudj — Haouch Sidi Bahlel

M. Sidi Aïed
Guebar Ferahoum
Djorf el Baroud — Kerkour Si Hamza N°2 (Kerkour-el-Miad)
(D'après les Marocains)
Kerkour Si Hamza N°1 — Kerkour Si Mhammed ben bou Zian
(D'après les Algériens)
Zoudj el Ber'al

Haouch Sidi Zaher
Si Iahia — Caravansérail de Sidi Zaher
El Tourniet — Aïn Takbalet

Haouch S.t ben Aïssa
Kerkour Mezaouir
Coudiat el Amra Aouid

Coudiat el Kedima
Ras Tahert
Coudiat el Beïda — Ras Asfour

Col de Mechamich

LÉGENDE

─── Frontière revendiquée par les Algériens
─── Frontière revendiquée par les Marocains

Echelle du $\frac{1}{400.000}$ environ.

Gouvernement Général de l'Algérie (Service des Cartes et Plans).

» Le point de Djorf el Baroud fut contesté, les chefs
» marocains le plaçaient à celui que les Algériens
» nomment Guebar Ferahoum. Un accord intervint
» d'après lequel le point adopté est celui qui se trouve
» sur l'oued bou Naïm, en amont de Guebar Ferahoum
» et par conséquent le plus au sud-ouest. La limite
» part donc de 250 mètres à l'ouest de Sidi Aïed, pour
» arriver en ligne droite à cet endroit.

» Il n'a pas été possible d'arriver à une entente au
» sujet du point de Kerkour Sidi Hamza. Les Maro-
» cains ont fait tout récemment un Kerkour ou tas de
» pierres et prétendent que c'est le point désigné par
» le traité de 1845 : les Beni Ouassin affirment que le
» même point est nommé Kerkour el Mïad[1] et que le
» Kerkour Sidi Hamza existe à 2 kilomètres plus au
» sud-ouest.

» Pour ne pas soulever de discussion, le capitaine
» Boutan crut devoir tourner la difficulté : il proposa
» de laisser provisoirement comme terrain neutre, en
» quelque sorte, le losange compris entre Djorf el
» Baroud, Zoudj el Ber'al et les deux Kerkour Sidi
» Hamza, c'est-à-dire de ne considérer comme chez
» nous que les Marocains campés en deçà de la limite
» qu'ils réclament et de ne regarder comme établis au
» Maroc que les indigènes algériens placés à l'ouest de
» la limite que nous revendiquons. Les indigènes
» présents ont adhéré à cette solution.

[1] Voir à ce sujet page 75.

» Les points de Zoudj el Ber'al et de Haouch Sidi
» Zaher ne soulevèrent aucune contestation, la fron-
» tière est formée par la ligne droite qui les réunit.

» En partant du cimetière de Sidi Zaher, la limite
» suit *la grande route dite Trek el Hadj Sultan*
» jusqu'au point où cette route coupe l'oued bou Erda,
» cela était indiscutable. Mais ce point est, contrai-
» rement à ce qui est porté sur le texte du traité, fort
» loin de Aïn Takbalet. En outre, cette source est
» située dans le lit même de la rivière et non *entre*
» *l'oued bou Erda et les deux oliviers nommés El*
» *Toumiet, qui sont sur le territoire marocain.*

» Le capitaine Boutan, s'appuyant sur cette dernière
» phrase du texte du traité, demanda que la ligne
» frontière fût considérée comme partant du point
» milieu entre le cours d'eau et les oliviers de Toumiet
» et se dirigeant parallèlement au lit de la rivière
» jusqu'au point où cette ligne rencontrerait la *grande*
» *route*.

» Les délégués marocains ne furent pas de cet avis :
» ils ont pensé que l'on ne devait pas considérer le
» point situé *entre l'oued bou Erda et les oliviers*
» *nommés El Toumiet*, mais seulement la source de
» Takbalet, quelle que fût d'ailleurs sa position. Ils ont
» voulu, en conséquence, que la frontière fût consi-
» dérée comme suivant le lit même de la rivière
» depuis Aïn Takbalet jusqu'à la *grande route*.

» Mais là ne s'arrêtèrent pas les divergences d'opi-
» nions.

» De Aïn Takbalet, dit le texte du traité, *la fron-*
» *tière monte avec l'oued Rouban jusqu'à Ras Asfour.*
» Or, l'oued Rouban est très éloigné de Aïn Takbalet;
» son point le plus rapproché de cette source est son
» confluent avec l'oued Tahert. Afin que la frontière
» puisse *monter avec l'oued Rouban jusqu'à Ras Asfour*,
» le capitaine Boutan pensa qu'elle devait prendre ce
» cours d'eau à partir de son embouchure, et par
» conséquent aller d'abord en ligne droite du point
» milieu entre l'oued bou Erda et El Toumiet jusqu'à
» Tahert. Il y a du reste un chemin qui suit exacte-
» ment cette ligne.

» Les délégués marocains pensèrent que la frontière
» ne devait suivre que la *portion supérieure de l'oued*
» *Rouban* et qu'il fallait, par conséquent, tirer une
» ligne droite depuis le point milieu du parcours de
» cette rivière jusqu'à Aïn Takbalet.

» Aucun des délégués n'ayant qualité pour inter-
» préter le texte du traité inapplicable sur le terrain,
» il fut convenu, comme il avait été fait pour le terri-
» toire situé entre Djorf el Baroud et Zoudj el Ber'al,
» de laisser neutre en quelque sorte, jusqu'au régle-
» ment définitif de la question, le territoire contesté,
» qui comprend plus de 5.000 hectares.

» Les Marocains campés dans la zone contestée
» seront provisoirement regardés comme étant au
» Maroc et les Algériens campés dans la même zone
» seront considérés comme étant en Algérie. »

Dans le cercle de Sebdou, une reconnaissance de la

frontière fut également exécutée en 1874, sur les ordres du général Carteret ; ses résultats furent négatifs, car le délégué marocain ne voulut point « admettre comme
» point limite le col bien connu de Mechamich. Il
» prétendit que de la Koubba de Sidi Abdallah ben
» Mohammed El Hamlili, on devait mesurer 1600
» mètres vers l'ouest et arriver à un petit col situé à
» l'est de celui de Mechamich.

» Il n'est pas question dans le texte français du
» traité d'une mesure de 1600 mètres.

» En 1845, Marocains et Algériens ont admis sans
» conteste comme limite entre Ras Asfour et le col de
» Mechamich une crête rocheuse parfaitement
» dessinée et désignée sous le nom de Kef par la
» lettre du traité susvisé.

» La convention laisse à l'est de la limite, c'est-
» à-dire chez nous, le dit marabout du col ; la limite
» est une ligne droite se dirigeant sur le marabout de
» Sidi Aïssa dont les dépendances nous sont laissées,
» mais il ne parle nullement d'une ligne se dirigeant
» vers l'ouest pendant 1600 mètres pour atteindre un
» petit col voisin et situé à l'est de celui de Mecha-
» mich. Il faudrait pour cela que le traité indiquât
» que la limite passe par la Koubba de Sidi Abdallah
» ben Mohammed el Hamlili; ce qui est complètement
» inexact, le traité portant au contraire [1] : *Elle suit*

[1] En 1877, en 1888, la question du col de Mechamich dut être examinée de nouveau avec un délégué de l'amel, mais chaque fois ce dernier ne voulut pas admettre les termes, cependant précis, du traité

» *au delà* le Kef, en laissant à l'est le marabout de
» Sidi Abdallah ben Mohammed el Hamlili ; puis,
» après s'être dirigée vers l'ouest, en suivant le col de
» Mechamich, elle va en ligne droite jusqu'au mara-
» bout de Sidi Aïssa qui est à la fin de la plaine de
» Missiouïn. »

Le modus vivendi, adopté en 1874, créant des zones neutres sur la frontière, aurait pu empêcher bien des difficultés d'avenir sans la mauvaise foi que les tribus marocaines mettent à son application, sans l'incertitude de la détermination de la plupart des points de la frontière, et aussi sans le manque d'autorité qui caractérise tous les fonctionnaires marocains.

Le paiement de l'impôt achour, dû chaque année par les Marocains qui ont labouré sur notre territoire, est une nouvelle source de difficultés périodiques. A peine la conférence de 1874 était-elle terminée, que des difficultés de ce genre surgissaient.

Les Angad el Beni Drar avaient, cette année-là, labouré en deçà de la frontière 75 charrues et les Beni Hamlil 42. Les premiers devaient payer pour ces labours 5.310 fr. d'impôt, les seconds 2.180 fr.

Après de longs pourparlers avec l'amel pour obtenir le versement de ces sommes, le Gouverneur dut décider (27 juin 1874) de prélever sur les récoltes la valeur nécessaire pour garantir le paiement de l'impôt.

---

de 1845, subissant en cela l'influence des Beni Hamlil, auxquels il n'osait pas dire que leurs prétentions étaient injustifiées.

Voir le croquis dressé à ce sujet en 1888 : planche **IV** (papillon)

Les mesures militaires à prendre, en cas de nécessité, pour effectuer l'opération, ne devaient consister qu'à assurer la saisie de la quantité de grains voulue. Il était, en effet, important d'éviter tout mouvement de troupes qui dépasserait le but[1].

Un escadron de chasseurs, un bataillon d'infanterie et deux pièces de canon furent envoyés à Lalla Mar'nia. Le général Carteret, commandant la subdivision de Tlemcen, s'y rendit lui-même. Devant ce déploiement de forces, l'amel se hâta d'annoncer le versement prochain de l'impôt. Il fut payé le 16 septembre, sans difficulté, pour les Angad et les Beni Drar. — Quant aux Beni Hamlil, ils ne s'acquittèrent que l'année suivante.

Pour éviter à l'avenir de semblables retards, l'amel fut prévenu que nous exigerions le paiement de l'impôt avant que la récolte ne fût enlevée, c'est-à-dire dans le courant du mois de mai de chaque année. Malgré cela, l'amel chercha, dès 1875, à nous créer de nouvelles difficultés. Il refusa de verser l'impôt avant d'avoir reçu les instructions qu'il prétendait avoir demandées au Sultan. Bref, après de longs pourparlers, l'impôt fut versé.

---

[1] Pour parer aux difficultés qui s'étaient présentées jusqu'alors lorsque les cultivateurs marocains, qui avaient labouré sur notre territoire, étaient invités à verser l'impôt achour, il fut convenu avec l'amel que, dorénavant, tous les Marocains qui se trouvaient dans ce cas, paieraient l'impôt à raison de 60 fr. par charrue, au lieu de verser, comme nos administrés algériens, un impôt (achour) calculé sur la quotité de la production des cultures.

Mais on dut cette fois encore, pour obtenir ce résultat, avoir recours à la saisie momentanée d'une partie des céréales des Marocains.

En résumé, les vices du traité de 1845 ont fait l'objet des préoccupations constantes de nos représentants les plus élevés en Algérie.

En dernier lieu, M. Albert Grévy, en 1879, appelait l'attention du Gouvernement sur cette question, mais particulièrement, cette fois, en ce qui concerne les lacunes de la délimitation au sud-ouest de l'Algérie, indiquée dans l'article 4 du traité [1].

Depuis cette époque, la question de la révision de la frontière n'a plus été soulevée par nous [2]. Mais des

---

[1] Cette partie de la question sort du cadre de cette étude ; elle sera traitée dans le volume suivant.

[2] Si, pour notre part, nous semblons avoir laissé cette question de côté, par contre, le Sultan a cherché, à différentes reprises, à la soulever et notamment, en 1892, lors du voyage à Fez de notre représentant au Maroc, M. le comte d'Aubigny. Sa Majesté Chérifienne, en butte à nos réclamations continuelles, proposa la réunion d'une commission internationale pour réviser le tracé de la frontière. Elle voyait surtout là un moyen de réduire sensiblement nos constantes demandes d'indemnités pour nos administrés, lésés par les fréquents attentats des sujets Marocains.

Mais l'adoption d'une pareille mesure allait porter atteinte au statu quo ; elle risquait, par suite, d'éveiller les méfiances d'un Gouvernement étranger. Aussi se borna-t-on à faire connaître au Gouvernement Marocain que nous n'entendions pas mettre en cause le traité de 1845.

Rappelons également qu'en septembre 1876, lors de la visite que le général Osmont, commandant la division d'Oran, rendit au Sultan de passage à Oudjda, la question de la révision de la frontière fut soulevée par le premier vizir, Si Moussa. Ce haut fonctionnaire

incidents de toute nature [1] ont continué à se produire, tenant constamment en haleine tant nos tribus limi-

Marocain proposait de régler, d'une manière définitive, les points litigieux de cette limite, entre le Teniet es Sassi et la mer. Le commandant de la division d'Oran, n'ayant pas qualité pour aborder cette affaire, ne put que repousser courtoisement l'ouverture qui lui avait été faite par Si Moussa.

Au printemps de l'année suivante, lorsque notre ministre à Tanger, M. de Vernouillet, présenta ses lettres de créance à la cour de Fez, la question fut directement abordée par le Sultan qui fit ressortir la nécessité d'une frontière bien déterminée entre les possessions des deux États. Notre représentant, conformément à ses instructions, s'efforça d'éluder la question en invoquant les difficultés très réelles qu'il y aurait pour les deux Gouvernements et surtout pour le Gouvernement Chérifien, à composer le personnel chargé des travaux graphiques.

[1] Ces incidents donnent lieu à de continuelles revendications adressées par nous au Gouvernement Marocain, qui finit généralement par nous accorder les indemnités que nous réclamons.

C'est ainsi, pour ne citer que ces faits, qu'en février-mai 1880, une entrevue eut lieu, sur nos instances, à Tlemcen, entre le général Louis, commandant la subdivision, et un délégué de la cour de Fez, Moulai Ahmed ben el Arbi el Belr'itsi. Toutes les affaires pendantes (vols, agressions, etc.), furent réglées, et le Gouvernement Marocain s'engagea à nous payer les sommes suivantes destinées à indemniser nos administrés lésés, à savoir :

      le 1er octobre 1880................ 143.355 fr.
      le 1er janvier 1881................ 167.000 »

De notre côté, nous nous engagions à verser au Maroc, le 1er octobre 1880, la somme de 17.000 fr., pour déprédations commises par nos gens.

En outre, sur les observations du général Louis, Moulai Ahmed fit connaître que des ordres avaient été donnés par le Sultan pour prescrire aux tribus marocaines de la frontière, de repousser par tous les moyens, les rebelles du territoire français réfugiés au Maroc, d'abandonner toute idée d'incursion sur le territoire algérien, de

trophes appelées à en supporter le préjudice immédiat que nos officiers chargés de leur administration. C'est ainsi qu'en 1893, pour citer un fait tout récent, au mois de mai, le commandant supérieur de Lalla Mar'nia dut employer l'intimidation pour obtenir la rentrée au Maroc de plusieurs douars des Beni Drar qui avaient franchi la frontière [1]. Sur les observations qui leur étaient faites, ils quittaient le territoire de la tribu algérienne où ils campaient pour aller s'installer

demeurer dans leurs limites, de chasser de leur pays Si Kaddour ben Hamza (Oulad Sidi Cheikh Cheraga) et tous ses adhérents, gens de désordre, et de cesser toute relation et tout compromis avec eux.

Le premier versement fut effectué à la date fixée ; le second n'eut lieu qu'en juillet 1881, après une nouvelle conférence du général Louis avec l'amel d'Oudjda.

Tout récemment encore (1893), la cour de Fez, sur les réclamations de notre ministre à Tanger, a versé deux nouvelles sommes entre nos mains : la première, montant à 56.715 fr., était destinée à indemniser ceux de nos administrés qui avaient eu à supporter des déprédations de la part de sujets marocains ; la seconde, s'élevant à 233.745 fr., devait être remise aux Hamian pour les indemniser des préjudices qu'ils avaient subis au Tafilalet en 1892, où leur caravane annuelle, attaquée à l'improviste, avait dû battre précipitamment en retraite, en éprouvant de grosses pertes.

Rappelons ici que, d'après les instructions données en 1876 par le général Chanzy, gouverneur général, le général commandant la subdivision de Tlemcen a seul qualité pour correspondre avec l'amel d'Oudjda et traiter avec lui les questions d'importance secondaire ou d'un intérêt immédiat.

[1] Il fallut déployer une force relativement sérieuse : 150 cavaliers des goum, appuyés par une compagnie de zouaves et un peloton de spahis, pour faire déguerpir les 70 tentes des Beni Drar qui campaient chez nous.

dans la tribu voisine. Ce n'est qu'après avoir porté ainsi successivement leurs campements chez les Msirda, les Achache et les Beni Ouassin qu'ils se décidèrent à rentrer dans leur pays.

A la fin de novembre suivant, ces mêmes douars sont revenus sur notre territoire, mais cette fois pour y labourer les terres qu'ils ont l'habitude d'y cultiver, sans toutefois avoir voulu en solliciter au préalable l'autorisation [1], bien que le bureau arabe de Lalla Mar'nia ait poussé la condescendance jusqu'à leur assurer que cette permission leur serait accordée.

En somme, il n'y a pas de frontière nettement caractérisée, ni tracée avec précision à partir de l'endroit

---

[1] Toutes les réclamations adressées en cette circonstance aux autorités marocaines de la frontière, restèrent sans effet ; on n'obtint que des réponses dilatoires. Dans ces conditions, le Ministre des Affaires étrangères, sur la proposition du Gouverneur général, décida, le 24 décembre, de faire adresser aux Beni-Drar, qui labouraient sur notre territoire, une dernière sommation de se retirer, puis, en cas de résistance de leur part, d'opérer contre eux une démonstration armée, dont l'exécution serait confiée à des contingents indigènes recrutés parmi nos tribus, sous la direction de l'autorité militaire. Ces mesures ne purent être mises à exécution par suite de la terminaison des labours faits par les Marocains qui s'étaient, aussitôt après, retirés au-delà de la frontière.

Des dispositions, approuvées par M. le Ministre des Affaires étrangères, ont été arrêtées d'avance pour empêcher une nouvelle violation de notre territoire par ces étrangers au moment de la récolte. Il a été décidé qu'on ne leur accorderait l'autorisation de moissonner qu'autant qu'ils l'auraient sollicitée et qu'ils auraient payé une légère amende en punition de leur incursion précédente. En cas de refus de leur part de se soumettre à ces formalités, une démonstration armée serait effectuée contre eux dans les conditions indiquées précédemment.

Planche VII

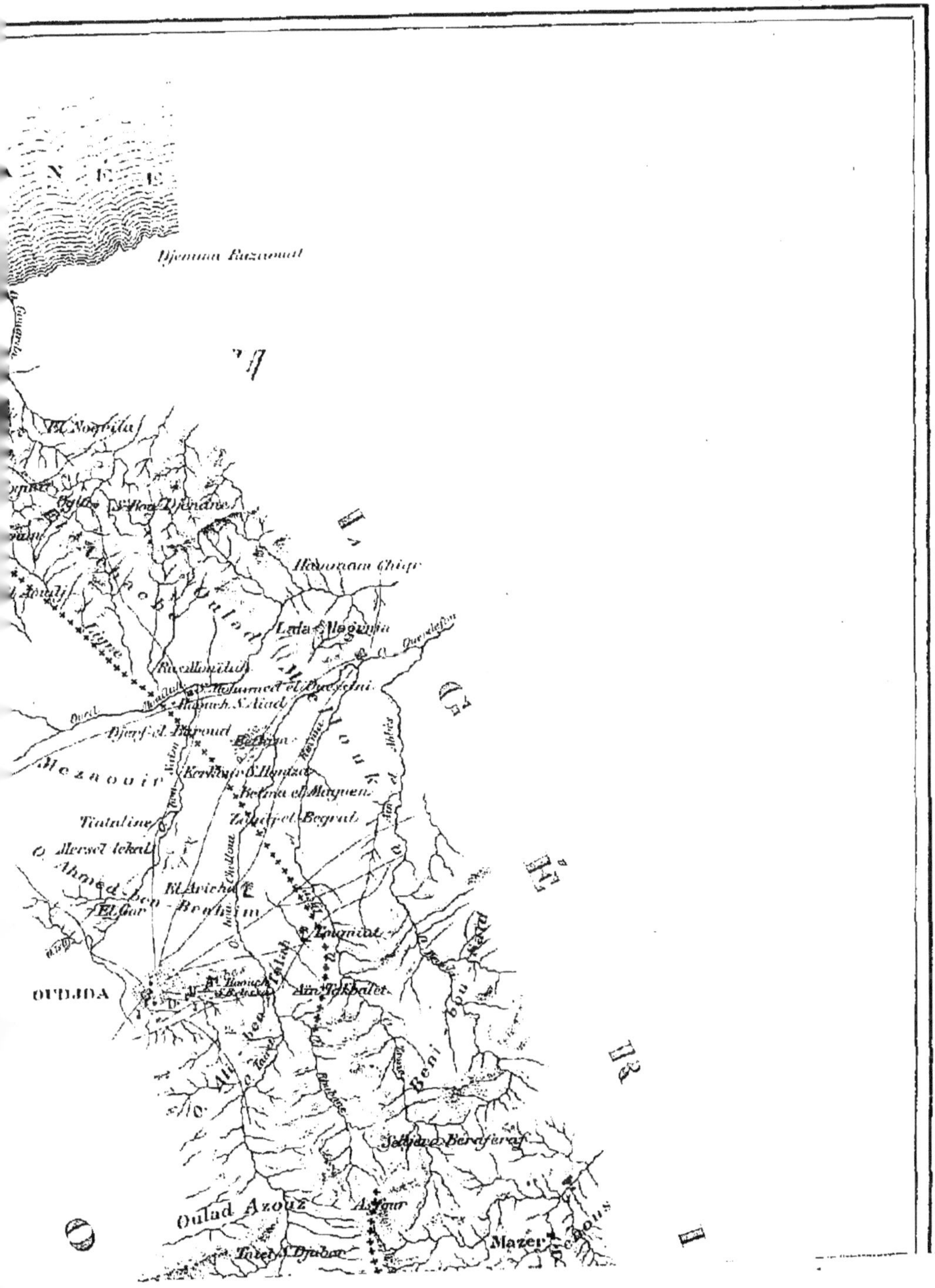

dans la tribu voisine. Ce n'est qu'après avoir porté ainsi successivement leurs campements chez les Msirda, les Achache et les Beni Ouassin qu'ils se décidèrent à rentrer dans leur pays.

A la fin de novembre suivant, ces mêmes douars sont revenus sur notre territoire, mais cette fois pour y labourer les terres qu'ils ont l'habitude d'y cultiver, sans toutefois avoir voulu en solliciter au préalable l'autorisation [1], bien que le bureau arabe de Lalla Mar'nia ait poussé la condescendance jusqu'à leur assurer que cette permission leur serait accordée.

En somme, il n'y a pas de frontière nettement caractérisée, ni tracée avec précision à partir de l'endroit

---

[1] Toutes les réclamations adressées en cette circonstance aux autorités marocaines de la frontière, restèrent sans effet ; on n'obtint que des réponses dilatoires. Dans ces conditions, le Ministre des Affaires étrangères, sur la proposition du Gouverneur général, décida, le 24 décembre, de faire adresser aux Beni-Drar, qui labouraient sur notre territoire, une dernière sommation de se retirer, puis, en cas de résistance de leur part, d'opérer contre eux une démonstration armée, dont l'exécution serait confiée à des contingents indigènes recrutés parmi nos tribus, sous la direction de l'autorité militaire. Ces mesures ne purent être mises à exécution par suite de la terminaison des labours faits par les Marocains qui s'étaient, aussitôt après, retirés au-delà de la frontière.

Des dispositions, approuvées par M. le Ministre des Affaires étrangères, ont été arrêtées d'avance pour empêcher une nouvelle violation de notre territoire par ces étrangers au moment de la récolte. Il a été décidé qu'on ne leur accorderait l'autorisation de moissonner qu'autant qu'ils l'auraient sollicitée et qu'ils auraient payé une légère amende en punition de leur incursion précédente. En cas de refus de leur part de se soumettre à ces formalités, une démonstration armée serait effectuée contre eux dans les conditions indiquées précédemment.

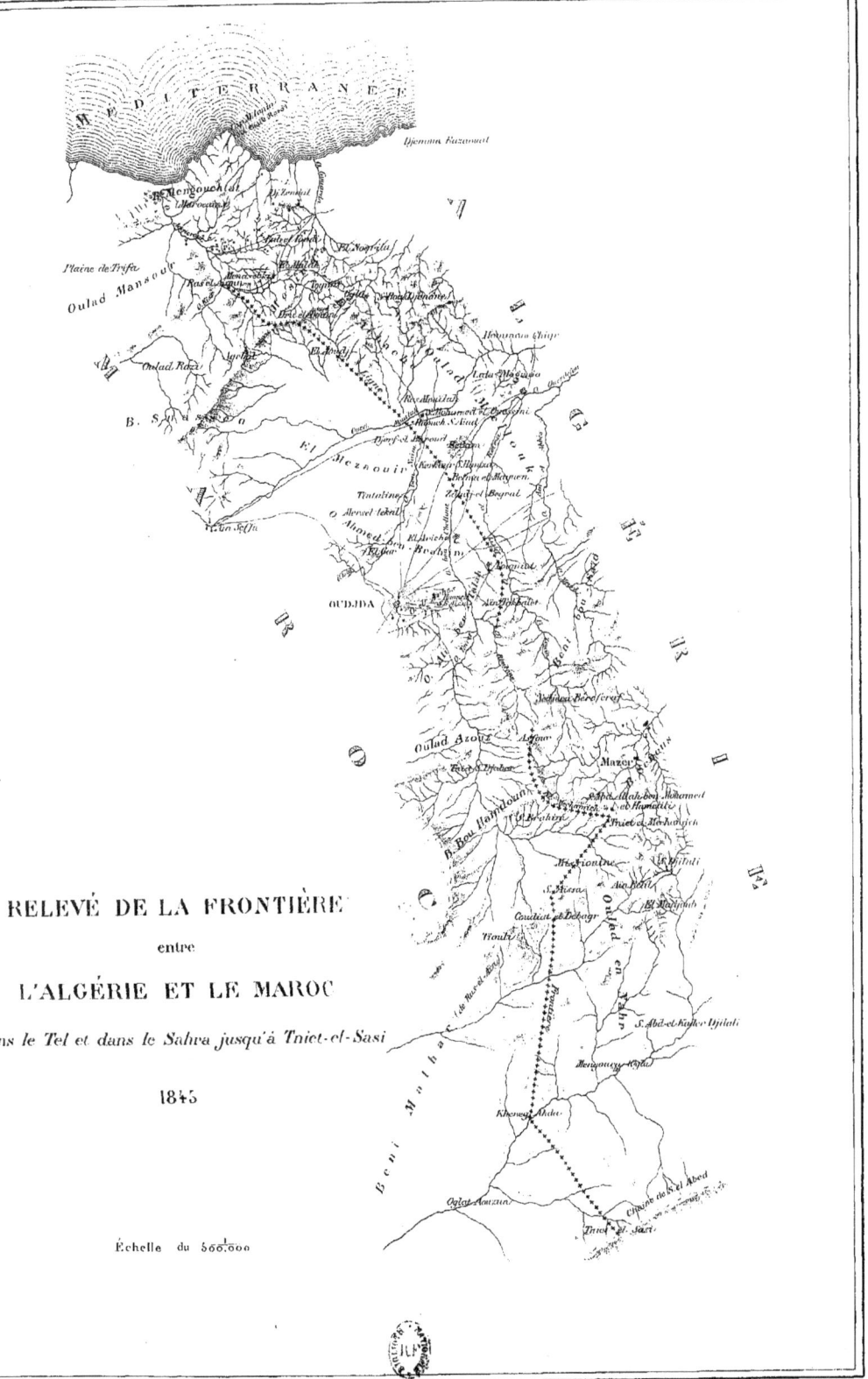

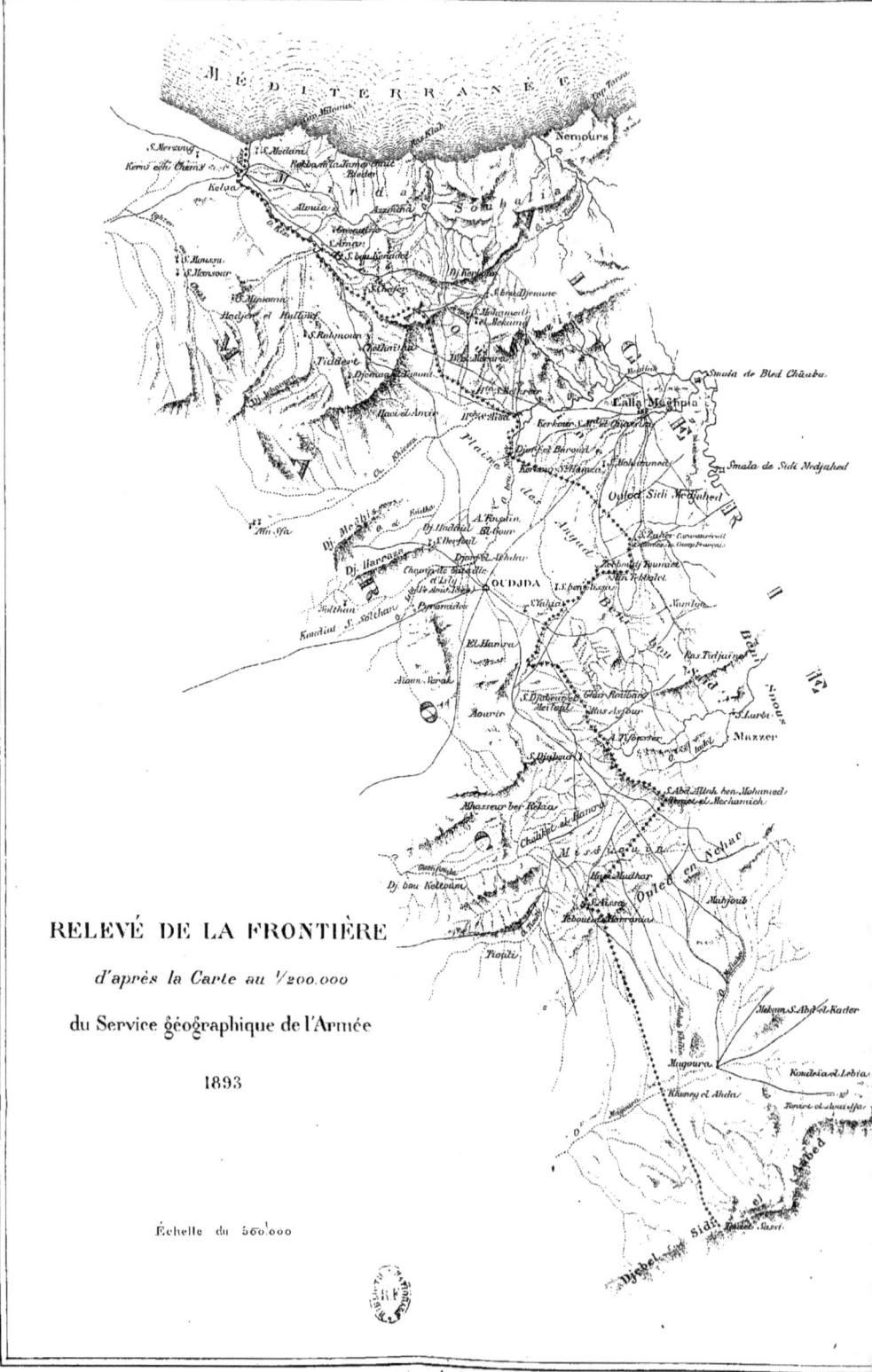

où la ligne adoptée par le traité de 1845 quitte le lit de l'oued Kiss[1]. L'imperfection des documents cartographiques, dressés à l'occasion des travaux de cette délimitation, prouve surabondamment combien étaient incertaines les connaissances en topographie locale des plénipotentiaires et aussi à quel degré s'exerça la mauvaise foi des délégués de la cour de Fez. Il a donc paru utile de reproduire ci-contre, et à une même échelle, la carte de 1845 en opposition avec celle publiée récemment par le service géographique de l'armée[2].

[1] Le général Vuillemot écrivait, à ce propos, en 1877, en renvoyant les épreuves de la carte de la frontière dressée par le commandant Titre, épreuves qui lui avaient été soumises :
« La carte indicative de la frontière du Maroc, qui a été dressée
» au bureau du service topographique, ne peut être, en ce qui concerne
» spécialement cette ligne frontière, l'objet d'aucune rectification
» raisonnée. Les indications fournies, à ce sujet, par le texte du
» traité de 1845 sont, en effet, beaucoup trop vagues pour permettre
» d'y reconnaître une délimitation exacte, surtout avec des cartes
» établies, pour beaucoup de points, à l'aide de renseignements. Il
» n'y a donc pas possibilité de connaître aujourd'hui la figuration
» exacte de cette ligne frontière, et il paraît nécessaire, pour éviter
» tous les conflits qui naissent fréquemment de cette situation d'in-
» certitude, de faire reconnaître la limite sur les lieux mêmes, par
» une commission internationale qui serait chargée de la révision
» partout où cette opération serait reconnue nécessaire. »

[2] Voir planche VII, réduction de la carte annexée au traité de 1845, et planche VIII, réduction des feuilles 30 et 41 de la carte de l'Algérie au 1 : 200.000° dressée par le service géographique de l'armée. Ces deux feuilles s'arrêtent au 38°10′ environ ; la feuille 52, qui doit les prolonger au sud et donner le tracé de la frontière jusqu'au Teniet es Sassi, n'a pas encore paru. Nous avons reproduit la partie

Le lecteur pourra ainsi juger des difficultés insurmontables qui entourèrent les opérations de nos plénipotentiaires. En effet, bien que dressée à une très grande échelle (1 : 100.000^e), la carte en question donne un figuré très défectueux du relief du terrain.

Pour citer quelques points : la crête, appelée Dra ed Doùm, par exemple, est mal représentée, si on s'en rapporte à la description qu'en a donné en 1866 le colonel Chanzy.

Le Djebel Birrou, position dominante, d'où la vue s'étend sur toute la frontière depuis Ras el Aïoun jusqu'aux environs de Ras Asfour, n'est même pas indiqué.

Vers Gar Rouban, l'inexactitude de la carte est plus grande encore. La situation de l'oued Rouban est mal définie et l'incertitude est grande lorsqu'il s'agit de déterminer sur le terrain la limite adoptée.

Du reste, en examinant attentivement la carte de 1845, on constate bientôt que sur presque toute la frontière le relief du terrain y est indiqué d'une manière plus qu'insuffisante.

---

du tracé qui manque et la région environnante d'après la carte du sud-oranais au 1 : 200.000^e du service géographique (feuilles 1, 2, 4 et 5).

Si, au point de vue du tracé de la frontière, la carte de 1845 était dépourvue d'exactitude comme nous nous efforçons de le démontrer, on peut dire que celle de 1893, malgré tout le soin qui a présidé à son établissement, présente le même défaut. La faute en est, non pas à ceux qui l'ont dressée, mais bien aux incertitudes du tracé adopté, et à la fragilité des points de repère choisis.

L'ALGÉRIE ET LE MAROC. 71

Car, pour qui connaît la contrée, de la mer aux Hauts Plateaux, la frontière marocaine est constituée par un massif montagneux, assez praticable dans sa partie nord, la plus rapprochée de la côte, mais qui, à partir de Lalla Mar'nia et jusqu'à Sebdou, se hérisse en contreforts inextricables, d'un accès des plus difficiles, escarpe de la Tafna qui, pendant 200 kilomètres, court parallèlement à la frontière. C'est la région des Beni Snouss. Le poste de Lalla Mar'nia barre la trouée d'Oudjda entre ces deux masses montagneuses, celle du nord et celle du sud.

La plaine de Sidi Djilali limite au sud ce massif des montagnes des Beni Snouss et Sebdou y remplit le même rôle.

Ces deux postes symétriques ont la même valeur militaire; El Aricha, plus au sud, complète le système défensif.

Les Romains, qui nous ont précédés presque partout dans le nord du continent africain, nous avaient indiqué l'emplacement de ces garnisons; à travers les siècles nos légions ont succédé aux leurs.

Entre Sebdou et Lalla Mar'nia, les smalas[1] de Bled

---

[1] Quelques mots nous paraissent ici nécessaires sur les smalas, leur origine, leur but, les résultats qu'elles ont donnés.

Nous les empruntons à des notes qu'a bien voulu nous communiquer M. le capitaine Pagano, commandant la Smala de Sidi Medjahed, notes où nous avons puisé, du reste, la plupart des renseignements que nous donnons ici sur l'organisation de la frontière au point de vue militaire ainsi que sur l'origine et le fonctionnement des smalas.

L'organisation de la cavalerie indigène en escadrons détachés à

Châaba et de Sidi Medjahed servent, en quelque sorte, de postes avancés.

poste fixe dans diverses localités, fut adoptée d'assez bonne heure. Tout d'abord on avait compris et admis en principe qu'il était nécessaire d'avoir sur la ligne de nos avant-postes, en présence des tribus du sud toujours disposées à nous échapper et susceptibles de prêter les mains à toutes les révoltes, et en présence aussi des tribus marocaines ou tunisiennes, voisines de nos deux frontières, qui n'hésitaient jamais à venir en aide à nos tribus soulevées, un noyau de cavalerie prêt à marcher, pouvant se porter rapidement sur les points menacés et autour duquel viendraient se grouper les goums arabes qui nous étaient attachés.

La période de tâtonnement fut assez longue : on hésitait sur le choix de l'emplacement à assigner aux escadrons, sur le mode de fonctionnement à adopter.

Le maréchal Randon, gouverneur général de l'Algérie (1851-1858), chercha, dès 1852, à leur donner une organisation plus régulière. Mais ce ne fut qu'en 1862, que comme Ministre de la Guerre, il posa définitivement les bases de l'organisation des smalas telle que nous en trouvons aujourd'hui les vestiges.

S'inspirant alors des idées du maréchal Bugeaud, dont il avait adopté la devise : *Ense et aratro*, il crut que rendre les indigènes aux conditions de leur existence normale, tout en leur permettant de suivre pas à pas les errements de nos procédés de culture et d'élevage, de s'initier petit à petit aux avantages de nos mœurs, serait un moyen d'assimilation. Il avait espéré les voir renoncer progressivement à leur système d'habitations rudimentaires, à leurs procédés d'exploitation encore barbares, et créer ainsi dans la zone frontière ainsi que le long de la ligne des Hauts Plateaux (depuis Sebdou jusqu'à Tiaret, pour la province d'Oran), de véritables colonies militaires et agricoles, confins militaires, souvenirs des colonies légionnaires romaines qui firent tant pour la pénétration et l'occupation des Maurétanies césarienne et tingitane, et dont nous trouvons encore les innombrables vestiges. Mais alors que les colonies formées d'anciens soldats, vétérans implantés, ne pouvaient se fondre, s'assimiler avec l'élément vaincu, resté hostile, les nouvelles recrutées au moyen de ce dernier élément devaient avoir une durée plus certaine, plus sûre, et une influence

Tandis que Bled Châaba avec le détachement d'Adjeroud contribue de son côté à couvrir Nemours

d'une grande portée. Les smalas, dotées de terrains de labours et de pacages, possédaient de suffisantes ressources pour être à la fois des camps permanents et des écoles modèles d'agriculture. Dans l'avenir, elles devaient permettre de compter sur un contingent de cavaliers de race, sur un recrutement constant au moyen de l'accroissement normal de leur population, et aussi de contribuer, par l'exemple, à développer chez les indigènes le goût du travail, les habitudes sédentaires, qui arrachent l'individu à l'esprit d'aventure, lui font faire un pas vers la civilisation et définitivement, par l'intérêt, l'attachent à notre cause.

L'institution a trop peu duré pour pouvoir se prononcer sur son efficacité en tant que moyen d'assimilation, mais quant aux autres résultats, on peut affirmer qu'ils étaient déjà des plus satisfaisants.

Certains inconvénients inhérents au système, la réorganisation de nos forces militaires, la réaction qui se produisit après la guerre de 1870 contre les Africains, amenèrent la suppression en principe des smalas. En 1874, maintenues comme postes, elles cessèrent d'être un facteur de colonisation et d'influence civilisatrice.

Dans cette nouvelle situation, les smalas de la frontière n'en ont pas moins rendu, depuis, de grands et signalés services. Non seulement la force, dont elles disposent d'une manière permanente, en fait des postes avancés d'une importance militaire incontestable, mais encore en groupant, à notre solde, les individus que leurs intérêts attachent au sol, elles diminuent d'autant le nombre de ceux que leur situation précaire et le voisinage rapproché de la frontière pourraient entraîner à une vie d'aventures et de rapines. Et nos spahis, par leurs aboutissants, par leurs parentés avec les tribus limitrophes constituent, en somme, une des garanties de la sécurité de la frontière qui serait peut-être encore plus troublée qu'elle ne l'est s'ils venaient à disparaître.

Terminons cet aperçu sur les smalas en général et sur celles de la frontière en particulier, en indiquant celles qui existent encore en Algérie. Dans la division d'Oran, en dehors des smalas de Sidi Medjahed et de Bled Châaba, il y en a une troisième, à Aïn Kerma, près de Tiaret. Elles sont toutes occupées par des escadrons du 2ᵉ régiment de spahis. Dans la division de Constantine, le 3ᵉ régiment

et la basse Tafna[1], Sidi Medjahed et ses deux petits postes détachés de Gar Rouban et de Sidi Zaher couvrent la route de Tlemcen qui, pendant 60 kilomètres, suit le versant nord du massif montagneux des Beni Snouss.

Une autre route, continuation du sentier qui, longeant l'oued Khemis, débouche dans la plaine de Zara, sur la Tafna, s'amorce sur ce point et par les hauteurs d'Afir, gagne Terni à 17 kilomètres de Tlemcen. C'est une voie de pénétration dangereuse, bien que son peu de viabilité la rende d'un difficile accès, mais la smala de Sidi Medjahed et la route de Lalla Mar'nia à Sebdou par le Kef, permet d'en fermer

de spahis a encore trois escadrons en smalas, répartis sur les points suivants : un escadron au Tarf et à Bou Hadjar, un autre à Aïn Guettar et El Meridje, le troisième enfin à Biskra et El Outaïa.

Quant au 1er régiment de spahis qui tient garnison dans la division d'Alger, il n'a plus aucun escadron en smala.

[1] L'escadron de Bled Châaba détache en permanence un peloton commandé par un lieutenant français ou indigène au bordj d'Adjeroud. Ce peloton a la surveillance du marché d'El Heïmer (voir page 95, note 2) et, en outre, il doit fournir des patrouilles qui vont jusqu'à Menasseb el Kiss avec mission de surveiller la frontière.

La smala de Bled Châaba détache encore, tous les samedis, vingt hommes commandés par un maréchal-des-logis, pour la surveillance du marché de Lalla Mar'nia. Ce détachement rentre le dimanche dans la journée à Bled Châaba.

La smala de Sidi Medjahed fournit pour le service du courrier deux petits postes, soit : un brigadier et quatre cavaliers à Sidi Zaher, et quatre spahis à Gar Rouban.

En cas de circonstances exceptionnelles, les deux escadrons peuvent être appelés à faire un service de patrouille le long de la frontière.

l'accès facilement. Toutefois on peut affirmer que sans le poste de Sidi Medjahed et l'escadron de spahis qui l'occupe, grâce au massif des Beni Snouss qui lui prêterait le mystère de ses couverts et ses découpures profondes, une troupe résolue pousserait jusqu'aux portes de Tlemcen en une journée de cavaliers.

Nous avons déjà montré, au cours de l'étude qui précède, le réel inconvénient qui résulte de l'adoption comme démarcation de points aussi fragiles que les Kerkour[1] ou sortes de pyramides et amas de pierres que les indigènes marocains intéressés ne se font aucun scrupule de déplacer suivant les besoins de leur cause. C'est ainsi que le Kerkour Sidi Hamza, désigné dans l'article 3 du traité comme point intermédiaire entre Djorf el Baroud et Zoudj el Ber'al, et qui est un

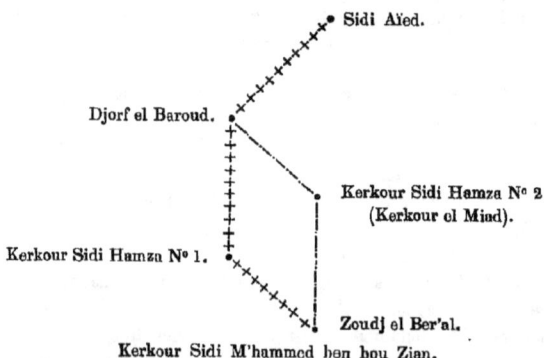

[1] On pourrait faire une semblable observation à propos des deux oliviers nommés El Toumiet, qui se trouvent mentionnés, comme point de repère, à l'article 3 du traité de 1845.

amas de pierres de date très ancienne, a donné lieu, de tout temps, à des contestations. En effet, les Marocains ont élevé, à deux kilomètres environ au nord-est du vrai Kerkour Sidi Hamza (N° 1), un autre tas de pierres qui porte maintenant le nom de Kerkour el Miad et ils prétendent que ce point était le Kerkour désigné dans le traité sous le nom de Sidi Hamza[1].

D'une façon générale, il semblerait que la frontière ait été tracée presque à plaisir, afin d'amener des complications de toutes sortes.

Et, de fait, des contestations incessantes s'élèvent à tout moment, qui créent des entraves à la bonne administration du pays et par suite desquelles les intérêts de nos administrés sont lésés au profit des Marocains.

Il est à remarquer, en effet, que par suite, sans doute, de notre désir constant de conciliation, c'est toujours à notre détriment que ces contestations ont été réglées jusqu'à présent, en dépit des droits incontestables que faisaient valoir nos indigènes.

[1] Ces renseignements, recueillis sur les lieux, semblent pourtant sujets à controverse. En effet, le général de Mac-Mahon en proposant, en 1849, une nouvelle délimitation de la frontière, écrivait : « Kerkour » el Miad a été appelé, par erreur, en 1845, Kerkour Sidi Hamza, bien » que ce nom ne soit nullement connu dans le pays. » D'autre part nous avons indiqué, page 46, l'opinion du colonel Chanzy sur cette question, et page 59 les renseignements recueillis par le capitaine Boutan sur le même sujet.

Cet exemple suffit pour faire nettement ressortir les constantes difficultés que peut créer une frontière basée sur des points aussi fragiles en même temps qu'aussi mal définis.

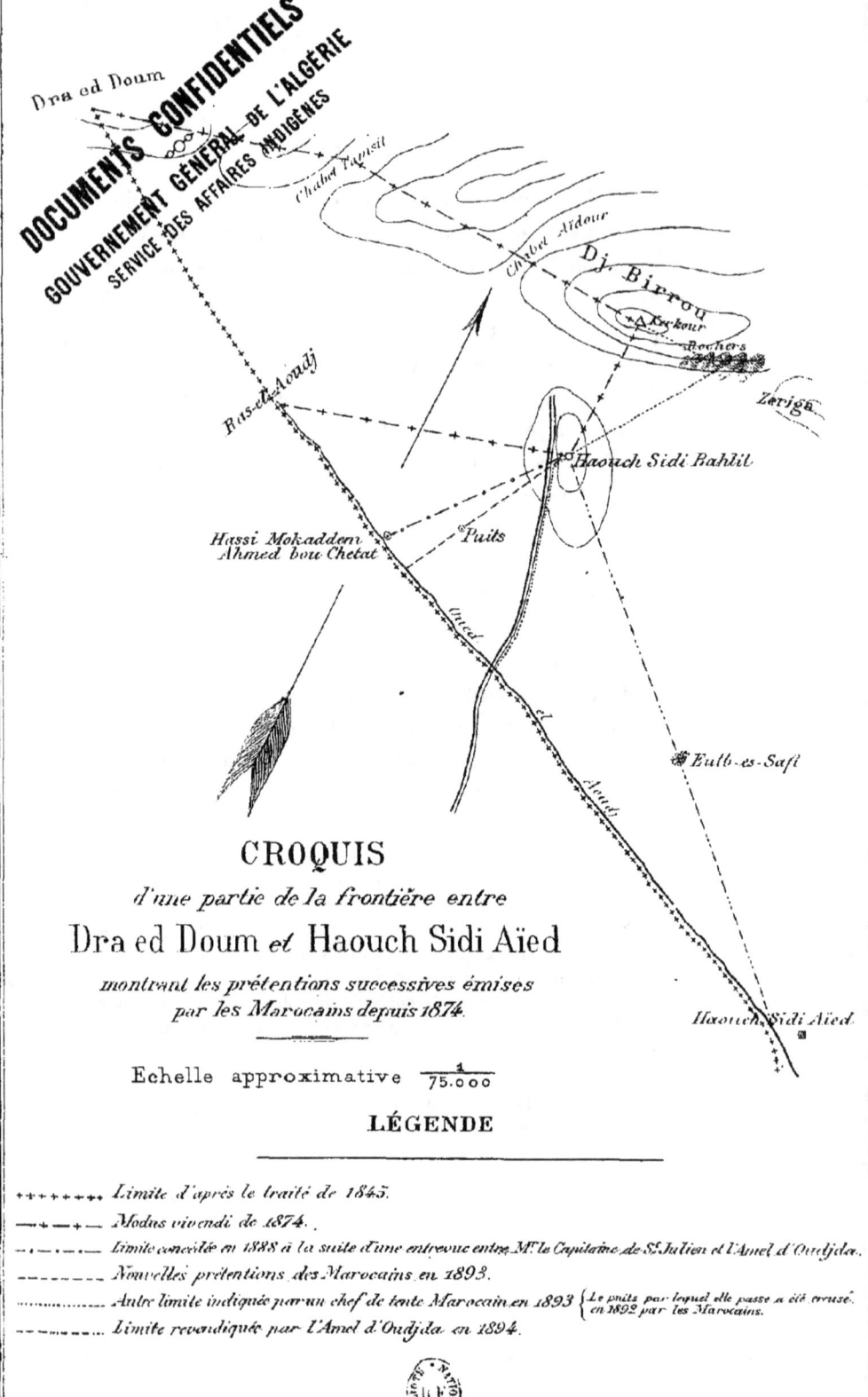

Comme preuve de la véracité de cette assertion, il suffit de jeter les yeux sur le croquis[1] joint à l'enquête faite en 1874, qui indique la ligne conventionnelle adoptée à la suite du modus vivendi établi à cette époque. C'est sur cette ligne que nous nous basons aujourd'hui pour régler les diverses contestations de frontière qui se présentent encore très fréquemment.

Malgré les concessions dont il est ici question, les Marocains ne cessent, en effet, dans leur mauvaise foi, de continuer leurs empiètements.

Le croquis ci-contre[2] nous donne l'exemple le plus manifeste de ce fait. On y trouve figurées les prétentions émises par les Marocains entre Dra el Doum et Haouch Sidi Aïed en 1874, 1888 et 1893[3].

Bref, à part l'oued Kiss, qui n'a guère, d'ailleurs, qu'une dizaine de mètres de large et qui forme une ligne de démarcation à peu près nette, tous les points de la frontière peuvent donner lieu à des contestations.

Mais ce n'est pas à ce seul point de vue que le manque de limites bien déterminées présente des inconvénients. Il est une conséquence dont la gravité ne

---

[1] Planche VI.

[2] Planche IX.

[3] Tout récemment (Juin 1894), une nouvelle contestation s'est produite. L'amel d'Oudjda, Si Abdesselam ben bou Chela Djami, réclame pour limite la ligne qui unit Sidi Bahlil et Haouch Sidi Aïed. Il cherche, en agissant ainsi, à contrecarrer les dispositions que nous avions arrêtées précédemment et dont il a été fait mention page 58, note 2, dispositions qui lui avaient été notifiées antérieurement sans qu'il eût jusqu'alors adressé aucune protestation.

saurait échapper et qui découle de ce choix défectueux. Le défaut d'obstacles naturels constitue, en effet, un véritable danger pour la sécurité et une difficulté très grande pour organiser ce que nous appellerons la police de la frontière. Les malfaiteurs qui proviennent du Tell algérien quittent notre territoire avec la plus complète facilité sur tous les points du territoire, se mettant ainsi à l'abri de notre action.

C'est ainsi que le 25 décembre 1889, à moins de deux kilomètres de Nemours, trois malfaiteurs venus du Maroc, dévalisaient des femmes arabes, tentaient d'arrêter une voiture publique et assassinaient un passant espagnol qu'ils dépouillaient ensuite[1].

Un de ces bandits était, d'après la rumeur publique, un indigène originaire des Djebala (commune mixte de Nemours), Ahmed ould Si Ahmed ben Djilali, dit El Mezaout. C'est encore lui qui, à la tête d'une bande

[1] D'après l'enquête faite par l'administrateur de la commune mixte de Nedroma, ces trois malfaiteurs, après ce triple attentat, auraient regagné le Maroc de la manière suivante. Ils auraient suivi le ravin d'Aïn Melah, conduisant au village indigène de Tient, dépendant des Souhalia, où, vers onze heures du soir, ils essayaient, sans succès, de pratiquer une brèche dans le mur de la maison de Si Rabah Derkaouï, afin de lui voler ses chevaux et juments; de là, ils auraient, selon toute probabilité, pris le chemin du Maroc en traversant les Djebala (commune mixte de Nemours) vers le quartier d'El Aroussi, en suivant le ravin de l'oued Zlamet qui conduit aux Achache (cercle de Lalla Mar'nia) et à la frontière.

Rappelons ici que c'est sur le territoire des Achache que la zone du territoire militaire, qui forme le cercle de Lalla Mar'nia, a le moins de largeur : 8 kilomètres environ.

de six malfaiteurs algériens vint attaquer, le 31 octobre 1890, le courrier de Nemours à Lalla Mar'nia. Au cours de cette agression, le conducteur de la voiture fut tué et les voyageurs n'échappèrent que par miracle.

Les auteurs de cette attaque ne purent être arrêtés : ils se réfugièrent au Maroc et le représentant du gouvernement chérifien à Oudjda, sur la demande du général commandant la subdivision de Tlemcen, promit de les livrer aux autorités françaises. Cette promesse ne s'est pas réalisée jusqu'à présent.

Bien au contraire, à la fin de 1892, les autorités marocaines parurent prendre une nouvelle attitude en semblant chercher à couvrir ces bandits de leur protection. En effet, au lieu de remettre entre nos mains les auteurs de cette agression, elles favorisaient leur séjour au Maroc et allaient jusqu'à investir de fonctions publiques le plus dangereux de ces malfaiteurs, Ahmed ould Si Ahmed ben Djilali el Mezaout, qui devenait un des Mokhazeni officiels d'un des caïds des Kebdana, Mohammed ben Chouâa. Des représentations immédiatement adressées au Sultan par notre représentant à Tanger provoquèrent l'envoi de plusieurs lettres du Makhzen aux différentes autorités marocaines de la frontière en vue de nous faire livrer El Mezaout et ses complices. Nous ne pûmes obtenir satisfaction.

Enfin, sur nos instances réitérées, la légation de France au Maroc obtint, en septembre 1893, du gouvernement chérifien, une mise en demeure adressée à l'amel d'Oudjda et le pressant d'exécuter les ordres précédemment donnés. C'est par notre intermédiaire que ces nouvelles instructions furent transmises au fonctionnaire marocain. En les lui faisant parvenir, le général commandant la subdivision de Tlemcen dut lui faire observer que c'étaient ses attermoiements qui nous avaient amenés à nous plaindre de son attitude à son souverain, lequel avait reconnu le bien fondé de nos plaintes, que nous espérions que la lettre du Sultan allait le décider à faire droit à nos justes exigences, mais que, s'il en était autrement, le gouvernement français n'hésiterait pas à intervenir de nouveau auprès de S. M. Chérifienne pour briser la résistance de son subordonné.

Quoi qu'il en soit, aucun des auteurs de l'agression du 31 octobre 1890 n'a pu encore nous être livré ; et les autorités marocaines ont montré une fois de plus en cette circonstance qu'elles avaient autant de mauvaise volonté à nous venir en aide que d'impuissance à se faire obéir de leurs administrés.

Les quelques faits que nous venons de rapporter démontrent suffisamment l'insécurité de la frontière et permettent de constater l'énorme difficulté, pour ne pas dire l'impossibilité, dans laquelle nous nous trouvons de parvenir à arrêter les bandits qui viennent opérer chez nous avant qu'ils se soient réfugiés au Maroc.

Sans doute des postes de sûreté existent en territoire

civil comme en territoire militaire sur les chemins conduisant à la frontière ; des patrouilles de gens armés circulent la nuit sur les mêmes voies avec ordre d'arrêter tout étranger non muni d'autorisation et tous gens suspects, mais ces mesures empêchent-elles des bandes de maraudeurs de pénétrer en Algérie, d'incendier des récoltes, d'arrêter des caravanes et de venir, jusqu'aux abords de nos villes, assassiner des gens inoffensifs[1] ? Ces malfaiteurs, originaires souvent du pays, ne connaissent-ils pas aussi bien que ceux qui l'habitent les emplacements des postes de sûreté et ne savent-ils pas les éviter ? On peut les multiplier, on n'arrivera pas à supprimer ces attentats et à donner la sécurité au pays.

Car, jouissant d'une indépendance complète, redoutée des faibles fonctionnaires marocains sans prestige et ayant déjà bien peu de recours sur le restant des tribus, cette population de criminels en rupture de ban, de déserteurs, de coupeurs de routes et de voleurs, véritable gibier de potence, ne craint pas de venir opérer jusque chez nous ; demeurant à l'affût d'un beau coup à tenter, ils profitent de la moindre occasion, réintégrant ensuite et immédiatement le territoire de Sa Majesté Chérifienne sans qu'il

---

[1] Jusqu'à Tlemcen même, à 58 kilomètres de la frontière, on ne laisse durant la nuit que deux portes ouvertes à la circulation sur la totalité afin de faciliter la surveillance, les vols d'animaux étant fréquents jusqu'à l'intérieur des écuries et les ravisseurs s'enfuyant au Maroc y vendre le produit de leurs brigandages.

nous soit possible d'y remédier, malgré la plus active des surveillances.

La police que nous exerçons constitue elle-même une charge très lourde pour nos populations tenues constamment sur le qui-vive, contraintes à une vigilance incessante et obligées par nous à rester toujours dans l'expectative sans pouvoir jamais exercer de représailles contre les malfaiteurs de toutes origines.

La région la plus dangereuse est comprise entre le Djebel Birrou et Menasseb el Kiss et plus spécialement il convient de citer le point dit Bab El Melah et le canton du Dahra. Le fait s'explique, car au sud du Djebel Birrou s'étend la plaine d'Oudjda où passe la route qui unit Lalla Mar'nia à la ville marocaine, chemin qui est très suivi et qui de loin permet d'observer tout le terrain. Tandis qu'au contraire entre le Djebel Birrou et Menasseb el Kiss le pays est peu fréquenté, les malfaiteurs ont alors choisi cette contrée mouvementée pour s'y tenir à l'abri. La maison en ruines, désignée sous le nom de Dar el Beïdha, située dans le pays appelé Dahra, à proximité de la limite des deux états et non loin de Bab el Melah, est bien placée pour servir aux embuscades. Elle domine, en effet, à droite et à gauche, la route qui longe la frontière et qui aboutit au marché d'El Heïmer. Les brigands y sont à l'abri, ils voient venir au loin les caravanes, les voyageurs allant ou venant, ils ont tout le loisir de préparer leurs embuscades. Ils peuvent se sauver avec toute la facilité désirable, car ils connaissent le terrain, et le relief du sol ne permet guère les poursuites[1].

Au surplus, le tableau d'autre part qui a été dressé par les soins de M. le capitaine Redier, chef du bureau arabe de Lalla Mar'nia, donnera une idée de l'importance que l'autorité militaire s'est vue dans l'obligation d'attacher à ces postes de surveillance[2].

Au point de vue militaire, l'insuffisance de la frontière actuelle n'est pas moins absolue. Aucun obstacle naturel, en effet, ne met Lalla Mar'nia à l'abri d'un coup de main. Bien plus, cette localité alimentée en eau potable par une conduite à ciel ouvert, peut s'en trouver brusquement privée. Car le canal, qui amène l'eau du barrage construit à Si Mohammed el Ouassini, dans l'oued Mouilah, à 16 kilomètres de Lalla Mar'nia, peut être aisément coupé, sans qu'on s'en aperçoive, par un parti hostile, qui enlèverait ainsi brusquement aux colons et à la garnison de cette localité une ressource indispensable[3].

---

[1] Cette maison inspire une telle terreur dans la contrée qu'il n'a pas été possible de la faire occuper par un poste de gardiens. Ceux-ci, malgré les ordres donnés, ont construit un gourbi, fait de branchages, non loin de là, et c'est dans ce gourbi qu'ils se tiennent.

[2] Nous avons vu (page 74 note 1) que dans des cas exceptionnels (troubles parmi les tribus marocaines limitrophes par exemple) ce service de surveillance est complété par des patrouilles de spahis fournies par les smalas de Bled Châaba et de Sidi Medjahed et le détachement d'Adjeroud.

[3] Lalla Mar'nia n'a qu'un puits d'eau potable et une fontaine très peu abondante, installée en 1846 par le colonel de Mac Mahon.

TABLEAU DES POSTES DE SURVEILLANCE DE LA FRONTIÈRE
ÉTABLIS DANS LE CERCLE DE LALLA MAR'NIA

depuis Adjeroud jusqu'à Teniet Mechamich.

TRIBUS par lesquelles les postes sont fournis.	COMPOSITION du poste	LIEUX où sont installés les postes.	OBSERVATIONS
Beni-Mengouch	4 hommes	Souk el Heïmer.	Soit un total d'environ 140 hommes employés journellement pour assurer la sécurité sur notre frontière. En outre, les caïds ont ordre de faire eux-mêmes, accompagnés de quelques cavaliers, des patrouilles, au moins trois fois par semaine.
	4 d°	Oued Kiss.	
	4 d°	Sidi el Hassan.	
	4 d°	Souk el Djemâa.	
Attia	4 d°	Chouarka.	
	6 d°	Dar Cherif.	
	10 d°	Menasseb el Kiss.	
	20 d°	Bab el Melah.	
Msirda	10 d°	Dar el Beïdha.	
	4 d°	Souk et Anabra.	
	6 d°	Rokbat Djeder.	
	4 d°	Bab el Mahseur.	
	2 tentes	Souani.	
Achache	4 d°	Sidi bou Djenane.	
	3 d°	Sidi Hasseïn.	
	4 d°	Haouch Sidi Bahlil.	
	6 d°	Zoudj el Ber'al.	
	4 d°	Mechera et Turk.	
Beni Ouassin	4 d°	Barrage (Si Moham. el Ouassini).	
	Un douar	Chebikia.	
	2 tentes	Hassi Djedid.	
	3 d°	Saheb el Melah.	
	3 hommes	El Morki.	
	3 d°	Rakeb el Mekam.	
	3 d°	Bou Sefeur.	
Beni bou Saïd	4 d°	Bou Amara.	
	4 d°	Teniet er Remlah.	
	3 d°	Saheb el Karroub.	
	2 d°	Gar Rouban.	
	3 d°	Rakeb el Achache.	

En 1886, nous l'avons vu [1], le colonel Chanzy signalait l'importance de Sidi Zaher. Il montrait que la situation de ce point, sous le méridien de Lalla Mar'nia, laissait aux Marocains toute liberté pour atteindre Tlemcen [2]. A l'appui de sa thèse, il rappelait en outre que les désordres de 1859 avaient commencé là. C'est à cet endroit, en effet, qu'eurent lieu les premiers engagements de nos troupes avec les contingents des tribus marocaines fanatisées par un chérif originaire d'Ouazzan.

Plus au sud, il serait d'un intérêt réel que nous soyons maîtres du Teniet Sidi Djaber, qui fait communiquer la plaine de Missiouïn avec celle d'Oudjda et que le traité de 1845 a laissé au Maroc. En 1849, le général de Mac Mahon, commandant alors la subdivision de Tlemcen, avait déjà signalé l'importance de ce passage, qui permet de prendre à revers les malfaiteurs installés habituellement dans les bois qui se trouvent à l'ouest des hauteurs de Mechamich, d'où, à la moindre alerte, ils se réfugient chez les Beni bou Hamdoun ou chez les Beni Hamlil.

L'insuffisance de la frontière est encore notoire lorsqu'il s'agit de la perception des droits de douane. Un bureau de ce service est installé à Lalla Mar'nia. Quel que soit le zèle déployé par les agents de ce bureau, il leur est à peu près impossible de surveiller

[1] Page 49.

[2] Voir également ce qui a été dit sur cette facilité d'accès, pages 74 et 75.

d'une façon efficace une frontière si étendue. Aussi peut-on dire que cette surveillance se restreint réellement à Lalla Mar'nia même et ses environs immédiats. On ne peut en donner une meilleure preuve qu'en relatant le fait suivant :

En juillet 1890, une brigade de douane avait été installée, à Gar Rouban, sur la frontière même. Mais le détachement de troupes, qui tenait garnison à ce point, ayant été supprimé en 1893, les douaniers ne se trouvant plus en sûreté, durent également être retirés. A cette occasion, le Directeur des Douanes de l'Algérie fit connaître que le bureau de Gar Rouban n'avait fait aucune recette depuis son installation.

Peut-être la solution de ce problème réside-t-elle dans la création d'un marché franc à Lalla Mar'nia [1]

---

[1] Plusieurs membres du Conseil général d'Oran, reconnaissant la nécessité pour notre commerce de la frontière, de recourir à des mesures spéciales, ont proposé l'adoption d'une semblable solution. Dans la session d'octobre 1893, ils ont fait adopter par cette assemblée départementale un vœu tendant à la création à Lalla Mar'nia d'un entrepôt franc de marchandises destinées à l'importation marocaine.

« Il suffit, a-t-il été dit au Conseil général, de faire un seul voyage
» à Oudjda, distant de 25 kil. de Lalla Mar'nia, pour être frappé du
» peu de place que tiennent nos produits dans le commerce marocain.
» Les Anglais, les Allemands, les Espagnols sont les maîtres
» exclusifs d'un marché dans lequel nous ne comptons que pour
» quelques paquets de bougies et quelques mètres de rouennerie.....
» ....
» ..... Établir sur le point le plus rapproché de la frontière, un
» entrepôt dont les marchandises exclusivement destinées à l'impor-
» tation seraient affranchies de tous droits d'entrée à la frontière de
» mer paraît d'autant plus s'imposer, et s'imposer à brève échéance,

ou même l'établissement d'une zone franche embrassant toute la région et complétée par une ligne de

» que les récents événements de Melila sont favorables à un dépla-
» cement du marché.
» ....
» Les conséquences pour le marché français, seraient des plus
» considérables.
» Un homme admirablement placé pour l'étude préliminaire de ce
» projet, car il connaît tout le bassin de la Moulouïa, estime
» l'importation à 10 millions de francs annuels.
» Dans un travail fort consciencieux et très documenté paru dans
» le *Bulletin de la Société de géographie d'Oran* (octobre à décembre
» 1892, pages 493 et suivantes), M. M'hammed ben Rahal, qui est
» un touriste doublé d'un observateur, conclut ainsi :
» « Comme on le voit, c'est la pénétration du Maroc par le
» » commerce, c'est même quelque chose de plus, et, à côté de
» » l'intérêt purement commercial, on peut escompter l'intérêt
» » politique.
» » En effet, lorsque par la multiplicité des relations et l'impor-
» » tance des échanges, des courants se seront établis, des liens
» » noués, il va de soi que les intérêts réciproques se chercheront,
» » tendront à se rapprocher, à s'harmoniser, et — c'est la loi natu-
» » relle — peu à peu deviendront solidaires sinon identiques.....
» » — n'est-ce pas là la meilleure des conquêtes et la plus profitable,
» » puisqu'il n'en coûtera rien pour la faire, rien pour la conserver
» » et qu'elle reposera entièrement sur les intérêts des uns et des
» » autres ? — Ce n'est certainement pas le Gouvernement Marocain
» » qui s'y opposera ou cherchera à l'entraver, pourvu qu'il continue
» » à encaisser les droits de douane (en principe 10 % ad valorem) que
» » toute marchandise entrant dans ses états doit payer à ses « amins »
» » ....
» » A la rigueur, pour faciliter cette opération, on l'autoriserait à
» » percevoir à Lalla Mar'nia même, comme les Espagnols le tolèrent
» » pour Melila. J'incline même à penser que cette concession l'amè-
» » nerait à en consentir quelque autre. En tout cas, il ne serait
» » pas mauvais, je pense, d'avoir sous la main un fonctionnaire
» » marocain qui, suivant l'occasion, pourrait servir d'intermédiaire,

douanes intérieures qui permettrait une surveillance plus efficace puisqu'elle s'effectuerait sur notre terri-

» » de représentant ou même d'otage........ ....
» » ....
» » Si la monnaie espagnole est actuellement recherchée par les
» » Marocains, c'est que leurs transactions se font principalement
» » avec Melila. Notre voisinage nous fait subir forcément le contre-
» » coup de cette préférence.
» » Si le courant commercial est détourné à notre profit, l'argent
» » français aura naturellement la préférence, et peu à peu la
» » monnaie espagnole subira la juste dépréciation dont elle est
» » frappée jusque dans son pays d'origine.
» » Ne serait-ce que pour anéantir ce fléau, cause de ruines pério-
» » diques et d'une gêne perpétuelle, le Gouvernement devrait
» » adopter la création d'un marché franc à Lalla Mar'nia. » »

Appelé à donner son avis sur le vœu émis par le Conseil général d'Oran, le Directeur des douanes de l'Algérie a estimé à plus de cent mille francs la dépense que comporterait la nouvelle organisation rendue nécessaire par la création de l'entrepôt franc projeté. Il écrivait à ce sujet :

« Il est à craindre que les circonstances soient actuellement peu
» favorables pour déterminer le commerce français à entretenir des
» relations plus suivies avec nos voisins. Toutefois et suivant la
» manière d'envisager les choses, il y a là, peut-être, une expérience
» à tenter. Mais, comme l'application d'une mesure semblable aurait
» pour effet de concentrer sur un même point de grosses quantités de
» marchandises fortement taxées et représentant pour le Trésor un
» intérêt relativement considérable, il importe, au préalable, de
» renforcer sérieusement le service de surveillance tout à fait insuffi-
» sant aujourd'hui pour réprimer les tentatives d'abus qui viendraient
» à se produire. Autrement, ce serait la porte ouverte à la fraude et
» les communes et le commerce honnête même ne tarderaient pas à
» se plaindre. »

Tel est, à l'heure actuelle, l'état de la question. Aucune suite pratique n'a pu être encore donnée au vœu du Conseil général d'Oran.

Voir également sur cette question ce qui est dit, page 93, note 1.

toire même, dans un pays connu, tranquille et où nos moyens d'action peuvent avoir toute leur portée [1].

[1] Pendant les derniers événements de Melila, une augmentation sensible a été, toutefois, momentanément signalée dans le mouvement commercial entre le Maroc et l'Algérie. C'est que le marché espagnol leur étant fermé, les Marocains se sont vus dans l'obligation de venir chercher à Lalla Mar'nia, à Nemours et à Tlemcen, les savons, drogueries diverses, clous de ferrage, soieries, mousselines, étoffes, madriers, planches et surtout du sucre, du thé et du café qu'ils achetaient ordinairement à Melila. La cessation des hostilités a ramené à leur courant normal et primitif les relations commerciales des deux pays.

Actuellement, ces relations consistent principalement dans l'importation, en Algérie, par les tribus marocaines voisines de la frontière, de moutons et de laines, et dans l'exportation de divers objets dont les plus demandés sont les suivants :

Kessa ou haïk de coton de 4^m fabrication française, la pièce. 1^{fr}90
      d° 5^m d°   la pièce.   2 50
      d° de laine de 5^m d°   la pièce.   3 50
      d° 5^m d°   qualité
supérieure, la pièce............................ 8 »
Burnous de coton, fabrication française, la pièce............ 3 50
    d° de laine   d°   la pièce.. .... 10 »

Calicots blancs et rouges à 0 fr. 25, 0,30, 0,38, 0,42 et 0,50 le mètre.
Foulards de soie, fabrication française, à 18 fr. la douzaine.
Draps, fabrication française, de 4 à 12 fr. le mètre.
Chéchias,   d°   10 à 16 fr. la douzaine.
Bois de selle, fabrication de Tlemcen, 10 à 20 fr. la pièce.
Housse en cuir,   d°   12 à 17 fr. la pièce.
Tapis de selle en feutre, 10 à 30 fr. la pièce.
Divers articles de quincaillerie.

La vente des articles français n'a pas l'importance qu'elle devrait avoir par suite de la concurrence de Melila où les Marocains trouvent le thé, le sucre et le café à des prix bien inférieurs aux nôtres. Ils vont, en caravane, chercher ces dernières denrées dans le port

Cette situation, aggravée encore par l'élévation des droits que nous percevons sur les marchandises, a été la cause dominante de la diminution sensible qui s'est produite depuis quelques années dans nos rapports commerciaux avec le Maroc[1]. De tout temps, de

espagnol et en profitent pour s'y procurer des marchandises qu'ils trouveraient chez nous à des prix aussi avantageux et même inférieurs, mais qui les obligeraient à un nouveau déplacement.

D'autre part, les commerçants d'Oudjda, d'El Aïoun Sidi Mellouk et de Debdou viendraient s'approvisionner chez nous plus fréquemment qu'ils ne le font, s'ils y trouvaient des conditions aussi avantageuses que celles que leur offre la concurrence étrangère.

Actuellement, les commerçants de ces localités, sans avoir cessé complétement leurs relations avec l'Algérie, tirent cependant en grande partie leurs approvisionnements de Melila et de Fez. Le commerce avec ce dernier point est surtout entretenu par Debdou, en raison des rapports qui existent entre divers commerçants de Fez et Marseille, par la voie plus directe et plus sûre de Tanger ou de Tétouan. Les négociants de Debdou apportent en Algérie une grande quantité de monnaie espagnole dont ils font le change soit à Lalla Mar'nia, soit à Tlemcen. Ils prennent ensuite dans cette dernière ville des chèques payables à Marseille qu'ils donnent en paiement, moyennant commission, aux maisons de Fez auprès desquelles ils se fournissent. Celles-ci s'en servent ensuite pour effectuer leurs achats à Marseille.

Quant à la monnaie espagnole ainsi apportée en Algérie, elle ne tarde pas à reprendre le chemin du Maroc où elle a seule cours parmi les populations limitrophes, en échange des moutons et laines que vendent à nos commerçants les producteurs de ce pays.

(Renseignements fournis par la division d'Oran. — Juin 1894).

[1] Cependant le commerce d'importation des bestiaux marocains n'a pas subi une semblable diminution. Bien au contraire, il semble prendre chaque jour plus d'extension en raison des besoins sans cesse croissants tant de la Colonie que de la Métropole.

C'est en grand nombre que les tribus marocaines des deux rives de

grandes caravanes s'organisaient périodiquement à Fez et venaient apporter à Tlemcen les produits marocains. Elles repartaient chargées de marchandises diverses qu'elles s'étaient procurées chez nos commerçants. Aujourd'hui les mêmes caravanes viennent encore à Tlemcen, mais elles en repartent à vide, n'emportant tout au plus que des allumettes; elles vont faire leurs achats à Oudjda, où elles trouvent à bon compte des marchandises importées par le port espagnol de Melila. C'est, en effet, depuis plusieurs années, par ce préside que se fait presque exclusivement le commerce d'importation de ces régions [1]. Une telle

la Moulouïa et même des environs de Figuig (Beni Guill et Doui Ménia) nous amènent leurs moutons. On peut estimer à cent mille environ le nombre de ces animaux provenant du Maroc qui sont achetés sur les différents marchés de la subdivision de Tlemcen seule.

C'est également en grande quantité que les bœufs marocains arrivent sur nos marchés. Ces animaux proviennent principalement du pays des Haïaïna, des Miknasa et des Oulad Bekhar, c'est-à-dire de régions marocaines déjà éloignées de la frontière. Ils sont escortés jusqu'à l'oued Za par les chérifs de l'oued Innaouen, et de là parviennent à Oudjda et à Lalla Mar'nia sous la conduite des chérifs Oukili (Beni Oukil). Cette importante branche de commerce a nécessité la création d'un service spécial de police et de visites sanitaires, destiné à empêcher l'introduction d'animaux malades. Mais les difficultés que l'on éprouve à surveiller efficacement cette importation sur une aussi grande étendue de territoire va sans doute nécessiter l'adoption de mesures spéciales, telles que la création d'une deuxième ligne de postes de visite sanitaire. La question est actuellement à l'étude.

[1] C'est en 1881 que les Espagnols ont fait de Melila un port franc ; c'est depuis cette époque que ce préside a drainé peu à peu tout le commerce de la vallée de la Moulouïa, du Garet et d'une partie du

concurrence est déplorable et les réflexions, que cette comparaison suggère, ne sont pas en notre faveur.

On ne peut terminer l'exposé de la situation commer-

Rif. Le Sultan, avec l'assentiment des Espagnols, a installé un bureau de douanes à Melila, et l'a chargé de la perception des droits sur les marchandises. Le montant total de ces droits s'élève annuellement à environ 250.000 fr. Mais depuis longtemps déjà, le préposé marocain a pris l'habitude de ne justifier que d'une recette de 30.000 fr. qu'il verse chaque année dans la caisse du Makhzen.

Il en résulte que la création d'un marché franc à Oudjda et l'installation, en ce point, d'une douane marocaine seraient accueillies favorablement par le Sultan, qui y verrait surtout un accroissement certain de ressources pour son trésor.

Il y a lieu de parler ici d'une mesure que les nécessités de la situation nous contraignirent de prendre en 1881 : l'interdiction de nos marchés aux tribus marocaines qui prêtaient aide et assistance à nos insurgés ou leur servaient d'intermédiaires pour se ravitailler.

Au moment où l'insurrection éclata, cette mesure était déjà appliquée aux Hamian Djembâa qui s'étaient retirés au Maroc ; nous dûmes bientôt l'étendre à presque toutes les tribus de la frontière, telles que Douï Menia, Oulad Djerir, Beni Guil, Mehaïa, Angad, Beni bou Hamdoun, Beni Hamlil, Beni Mathar, Beni Iala et Sedjâa.

Ce furent les Mehaïa qui provoquèrent les premiers l'application de cette prohibition. Avant l'insurrection, ces nomades nous avaient, en plusieurs circonstances, manifesté leurs bonnes dispositions, mais au fur et à mesure que le mouvement insurrectionnel prenait de l'extension et que l'hostilité des partis marocains s'accentuait davantage, nous dûmes reconnaître que les Mehaïa ne conservaient plus à notre égard la même attitude qu'autrefois et que leur caïd Saheli ould bou Beker, en particulier, usait de sa grande influence sur les tribus de la région pour nous aliéner les fractions encore hésitantes. Malgré cela, il continuait à rester en relations avec nous, ne cessant dans ses lettres de protester de son dévouement à notre cause. Nous nous refusâmes longtemps à croire à une pareille duplicité et ce ne fut que lorsque nous eûmes la preuve de la conduite déloyale des Mehaïa et de leur chef, qui avaient pris une part active au coup de

Marchés Algérien et Marocain d'El-Heïmer.
d'après une Photographie communiquée par M. de La Martinière.

ciale de cette région sans parler du marché qui se tient deux fois par semaine à El Heïmer sur les bords du Kiss[1] : sur la rive droite se trouve le marché algérien,

main exécuté sur notre territoire par Si Sliman ben Kaddour, le 17 novembre 1881, que nous dûmes décider que nos marchés de la frontière leur seraient fermés jusqu'à nouvel ordre.

Cette interdiction fut prononcée d'un commun accord avec l'amel d'Oudjda, qui, de son côté, avait intérêt à tenir les partisans du désordre le plus éloignés possible de son territoire et qui avait, du reste, reçu à ce sujet des instructions formelles de son souverain. En ce qui nous concernait, nous ne pouvions admettre que des caravanes de gens dont le caractère d'hostilité nous était bien connu, fussent autorisées à venir sur notre territoire pour ravitailler les rebelles ou se ravitailler elles-mêmes.

Cette mesure, dont les Mehaïa avaient été avisés, dut recevoir son exécution dans toute sa rigueur et c'est pour ce motif que les caravanes qui n'en ont pas tenu compte en y contrevenant, ont été arrêtées et saisies chaque fois qu'elles ont été rencontrées en deçà de la frontière, au nord de la latitude de Teniet es Sassi.

En Avril 1883, le calme étant revenu dans l'ouest et le sud-ouest, et la tranquillité paraissant rétablie, le Gouverneur général, M. Tirman, sur les instances de l'amel d'Oudjda, venu le saluer à son passage à Lalla Mar'nia, leva l'interdiction de fréquenter nos marchés prononcée contre les Mehaïa et tous les autres ressortissants marocains de ce fonctionnaire, depuis Figuig jusqu'à la mer.

On ne peut se dissimuler que ces mesures prohibitives, imposées par les nécessités du moment, n'aient eu une influence sérieuse sur nos relations commerciales avec le Maroc, et cela, d'autant plus qu'elles ont été prises presque au moment où l'Espagne faisait de Melila un port franc.

[1] Il y a quelques années un autre marché se tenait non loin de là, à l'embouchure même du Kiss, sur la plage, au lieu dit Foum Adjeroud. Les commerçants de Nemours, de Melila, des Zafarines venaient y opérer des transactions commerciales qui portaient principalement sur les céréales. L'impossibilité d'exercer une surveillance suffisamment efficace, sur un marché placé à la fois à proximité de la frontière

sur la rive gauche le marché marocain. On comprend les difficultés qui naissent de cette position pour en

et de la mer, en même temps que les réclamations des négociants de Nemours, ont déterminé l'administration à le supprimer et à interdire sur cette plage tout embarquement.

Un lieutenant de vaisseau de réserve, M. Louis Say, qui, lors d'un voyage accompli en 1887, à travers la plaine de Trifa jusqu'à la Moulouïa, a vu fonctionner ce marché, exprime en ces termes l'impression qu'il en a conservée :

« Le marché d'Adjeroud doit son animation toute particulière au
» commerce des céréales, qui se fait au territoire français, sur la rive
» droite du Kiss, et au trafic des armes prohibées, qui se vendent au
» grand jour, sur la rive gauche, en territoire marocain.

» Leur provision de poudre terminée, les Beni Snassen, les Trifa
» (Angad), les Oulad Mansour, les Athamna (Angad), laissent leurs
» fusils en faisceaux dans le lit du Kiss, sur les galets, et leurs
» chevaux sur la grève, puis passent sur le marché français prendre
» des nouvelles dans les cafés maures, et acheter des cotonnades et
» de la quincaillerie aux Israélites de Nemours, venus à dos de
» mulets.

» On trouve aussi sur la rive gauche du Kiss, et non sans éton-
» nement, du sucre, du thé et du café, rapportés de Melila par
» caravanes, et toujours 20, 30, 40 centimes moins cher que les
» produits similaires provenant d'Algérie.

» Depuis l'assimilation des tarifs algériens aux tarifs de la métro-
» pole, les droits de douane ont tué le commerce de Nemours, port
» français, au profit de Melila, dont les Espagnols ont eu le bon sens
» de faire un port franc en 1881.

» La grosse question à Adjeroud, ce sont les céréales.

» Quand viennent les caravanes du Maroc, les chameaux et les
» mulets sont déchargés sur le sable, les tellis (sacs) sont vidés sur
» les nattes, le blé mesuré mis en sac, amoncelé en tas énormes sur
» la plage du Kiss et recouvert de bâches jusqu'à l'arrivée des
» bateaux. » (Louis Say. La frontière du Maroc. *Bull. de la Soc. de Géographie commerciale de Paris*, 1887, p. 533).

La description faite par M. L. Say, du marché d'Adjeroud, pourrait tout aussi bien s'appliquer à celui d'El Heïmer. Les Marocains y

assurer la police. Aussi l'autorité militaire a-t-elle eu soin de détacher à cet endroit un peloton de spahis [1] sous les ordres d'un officier, et d'interdire aux Marocains armés de venir sur la rive droite. La mission de cet officier est des plus délicates : car, s'il est nécessaire, par exemple, de procéder à l'arrestation d'un délinquant, il peut souvent provoquer sous le prétexte le plus futile un conflit avec les Marocains. Ceux-ci ont bien vite fait de franchir la rivière et de revenir en armes pour porter secours au coupable quel qu'il soit.

De semblables incidents se produisent assez fréquemment quand on surprend des indigènes porteurs de poudre achetée sur le marché marocain.

viennent également faire leurs achats dans des conditions identiques, après avoir laissé leurs armes au-delà de la rivière. Quelquefois même, des malfaiteurs algériens, réfugiés au Maroc, poussent l'audace jusqu'à venir interpeller nos agents de la rive gauche sans qu'il soit possible de châtier leur insolence.

[1] Ce détachement occupe le petit bordj d'Adjeroud que nous avons édifié sur la rive droite du Kiss, malgré les stipulations de l'article 1er du traité de 1845.

Le bruit ayant circulé en 1881 que l'Allemagne s'était fait céder par le Sultan la baie d'Adjeroud, nous fîmes construire sur la rive algérienne du Kiss, durant l'hiver 1881-1882, un pied-à-terre destiné à abriter les officiers des affaires indigènes appelés fréquemment dans ces parages en vue de la surveillance constante à y exercer. En 1887, on adjoignit à ce pied-à-terre un casernement pour un peloton de spahis chargé de la police du marché d'El Heïmer.

Dès les commencements de la construction de ce bordj, les Marocains s'étaient émus, se figurant qu'il était dirigé contre eux. Aussi pour répondre à cette prétendue menace de notre part, le Sultan se hâta-t-il de faire édifier un bordj semblable en 1883, sur la rive gauche du Kiss, à Saïdia.

C'est, en effet, au Maroc que tous nos administrés des régions environnantes vont s'approvisionner de munitions qu'ils achètent soit à Oudjda même, soit aux marchés marocains d'Ar'bal[1] et d'El Heïmer. Ce trafic, qui a existé dès les premiers jours de l'occupation française, a toujours été impossible à enrayer complètement, en raison même de la parcimonie avec laquelle nous autorisons les indigènes à acheter de la poudre[2], et du prix élevé de celle que nous leur vendons.

Les autorités françaises de la frontière se sont de tout temps efforcées de porter obstacle à cet état de choses, mais elles se sont toujours heurtées à de réelles difficultés provenant principalement de l'impossibilité de surveiller efficacement, avec des moyens restreints, une longue étendue de frontière. Il convient d'ajouter à ces difficultés, l'appui mutuel que se prêtent les indigènes entre eux pour échapper à notre surveillance.

Il faut connaître le Maroc et la façon dont s'y exerce l'autorité nominale du Sultan pour comprendre les difficultés presque insurmontables que rencontre notre Légation de Tanger quand elle poursuit l'arrestation des malfaiteurs dans les régions reculées de la frontière et où les agents de la Cour Chérifienne ont eux-mêmes une action très limitée.

Aussi toutes les promesses qu'ils peuvent nous faire sont-elles à peu près illusoires. En réalité, nous devons

[1] Chez les Beni Snassen.

[2] Les indigènes algériens ne peuvent acheter des munitions et des armes que munis d'une autorisation spéciale de l'autorité.

compter sur nos propres ressources pour tenter de nous emparer des bandits qui infestent la frontière.

Au surplus, les fonctionnaires marocains semblent avoir conscience de leur impuissance[1] et le Sultan lui-même n'hésite pas à recourir à des moyens dilatoires. C'est ainsi qu'en 1891, notre Ministre à Tanger obtenait une lettre du Sultan qui avait trait, croyait-on, à une demande du gouvernement français en vue d'obtenir l'arrestation des auteurs de l'attaque commise le 31 octobre 1890, sur la diligence de Nemours à Lalla Mar'nia. Mais on dut reconnaître que les faits criminels, visés dans la lettre du Sultan, n'étaient pas du tout ceux qui se rapportaient à l'attaque de cette diligence.

L'amel d'Oudjda avouant sans cesse son incapacité et son impuissance à agir sur les populations que la cour de Fez attribue à son autorité nominale[2], on

---

[1] Cette impuissance est telle que, à plusieurs reprises et surtout lors des périodes de troubles, les tribus marocaines limitrophes, lasses du désordre constant au milieu duquel elles vivent, n'ont pas hésité à nous faire des offres de soumission par l'organe de leurs chefs respectifs.

C'est ainsi qu'en 1884, le caïd des Mezaouïr (Angad), Abdelkader ben bou Terfas, nous demanda de placer l'amalat d'Oudjda sous notre protectorat.

[2] Fréquemment l'amel reconnaît, dans sa correspondance, qu'il est dans l'impossibilité de faire donner satisfaction à nos justes réclamations. Souvent même, il nous prie de sévir en son nom, ou bien il nous engage, si les coupables appartiennent à une tribu marocaine hors de toute atteinte, à prendre des gages sur ceux de leurs coreligionnaires qui fréquentent nos marchés.

s'était demandé s'il n'y aurait pas avantage à posséder dans la ville frontière marocaine une agence consulaire française, confiée à un indigène et qui aurait pu, en coordonnant nos réclamations, les présenter à l'amel, tout en étant pour nous une agence peut-être précieuse d'informations. Une enquête, faite à ce sujet, n'a pas montré que l'on doive poursuivre cette création d'agence. Outre la difficulté de rencontrer un indigène qui, en un tel milieu, présentât toutes les garanties de moralité désirable, on pourrait craindre qu'il naisse de cette installation une source de conflits et de difficultés véritables, sans compter que la présence d'un agent français, isolé au milieu de ces populations marocaines et nécessairement en opposition constante avec l'amel, ne pourrait que compliquer la situation — au lieu de la simplifier.

Aujourd'hui, envisageant d'une manière différente la situation, notre diplomatie semble avoir admis le principe d'une action vigoureuse toutes les fois qu'il s'agirait de faire respecter notre territoire par les tribus marocaines. C'est ainsi qu'il a été procédé, au commencement de mai 1893, quand 350 tentes des Mehaïa, venus s'installer à Magoura, chez les Oulad En Nehar, refusaient de déguerpir. La simple menace de l'emploi de la force a suffi pour les faire rentrer dans leur pays.

Quelques jours plus tard, ainsi que nous l'avons relaté plus haut, plusieurs douars des Beni Drar franchissaient la frontière et venaient camper au milieu de nos tribus, refusant de regagner le Maroc : le

département des Affaires Étrangères estima qu'il suffisait, pour assurer ce résultat, d'une démonstration armée. Le Ministre de la Guerre écrivait à ce propos :
« Les bons effets qu'a eus, lors de l'incident de
» Magoura, la simple menace d'une semblable inter-
» vention, ne peuvent que nous encourager à adopter
» pour règle cette manière de procéder, étant bien
» entendu que les forces que nous mettrons en ligne
» seront toujours assez imposantes pour prévenir toute
» idée de résistance, partant toute possibilité de
» conflit. »

Relevé des tentes d'origine algérienne réfugiées dans les tribus du Nord-Est du Maroc, au premier semestre 1894.

TRIBUS MAROCAINES où elles résident actuellement.	Nombre de tentes algériennes qui y résident.	Année de leur passage au Maroc.	TRIBUS ALGÉRIENNES d'où elles sont originaires.	CIRCONSCRIPTIONS ADMINISTRATIVES ALGÉRIENNES auxquelles elles appartiennent			Observations.
				Cercles ou annexes.	Subdivisions.	Divisions.	
Mehaïa.......	2	1881	Rezaïna Cheraga.......	Saïda.	Mascara.	Oran	
	4	1881	Rezaïna R'araba........	D°	D°	D°	
	1	1881	Oulad Ziad R'araba.....	Géryville	D°	D°	
	6	1881	Derraga R'araba........	D°	D°	D°	
	2	1864	Rezeigat...............	D°	D°	D°	
	15	1879	Sendan	Méchéria	D°	D°	
	52	1867	Oulad En Nehar R'araba.	El Aricha	Tlemcen	D°	
	9	1885	D°...........	D°	D°	D°	
	1	1881	Beni bou Saïd..........	Lalla Mar'nia	D°	D°	
	1	?	Maaziz................	D°	D°	D°	
Total.....	93 tentes						
Beni-Mathar...	1	1881	Oulad Ziad R'araba.....	Géryville	Mascara	D°	
	4	1864	Oulad Aïssa ou Gueraridj.................	D°	D°	D°	
	1	1881	D°...........	D°	D°	D°	
Total.....	6 tentes						
Beni-Iala......	1	Depuis 1881	Khemis	Lalla Mar'nia	Tlemcen	D°	
Total.....	1 tente						
Beni-Oukil....	1	Depuis 1881	Beni Ouassin	D°	D°	D°	
	2	1881	Msirda....	D°	D°	D°	
	2	Depuis 1881	Achache	D°	D°	D°	
Total.....	5 tentes						

TRIBUS MAROCAINES où elles résident actuellement.	Nombre de tentes algériennes qui y résident.	Année de leur passage au Maroc.	TRIBUS ALGÉRIENNES d'où elles sont originaires.	CIRCONSCRIPTIONS ADMINISTRATIVES ALGÉRIENNES auxquelles elles appartiennent			Observations.
				Cercles ou annexes.	Subdivisions.	Divisions.	
Beni bou Hamdoun	1	Depuis 1881	El Kef	Lalla Mar'nia	Tlemcen	Oran	
	2	Depuis 1881	Khemès	D°	D°	D°	
Total	3 tentes						
Sedjâa	1	1881	Rezaïna R'araba	Saïda.	Mascara	D°	
	2	1865	Oulad Toumi	Mécheria	D°	D°	
Total	3 tentes						
Mezaouir (Angad R'araba)	2	1864	Beni Ouassin	Lalla Mar'nia	Tlemcen	D°	
	3	Depuis 1881	D°	D°	D°	D°	
	2	Depuis 1881	Achache	D°	D°	D°	
Total	7 tentes						
El Athamna (Angad R'araba)	2	1864	Msirda	D°	D°	D°	
	1	1881	D°	D°	D°	D°	
	10	Depuis 1881	D°	D°	D°	D°	
Total	13 tentes						
Oulad Ahmed ben Brahim (Angad Cheraga)	2	Depuis 1881	Beni Ouassin	D°	D°	D°	Chez les Beni Hassan.
	1	Depuis 1881	D°	D°	D°	D°	
Total	3 tentes						
Angad de Trifa.	1	Depuis 1881	D°	D°	D°	D°	
	1	Depuis 1881	Msirda	D°	D°	D°	Chez les Oulad Ser'ir.
Total	2 tentes						

TRIBUS MAROCAINES où elles résident actuellement.	Nombre de tentes algériennes qui y résident.	Année de leur passage au Maroc.	TRIBUS ALGÉRIENNES d'où elles sont originaires.	CIRCONSCRIPTIONS ADMINISTRATIVES ALGÉRIENNES auxquelles elles appartiennent			Observations.
				Cercles ou annexes.	Subdivisions.	Divisions.	
Angad.......	1	1864	Oulad Ziad Chéraga....	Géryville	Mascara	Oran	Nous n'avons pu déterminer dans quelles fractions des Angad ces tentes étaient réfugiées.
	5	1864	Oulad Moumen........	D°	D°	D°	
	1	1864	Oulad Aïssa ou Guéra-ridj...............	D°	D°	D°	
	6	1867	Oulad En Nehar Cheraga.	El Aricha	Tlemcen	D°	
Total.....	13 tentes						
Beni Snassen 1° Beni Khaled.	1	1864	Msirda................	Lalla Mar'nia	Tlemcen	D°	
	1	1881	D°................	D°	D°	D°	
	1	1881	D°................	D°	D°	D°	Chez les Beni Drar.
	8	Depuis 1881	D°................	D°	D°	D°	
	1	Depuis 1881	D°........	D°	D°	D°	Chez les Beni Drar.
	4	Depuis 1881	Achache.............	D°	D°	D°	D°
	1	Depuis 1881	D°................	D°	D°	D°	Chez les Oulad ez Zaïmi (Oulad ben Azza).
	3	Depuis 1881	Attia...............	D°	D°	D°	Chez les Oulad el Moungar.
	2	Depuis 1881	D°................	D°	D°	D°	Près de Drioua.
	4	1893	D°................	D°	D°	D°	Chez les Oulad el R'azi.
	2	?	Maaziz...............	D°	D°	D°	
2° Beni Mengouch......	1	1864	Msirda........	D°	D°	D°	
	3	Depuis 1881	D°................	D°	D°	D°	
3° Beni Ourimèche......	1	1891	Oulad en Nehar R'araba.	D°	D°	D°	
Total.....	33 tentes						

TRIBUS MAROCAINES où elles résident actuellement.	Nombre de tentes algériennes qui y résident.	Année de leur passage au Maroc.	TRIBUS ALGÉRIENNES d'où elles sont originaires.	CIRCONSCRIPTIONS ADMINISTRATIVES ALGÉRIENNES auxquelles elles appartiennent			Observations.
				Cercles ou annexes.	Subdivisions.	Divisions.	
Tegafeït (Oued Za)........	1	1864	Oulad Maallah........	Géryville	Mascara	Oran	
Total.....	1 tente						
Taza..........	1	1864	Rezaïna R'araba.......	Saïda.	D°	D°	
Total.....	1 tente						
Fez..........	37	1864	Oulad Sidi Cheikh Cheraga............	Géryville	Mascara	D°	
	6	1881	D°...........	D°	D°	D°	
	4	1881	Derraga R'araba.......	D°	D°	D°	
	1	1881	Oulad Maallah........	D°	D°	D°	
	5	1864	Akerma..............	D°	D°	D°	
	8	1881	D°.............	D°	D°	D°	
	1	1881	Oulad Sidi Ahmed ben Madjdoub...........	D°	D°	D°	
	5	1864	Oulad Moumen........	D°	D°	D°	
	1	1881	Oulad Aïssa ou Gueraridj.................	D°	D°	D°	
	8	1864	El Abiod Sidi Cheikh...	D°	D°	D°	
	1	1877	Bou Semr'oun........	D°	D°	D°	
Total.....	77 tentes						
Ouaz'zan......	1	1864	Rezaïna R'araba.......	Saïda.	D°	D°	
	4	1881	Oulad Ziad R'araba.....	Géryville	D°	D°	
	1	1864	Oulad Sidi Ahmed ben Madjdoub...........	D°	D°	D°	
Total.....	6 tentes						
Djebel Zerhoun	2	?	Mâaziz...............	Lalla Mar'nia	Tlemcen	D°	
Total.....	2 tentes						

TRIBUS MAROCAINES où elles résident actuellement.	Nombre de tentes algériennes qui y résident.	Année de leur passage au Maroc.	TRIBUS ALGÉRIENNES d'où elles sont originaires.	CIRCONSCRIPTIONS ADMINISTRATIVES ALGÉRIENNES auxquelles elles appartiennent			Observations.
				Cercles ou annexes.	Subdivisions.	Divisions.	
Oulad Mansour	1	1864	Msirda...............	Lalla Mar'nia	Tlemcen	Oran	
	3	1881	D°...................	D°	D°	D°	
	20	Depuis 1881	D°...................	D°	D°	D°	
	17	1881	Beni Mengouch.......	D°	D°	D°	A Kalôa.
	7	Depuis 1881	D°...................	D°	D°	D°	
	17	1881	Attia.................	D°	D°	D°	A Arbouch, hameau près du Kiss.
	6	Depuis 1881	D°...................	D°	D°	D°	A Taggart, hameau près du Kiss.
	12	Depuis 1881	D°...................	D°	D°	D°	A Arbouch.
Total.....	83 tentes						
Oulad Settout.	1	1864	Beni Ouassin.........	D°	D°	D°	
Total.....	1 tente						
Kebdana......	1	1881	Msirda...............	D°	D°	D°	
	8	Depuis 1881	D°...................	D°	D°	D°	
Total.....	9 tentes						
Oudjda........	4	1864	Oulad Sidi Cheik Cheraga............	Géryville	Mascara	Oran	
	1	1864	Derraga Cheraga......	D°	D°	D°	
	5	1881	D°...................	D°	D°	D°	
	2	1881	Derraga R'araba.......	D°	D°	D°	
	1	1864	Oulad Abdel Kerim.....	D°	D°	D°	
	3	1881	Oulad Sidi Ahmed ben Medjdoub............	D°	D°	D°	
	3	1864	Rezeïgat...............	D°	D°	D°	
	4	1881	El Abiod Sidi Cheikh...	D°	D°	D°	
	4	1893	Mar'aoulia............	Méchéria	D°	D°	Suivent les pâturages de Figuig à Oudjda.
	7	1874	Oulad Farès...........	D°	D°	D°	
	1	1864(?)	Khemis...............	Lalla Mar'nia	Tlemcen	D°	
	3	1881	D°...................	D°	D°	D°	
Total.....	38 tentes						

CARTOGRAPHIE [1]

1° Trois calques [2] des reconnaissances exécutées dans la partie occidentale de l'Algérie par MM. Tatareau, Gouyon et de Martimprey, du corps d'état-major.

[1] Nous donnons ici le relevé des documents cartographiques relatifs à la frontière de l'Algérie et du Maroc ou à la région avoisinante, qui ont servi ou ont pu servir à l'étude préparatoire de la limite à revendiquer avant la conclusion du traité de 1845 ou qui ont été publiés depuis cette époque jusqu'à nos jours.

[2] Ces documents, qui n'ont pu être retrouvés, étaient joints à une lettre adressée le 2 août 1843 par le Ministre de la Guerre au Gouverneur général de l'Algérie. Une note annexée à cette lettre donne les indications suivantes sur les documents en question : « Le capitaine » d'état-major Tatareau a relevé, en 1832, la côte de la province » d'Oran. Sa carte, au 400.000°, donne une faible partie du cours » de l'Aggierout (éoued Adjeroud), rivière qui, séparant près de la mer » l'Algérie et le Maroc, coule dans une vallée fort accidentée, formée » par les monts Aghareb et de Trifa ; son embouchure, garnie de » bois, se trouve à 8.000 mètres de la Moulouïa, fleuve considérable » qui arrose les provinces de Sciaus et de Garet.

» Le commandant Gouyon et les officiers de la section topogra- » phique de l'Algérie ont fait, au commencement de 1842, une belle » reconnaissance de la province de Tlemcen ; mais ils se sont arrêtés » sur le Djebel Zendal, à 3 lieues du ruisseau sur lequel ils placent » les limites et qu'ils appellent Menasseb Khis.

» Enfin, le commandant de Martimprey a dressé, en 1843, une » carte administrative de la province d'Oran, très précieuse et remplie » de détails sur toutes les parties de cette province ; mais elle ne » comprend pas le territoire qui touche aux frontières et n'indique » même pas le ruisseau sur lequel les autres documents les ont » placées.

» Au surplus, tous ces documents indiquent les limites comme

2° Carte gravée [1] d'une partie de l'Afrique septentrionale portant indication, au moyen d'une ligne coloriée et d'après les renseignements connus (en 1843) de la frontière présumée qui sépare l'Algérie du Maroc [2].

3° Reconnaissance du terrain de Lalla Mar'nia à Oudjda pour servir à l'intelligence de la bataille d'Isly [3].

Levé du terrain, publié dans le *Spectateur militaire* du 15 septembre 1844, à la suite d'un article sur les opérations militaires contre les Marocains, reproduisant des extraits des rapports officiels du maréchal Bugeaud.

4° Carte jointe au traité du 18 mars 1845, dressée d'après les travaux de l'État-Major et gravée au Dépôt de la Guerre en 1845. Le nom du commandant de Martimprey, chef d'escadron d'état-major, chargé du service topographique de la province d'Oran, s'y trouve

» partant de la mer et s'élevant, par une ligne plus ou moins sinueuse,
» jusqu'à la chaîne du Petit Atlas, qui, dans cette partie, est fort
» rapprochée de la mer. Les limites se prolongent ensuite dans la
» même direction jusqu'au désert d'Angad, laissant Oudjda à l'ouest.
» Tel est, à peu près, le tracé de la frontière sur notre carte générale
» de l'Algérie. »

[1] Cette carte était également jointe à la lettre du Ministre de la Guerre du 2 août 1843.
Elle est extraite de la *Carte du bassin de la mer Méditerranée*, dressée au Dépôt de la Guerre en 1840.

[2] Nous reproduisons une partie de cette carte, planche I.

[3] La frontière s'y trouve indiquée approximativement.

inscrit. La signature et les cachets des plénipotentiaires y figurent également[1].

5° En 1851, le général de Mac Mahon, commandant la subdivision de Tlemcen, en raison du manque de concordance de la carte précédente avec le traité, fit faire une reconnaissance de la frontière par une brigade topographique composée de :

> MM. D'ABRANTÈS, capitaine d'état-major ;
> LOYSEL, lieutenant d'état-major ;
> THOMAS, sons-lieutenant au 11° léger ;
> FITILI, lieutenant au 9° de ligne, détaché aux affaires indigènes.

L'original du levé exécuté par ces officiers se trouvait, en 1889, au bureau arabe subdivisionnaire de Tlemcen[2].

6° En 1874, le général Osmont, commandant la division d'Oran, décida, sur la proposition du général Carteret, commandant la subdivision de Tlemcen, de faire exécuter le levé de la frontière de Ras Asfour à la mer[3]. Ce travail fut exécuté par le capitaine

---

[1] Nous donnons une réduction de cette carte, planche VII.

[2] Une copie exécutée en 1873 par le capitaine Meunier, chef du bureau arabe, existe dans les archives de la Direction divisionnaire des Affaires arabes d'Oran.

[3] Le général Osmont se proposait de saisir ultérieurement le Gouverneur général de la question de révision de la frontière. Le levé exécuté devait faciliter leur tâche aux plénipotentiaires chargés de la révision.

Godelier ; il fut secondé par deux officiers du 53ᵉ de ligne[1].

Il n'a pas été possible de retrouver la minute du levé qui a dû être exécuté à cette époque.

7° Carte de la frontière entre l'Algérie et le Maroc, à l'échelle de $\frac{1}{200.000}$, dressée (à Alger) d'après les documents existant au Service topographique du 19ᵉ corps d'armée. (Carte du commandant Titre, 1877).

8° Frontière de l'Algérie et du Maroc, au $\frac{1}{200.000}$, carte gravée au Dépôt de la Guerre (en trois couleurs), 1879.

9° Carte topographique de l'Algérie au $\frac{1}{50.000}$ (en sept couleurs). Feuilles déjà parues : 237, 238, 268, 269.

Et carte de l'Algérie au $\frac{1}{200.000}$ (en quatre couleurs). Feuilles 30 et 41 [2].

Cartes en cours de publication, éditées par le Service géographique de l'Armée.

---

[1] L'un d'eux était M. le sous-lieutenant Couderc, aujourd'hui sous-intendant militaire. Il a travaillé pendant plus de six mois entre Adjeroud et Sidi bou Djenane.

[2] Nous donnons une réduction de ces deux feuilles, planche VIII.

CHAPITRE II.

Description de la région marocaine immédiatement limitrophe de notre frontière. — Routes. — Lieux habités. — Ordres religieux.

DESCRIPTION DE LA RÉGION.

Le pays marocain situé à l'Ouest de l'Algérie appartient tout entier au bassin inférieur de la Moulouïa.

Avant d'étudier plus spécialement la région qui touche à la frontière algérienne, il paraît nécessaire de donner, à grands traits, un aperçu général du cours inférieur de la Moulouïa et de sa vallée.

Après un long trajet à travers les montagnes et les plaines de son cours supérieur, la Moulouïa pénètre dans son bassin inférieur par un défilé (kheneg) resserré entre le Djebel Debdou à droite et un massif innommé à gauche, massif qui appartient au système du Moyen Atlas marocain et où se trouve une kasba, celle de Refoula, qui appartient aux Hallaf[1].

---

[1] C'est la partie de la chaîne occupée, à quelque distance du fleuve, par les Beni Ouaraïne. D'où, nous l'appellerons, Djebel Beni Ouaraïne.

En sortant de ce défilé que nous désignerons sous le nom de défilé de Refoula, le fleuve reçoit sur sa gauche l'oued Mellilo, qui coule entre le Moyen Atlas et la chaîne de R'iatsa et vient se réunir à la Moulouïa [1]. Celle-ci longe en même temps, à droite, une vaste plaine désertique, celle de Tafrata, limitée au Nord

[1] La Moulouïa, (différentes orthographes : Mlouïa, Molouya, Duveyrier écrit Moloûya), le plus long fleuve du bassin méditerranéen de la Berbérie toute entière, est celui dont le cours est encore de beaucoup le moins connu et peut-être le plus mal représenté sur nos cartes, car, sauf les points vus par MM. de Foucauld, Duveyrier et de La Martinière, son tracé, si hardiment arrêté sur les documents géographiques, n'a d'autre valeur que celle d'une supposition. C'est à M. de Foucauld que la science doit la connaissance de la haute Moulouïa et jusqu'à ces dernières années nos informations positives s'arrêtaient à l'embouchure levée en 1873 par M. le capitaine de vaisseau Mouchez. La carte de cet éminent hydrographe suspend prudemment le tracé du fleuve à 3400^m de la côte ; en le prolongeant de deux kilomètres le cartographe eût consacré une erreur sur un document géographique officiel.

Nous avons traité dans notre étude du tracé de la frontière, des renseignements antiques transmis jusqu'à nous par les géographes et les historiens anciens, nous avons étudié alors l'étymologie du nom Moulouïa ; quelle que soit, en tout cas, la racine du nom classique Mulucha, peut être bien « (rivière) royale » en phénicien, le nom arabe Moulouïa « contournée, damasquinée », tout en rappelant le son de la vieille appellation, caractérise parfaitement le cours du fleuve. En effet, si restreintes que soient nos connaissances sur la Moulouïa, nous savons qu'elle décrit des méandres qui atteignent jusqu'à 40 kilomètres à angle droit dans sa direction générale. L'esprit arabe, au surplus, aime les jeux de mots sur racines sémitiques ou autres.

La Moulouïa prend sa source au Djebel el Aïachi, massif d'une hauteur d'environ 3.500^m couvert de neiges éternelles et qui fait partie de la chaîne du grand Atlas marocain, à droite de la route de Fez au Tafilalet, dans l'ouest du col de Tizi n'Telremt.

par les hauteurs peu accentuées qui unissent le prolongement de la chaîne des R'iatsa à celle des Beni bou Zeggou. C'est dans la partie septentrionale de cette plaine que l'oued Za vient rejoindre la Moulouïa.

Après les dernières pentes de la chaîne des R'iatsa qui s'avancent sur sa rive gauche, le fleuve entre en plaine. Il traverse de vastes espaces unis et déserts qui s'étendent très loin à l'Est et à l'Ouest. Cette immense plaine prend, sur la rive gauche, le nom de Djel, puis celui de Garet.

Une chaîne de collines peu élevées sépare le Djel du Gâret, c'est le Guelez [1]. Sur la rive droite, la plaine est connue sous le nom d'Angad.

Dans cette surface unie et presque sans obstacles, la Moulouïa coule en décrivant vers l'Orient une immense boucle qui se termine au confluent de l'oued Sidi Okba (Oued Ksob), le collecteur des eaux de l'Angad. Là aussi se termine la plaine; le fleuve longeant d'abord les pentes ouest du Djebel Beni Snassen, se fraye bientôt un chemin en montagne entre le Djebel Beni Snassen et le Djebel Kebdana. Mais les hauteurs de ce dernier massif l'accompagnent jusqu'à la mer tandis que sur sa rive droite s'étale une dernière plaine, celle de Trifa.

Ce rapide exposé du cours de la Moulouïa était nécessaire avant d'aborder l'étude plus détaillée de la région marocaine voisine de notre frontière, région limitée par

---

[1] Orthographié aussi Guëliz. Il existe à Merakech, et désignée du même nom, une série de petites collines analogues d'aspect au Guelez de la plaine d'Angad.

les montagnes de Debdou au Sud, la mer au Nord, la Moulouïa à l'Ouest et la frontière algérienne à l'Est.

L'espace ainsi délimité ne comprend en réalité que la partie Est (rive droite) du bassin inférieur de la Moulouïa, augmentée toutefois de la plaine d'Oudjda. Celle-ci qui va jusqu'à Lalla Mar'nia n'est, à proprement parler, que le prolongement vers l'Algérie de la plaine d'Angad ; elle en est séparée par des hauteurs peu accentuées. La plaine d'Oudjda déversant ses eaux dans la Tafna, appartient au bassin de ce fleuve algérien.

OROGRAPHIE.

Comme nous avons pu le constater plus haut, le bassin inférieur de la Moulouïa est sillonné de massifs montagneux qui se rattachent au système orographique marocain, dont ils ne sont en quelque sorte que le prolongement au-delà du fleuve. En outre, ces massifs, sur l'une et l'autre rive, sont séparés les uns des autres par de vastes plaines.

C'est ainsi qu'au Sud, la plaine de Tafrata est bornée par le Djebel Debdou, prolongement du Moyen Atlas, tandis que vers l'Est cette même plaine a pour limites le Djebel Oulad Amer et le Djebel Beni bou Zeggou.

Plus au Nord, la plaine d'Angad s'arrête dans sa partie méridionale aux mouvements de terrains qui prolongent sur la rive droite de la Moulouïa la chaîne des R'iata, et qui se relevant peu à peu, viennent former le massif des Beni bou Zeggou. De ce dernier se détache, vers le Nord-Est, une série de hauteurs plus ou moins élevées et plus ou moins accessibles, connues sous les noms de Djebel Zekkara [1], de Djebel bou Keltoum, Djebel Djerada, etc... Elles vont rejoindre le système orographique algérien vers Ras Asfour, sur la frontière. Cette chaîne secondaire limite à l'Est la plaine d'Angad et la sépare de celles de Tiouli et de Missiouin.

Enfin, au Nord de la plaine d'Angad et au Sud de celle de Trifa, se dresse le massif des Beni Snassen, prolongement du Rif marocain. Cette montagne qui commence à dix kilomètres de Menasseb Kiss, près de la frontière algérienne, vient finir à la Moulouïa en suivant une direction sensiblement parallèle à la côte. Le massif qu'elle forme a environ 70 kilomètres de longueur sur une largeur moyenne de 26 kilomètres. Son point culminant, le Ras Foural, haut de 1420 mètres environ, domine de sa masse imposante les plaines environnantes.

HYDROGRAPHIE.

La région marocaine que nous étudions ne contient qu'un cours d'eau un peu important déversant ses eaux à la Tafna. C'est l'oued bou Naïm qui coule à peu de

[1] Le Djebel Zekkara semble former un îlot dans la plaine.

distance d'Oudjda et qui, après s'être grossi de l'Oued Isly, va rejoindre, près de la frontière, l'Oued Mouïlah, affluent de la Tafna.

Les affluents de la Moulouïa dans la région étudiée sont peu nombreux. Nous citerons en allant du Sud au Nord :

L'Oued Za. — Il prend sa source auprès des puits de Tisreïn, chez les Ait Tser'rouchen, dans cette partie des Hauts Plateaux que les nomades marocains de l'Extrême-Sud nomment Dahra. L'oued Za porte alors le nom d'oued Charef, nom qu'il conserve jusqu'à Kasba Ras el Aïn des Beni-Mathar où il arrive après un long parcours dans un pays désert. Il parvient ensuite à Guefaït (Tegafeït) où il change brusquement d'aspect. Sa vallée, jusqu'alors aride, se resserre entre le Djebel Beni bou Zeggou à droite et le Djebel Oulad Amer à gauche, et contient dorénavant de nombreux jardins. Enfin, dans la dernière partie de son cours, abandonnant la montagne, il coule dans la plaine de Tafrata, formant une bande de verdure à travers les campements des Beni Oukil. On trouve de l'eau dans l'oued Za, depuis Ras el Aïn des Beni Mathar jusqu'à son confluent avec la Moulouïa.

L'oued Sidi Okba (oued Ksob). — Il prend sa source chez les Beni Yala, reçoit à gauche l'oued Mesegmar qui vient du pays des Beni bou Zeggou et passe à peu de distance de Kasba El Aïoun Sidi Mellouk.

Divers autres cours d'eau peu importants descendent du Djebel Beni Snassen et se jettent dans la Moulouïa.

Nous citerons seulement l'oued Cherrâa (oued Sidi Mohammed ou Aberkan) dont l'eau passe pour avoir propagé le choléra en 1859, dans la colonne du Général de Martimprey.

Enfin un cours d'eau mérite encore d'être mentionné. C'est l'oued Kiss, que suit la frontière pendant une partie de son cours. Il n'a pas, du reste, d'autre importance que celle qui lui a été dévolue par le traité de 1845.

Dans les montagnes de toute cette région, l'eau abonde, mais les sources considérables sont assez rares. On peut cependant noter dans la montagne des Beni Snassen : au nord, Aïn Regadda, où campa la colonne de Martimprey ; au sud, Aïn Berdil, près de la maison du caïd El Hadj Mohammed bel Bachir, et Aïn Sfa, où se trouvent de beaux jardins. Ces sources sont tout à fait au pied de la montagne et peuvent servir à abreuver une colonne contournant le massif montagneux.

Dans la plaine de Trifa, on cite Aïn Sidi Mansour et Aïn Zerga, au Nord-Est et au Nord-Ouest d'Aïn Reggada, et Aïn Zebda, intermédiaire entre Aïn Zerga et la mer.

Dans la plaine d'Oudjda, les points d'eau remarquables sont les suivants :

1° Aïn Sidi Iahia, à 5 kilomètres Sud-Est d'Oudjda dont cette source arrose les jardins. Le débit qui en a été estimé en 1880, par M. le Capitaine Journée, à 270 litres par seconde, est constant pendant toute l'année. Les eaux se rendent à Oudjda par deux canaux à ciel ouvert. Elles contiennent une forte proportion de bicarbonate de chaux qui ne les rend pas impropres à la boisson.

2° Aïn Tinsaïn, sur la route de Lalla Mar'nia à Oudjda, à 10 kilomètres de cette dernière ville. Elle donne environ 30 litres par minute, mais un aménagement de la source augmenterait probablement la proportion d'eau utilisable.

3° Aïoun Serak, petites sources peu importantes au Sud d'Oudjda. Elles suffisent à peine à la consommation des douars voisins.

4° Aïoun Sidi Soltan, plusieurs sources peu importantes à l'Ouest d'Oudjda.

Dans cette ville même, on trouve plusieurs puits fournissant de l'eau de très bonne qualité.

La plaine d'Angad est très pauvre en eau. Les rivières qui la traversent en sont généralement dépourvues. Cependant la nappe aquifère y est peu profonde (7 à 8 mètres) ce qui a permis aux tribus qui l'habitent d'y creuser quelques puits pour leurs besoins. Le seul point d'eau important que l'on puisse y signaler, est El Aïoun Sidi Mellouk à 60 kilomètres environ d'Oudjda, avec des jardins et une Kasba où réside un caïd investi par le sultan, celui des Sedjaa.

Chez les Beni bou Zeggou, la maison du caïd Haoummada se trouve près d'une belle source en pleine montagne, appelée M'ta ech Cheurfi.

Aucun point d'eau n'est à citer dans la plaine de

Tafrata. Quant au Djebel Debdou, on y signale de nombreuses sources, principalement à Debdou même ou dans les environs immédiats. Toutes se déversent dans l'oued Debdou. Mais cette rivière se perd dans la plaine de Tafrata, sans atteindre la Moulouïa.

ROUTES.

Les plaines situées au Nord, celles du Sud et le pays facile situé à l'Est permettent de se transporter d'un côté ou de l'autre de la chaîne de hauteurs qui séparent les deux bassins de la Moulouïa et de la Tafna; il suffit donc d'énumérer les divers cols qui permettent de la traverser. Nous les citerons dans l'ordre où ils se trouvent en commençant par l'Est et allant à l'Ouest.

Le premier est Teniet Sidi Djabeur qui réunit la partie nord de la plaine d'Angad avec celle de Missiouin au Sud et, par suite, avec les Hauts Plateaux. Ce col est large, facile, un peu boisé et même carrossable dans toute son étendue. Il a été parcouru jadis par nos troupes sous les ordres du Général Cavaignac. La colonne de ce Général traînait avec elle des pièces de campagne.

A l'ouest de Teniet Sidi Djabeur se trouve un autre passage qui relie la plaine d'Angad avec celle de Tiouli et, par suite, avec les Hauts Plateaux. On le nomme Oum El Haïran. Il débouche, en partant de Tiouli dans la plaine d'Angad, en un point que l'on nomme Bou Bahr, à l'ouest d'Oudjda. Ce col n'est point très difficile ; il a environ trois kilomètres de long ; sa partie Sud-Est est boisée. Dans son parcours, il laisse, à l'Ouest,

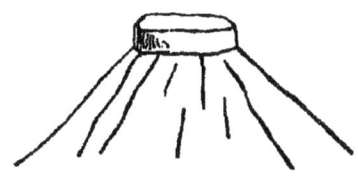

un piton bien connu et que l'on nomme Mahser ben Rekia. Il suffit d'indiquer ici par un petit dessin la forme de cet accident de terrain isolé pour qu'on ne puisse s'y méprendre, il est situé sur le territoire des Beni Iala.

A l'ouest du col de Oum el Haïran, se trouve celui de Djerada qui passe entre le piton de Mahser ben Rekia et le Djebel bou Keltoum. Trois issues conduisent des Hauts Plateaux dans Teniet Djerada. Ces trois passages sont : Teniet Okba à l'Est, Teniet Djerada à l'Ouest et Teniet Djerida au centre. Le point de rencontre est situé au pied et à l'Est du Djebel bou Keltoum. En continuant à marcher vers le Nord se trouve, dans le défilé unique qui garde le nom de Djerada, une source importante que l'on nomme Aïn Guemfouda, appellation que l'on donne quelquefois au col où elle se trouve. Cet col est large, facile, quoique un peu boisé, ses débouchés dans le Sud ne sont étroits que sur un petit parcours.

Le territoire des Beni Iala se trouve coupé en deux par le col de Djerada qui vient ensuite, dans la partie Nord, longer la limite des Zekkara et des Beni Iala, pour déboucher dans la plaine d'Angad, dans le voisinage de la tête des eaux de l'oued Isly.

A l'ouest du Teniet Djerada, se trouve le col nommé Teniet Metrouh qui limite le pays des Beni Iala de celui des Beni bou Zeggou. Il réunit les Hauts Plateaux avec la partie de la plaine d'Angad habitée par les Sedjaa et les Achache (fraction des Mehaïa). Ce col est large dans toute son étendue, à l'exception d'une partie longue de six à sept cents mètres. Il est un peu boisé sur les côtés. L'entrée, située au Sud, se trouve à une distance d'environ huit kilomètres à l'est de la Zaouïa de Guefaït (Tegafeït) où réside un personnage religieux influent.

Enfin, il nous reste à parler d'un autre passage aboutissant à la haute Moulouïa. On l'appelle Teniet Bezzouz. Il est étroit, long et bordé de montagnes assez difficiles. Quant à la route elle-même, située dans le bas, elle est d'un parcours très aisé. Il n'y aurait à craindre dans ce passage que la résistance de l'ennemi. Le col de Bezzouz a une direction Est-Ouest. Il réunit la chebka de Méridja, qui domine le Dahra, avec la plaine de Tafrata qui aboutit à la Moulouïa.

Si maintenant la colonne [1] avait à opérer dans la plaine de Trifa ou dans la partie nord de la plaine d'Angad pour se porter de là sur la haute Moulouïa,

---

[1] D'après un travail établi en 1893, par le lieutenant de Beaufort, du bureau arabe de Lalla Mar'nia.

ou enfin chez les Beni Snassen, elle aurait trois chemins [1] principaux à suivre.

Le premier part de Menasseb Kiss pour aboutir à Cherraa, marché important. Il est bon et constamment en plaine, mais sans eau. On pourrait cependant en trouver en laissant la route au Nord et en suivant le pied de la montagne où l'on rencontre les sources d'Ar'bal, près du marché de ce nom et de Regadda [2].

L'autre chemin part de Lalla Mar'nia, passe à Oudjda et conduit à la Moulouïa supérieure. Il est également bon et facile mais sans eau entre Oudjda et El Aïoun Sidi Mellouk, sauf quelques rares redirs dans l'oued Isly et l'oued bou R'edim. D'El Aïoun Sidi Mellouk à l'oued Za, il y a encore 25 ou 30 kilomètres à faire, et 15 ou 20 de l'oued Za à la Moulouïa. Des charrettes peuvent sans trop de difficulté aller d'Oudjda à El Aïoun Sidi Mellouk. L'expérience en a du reste déjà été faite.

Enfin pour se porter chez les Beni Snassen, il existe deux chemins. Le premier, qui a été suivi en 1859 par la colonne de Martimprey, part de Menasseb Kiss et passe par Aïn Regadda et le Teniet Tafouralet. Le second va de Sidi Aïed à Sefrou. Il s'élève ensuite par des pentes assez douces et en passant par des silos

---

[1] Il n'existe pas au Maroc de routes entretenues comme les nôtres, mais simplement des directions suivies, des pistes tracées par l'usage, des sentiers. C'est dans ce dernier sens qu'il faut entendre les mots : route ou chemins, quand nous les employons.

[2] Où se trouvent également des silos.

situés non loin de ce grand marché, jusqu'aux villages des Beni bou Iâala et des Beni Attigue et se continue ainsi jusqu'aux Beni Ourimèche.

Il n'existe enfin que deux routes praticables aux colonnes pour passer de la plaine d'Angad dans celle de Trifa. La première, située chez les Beni Khaled, passe par le Teniet el Guerbous et Rounan qui commande le village d'Ar'bal. Elle est relativement facile. La seconde, plus accidentée, passe par le Teniet Tafouralet, en prenant par Aïn Sfa, Sidi bou Houria et Aïn Berdil. C'est la route de retour de nos troupes en 1859.

LIEUX HABITÉS. — KSOUR.

En dehors du massif des Beni Snassen où les habitants vivent dans de nombreux villages [1], les lieux habités d'une façon permanente, dans la partie Est du bassin inférieur de la Moulouïa, sont assez rares.

Nous les étudierons dans l'ordre suivant :

1° Ksour du Djebel Debdou ;
2° Ksour de l'oued Za ;
3° Kasba El Aïoun Sidi Mellouk ;
4° Oudjda.

---

[1] Nous n'avons pas jugé utile de décrire ici d'une manière spéciale les lieux habités (villages) des Beni Snassen qui sont fort nombreux ; nous en parlerons plus loin, dans l'étude descriptive que nous donnerons de la tribu tout entière.

1° *Ksour du Djebel Debdou.*

Le massif du Djebel Debdou contient un assez grand nombre de villages et de Ksour dont l'ensemble prend le nom collectif de Haous Debdou. On peut le partager en trois groupes bien distincts. Ce sont :

a. — Les villages des Beni Riis ;

b. — Les Ksour du versant occidental de la montagne ;

c. — Les villages de l'oued Debdou.

Les villages des Beni Riis au nombre de deux (Oulad ben el Houl et Oulad Otman), sont situés dans la vallée d'un petit affluent de la Moulouïa inférieure. Nous ne les citons ici que pour mémoire, comme du reste ceux du versant occidental du Djebel Debdou, car ils sont occupés par des fractions des Oulad el Hadj dont il sera parlé dans une autre étude.

Les villages de l'oued Debdou sont au nombre de sept. Le plus important est Debdou, situé au fond de la vallée et dominé par une Kasba en partie ruinée. Il donne son nom à la vallée où il se trouve appelé par les indigènes El Debdou.

Mr De Foucauld qui a visité le pays de Debdou, en 1883, donne les indications suivantes sur les villages qui s'y trouvent. Ce sont, en descendant le cours de la rivière :

Debdou (300 familles juives, 100 musulmanes) rive droite... 100 fusils.
Kasba Debdou......................... rive droite .. 50 »
Koubbouin...... .... rive droite... 15 »

El Mesalla............................	rive gauche..	100 fusils.
Bou Aïach............................	rive gauche..	10 »
Sellaout..............................	flanc droit...	50 »
Flouch................................	flanc gauche.	30 »

Entre Bou Aïach et Sellaout, sur le flanc droit de la vallée, se trouvent deux groupes de tentes installées en permanence auprès de sources et au milieu de jardins. Ce sont les Beni Fachat (150 fusils) et les Beni Ouchgel (30 fusils).

De Foucauld nous a fait le tableau de la situation du Ksar de Debdou, nous ne pouvons mieux faire que d'en reproduire les termes :

« Debdou est située dans une position délicieuse,
» au pied du flanc droit de la vallée, qui s'élève en
» muraille perpendiculaire à 80 mètres au-dessus du
» fond : il forme une haute paroi de roche jaune, aux
» tons dorés, que de longues lianes rayent de leur
» feuillage sombre. Au sommet se trouve un plateau,
» avec une vieille forteresse dressant avec majesté au
» bord du précipice ses tours croulantes et son haut
» minaret. Au-delà du plateau, une succession de
» murailles à pic et de talus escarpés s'élève jusqu'au
» faîte du flanc. Là, à 500 mètres au-dessus de Debdou,
» se dessine une longue crête couronnée d'arbres, la
» Gada. Des ruisseaux, se précipitant du sommet de
» la montagne, bondissent en hautes cascades le long
» de ces parois abruptes et en revêtent la surface de
» leurs mailles d'argent. Rien ne peut exprimer la
» fraîcheur de ce tableau. Debdou est entourée de

» jardins superbes : vignes, oliviers, figuiers, grena-
» diers, pêchers y forment auprès de la ville de profonds
» bosquets et au-delà s'étendent en ligne sombre sur
» les bords de l'Oued. Le reste de la vallée est couvert
» de prairies, de champs d'orge et de blé se prolongeant
» sur les premières pentes des flancs. La bourgade se
» compose d'environ 400 maisons construites en pisé ;
» elles ont la disposition ordinaire : petite cour inté-
» rieure, rez-de-chaussée et premier étage ; comme à
» Tlemcen, bon nombre de cours et de rez-de-chaussée
» sont au-dessous du niveau du sol. Les rues sont
» étroites, mais non à l'excès comme dans les Ksour.
» Point de mur d'enceinte. La localité est alimentée
» par un grand nombre de sources dont les eaux sont
» délicieuses et restent fraîches durant l'été ; l'une
» d'elles jaillit dans la partie basse de Debdou, à la
» limite des jardins. Le voisinage en est abondamment
» pourvu : Kasba-Debdou, la vieille forteresse qui
» domine la ville, en possède plusieurs dans son
» enceinte ».

Les habitants du pays de Debdou, les Ahl-Debdou, comme on les appelle, sont de races mélangées. Pour un motif encore inexpliqué, le nombre des israélites vivant dans la région est supérieur à celui des musulmans : les juifs forment les trois quarts de la population. Debdou est peut-être le seul point du Nord de l'Afrique où pareil fait ait été encore signalé. Il y existe une mellah[1]. Quant aux musulmans ils paraissent être

---

[1] Quartier isolé et séparé exclusivement habité par les Juifs.

d'origines diverses, arabe ou berbère. Les uns se servent de la langue arabe, les autres font usage du chellah [1].

Le pays de Debdou est placé sous l'autorité du caïd de Taza qui, chaque année, vient faire une tournée dans la région pour récolter l'impôt ou envoie des Mokhazeni pour le suppléer. Mais l'autorité administrative de ce fonctionnaire marocain ne s'étend qu'aux musulmans des Ahl-Debdou. Toute la partie juive de la population relève d'un des pachas de Fez, chargé de recevoir le tribut qu'elle paie. C'était, en 1883, le pacha Ould Ba Mohammed Chergui, dans la suite et momentanément cette situation fut modifiée, le sultan y ayant nommé temporairement le kaïd Ould Abderrahman ben Cheleh.

Il y a à Debdou même un marché permanent qui, chaque jeudi, attire un plus grand nombre de visiteurs et prend une réelle importance.

Cette localité est la première du Sud marocain qui ait des rapports commerciaux avec l'Algérie. Le trafic qu'elle faisait avec la colonie était, en 1883, fort important, tandis que les transactions avec Fez et Melila étaient plus rares. Aujourd'hui la situation s'est modifiée, le courant commercial avec l'Algérie a beaucoup diminué au profit de Melila dont les Espagnols ont fait un port franc. Pour amener ce résultat, les autorités de Melila ont commencé par accorder la plus grande tolérance à la vente des armes à feu perfectionnées.

[1] Dialecte berbère.

Venus d'abord dans cette ville pour y acheter des armes, les Ahl-Debdou n'ont pas tardé à reconnaître qu'il y avait également avantage pour eux à s'y approvisionner de la plupart des autres marchandises qu'ils pouvaient s'y procurer à meilleur compte.

Notons en terminant que les Ahl-Debdou sont riches en troupeaux grâce aux gras pâturages de leurs montagnes. Les races de bœufs, moutons et chèvres du pays de Debdou sont renommées parmi les indigènes.

2° *Ksour de l'oued Za.*

Les différents ksour ou villages que l'on rencontre en descendant le cours de l'oued Za, sont les suivants :

Kasba Ras el Aïn des Beni Mathar ;
Guefaït (Tegafeït) ;
Kasba beni Koulal ;
Dar Cheikh ech Chaoui ;
Taourirt (Kasba Moula Ismaël).

C'est à Kasba Ras el Aïn des Beni Mathar ou plus simplement Ras el Aïn des Beni Mathar, que la rivière, qui a porté jusqu'ici, dans son long parcours à travers le Dahra, le nom d'oued Charef, prend celui d'oued Za. Là, aussi, elle commence à couler d'une façon permanente, alimentée qu'elle est alors, par la source abondante et intarissable qui a donné son nom à la localité.

Le petit Ksar, bâti en ce point, appartient par moitié aux Beni Mathar et aux Mehaïa. Il est situé, à proximité de la source dont nous venons de parler, sur la rive même de la rivière.

En 1878, le caïd des Mehaïa fit construire en cet endroit un bordj, sorte de redoute rectangulaire aux murs de pisé, fermée par une porte placée dans la face sud. Le côté ouest de la construction était à environ 150 mètres de la source. Une maison d'habitation composée d'une grande et unique pièce, se dressait au milieu de cette enceinte. Ce bordj aurait été détruit en 1892, lors de la lutte engagée, à cette époque, entre les différentes tribus de l'amalat d'Oudjda [1].

A Guefaït, ou plus exactement Tegafeït, l'oued Za quitte la plaine aride et entre en montagne, au milieu de superbes cultures.

Cette petite localité n'est en réalité qu'un hameau de six maisons. C'est là qu'habite un marabout influent dans la contrée, Si Haoummada ben Hamza ben Abderrahman, qui partage toute l'influence religieuse chez nos voisins de l'Ouest avec les Cheurfa d'Ouazzan, les marabouts de Kerzaz et de Kenadza et les Oulad Sidi Cheikh. Il a actuellement environ 50 ans.

En 1880, les six maisons de ce hameau avaient pour occupants les indigènes dont les noms suivent :

1° Le marabout Si Haoummada (maison à deux étages);

---

[1] En décembre 1892, le même caïd des Mehaïa, El Hadj Saheli ould bou Bekeur, conversant avec le chef de l'Annexe d'El Aricha, lui annonça qu'il avait reçu du Sultan l'ordre de construire une Kasba à Ras el Aïn des Beni Mathar, mais que le manque de fonds empê-

2° Sidi Bou Médine, son frère ;
3° Sid el Mahia ;
4° Moulai Abderrahman ;
5° Moulai Taïeb ;
6° Sidi Taïeb ben Driss.

Guefaït appartient aux Oulad Bakhti qui campent d'ordinaire dans la montagne sur le cours de l'oued Za. Quatre de leurs tentes restent en permanence auprès du village pour garder les silos de la tribu[1].

Kasba Beni Koulal appartient, comme son nom l'indique, à la tribu des Beni Koulal. Ce n'est à proprement parler qu'une enceinte, où les gens de cette tribu serrent leurs grains et où il existe quelques habitations.

Dar Cheikh ech Chaoui, que l'on trouve ensuite sur l'oued Za, n'est qu'une maison placée sur le flanc droit de la vallée. Elle appartient au caïd de la tribu des Kerarma, Mohammed ben ech Chaoui.

Puis vient Taourirt, appelée quelquefois Kasba Moula Ismaël en souvenir de son fondateur. De Foucauld, qui a visité cette localité en 1883, en donne la description suivante :

« Elle s'élève sur un mamelon isolé dans un coude
» de l'oued Za, dont la vallée s'élargissant forme une

cherait sans doute, avant longtemps, la réalisation de ce projet. Cette dernière prévision semble s'être produite puisque, à l'heure actuelle, la Kasba en question n'est pas encore édifiée, ni même commencée.

[1] Le capitaine de Breuille, aujourd'hui colonel commandant le 34⁰ régiment d'infanterie, a fourni la plupart des renseignements donnés ici (**1880**).

» petite plaine ; la vallée bordée à gauche par la rampe
» que j'ai descendue, l'est à droite par un talus escarpé,
» partie sable, partie roche jaune, de 60 à 80 mètres
» de haut. Le fond présente l'aspect le plus frais et le
» plus riant ; il est tapissé de cultures et d'une multi-
» tude de bouquets d'arbres, oliviers, grenadiers,
» figuiers, taches sombres sur cette nappe verte. Au
» milieu se dressent une foule de tentes dispersées par
» petits groupes, disparaissant sous la verdure. Les
» rives de l'oued Za, dans cette région, présentent
» partout même aspect : elles sont d'une richesse
» extrême ; cette prospérité est due à l'abondance des
» eaux de la rivière ; jamais elles ne tarissent : c'est
» une supériorité du pays de Za[1] sur Debdou et les
» environs, où les belles sources que j'ai vues se dessè-
» chent en partie pendant les étés très chauds.

» Kasba Moula Ismaël, ou Taourirt, est une enceinte
» de murailles de pisé, en partie écroulée, dont il reste
» des portions importantes ; les murs bien construits,
» sont élevés et épais, garnis de banquettes, flanqués
» de hautes tours rapprochées ; ils sont du type de ceux
» de Meknas et de Kasba Tadla. De larges brèches
» s'ouvrent dans l'enceinte qui n'est plus défendable.
» Au milieu s'élève, sur le sommet de la butte que les
» murailles ceignent à mi-côte, un bâtiment carré de
» construction récente servant aux Kerarma à emma-

---

[1] Tout le cours de l'oued Za depuis Tegaféït jusqu'à son confluent avec la Moulouïa est appelé par les indigènes bled Za.

» gasiner leurs grains ; la tribu a ici la plupart de ses
» réserves. Cette sorte de maison, neuve, mal bâtie,
» basse, contraste avec l'air de grandeur des vieilles
» murailles de la Kasba ».

3° *Kasba El Aïoun Sidi Mellouk.*

Kasba El Aïoun Sidi Mellouk, appelée aussi Kasba El Aïoun et El Aïoun Sidi Mellouk, se dresse isolément au milieu de la plaine d'Angad, non loin du lit de l'oued Ksob, rivière généralement à sec, excepté au moment des pluies, qui draine les eaux de la région.

Kasba El Aïoun offre, de l'extérieur, l'aspect d'une vaste enceinte rectangulaire, sorte de redoute, constituée par des murs en pisé, hauts de près de 5 mètres, sur 0 m. 40 d'épaisseur. On trouve à l'intérieur des maisons basses et en fort mauvais état, bien que quelques-unes soient blanchies à la chaux. Ces habitations sont agglomérées et constituent, au milieu de l'enceinte, des groupes distincts, si bien que les vastes espaces, qui séparent ces divers groupes, paraissent plutôt de larges places que des rues proprement dites. Il y existe quelques puits utilisés par les habitants.

A proximité de l'enceinte, vers l'angle Nord-Est, se dresse la Koubba de Sidi Mellouk, au milieu d'un bouquet d'arbres. C'est là que jaillissent les sources abondantes qui, de la Koubba voisine, se sont appelées Aïoun Sidi Mellouk.

Aux environs de la Kasba, on découvre généralement des petits groupes de tentes des Sedjaa, qui possèdent là quelques cultures.

Les habitants d'El Aïoun Sidi Mellouk sont, pour la plupart, des marchands musulmans ou juifs ; ces derniers sont originaires de Tlemcen ou de Debdou. Ils sont tous en relation d'affaires avec l'Algérie et Melila, au même titre que les Ahl Debdou, c'est-à-dire que le courant commercial de cette localité tend de plus en plus, comme à Debdou, et pour les mêmes motifs, à se porter vers le préside espagnol. Il se fait ici des transactions importantes, car c'est là que viennent s'approvisionner toutes les tribus de la plaine d'Angad et des montagnes environnantes (Zekkara, Beni bou Zeggou, Beni Snassen, etc...).

Kasba El Aïoun a été restaurée, en 1876, par le sultan Moulai el Hassan qui l'a trouvée presque complétement ruinée. Il y a installé une garnison régulière sous le commandement d'un agha et l'a assignée comme résidence au caïd des Sedjaa, à qui il a donné le commandement de la place.

4° *Oudjda.*

La ville d'Oudjda, résidence d'un amel[1] marocain, est située dans la plaine à une distance de 24 kilomètres à l'ouest de Lalla-Mar'nia. C'est une fort petite ville entourée de jardins d'oliviers. Elle n'a pris réellement d'importance que depuis la conquête et l'occupation de

[1] Gouverneur de province.

l'Algérie par les Français : notre proximité a développé chez elle, au grand profit de ses habitants, un courant commercial qu'elle ignorait auparavant.

Oudjda [1] possède une Kasba bâtie à la même époque et sur le même modèle que Mansoura auprès de Tlemcen. Dans l'intérieur de cette forteresse il n'existe qu'une maison à un étage, c'est celle occupée, en 1879, par la mission militaire française. Les autres habitations sont de misérables masures bâties en pisé. La garnison et les autorités y sont logées. Il n'y a ni arsenal ni poudrière. Les murs de la Kasba sont en bon pisé, semblables comme construction et tracé à ceux de Mansoura. Ils ont 5 mètres de haut et 1 mètre d'épaisseur. Il existe à la partie supérieure du mur un chemin de ronde, mais il est si étroit et tellement dégradé que l'on ne pourrait guère y mettre des combattants. Les tours qui flanquent le mur sont carrées et fort petites. Elles sont à un étage, mais il n'y a ni escalier ni échelles pour monter à la partie supérieure. Le pied de tous ces murs est rongé par l'eau. La face sud de la Kasba est couverte en tout temps par un fossé plein d'eau, non guéable sauf près de l'aqueduc.

La ville est groupée irrégulièrement autour de la Kasba. Le seul édifice qu'on y remarque est la mosquée dont on aperçoit le minaret de fort loin. Elle n'offre aucune particularité. Elle est sale et mal entretenue.

---

[1] Reproduction d'un travail sur Oudjda, établi en 1880 par M. le capitaine Journée, membre de la mission militaire française au Maroc.

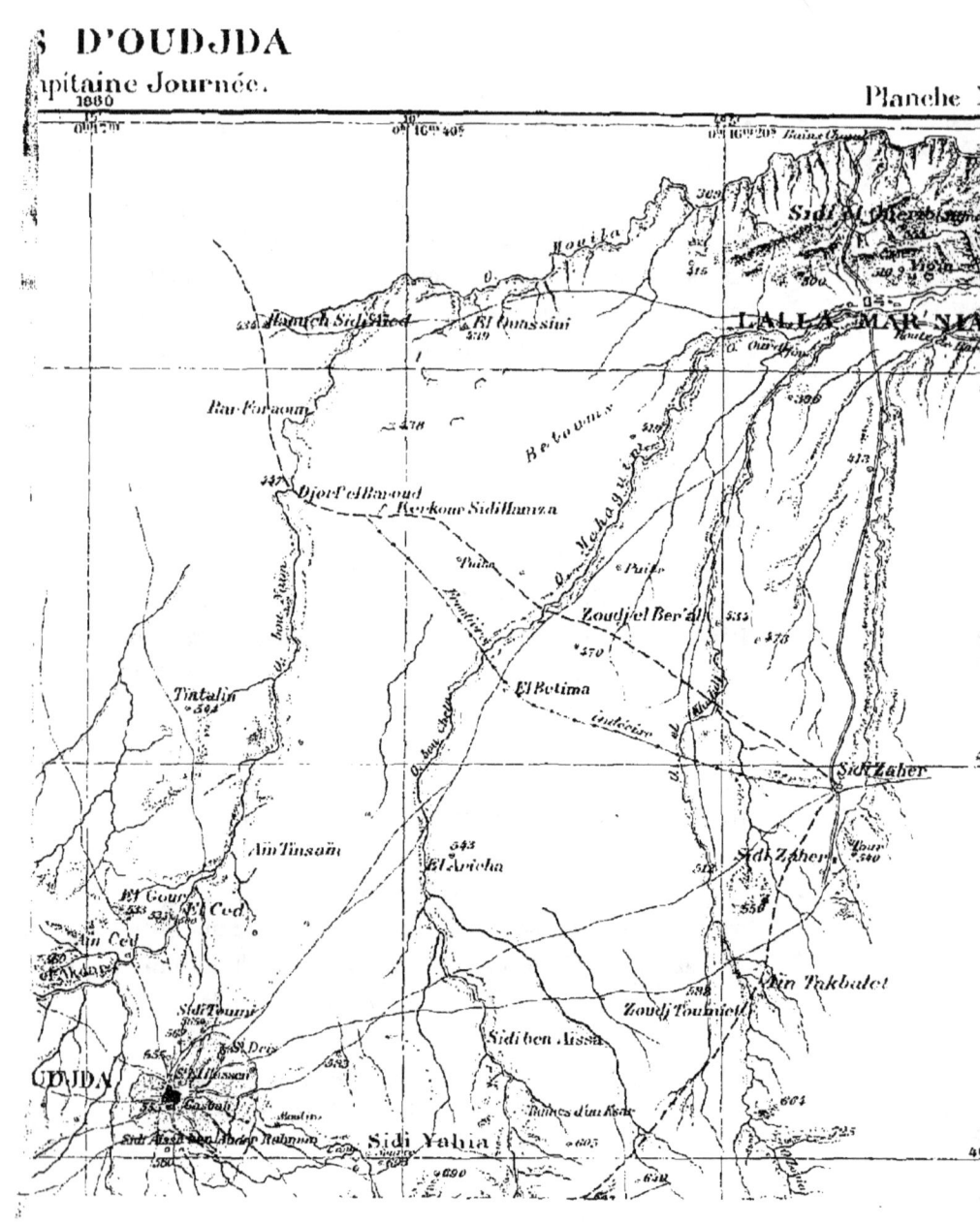

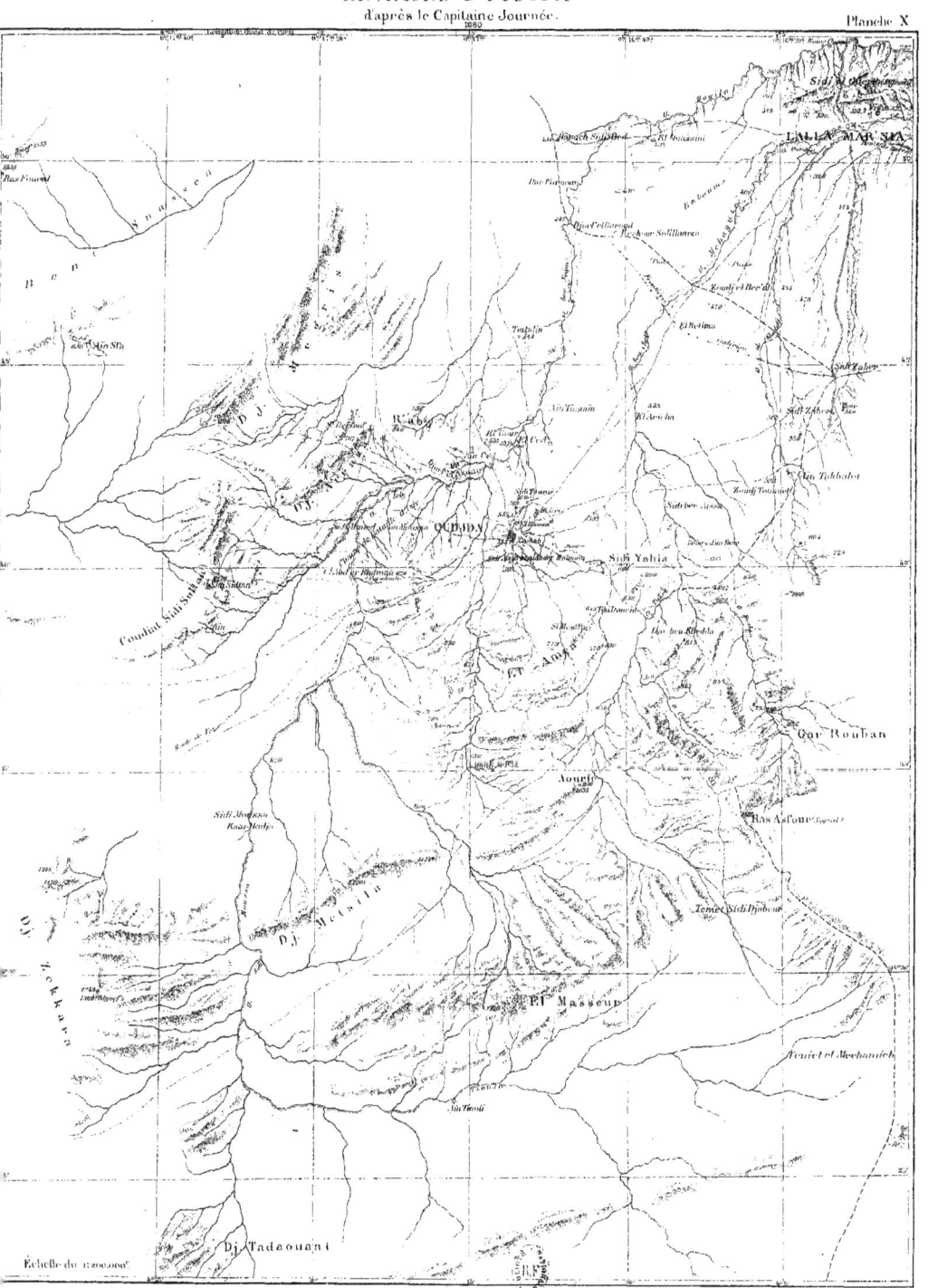

Presque toutes les maisons de la ville sont bâties en contre-bas du sol, ce qui les rend fort malsaines. Elles sont toutes affreusement misérables. Il n'existe aucun égout, ni fontaine publique, et aucun nettoyage ne se fait dans les rues où toutes les immondices viennent s'accumuler depuis des siècles.

Les jardins forment, autour d'Oudjda, une ceinture d'un kilomètre de rayon environ, qui n'est interrompue que du côté nord sur un intervalle de 200 mètres. Ces jardins sont divisés par des murs en pisé facilement défendables. Ces murs ont généralement deux mètres de haut et soixante centimètres d'épaisseur. En les construisant on ménage entre les blocs des trous qui peuvent servir de créneaux. Pour en empêcher l'escalade leur sommet est garni de branches de jujubiers.

Les sources de Sidi-Iahia, situées à 5 kilomètres d'Oudjda, servent à irriguer les jardins. Les eaux se rendent à Oudjda par deux canaux à ciel ouvert[1]. Elles sont très bonnes comme boisson, mais contiennent une telle proportion de bicarbonate de chaux, qu'il

---

[1] C'est à partir de l'endroit appelé Fagdane, situé à environ 4500 mètres d'Oudjda, que le canal d'amenée des eaux de Sidi Iahia se partage en deux branches. L'une, que les indigènes appellent Oujida et qui coupe la route de Lalla Mar'nia, arrose tous les jardins, à l'Est et au Nord-Est de la ville, jusqu'aux environs de la Koubba de Sidi El Hassen. L'autre branche, connue sous le nom de Meksem, contourne Oudjda par le Sud. Elle sert à irriguer tous les jardins extérieurs situés au Sud et à l'Ouest. De cette deuxième branche se détache, au point dit Regaad Safsaf, un canal secondaire qui amène les eaux à la Kasba et dessert successivement les bains maures, la piscine de la mosquée et les jardins de l'amel.

serait impossible de les faire passer dans des conduites sans voir ces dernières s'obstruer rapidement.

Dans la ville d'Oudjda on trouve plusieurs puits fournissant une eau de très bonne qualité.

Le commerce d'Oudjda est assez important, grâce au voisinage de la frontière algérienne. C'est là que viennent s'approvisionner toutes les tribus environnantes. Tous les jours il y a marché. Les négociants de la ville sont ou musulmans ou juifs. Ceux-ci sont les plus nombreux; une partie d'entre eux sont originaires de Tlemcen.

Chaque maison à Oudjda a son silo, il n'y a pas de silos collectifs.

L'amel réunit dans ses mains tous les pouvoirs; il est assisté d'un amin, sorte de trésorier chargé de l'encaissement de l'impôt. Très puissant à Oudjda même, l'amel n'exerce sur les tribus voisines que l'influence qu'il sait s'acquérir par ses propres qualités. Les deux ou trois cents hommes de garnison dont il dispose ne sont employés par lui que dans l'intérieur de la ville.

Quand les tribus en viennent aux mains, l'amel ne s'en préoccupe pas outre mesure, pourvu que le conflit n'intéresse pas directement l'autorité du souverain.

Mais si une tribu refuse d'exécuter les ordres du sultan, l'amel s'efforce de lever des contingents dans les populations voisines afin de soumettre les rebelles. S'il ne peut y parvenir de suite, il attend tranquillement qu'une occasion se présente.

PLAN D'OUDJDA

Échelle du 1: 2500

Planche XI

d'après le levé effectué par le Capitaine Journée (1880)

Gouvernement Général de l'Algérie (Service des Cartes et Plans)

LÉGENDE

1 Logement de l'Amel
2 Maison des Hôtes { Ancien logement de la mission militaire française }
3 Casernes Infanterie
4 Casernes Cavalerie
5 G^{de} Mosquée
6 Prison

On voit que son autorité est bien faible et loin d'être en rapport avec l'idée que nous nous en faisons généralement.

C'est à Oudjda que fut d'abord installée la mission militaire que la France entretient au Maroc. M. le capitaine Journée[1], l'un des premiers membres de cette mission, a fourni la plupart des informations qui précèdent; nous les compléterons en donnant ci-après un tableau (p. 137) contenant des renseignements statistiques sur cette ville. Il est extrait d'un travail établi récemment par M. le lieutenant de Beaufort.

ORDRES RELIGIEUX. — ZAOUÏA. — MARABOUTS.

Les populations marocaines limitrophes de notre frontière sont affiliées à divers ordres religieux. Ce sont principalement ceux de Moulai-Taïeb (Taïbïa), de Moulai-Abdelkader (Kadria), de Kenadza (Ziania) et de Kerzaz (Kerzazia). Chacun d'eux compte à peu près le même nombre de serviteurs.

Il n'y a, dans la région, qu'une seule zaouïa importante, c'est celle de Guefaït sur l'oued Za dont le chef est Si Haoummada ould Si Hamza ben Abderrahman. C'est lui qui, avec les marabouts de Kenatsa et de Kerzaz et les chérifs d'Ouazzan, exerce l'influence religieuse la plus considérable dans le pays. Les Oulad

[1] Aujourd'hui chef de bataillon au 37e régiment d'infanterie.

Sidi Cheikh R'araba, représentés par leur chef Si Allal ouled Sidi Cheikh qui campe avec les Beni Guill, jouissent également d'une grande vénération dans la contrée. Les Oulad Sidi Cheikh Chéraga comptent aussi des serviteurs, principalement chez les Mehaïa, les Angad et les Beni-Mathar.

Il y a enfin un certain nombre de tribus maraboutiques dont la réputation tient moins à la sainteté et à l'illustration de leurs ancêtres qu'à leur caractère plus ou moins pacifique qui les porte généralement à se mettre à l'écart des querelles si fréquentes dans l'amalat d'Oudjda, et à intervenir pour réconcilier les partis sur le point d'en venir aux mains. Ces tribus sont : les Beni Oukil, les Beni bou Hamdoun, les Beni Hamlil (descendants de Sidi Abdallah el Hamlili). Plusieurs familles dans ces tribus se font passer pour Chérifs ; mais en dehors de l'action que ces marabouts peuvent exercer pour amener les tribus en lutte à se réconcilier, leur influence est à peu près nulle sur leurs concitoyens.

RENSEIGNEMENTS STATISTIQUES SUR OUDJDA.

NOMS DES FRACTIONS.		NOMS DES CHEFS.	NOMBRE de			RESSOURCES pour transport			RICHESSE en troupeaux		
			maisons.	fantassins armés.	cavaliers armés.	chameaux.	mulets.	ânes.	moutons.	chèvres.	bœufs.
Oudjda.		Si Abdesselam ben bou Cheta, amel (1893).									
Oulad Amran.	El R'ouazi	Mostefa Kechouan	20	40	»	»	10	20	50	10	40
	Chekarna	Mohammed ould Mahmoud	50	70	»	»	12	40	70	»	60
	Tlemcenin	Mohammed Tlemceni	12	22	»	»	4	10	»	»	20
	Achkfan [1]	Mohammed er Rifi	60	100	»	»	12	30	»	50	30
	Oulad ben Ali	Abdelkader ould bou Medien	14	24	»	»	6	8	»	10	20
	Derb El Mazouzi	Mohammed ould ben Abdallah	12	30	»	»	10	15	»	2	35
Oulad el Cadi.	Harrach	El Melaoui ould Ali ben Ramdan	60	100	»	»	20	30	200	100	40
	Iahet Iacoub	Mezian ould Kerkour	70	110	»	»	40	20	»	»	50
	Ahl Idjamen	Mohammed ould el Hadj ben Abbou	75	120	2	»	25	40	100	50	80
Oulad Aïssa		Chikh Mohammed ber Riah	60	120	1	»	25	30	50	100	70
Ahl Oudjda		Mohammed Kourdou	50	80	»	»	10	35	30	40	20
Mouadjeri [2]		Si Mohammed ben Touhami	50	100	»	»	30	12	»	60	25
Israélites [3]		Amran ould Iacoub	45	85	»	»	20	12	»	20	10
		Iacoub ould Tabia	70	100	»	»	25	20	»	30	20
		Totaux	648	1101	3	»	249	322	500	472	520

[1] Ou Chekfane.

[2] Sous la dénomination de Mouadjeri, on comprend les Étrangers, originaires de Tlemcen, de Sidi-Bel-Abbès, etc., qui sont venus habiter Oudjda.

[3] La plupart des Israélites habitent dans le quartier des Oulad Amran.

CHAPITRE III.

Étude des tribus placées entre la frontière et la Moulouïa.

La région comprise entre la frontière algérienne et la Moulouïa est, comme nous l'avons vu, formée alternativement de plaines et de montagnes. Cette séparation du pays en deux parties bien distinctes, la partie montagneuse et la partie plane, correspond à peu près à la division, également marquée, des races qui l'habitent : dans la plaine, la race arabe, dans la montagne, la race kabyle ou berbère.

Le fait n'est pas spécial du reste à cette partie du Nord Africain ; car c'est un principe admis en ethnographie que la race vaincue a toujours cédé la plaine à la race victorieuse pour chercher un refuge dans la montagne.

Cette même loi a encore présidé à la répartition des tribus qui occupent le vaste espace que nous étudions.

Elles y sont fort nombreuses ainsi que le prouve leur énumération où nous n'avons cependant pas compris les populations du Djebel Debdou, traitées au chapitre précédent et qui dépendent nominalement du caïd de

Taza. Nous ne nous occupons ici que des tribus de l'amalat d'Oudjda proprement dit entre la Moulouïa et la frontière algérienne.

Ce sont les :

Houara ;
Hallaf ;
Beni Oukil ;

Beni bou Zeggou ; auxquels se rattachent les
- Oulad Amer ;
- Oulad Bakhti ;
- Beni Chebel ;
- Oulad El Mihdi ;
- Beni Our'ar ;
- Beni Koulal ;

Kerarma ;
Beni Iala ;
Zekkara ;
Beni Mathar ;
Mehaïa ;
Sedjaa ;

Angad d'Oudjda
- Mezaouir ;
- Oulad Iacoub ben Moussa ; { Oulad Ahmed ben Brahim : Oulad Ali ben Talha ;

Zaouïa Oulad Sidi Moussa el Berrichi ;
Beni Hamlil ;
Beni bou Hamdoun ;
Beni Snassen ;

Angad de Trifa { Oulad Ser'ir ; Haouara ;

Attia ;
Oulad Mansour ;

Avant de passer à l'étude de ces tribus et de fournir sur chacune d'elles un résumé de ce que nous savons, nous allons donner, à grands traits, l'historique [1] des faits survenus dans l'amalat d'Oudjda actuel depuis les débuts de la conquête de l'Algérie ; nous indiquerons en même temps nos relations pendant la même période avec ces tribus.

Les populations marocaines, voisines de la frontière, forment cinq groupes principaux, sortes de confédérations composées de tribus d'origine commune. Ce sont : les Mehaïa, les Beni bou Zeggou, les Sedjaa, les Angad et les Beni Snassen. Autour de chacun de ces groupes sont venues se ranger des tribus isolées qui se sentaient trop faibles pour résister seules à leurs voisins.

Les deux principales de ces confédérations sont celles des Beni Snassen et des Angad, auxquels les Mehaïa se sont substitués depuis quelques années. Elles ont constamment entraîné les autres dans leur sphère d'action ; et leurs rivalités, leurs dissentiments ont été l'origine plus ou moins directe, (chaque fois qu'elle s'est produite), de notre immixtion dans les affaires de cette contrée.

Du temps de la domination turque, les Angad avaient eu pendant longtemps une influence prépondérante dans ces régions. Mais ils s'étaient peu à peu affaiblis

[1] Cet historique a été extrait des travaux suivants : 1° Notice historique sur les Beni Snassen, du capitaine Graulle, 1884. — 2° Renseignements sommaires sur la région voisine de notre frontière, du même, 1885. — 3° Notice sommaire sur les tribus marocaines comprises entre la Moulouïa et la frontière algérienne, lieutenant de Beaufort, 1893. — 4° Renseignements sur les tribus de l'Ouest et du Sud-Ouest, capitaine Poindrelle, 1893.

par des dissensions intestines dont on retrouve encore les traces aujourd'hui. Ils avaient laissé alors les Beni Snassen prendre une situation prédominante.

Tel était l'état politique de cette contrée au moment de notre débarquement en Algérie.

C'est en 1844, à la bataille d'Isly, que nous nous trouvâmes pour la première fois en présence de ces populations venues grossir de leurs contingents l'armée chérifienne [1]. Parmi ces contingents, ceux des Beni Snassen commirent, à l'issue de la bataille, un véritable acte de félonie. Voyant les troupes du sultan en fuite, les Beni Snassen, se retournant contre les vaincus, massacrèrent un grand nombre de fuyards pour s'emparer de leurs chevaux, de leurs armes et du peu de bagages qu'ils avaient sauvés.

A la suite du traité de 1845, l'émir Abdelkader trouva un point d'appui au-delà de la frontière chez les mêmes Beni Snassen. Les agressions continuelles de cette tribu obligèrent alors le général Cavaignac à s'avancer par deux fois jusque dans la plaine de Trifa.

En 1847, la cour de Fez s'étant décidée à envoyer des troupes contre l'émir, les Beni Snassen se tournèrent brusquement contre lui et contribuèrent au succès du

---

[1] Cependant on s'était déjà trouvé, à plusieurs reprises, en contact avec ces populations. En effet, Abdelkader n'avait cessé de trouver aide et assistance parmi les tribus marocaines et particulièrement chez les Beni Snassen. Bien plus, le 26 janvier 1836, au combat de Seba Chioukh, sur la Tafna, le caïd d'Oudjda lui-même, se fit l'auxiliaire de l'émir en lui envoyant ses cavaliers soldés et de nombreux contingents de tribus.

combat livré le 21 Décembre 1847 sur la Moulouïa, en coupant en deux son infanterie. Le lendemain Abdelkader se rendait au général de La Moricière.

Devenues nos voisines par l'occupation de Tlemcen et de Lalla Mar'nia et le traité du 18 mars 1845, les populations de cette partie du Maroc continuèrent à vivre entre elles en état de guerre perpétuelle, ce qui les amenait fréquemment à franchir la frontière soit pour chercher chez nous un refuge momentané, soit pour y commettre des agressions contre nos tribus. C'est ainsi qu'en 1849 et en 1850, nous dûmes châtier les Mezaouïr (Angad), coupables d'incursions du côté de Sidi bou Djenan.

En 1852, ce sont les Beni Snassen qui sont en cause. A la suite d'actes d'hostilité commis par eux, le général de Montauban s'avance jusqu'au village de Targiret, au cœur de leur montagne, et leur inflige trois sanglants échecs, le 10 avril, le 15 mai et le 24 juin. Les Beni Snassen, réduits à l'impuissance, sollicitèrent de Si Abdessadok, envoyé par la cour de Fez pour observer la marche de l'expédition, de leur servir de médiateur auprès de nous. Nous acceptâmes l'intermédiaire de ce personnage, mais nous exigeâmes qu'il se rendît à notre camp du Kiss, où les conditions de la paix furent arrêtées.

Enfin la situation empira tellement en 1856, que nous dûmes envoyer une colonne d'observation à Ras Mouïlah, sur la frontière.

Après une période de calme qui dura deux années,

de nouveaux troubles éclatèrent dans la région d'Oudjda. Ils se produisirent peu après le départ de nos troupes pour la guerre d'Italie et furent provoqués par la venue d'un aventurier, originaire d'Ouazzan, Si Mohammed ben Abdallah, qui se prétendait appelé à nous chasser d'Algérie. Il réussit à rassembler de nombreux contingents, fournis par les Mehaïa, les Angad et les Beni Snassen et surprit et mit en déroute deux escadrons de cavalerie et tous les goums de Lalla Mar'nia (31 août 1859). Enhardi par son facile succès, il vint le lendemain attaquer le poste de Sidi Zaher, qui était défendu par une compagnie d'infanterie. Mais il trouva une sérieuse résistance et dut se retirer après six heures de combat.

Une colonne constituée à Tlemcen se porta rapidement en avant. A la nouvelle de la marche de nos troupes, l'agitateur, se souciant peu de se mesurer avec nous, se rejeta sur la région de Nemours. Là, après avoir razzié les Msirda, il se lança audacieusement, le 11 septembre, sur une colonne d'observation rassemblée sur l'oued Tiouli, en prévision d'une attaque de ce côté contre nos tribus. Complètement défait, Mohamed ben Abdallah se décida alors à abandonner la partie. Il s'enfuit et se réfugia dans le Sahara.

Après son départ, le mouvement agressif des populations marocaines, qu'il avait entraînées contre nous, laissa une grande agitation parmi nos tribus. Pour ramener le calme à la frontière, une forte expédition fut décidée. Elle fut dirigée contre les Beni Snassen, qui étaient les plus turbulents de nos voisins et avaient la prépondérance parmi les tribus marocaines qui les environnaient.

Une forte colonne fut concentrée à Menasseb Kiss, et le général de Martimprey, commandant en chef les forces de terre et de mer de l'Algérie, vint en diriger lui-même les opérations.

La marche de cette colonne s'accomplit sans coup férir. Les Beni Snassen, n'ayant pas réussi à nous faire accepter le combat dans une position excellente pour la défensive, qu'ils avaient choisie et où ils espéraient nous attirer, n'opposèrent aucune résistance. La colonne, après avoir campé à Adjeroud, gagna l'oued Cherrâa et occupa sans difficulté le col de Tafouralet qui la rendait maîtresse de toute la montagne. Les Beni Snassen demandèrent aussitôt la paix et acceptèrent toutes nos conditions.

Puis la colonne, traversant le massif montagneux occupé par cette tribu, s'avança chez les Zekkara et vint ensuite camper sous les murs d'Oudjda. L'amel, qui n'avait pas su empêcher les désordres du mois précédent, fut pris comme otage et envoyé au sultan qui l'interna à Merakech.

Pendant ces opérations, le général Durieu, à la tête d'une petite colonne, atteignait les campements des Mehaïa, sur l'oued Aï, et leur enlevait de nombreux troupeaux. Plus au Sud, le commandant Colonieu opérait presque en même temps une forte razzia sur les Beni Guill.

Le succès de cette expédition prouva aux Beni Snassen qu'ils n'étaient pas invincibles dans leurs montagnes comme ils le croyaient. La leçon leur profita ; car, à partir de ce moment, ils cessèrent toute incursion sur notre territoire et entretinrent avec nous de très bonnes relations. Leur chef El Hadj Mimoun, puis son frère El Hadj Mohammed ould El Bachir qui lui succéda, nous montrèrent même du dévouement en certaines circonstances.

Mais ces bonnes dispositions à notre égard n'empêchèrent pas les luttes intestines de reprendre chez nos voisins.

Au commencement de septembre 1863, le caïd des Beni Snassen, El Hadj Mimoun ould El Bachir, fut assassiné par un homme des Mehaïa. Les Beni Snassen prirent aussitôt les armes pour venger leur chef. Ils placèrent à leur tête son frère El Hadj Mohammed ould el Bachir et engagèrent une guerre sans merci avec les Mehaïa. Toutes les autres tribus de l'amalat prirent fait et cause pour l'un ou l'autre parti. Mais la fortune ne cessa d'être contraire aux Mehaïa ; et, en 1868, abandonnés de tous leurs alliés, ils furent contraints de quitter leur pays. Leur caïd, El Hadj bou Bekeur, vint, à la tête de sa fraction, nous demander l'hospitalité. Nous l'installâmes dans le cercle de Géryville. Ce ne fut que six ans après qu'El Hadj bou Bekeur put rentrer dans son pays, après avoir envoyé son fils aîné, El Hadj Saheli, implorer le pardon de sa tribu auprès du vainqueur (1874).

Pendant ce temps, les Beni Snassen ne cessaient de donner des preuves de leurs bonnes dispositions à notre égard. Une première fois en 1867, un fanatique des Oulad Sidi Cheikh, Moulai bou Azza, étant venu prêcher la guerre sainte dans l'amalat d'Oudjda, réussit à entraîner quelques contingents des tribus de la plaine et se jeta sur les Msirda, du cercle de Lalla Mar'nia. Dès que le combat fut engagé, les Beni Snassen accoururent prêter main forte à nos gens et les aidèrent à repousser l'agresseur et à disperser ses partisans. Moulai bou Azza se réfugia chez les Guelaïa : les Beni Snassen l'y poursuivirent et, après deux années de lutte, parvinrent à le chasser définitivement du pays.

En 1870 et en 1871, les Oulad Sidi Cheikh, renouvelant du reste une tentative déjà faite en 1865, essayèrent d'entraîner les Beni Snassen dans leur cause. Leur chef El Hadj Mohammed ould el Bachir, malgré les instances de l'amel d'Oudjda, rejeta catégoriquement leurs propositions, déclarant qu'il voulait continuer à vivre en paix avec nous et qu'il repousserait par la force toute tentative contre notre territoire.

Dans cette même année 1871, des dissentiments surgirent entre El Hadj Mohammed ould el Bachir et le chef des Beni Khaled (fraction des Beni Snassen), El Hadj Mohammed ben Zaïmi ; ces dissentiments provoquèrent une lutte armée entre les diverses fractions de la tribu. Ce fut là le premier témoignage de rivalités qui devaient amener peu à peu cette tribu à perdre sa situation prépondérante dans la région.

Cependant la même année, à l'instigation de la cour de Fez, El Hadj Mohammed ould el Bachir intervint dans les affaires des Guelaïa et les contraignit à se soumettre aux ordres du Sultan en remettant aux Espagnols la portion de leur territoire située à proximité de Melila que le traité de 1860 leur concédait.

Les désordres continuant dans l'amalat d'Oudjda, le sultan Moulai el Hassan [1], qui venait de monter sur le trône, dut intervenir en personne. Au mois d'octobre 1874, il s'avança avec une armée jusqu'à Selouane, chez les Guelaïa, et convoquant tous les chefs et notables des tribus de la frontière, il leur apprit qu'il venait

---

[1] Moulai el Hassan fut nommé en 1873, à la mort de son père Moulai Mohammed, qui l'avait désigné d'avance à l'exclusion de son frère aîné Moulai Othman. Moulai el Hassan était à cette époque à Merakech, il commandait, en qualité de Khalifa de son père, les contingents du Sous, les populations du sud de l'Empire l'acclamèrent donc sans difficultés. Il ne fut toutefois proclamé à Meknas qu'après deux mois de luttes continuelles avec les Berbères du centre. Il avait aussi combattu sur sa route les Beni Ahssen, tribu arabe et turbulente de la plaine du Sebou. De Meknas à Fez, il eut à faire aux Beni Methir, et à Fez les habitants de la ville basse, mécontents d'une augmentation d'impôts, se révoltèrent à la voix d'un vieux chérif aveugle nommé Moulai Abd-el-Malek. La ville fut prise néanmoins par surprise. Le sultan y passa une année, ce fut alors qu'il partit pour le Rif; à son retour, il demeura encore une année à Fez, puis se rendit à Merakech afin d'y rétablir l'ordre que le pacha était impuissant à maintenir; mais à peine rentré dans cette ville, il fut contraint de repartir pour Oudjda.

(H. M.)

d'investir El Hadj Mohammed ould El Bachir, des fonctions d'amel d'Oudjda.

Ce choix mécontenta tout le monde, surtout les tribus arabes qui ne purent supporter d'être commandées par un homme de la race vaincue. Aussi le sultan parti, les Angad et les Mehaïa coururent aux armes. Une lutte furieuse s'engagea, entremêlée pour les Beni Snassen, qui appuyaient presque seuls leur chef, de succès et de revers.

En septembre 1875, le sultan envoya une armée à Oudjda pour rétablir l'ordre dans la contrée et enlever à El Hadj Mohammed ould el Bachir ses fonctions d'amel. Celui-ci, se portant au devant des troupes chérifiennes, leur infligea une sanglante défaite à Mestigmar'.

Enfin, après avoir essayé sans succès de la conciliation en faisant intervenir le chérif d'Ouazzan, Moulai Abdesselam, le Sultan Moulai el Hassan, qui jusqu'alors avait été occupé à réprimer d'autres révoltes, se décida à agir lui-même et se porta sur Oudjda à la tête d'une nombreuse armée. Il s'empara[1] par ruse d'El Hadj Mohammed ould el Bachir et de plusieurs autres notables et les envoya prisonniers à Fez. El Hadj Mohammed devait y mourir quelques années après.

---

[1] L'opération fut conduite par le grand vizir Si Moussa qui était d'une grande habileté ; il réussit à attirer Ould el Bachir au camp du Sultan sous prétexte de lui offrir un commandement important, puis il le fit enlever brusquement et conduire à Fez aux grandes allures.

Effrayés par cet acte d'autorité, les Beni Snassen se soumirent.

Pendant le séjour du sultan à Oudjda, le Général commandant la Division d'Oran vint l'y saluer. Après le départ de ce souverain, le nouvel amel, Bou Cheta ould el Bar'dadi[1], qui nous était fort hostile, chercha à nous créer des difficultés, en dénaturant aux yeux des populations la démarche faite auprès de Moulai el Hassan par le général et en répandant partout le bruit que son maître était décidé à réclamer une rectification de frontière. Bientôt même, à l'instigation de Bou Cheta ould El Bar'dadi, les tribus de l'amalat, violant cette frontière, vinrent s'installer sur notre territoire. Il fut nécessaire de mobiliser à Lalla Mar'nia une petite colonne pour obliger les douars marocains à rentrer dans leur pays.

En même temps Bou Cheta manœuvrait de telle façon chez les Beni Snassen qu'il parvenait à les diviser et à les affaiblir par des dissensions intestines. Les Angad et les Mehaïa lui prêtèrent souvent l'appui de leurs contingents pour la réalisation de ses projets. Ils eurent facilement raison des Beni Snassen désunis. Ceux-ci, battus en plusieurs rencontres, virent en l'espace de deux ans leur influence politique complètement ruinée; et la famille de leur ancien chef, les Oulad el Bachir, représentée par El Hadj Mohammed

---

[1] Mort Pacha de Fez el Bâli en 1893, il passait même parmi les personnages du Makhzen marocain pour un des fonctionnaires les plus fanatiques. (H. M.)

Ser'ir ould el Bachir, fut obligée de nous demander l'hospitalité. Elle fut installée d'abord à Nédroma, puis à El Bordj, près de Mascara.

Son départ acheva d'enlever aux Beni Snassen toute prépondérance. Divisés dès lors par des luttes intestines, ils devinrent incapables de résister aux attaques incessantes des Angad et des Mehaïa. Ils le reconnurent eux-mêmes et, voulant reprendre leur ancienne suprématie, ils rappelèrent, en 1879, les Oulad el Bachir; mais leurs ennemis ayant réclamé aussitôt l'assistance du Sultan, celui-ci répondit à cette requête en menaçant les Beni Snassen de l'envoi d'une nouvelle armée s'ils ne chassaient pas, de chez eux, la famille de leur ancien chef. Ils se soumirent encore et El Hadj Mohammed Ser'ir ould el Bachir et les siens, repassant la frontière, vinrent de nouveau s'installer chez nous, cette fois près de Tlemcen.

Alors commença pour l'amalat d'Oudjda une période de calme relatif, due en grande partie au nouvel amel qui vint prendre le commandement de la province en 1881; c'était Si Abdelmalek es Saïdi, homme sage, ferme, très conciliant et ennemi du désordre.

Le pays resta ainsi en paix jusqu'en 1885. A cette époque, profitant de l'absence de l'amel, le caïd des Mehaïa, El Hadj bou Bekeur, sur lequel s'était appuyé le prédécesseur de Si Abdelmalek pour maintenir le calme dans la région, noua de nouvelles intrigues. Il cherchait à reprendre l'influence que l'habileté du nouveau représentant du Sultan lui avait fait perdre.

Les luttes intestines recommencèrent alors avec une nouvelle fureur.

Mais l'amel, revenant bientôt de Fez, rapporta quatre cachets que lui avait remis le Sultan. Ils étaient destinés à quatre nouveaux caïds institués aux Mehaïa. Cette mesure visait directement El Hadj bou Bekeur, qui se trouvait dès lors exclu du commandement de la tribu.

Un de ces cachets fut remis à Abderrahman ould Chaïbi, des Achache (Mehaïa). Celui-ci, peu soucieux d'affronter la colère de son ancien chef, vint avec une quarantaine de tentes se réfugier chez les Oulad En Nehar, de l'Annexe d'El Aricha. El Hadj bou Bekeur l'y poursuivit avec une trentaine de partisans. Dans l'action qui s'engagea, Chaïbi et son fils furent tués ; mais les Mehaïa, dans leur retraite, eurent à essuyer le feu de quelques cavaliers des Oulad En Nehar qui avaient cherché, dès le début de la rencontre, à empêcher toute effusion de sang. Une balle, partie, dit-on, du fusil du caïd actuel des Oulad En Nehar Cheraga, vint frapper mortellement El Hadj bou Bekeur.

Son fils aîné, El Hadj Saheli, recueillit sa succession et jura de le venger. A la fin de mars 1886, il se porta sur Oudjda et, malgré l'appui des Mezaouir et des Beni Khaled, força l'amel à s'enfuir précipitamment et à chercher un refuge momentané sur notre territoire, à l'abri de nos troupes en observation sur la frontière.

Intimidé par notre attitude, El Hadj Saheli n'osa pas poursuivre les Angad qui se réfugiaient dans la plaine de Trifa, en longeant la frontière. Il se retourna contre les Beni bou Zeggou, qui étaient restés neutres, et leur imposa une contribution de guerre.

Dès qu'il connut tous ces événements, le Sultan, désireux de voir la paix se rétablir dans ce malheureux pays, appela à Fez tous les caïds de l'amalat. El Hadj Saheli crut prudent de ne pas répondre à cette convocation. Il apprit bientôt le prochain retour de l'amel à la tête d'une forte colonne. La menace d'une rencontre, dont l'issue était incertaine, le fit réfléchir et il se décida à faire des offres de soumission qui furent aussitôt acceptées. Il reçut en récompense le cachet de caïd et le commandement de tous les Mehaïa.

En même temps, l'amel laissait tous les exilés rentrer dans leur pays; cette mesure atteignit également El Hadj Mohammed Ser'ir ould el Bachir, qui fut nommé caïd des Beni Ourimèche.

Le calme dans l'amalat dura jusqu'à la fin de 1888. A cette époque le maintien du caïd Ali ou Rabah, à la tête des Beni Khaled, provoqua le soulèvement de cette fraction. L'agha Mohammed ben Bâou, qui commandait les troupes marocaines chargées de le maintenir dans son ancien poste, appela à son aide les contingents des Mehaïa, des Zekkara et des Beni Iala et marcha avec eux contre les rebelles. Les deux partis restèrent en présence pendant tout le mois de janvier 1889. Enfin, le 28 février, El Hadj Saheli étant venu avec ses contingents ravager les orges des Angad réfugiés dans la montagne, ceux-ci, secondés par une partie des Beni Snassen, se décidèrent à l'attaquer. Bien que cette attaque fût inopinée, El Hadj Saheli, livré à ses propres forces, fut complètement victorieux, et laissa sur le champ de bataille plus de quatre cents de ses adversaires.

Malgré ce sanglant échec, Angad et Beni Snassen, résolus à combattre jusqu'au bout, se retirèrent derrière le col de Rounan, qui sépare la plaine d'Oudjda de celle de Trifa, et firent appel à El Hadj Mohammed ould el Bachir et aux Beni Snassen placés sous son commandement. Ce personnage, qui semble avoir attendu cette occasion pour jouer dans la lutte un rôle décisif, entra alors en ligne avec ses contingents; mais, arrivé en vue d'Oudjda, sur les instances des marabouts, il conclut la paix et l'imposa aux Angad, ses alliés. Puis, vers le commencement de mai, cédant aux prières de ces derniers, il viola le traité, s'unit aux Beni Bou Zeggou, dispersa les Mehaïa, les battit à Tiouli, à Ras El Aïn des Beni Mathar, et, acceptant de nouveau l'intervention des marabouts, se retira dans la montagne, ayant reconquis en partie la puissance de son père.

Ce nouveau traité rétablissait d'une façon stable la paix dans l'amalat, et l'amel Si Abdelmalek pouvait se rendre à la cour de Fez, où il était privé de son commandement [1]. Sans doute comme suite à cette

---

[1] On a attribué cette disgrâce imprévue aux bonnes relations que Si Abdelmalek entretenait avec nous, et qui auraient été exploitées contre lui à la cour de Fez.

politique, le caïd Abdelkader ben bou Terfas, son ex-conseiller, était maintenu en prison à Fez, et, au commencement de 1890, un nouvel amel, Si Abderrahman ben Abdessadok, faisait son entrée à Oudjda, en s'appuyant sur le nouveau parti du Makhzen, c'est-à-dire sur les Mehaïa et El Hadj Saheli.

Cependant le nouvel amel comprit qu'il ne devait pas négliger l'ancien ennemi des Mehaïa, le rallié de la dernière heure, El Hadj Mohammed ould El Bachir. Grâce à sa politique habile, il sut maintenir l'union factice conclue entre le caïd des Beni Ourimèche et El Hadj Saheli; il put apaiser quelques révoltes partielles aux Beni Snassen, révoltes qui, en d'autres temps, eussent mis l'amalat à feu et à sang; il parvint à réconcilier les Angad avec les Mehaïa, leurs ennemis traditionnels; il obtint enfin qu'une paix inaccoutumée régna pendant toute l'année 1890 à l'Ouest de la frontière.

Au commencement de 1891, El Hadj Mohammed ould El Bachir, continuant à soutenir le parti du Makhzen, aidait El Hadj Saheli à soumettre les Oulad Amer, tribu rebelle qui dépend du commandement du caïd des Beni bou Zeggou. Mais à ce moment il éprouvait un premier froissement, en se voyant refuser par l'agha des troupes marocaines stationnées à El Aïoun Sidi Mellouk, la mise en liberté du caïd Hamidan, des Sedjâa, emprisonné depuis un an par ordre du sultan.

Aussi, lorsqu'au mois de juillet, les Sedjâa et les Beni bou Zeggou firent une démonstration hostile contre l'agha d'El Aïoun Sidi Mellouk et mirent en fuite les goums des Mehaïa et des Angad, envoyés par l'amel pour soutenir son subordonné, El Hadj Mohammed, loin de répondre à l'appel du Makhzen, se mit à la tête des rebelles et força El Hadj Saheli à se réfugier sur notre territoire.

La paix fut conclue le 25 août; mais un mois après, le caïd des Mehaïa, croyant avoir réussi à diviser entre eux les Beni Snassen, lançait un goum de 1500 chevaux contre les Sedjâa. El Hadj Mohammed ould el Bachir se mit alors à la tête d'une grande harka comprenant les Beni Snassen, les Sedjâa et les Beni bou Zeggou et refoula sur le territoire algérien les Mehaïa et les Angad.

Pour mettre un terme à ces dissensions, le Sultan appela à lui, à la fin de 1891, tous les caïds de l'amalat, ainsi que l'amel lui-même. Ce dernier fut nommé amel à Tanger et remplacé par Si Abdesselam ben bou Cheta.

Mais une violente discussion étant survenue à Fez entre El Hadj Mohammed ould el Bachir et le caïd Haoummada, des Beni bou Zeggou, celui-ci, de retour dans sa tribu en mai 1892, groupait autour de lui les Kabyles du Sud et les Beni Attigue (fraction des Beni Snassen) et pillait les partisans d'El Hadj Mohammed. Ce dernier, revenant de Fez avec une colonne marocaine commandée par le fils du Sultan, trop tard pour venger cet échec sur les Beni bou Zeggou, s'en prenait aux Beni Attigue, dont il tuait le caïd Mimoun ould El Houbil.

Le fils du Sultan obligea les deux caïds des Beni Ourimèche et des Beni bou Zeggou à se réconcilier et rendit, sur leur prière, la liberté au caïd Hamidan. des Sedjâa, cause indirecte des désordres de l'année précédente. En même temps le caïd Abdelkader ben bou Terfas, des Mezaouïr, était rendu à la liberté à Fez et réintégré dans son commandement.

Une réconciliation générale eut lieu à El Aïoun Sidi Mellouk, et depuis lors, sauf une assez forte alerte au commencement de 1893, à la suite de laquelle El Hadj Mohammed ould El Bachir fut obligé de passer sur la rive gauche de la Moulouïa, le calme semble s'être rétabli dans l'amalat d'Oudjda. Une paix sanctionnée par des solennités toutes particulières a été conclue récemment; elle paraît complète, sans que rien toutefois permette de supposer qu'elle doive être de longue durée [1].

Ce rapide exposé met, à première vue, en relief, dans la région d'Oudjda, deux grandes personnalités : El Hadj Saheli ould bou Beker aux Mehaïa, El Hadj

---

[1] Il ne semble pas pourtant qu'El Hadj Mohammed ould el Bachir se soit fait beaucoup d'illusions sur la solidité de cette réconciliation. Car nous le voyons dans les premiers mois de 1894, sans doute en prévision de l'avenir, se rendre acquéreur de la terre de Bou Zadjfol, chez les Beni Mengouch algériens, et, avec notre autorisation, y installer une partie de ses biens et de sa famille, et s'y rendre lui-même de temps à autre. Mais cette permission ne lui a été accordée qu'à la condition expresse que tant qu'ils seraient sur notre territoire, ni lui, ni les siens ne se prêteraient à aucune intrigue pouvant amener des difficultés avec le Maroc.

Mohammed ould el Bachir aux Beni Snassen, aujourd'hui amis et soutiens du Makhzen, jadis ennemis irréconciliables. Il semble probable que l'une des prochaines luttes se terminera par la perte de l'un ou de l'autre parti.

Nous trouvons encore, parmi les personnages influents, aux Beni Drar, Ali ou Rabah, aux Angad, Abdelkader ben bou Terfas, les anciens conseillers et soutiens de l'amel Si Abdelmalek, mais dont les personnalités semblent aujourd'hui un peu effacées.

Enfin il est une nouvelle influence qui paraît surgir sur ce champ de bataille si souvent bouleversé, c'est celle de la grande tribu Kabyle des Beni bou Zeggou, avec son chef énergique, le caïd Haoummada. Il semble que l'alliance naturelle entre Kabyles doive réunir un jour cette puissance déjà considérable à celle des Beni Snassen, pour déposséder les Mehaïa de l'influence qu'ils ont eue si longtemps dans la région, à moins qu'une rivalité privée n'entraîne, comme cela se voit si souvent de l'autre côté de la frontière, leurs deux chefs l'un contre l'autre et ne les fasse user l'un par l'autre pour la plus grande satisfaction d'El Hadj Saheli.

Après cet aperçu des faits historiques qui se sont produits dans la région voisine de notre frontière depuis la conquête de l'Algérie, nous passerons à l'étude aussi détaillée que possible des diverses tribus qui habitent cette contrée. Nous commencerons par les plus éloignées, c'est-à-dire celles avec lesquelles nous avons eu moins de relations et que, par suite, nous connaissons le moins.

Houara [1]. — La première tribu que nous rencontrions sur la Moulouïa est celle des Houara (Haouara [2]). Ils parlent l'arabe et prétendent être de race arabe, s'appuyant sans doute sur une tradition plus ou moins exacte que rapporte Ibn Khaldoun et d'après laquelle ils se rattacheraient aux Arabes de l'Yémen. Mais le nom qu'ils portent semblerait plutôt indiquer que ce sont des Berbères arabisés. C'est du reste l'opinion de l'historien que nous venons de citer ; il ne les considère que comme des Berbères au même titre que les Sanhadja, Lamta, etc...

Ils ont leur principale installation sur les bords de la Moulouïa, dont ils occupent la rive droite depuis le défilé de Refoula, qui leur appartient presque tout entier, jusqu'aux Hallaf. Leurs diverses fractions se sont partagé, dans l'ordre suivant, les rives du fleuve qu'elles cultivent :

> Athamna ;
> Oulad Sedira ;
> Mezarcha ;
> Zergan ;
> Oulad Messaoud ;
> Oulad Hammou ou Moussa.

Ils ont également des cultures dans le Fhama,

[1] Renseignements extraits de l'ouvrage de de Foucauld : *Reconnaissance au Maroc.*

[2] Voir Ibn Khaldoun. T. I, page 273.

plateau bas et ondulé à l'ouest de la plaine de Djel qui sert de ligne de partage entre le bassin de la Moulouïa et celui du Sebou.

Les Houara, nomades et vivant sous la tente, résident une partie de l'année près de leurs cultures sur la Moulouïa, étendant alors leurs campements dans la plaine de Tafrata et dans la vallée de l'oued Melillo.

Ils envoient leurs troupeaux pâturer dans le Fhama, dans la plaine de Djel, dans celle d'Angad et jusque dans le Dahra.

Ils possèdent trois Kasbas où ils emmagasinent leurs approvisionnements. Ce sont :

1° Kasba Guercif, sur la rive gauche de la Moulouïa. Cette construction, très ancienne et délabrée aujourd'hui, commande un gué important ; elle appartient aux Oulad Messaoud.

2° Kasba Oulad Hammou ou Moussa, à une certaine distance au-dessous de la précédente et sur la même rive ; elle appartient à la fraction dont elle porte le nom.

3° Kasba Messoun, sur l'oued Messoun, dans le Fhama. Cette rivière, dont les eaux sont salées, vient du Rif, de chez les Guezennaïa ; elle traverse le Fhama et la plaine de Djel avant de se jeter dans la Moulouïa.

Les Houara constituent une forte tribu qui peut mettre sur pied, d'après de Foucauld, environ 1500 fantassins et 500 cavaliers. Ils ont été partagés par le

Sultan en quatre caïdats dont les titulaires étaient en 1883 :

Ali El Hamar qui commandait aux Athamna ;

M'hammed bel Hadj El Korradi, qui avait sous sa dépendance les Oulad Sedira et les Mezarcha ;

Cheikh Tib El Hafi, qui gouvernait les Zergan et les Oulad Messaoud ;

M'hammed ould Kaddour ben Djilali, qui était le chef des Oulad Hammou ou Moussa.

Les Houara ont deux marchés par semaine ; ils se tiennent le dimanche et le jeudi, près de la Kasba de Guercif.

Il n'existe pas de juifs dans la tribu. Les israélites de Debdou viennent y faire du commerce, mais n'y résident que momentanément.

HALLAF[1]. — La tribu des Hallaf[2] qui occupe le cours de la Moulouïa à la suite des Houara, est une tribu nomade, de race et de langue arabe. Ils dressent leurs tentes dans les plaines qui bordent, à l'Ouest et à l'Est,

---

[1] Renseignements extraits de de Foucauld : *Reconnaissance au Maroc*.

[2] On comprend sous le nom d'Hallaf (Ahlaf, confédérés) les descendants d'Amran et de Monebba, pères des Amarna et des Monebbat, branches issues des Douï Mansour, fraction la plus importante des Makil. Les Makil formaient, d'après Ibn Khaldoun, une des plus grandes tribus de la Maurétanie occidentale qui comprenait les Douï Obeïd Allah, les Douï Mansour et les Douï Hassan. Ils occupaient tout le désert du Maghreb el Aksa, depuis le Sous jusqu'à l'oued Dra et le Tafilalet, et de là jusqu'à la Moulouïa et l'oued Za.

le fleuve, et en cultivent les deux rives dans l'ordre suivant, en allant du Sud au Nord.

>Oulad Rehou ;
>Medafra ;
>Oulad Sidi Mohammed bel Hosseïn (Cheurfa) ;
>Oulad Mahdi ;
>El Arba ;
>Oulad Seliman.

Ces nomades peuvent fournir environ 400 fantassins et 100 cavaliers.

Aux Hallaf se rattachent les Ahl Refoula de même origine. Ceux-ci habitent, plus au Sud, autour de la Kasba Refoula, à l'entrée du défilé du même nom. On compte chez eux une centaine de fusils.

Les Kerarma (djouad), dont il sera parlé plus loin, ont la même origine que les Hallaf proprement dits et les Ahl Refoula. Ces deux dernières fractions n'ont point de caïds particuliers et obéissent au caïd des Kerarma.

Placés, vers 1360, par Abou Hammou II, souverain de Tlemcen, dans la région qu'ils occupent encore actuellement, les Hallaf n'ont pas tardé à y subir l'influence des Sultans du Maroc. En effet, ceux-ci avaient besoin d'eux, tant pour garder le passage de la Moulouïa, en avant de Taza, et, par suite, la route de Fez, que pour conserver toujours libre l'accès de la vallée de la Haute Moulouïa, c'est-à-dire, « le chemin du Sahara ». C'est, sans doute, pour cette dernière considération qu'une de leurs fractions s'établit isolément au-delà du défilé de Refoula ; elle pouvait ainsi surveiller plus efficacement ce passage.

Grâce à leur situation spéciale, les Hallaf ont eu assurément jadis une certaine prépondérance dans la contrée, principalement, d'après leurs propres traditions, du temps de Bou Zian ech Chaouï, ancêtre du caïd des Kerarma actuels. A cette époque, les Houara, maintenant complètement indépendants, étaient, dit-on, soumis aux Hallaf.

Il n'y a pas de marché dans la tribu des Hallaf.

En fait de juifs, on n'y rencontre que ceux qui viennent y trafiquer passagèrement.

BENI OUKIL [1]. — C'est une tribu de marabouts. D'après de Foucauld, qui n'a pu lors de son voyage au Maroc que recueillir des renseignements sur leur compte sans les visiter, les Beni Oukil se partagent en trois fractions dont les campements sont installés à demeure le long de la Moulouïa, à 13 kilomètres environ les uns des autres [2]. Ce sont : au Nord, les Oulad El Bacha, qui ont leurs tentes près du point où le fleuve quitte la plaine pour longer le massif des Beni Snassen. Puis vient, en allant vers le Sud, la fraction nommée El Khorb et une troisième fraction dont le nom n'a pu être indiqué au voyageur.

En réalité, cette tribu de marabouts est en bonnes

[1] De Foucauld. *Reconnaissance au Maroc*.

[2] M. de La Martinière qui les a visités en 1891, les a trouvés installés sur le cours inférieur de l'oued Za, non loin de son confluent.

relations avec les chérifs d'Ouazzan, on y compte quelques serviteurs de Moulai Taïeb, en tout cas, elle a un peu plus d'importance que ne l'avait rapporté de Foucauld.

Elle comprend deux grandes fractions bien distinctes et indépendantes l'une de l'autre[1], quoique rattachées par les liens d'une même origine ; ce sont :

1° Les Beni Oukil Moualiin El Khorb ;

2° Les Beni Oukil, des environs d'Oudjda[2].

Les premiers habitent le cours inférieur de l'oued Za, là où M. de La Martinière les a trouvés en 1891. Ils portent également leurs campements sur l'oued Sidi Okba (oued Ksob) et sur la Moulouïa, qu'ils dépassent même un peu vers l'ouest.

Quant aux Oulad El Bacha, mentionnés par de Foucauld, c'est une erreur que de les rattacher aux Beni Oukil. Ce sont en réalité des Kerarma, frères des Hallaf.

Les Beni Oukil des environs d'Oudjda sont séparés des Moualiin El Khorb par les Sedjâa et les Beni Mahiou (fraction des Beni Ourimèche, Beni Snassen). On peut les considérer comme faisant presque partie des Angad, auxquels ils sont pour ainsi dire inféodés.

---

[1] Renseignements fournis par le capitaine Redier, chef du bureau arabe de Lalla Mar'nia en 1893.

[2] Il faut y ajouter une autre petite fraction des Beni Oukil, fort peu importante, qui habite la plaine de Trifa et campe au nord du massif des Beni Snassen, autour de la Zaouïa Moula Idris.

Ils se partagent en cinq fractions, indiquées dans le tableau ci-après.

Leur qualité de marabouts alliés aux Chérifs d'Ouazzan en fait des gens paisibles. Il n'ont pas de caïd et ne paient aucun impôt. Ils ont leur Zaouïa sur l'oued Isly, et interviennent souvent pour arrêter l'effusion du sang dans les luttes qui ensanglantent la contrée.

Les Beni Oukil vont au marché à El Aïoun Sidi Mellouk, à Oudjda, à Lalla Mar'nia et à Melila.

Ils ensilotent à Sidi Sultan, chez les Angad R'araba.

RENSEIGNEMENTS STATISTIQUES [1].

NOMS DES TRIBUS (FRACTIONS, DOUARS).	NOMS DES CHEFS.	NOMBRE DE			RESSOURCES pour les transports			RICHESSES en troupeaux		
		tentes.	fantassins armés.	cavaliers armés.	chameaux.	mulets.	ânes.	moutons.	chèvres.	bœufs.
Beni Oukil.	Si El Haoussine bel Haoussine, Cheikh, (1893).									
Chetaba............	El Hadj El Haoussine bel Mostefa.	30	40	20	»	5	50	2.000	200	»
Bou Ouriate.........	El Hadj Abdelkader ben Moussa...	35	45	30	»	8	60	3.000	450	»
Serardja............	Si El Mekki ben Abdallah.........	33	46	28	»	6	45	1.500	200	»
Oulad ben Abdallah..	Si El Hadj bel Habib	100	500	150	400	100	300	18.000	1.000	»
Oulad Aïssa.........	El Hadj El Hassan bel Mekki	15	25	10	»	»	30	350	150	»
	Totaux.........	213	656	238	400	119	485	24.850	2.000	»

[1] Lieutenant de Beaufort, 1893.

Les Chérifs Beni Oukil assurent descendre de Moula Idris de Fez, leur premier ancêtre appelé Si Moussa, est mort en laissant trois fils.

Sidi Ahmed ben Moussa dont les descendants habitent la Zaouïa Guefaït. — Sidi Ali ben Moussa dont les descendants habitent dans la vallée de l'oued El Ksob. — Sidi Aïssa ben Moussa dont les descendant sont à Aïn Sfa et dans le Bled Ed-Douara à l'ouest de la Moulouïa [1].

BENI BOU ZEGGOU. — Les Beni bou Zeggou[2] habitent des montagnes élevées et boisées qui s'étendent entre le Dahra et la plaine d'Angad. Ils occupent même dans cette dernière plaine le cours entier de l'oued Meseg-mar et la lisière de leur montagne.

C'est une tribu sédentaire vivant sous la tente au milieu de ses cultures. La plupart sont des autochtones ; les autres viennent de Figuig dans les temps reculés. Ce sont les Oulad Ali ben Ahmed ou Moussa et les Oulad Moussa ben Abbou.

Leur caïd, Haoummada bel Mokhtar, qui appartient à une de ces dernières fractions, aurait même fait vendre, il y a une vingtaine d'années, les biens qu'il possédait encore dans cette oasis saharienne.

Les Beni bou Zeggou parlent le chelha. Ils sont pour la plupart serviteurs religieux du Zaouïa de

---

[1] H. M.

[2] Renseignements extraits : 1° de la notice du capitaine de Breuille, 1880 ; 2° du travail du lieutenant de Beaufort, 1893.

Mergchou et de Sidi Ali ben Sama situés dans leur pays, on y rencontre quelques fidèles du Marabout de Kenatsa et très peu de la Zaouïa de Ouazzan.

Ils ont un marché le jeudi, à Tinedjan (M'ta ech Cheurfi), près de la maison du caïd et de la Koubba de Si Mohammed Saïdi. Ils ensilotent à M'ta ech Cheurfi et à Tasouïn, chez les Oulad Ali.

Le caïd Haoummada, investi par le sultan, a sous sa dépendance un certain nombre de petites tribus [1] d'origine berbère qui habitent presque toutes sur le cours de l'oued Za, principalement sur la rive gauche, entre Tégaféït et Dar Cheikh ech Chaoui (Kerarma). Ce sont :

       1° Oulad Amer ;
       2° Oulad Bakhti (Bekhata) ;
       3° Oulad El Mihdi ;
       4° Beni Our'ar ;
       5° Beni Chebel ;
       6° Beni Koulal ;

sur lesquelles nous allons donner toutes les indications que nous possédons.

Il faudrait ajouter à cette énumération les petites fractions suivantes sur lesquelles nous n'avons que des données statistiques résumées dans le tableau ci-après [2].

---

[1] D'après de Foucauld toutes ces petites tribus vivraient sous la tente près de leurs cultures. Les renseignements fournis en 1880 par le capitaine de Breuille indiquent au contraire que ces Kabyles vivent dans des maisons agglomérées en villages ouverts.

[2] Lieutenant de Beaufort, 1893.

Ce sont :

>Oulad Zirar ;
>Ahl R'eman ;
>Beni Fachchat ;
>Beni Oudjel ;
>Ahaddouine.

OULAD AMER, OULAD BAKHTI. — Ces deux tribus [1] d'origine berbère et parlant le chelha, n'en forment en réalité qu'une seule ; et, bien que dépendant du caïd des Beni bou Zeggou, elles subissent l'influence presque exclusive du marabout Si Haoummada ould Si Hamza qui habite à Tegafeït sur l'oued Za, c'est-à-dire, chez les Oulad Bakhti (Bekhata).

Les Oulad Amer et les Oulad Bakhti ont la même origine que les Beni Iala.

Ils faisaient jadis partie intégrante de cette dernière tribu, comme nous le verrons plus tard.

Les Oulad Amer occupent le massif montagneux, auquel ils donnent leur nom, à gauche de l'oued Za. De Foucauld prétend qu'ils peuvent mettre sur pied 50 cavaliers et 1000 fantassins.

Mais le capitaine de Breuille, dans une notice écrite en 1880, donne sur ces deux tribus les renseignements suivants :

Leur population totale serait d'environ 4800 âmes vivant dans des villages ouverts et occupant approximativement 800 maisons ou tentes. Ils pourraient fournir 50 cavaliers et 1600 fantassins.

---

[1] Capitaine de Breuille, 1880.

Le centre du pays des Oulad Amer serait Mekam Sidi Ali ben Sama, Koubba près de laquelle se tient leur marché hebdomadaire.

Enfin, ils seraient subdivisés en plusieurs fractions. On ne connaît les noms que des trois suivantes : Fekkouïne, Louaïk et Oulad Amar ben Ali.

Oulad el Mihdi. — Les Oulad el Mihdi occupent également le flanc gauche de la vallée de l'oued Za, dans sa partie moyenne. Ce sont aussi des Berbères, parlant le chelha.

D'après de Foucauld, ils peuvent fournir 200 fusils.

Le capitaine de Breuille leur donne moins d'importance. D'après lui, ils ne pourraient mettre sur pied que 20 cavaliers et 80 fantassins, et n'occuperaient qu'une cinquantaine de maisons réparties en six villages : Oulad bou Hink, Beni Zoulet, Oulad En Naceur, Ahl Tamart, Oulad Atman, Issouïdin.

Beni Our'ar. — Les Beni Our'ar sont encore des Berbères qui vivent sur l'oued Za (rive gauche).

Le capitaine de Breuille leur donne pour centre principal le village de Tinnezat sur le cours de la rivière. Ils occuperaient, d'après cet officier, vingt-cinq maisons, et pourraient fournir 5 cavaliers et 40 fantassins.

Beni Chebel. — Les Beni Chebel forment une petite tribu, de langue et de race berbère, qui habite sur le flanc gauche de l'oued Za.

D'après de Foucauld, ils pourraient armer 70 fantassins.

Le capitaine de Breuille les divise en trois fractions : les Oulad ben Diss, Ir'man, Zaouïa Sidi el Mahdi ben Derkaouï, occupant en tout trente maisons ou tentes et pouvant fournir 10 cavaliers et 50 fantassins.

Beni Koulal. — La petite tribu berbère des Beni Koulal[1] occupe les deux rives de l'oued Za, mais principalement la rive gauche. Elle possède, sur cette rivière, à la limite ouest de son territoire, une kasba dénommée Kasba Beni Koulal, près de laquelle se tient un marché, le mercredi de chaque semaine.

Les indigènes de cette tribu habitent, d'après le capitaine de Breuille, trois gros villages non fortifiés. Ce sont : Oulad Ichou, Beni Iahi et El Djeale. Ils posséderaient en outre une centaine de tentes et pourraient armer 12 cavaliers et 200 fantassins. De Foucauld réduit ce dernier chiffre à 150.

Il n'y a pas de juifs dans les tribus de l'oued Za dont nous venons de parler, ni chez les Beni bou Zeggou.

Nous compléterons les renseignements ci-dessus, sur les Beni bou Zeggou et les tribus qui en dépendent, par l'adjonction du tableau statistique suivant ; il est extrait d'un travail, établi en 1893 par M. le lieutenant de Beaufort, et donne les indications les plus récentes.

[1] De Foucauld. *Reconnaissance au Maroc.*

TRIBUS PLACÉES ENTRE

RENSEIGNEMENTS STATISTIQUES.

NOMS DES TRIBUS (FRACTIONS, DOUARS).	NOMS DES CHEFS.	NOMBRE de			RESSOURCES pour transports			RICHESSE en troupeaux	
		tentes.	fantassins armés.	cavaliers armés.	chameaux.	mulets.	ânes.	moutons.	chèvres.
Beni bou Zeggou.	Haoummada bel Mokhtar, Caïd, (1893).								
Oulad Moussa ben Abbou. { Oulad Fettouma	Si Mohammed ben M'hammed	20	60	40	»	30	25	3000	500
Oulad el Hassen	Ahmed ould Mohammed ben Kaddour	30	45	25	»	10	35	300	50
Oulad El Mahi	M'hammed ould Mohammed ben Ali	15	20	12	»	5	15	200	40
Imr'ar'en	Ali ould Djelloul	20	30	8	»	6	13	100	50
Oulad Tahar	Mohammed bou Kelkoul	24	33	6	»	3	10	150	60
Oulad el Arech	El Bachir el Arech	15	20	5	»	5	12	140	40
Haddoudaïn	Bou Chekroun ben Merzoug	10	15	4	»	1	8	100	50
Oulad Moussa { Taharïn	Cheikh Mohammed ben Moussa	12	30	6	»	2	8	120	44
Ziaïta	Moussa ould M'hammed bel Mokhtar	30	50	5	»	4	35	200	120
Oulad Ali. { Oulad el Hassen	Ameur Andrar	50	100	10	»	12	46	400	300
Oulad Ali	Mohammed ould Amar ben Moussa	100	150	15	»	8	60	300	200
Oulad Ali Melhassa	Moussa el Bezidi	20	40	6	»	3	24	160	80
Ahl Oukerfi	Si Mohammed ben Ali El Cadhi	100	150	10	»	20	60	400	200
Ahl Tahalaoualt	Ali ould En Naceur	35	45	20	»	19	40	200	100
El Hadjadj	El Hadj M'hammed	30	40	15	»	2	10	400	180
Oulad Ali ben Ahmed	Mohammed Agartit	20	30	12	»	2	15	60	200
Oulad Mohammed ben M'hammed	Mohammed Aberkan	22	35	9	»	3	18	354	100
Ahl Tinassouine Ifkhiren	Mohammed Kerroud	12	20	1	»	4	13	40	200
Ahl Dadda Ali	Si Ramdan	40	50	3	»	10	45	100	50
El Maallemin	El Hadj Hammou ben Kaddour	12	20	1	»	8	15	200	100
Tribus dépendant du caïd des Beni bou Zeggou. { Oulad Zirar	Amar ben Zirar	40	60	18	»	10	35	400	200
Beni Chebel	El Bachir ber Rahal	200	300	2	»	»	60	»	»
Ahl R'eman	Mohammed Aberkan	20	35	»	»	»	15	100	50
Oulad El Mihdi	Mohammed ou Raho	40	100	6	»	7	45	300	100
Beni Fachchat	Amar ber Rahal	25	35	5	»	2	18	240	80
Oulad Amar	El Bachir ben Ali	500	1000	50	»	40	300	4000	1000
Beni Oudjdel	Amar ben Ahmed	10	20	1	»	»	12	80	90
Beni Our'ar	El Bachir el Our'ari	18	30	7	»	3	22	500	100
Beni Koulal	Mohammed ben Ahmed	150	200	20	»	»	100	300	160
Ahaddouïne	Si Mohammed ould M'hammed ben Addou	170	220	25	»	10	200	500	250
Bekbata (Oulad Bakhti)	Ameur Azeroual	60	100	20	»	12	90	4000	400
Oulad Sidi Hamza ben Taïeb	Si Haoummada ould Si Hamza (marabout de Tégafeït)	50	60	25	12	15	50	1000	700
	Totaux	1900	3143	383	12	256	1454	18344	5794

KERARMA. — Les Kerarma[1] sont des Arabes (djouad), frères et alliés des Hallaf. Leur caïd Mohammed ben ech Chaoui, comme nous l'avons vu, commande également cette tribu.

Quoique vivant sous la tente, les Kerarma sont sédentaires.

Le pays qu'ils occupent s'étend le long de l'oued Za, depuis Kasba Beni Koulal jusqu'aux campements des Beni Oukil. Cette longue bande de terrains est des plus riches et des plus fertiles, grâce à un système d'irrigations judicieusement installées. Des barrages arrêtent les eaux dans le lit de la rivière et la déversent par des canaux d'irrigation, qui ont jusqu'à 5 et 6 mètres de profondeur, au milieu des cultures.

On ne trouve pas chez les Kerarma d'autres constructions que celles dont nous avons parlé au chapitre précédent : Dar Cheikh ech Chaouï, la maison du caïd, et Taourirt (Kasba Moula Ismaël). Nous n'y reviendrons pas.

Le marché de cette tribu est des plus importants. Il se tient le lundi, près de Dar Cheikh ech Chaouï.

D'après de Foucauld, les Kerarma peuvent fournir un contingent de 500 fusils.

On ne trouve chez eux aucun juif.

BENI IALA. — Les Beni Iala (Beni Iaâla) sont des berbères. Ils habitent à l'Est des Beni bou Zeggou et

---

[1] Renseignements fournis par de Foucauld. *Reconnaissance au Maroc.*

au Sud des Zekkara[1]. Leur pays se compose de plaines et de montagnes d'élévation moyenne. On y trouve une ancienne Kasba, Hadjar Guemfouda, aujourd'hui ruinée.

Cette tribu est actuellement partagée en trois commandements, qui sont :

Les Beni Iala Cheraga, administrés directement par l'amel d'Oudjda ;

Les Beni Iala R'araba, obéissant au caïd Ahmed bou Zian ;

Les Beni Iala Sfassif, dépendant du caïd des Beni bou Zeggou.

Primitivement les Beni Iala comprenaient les fractions suivantes :

    1° Beni Iala Sfassif ;
    2° Zekkara (que nous verrons plus loin) ;
    3° Oulad Amer ;
    4° Oulad Bakhti (Bekhata).

Nous avons déjà vu ces deux dernières.

Par suite de luttes intestines qui divisèrent les Beni Iala, les Zekkara se sont d'abord éloignés du reste de leurs frères pour former un groupe spécial, s'administrant à part. Pour la même cause et successivement, les Sfassif, Oulad Amer et Bekhata se sont également séparés du gros de la tribu et ont formé trois groupes

---

[1] Renseignements extraits du travail du capitaine de Breuille, 1880 ; de celui du lieutenant de Beaufort, 1893, et complétés par les indications fournies par le capitaine Redier.

spéciaux, qui se sont placés sous la protection du caïd des Beni bou Zeggou. Les Oulad Amer et Bekhata, fractions de peu d'importance, ont dû faire de force partie intégrante, en quelque sorte, des Beni bou Zeggou, tandis que les Sfassif, plus forts, ont réussi à conserver une indépendance relative.

A la suite de cette dislocation de la tribu des Beni Iala, il est resté un fort groupe de tentes de toutes provenances et composées de mécontents qui n'acceptaient aucune autorité, surtout étrangère. Ils se sont partagés en deux groupes, sinon ennemis, du moins hostiles, que l'on appelle Beni Iala Cheraga et Beni Iala R'araba. Ils habitent la montagne, au Sud des Zekkara et au Nord des Mehaïa, avec lesquels ils étaient alliés autrefois et qu'ils suivaient dans leurs pérégrinations jusqu'à Ras El Aïn des Beni Mathar. Ils sont ennemis aujourd'hui (1893).

Les troupeaux des Beni Iala vont paître dans le Sud jusque dans le Dahra.

Il existe dans la partie montagneuse de la région occupée par eux des gisements de plomb. Le minerai se rencontre en affleurements au fond de grottes. Les indigènes allument des bûchers à l'endroit où le minerai affleure, puis recueillent le plomb que la chaleur fait découler. Ce sont les femmes qui se livrent à cette occupation [1].

---

[1] C'est du moins ce que les indigènes ont rapporté au capitaine de Breuille.

TRIBUS PLACÉES ENTRE

Tous les Beni Iala ensilotent à Merz El Abiod chez les Sfassif, ils sont serviteurs des chérifs de Ouâzzan.

RENSEIGNEMENTS STATISTIQUES.

NOMS DES TRIBUS (FRACTIONS, DOUARS).	NOMS DES CHEFS.	NOMBRE de			RESSOURCES p' transports.			RICHESSES en troupeaux	
		tentes.	fantassins armés.	cavaliers armés.	chameaux.	mulets.	ânes.	moutons.	chèvres.
Beni Iala Cheraga.	L'amel Si Abdesselam ben bou Cheta (1893).								
Oulad Moussa ben Ameur { El Maharâa	Cheikh Saïd	45	75	25	»	30	64	1600	600
Oulad Hammou	Mohammed ber Rabah	30	45	13	»	11	40	1000	500
Zouar	Mohammed ben Dahman	19	30	5	»	7	15	300	400
Oulad Ali	Ali ould Kaddour.	15	20	7	»	8	12	250	600
Oulad Raho	Mohammed ben Ahmed	10	15	3	»	5	10	200	300
Oulad el Haouadi	Aïssa ould Seddik	17	30	10	»	14	20	2000	500
Nouaoura	Mohammed ben Abbou	13	24	5	»	7	12	350	170
Deba-bra. { Oulad Hammou ben Iahia	Salah	9	14	2	»	3	8	250	100
Khechachna	Zazouh ould El Miloud	8	12	2	»	3	7	140	80
Oulad Toumi	Taïeb ould Toumi	11	15	3	»	4	8	130	200
Oulad Taïeb	El Bachir ould Iamina	14	20	7	»	8	12	700	500
Bou Alalen	Mohammed Lakhal	25	35	6	»	9	18	540	300
Messnada	El Arbi ould Messaoud	17	25	8	»	5	10	900	200
Mezrennan	Tahar bel Mahi	70	100	23	»	40	60	8000	1000
	Totaux des Beni Iala Cheraga.	303	400	119	»	154	296	16360	5450
Beni Iala Gharaba.	Ahmed bou Zian, Caïd (1893).								
El Kheloufine	Bou Medien ould bou Zian	40	60	14	»	20	35	1200	400
	Totaux des Beni Iala Gharaba.	40	60	14	»	20	35	1200	400
Beni Iala Sfassif.	Haoummada bel Mokhtar, Caïd des Beni bou Zeggou (1893).								
Aksiouine	Taïeb ould Kaddour	100	130	60	»	100	90	5000	2000
Amokhtaren	El Mokhtar ben M'hammed	120	200	50	»	80	100	8000	7000
	Totaux des Beni Iala Sfassif.	220	330	110	»	180	190	13000	9000
	Totaux généraux de la tribu.	563	850	243	»	354	521	30560	13850

Zekkara. — Les Zekkara [1] sont de même origine, comme nous venons de le voir, que les Beni Iala. Ce sont par conséquent des berbères. Ils parlent chelha. La montagne qu'ils occupent, au Nord-Est du massif des Beni bou Zeggou, forme comme un îlot isolé à l'extrémité de la chaîne.

En été, ils campent dans leur montagne et viennent souvent dresser leurs tentes à Hadjar Guemfouda, chez les Beni Iala, leurs frères et voisins. En hiver, ils s'avancent jusque sur les bords de l'oued Isly, où ils font du jardinage.

Un de leurs douars, celui des Oulad Si Ahmed ben Ioussef, est un douar de marabouts, qui campent généralement près de Tinzi. Il y a, à cet endroit, une source, entourée de jardins, qui donne beaucoup d'eau ; on trouve à proximité une maison bâtie, partie en pierre, partie en pisé, qui se compose de six chambres. Il y reste encore les débris d'une ancienne Kasba, près de laquelle se trouvent environ 150 à 200 silos, gardés par un poste.

D'autres silos se trouvent à Bou Salah, à 1500 mètres de Tinzi. Il y a là plusieurs sources et deux puits. L'eau est bonne et se rencontre à une profondeur de 2^m50 au plus. Le pays, aux environs, est accidenté et couvert d'une forêt de thuyas, chênes, lentisques, etc...

Le douar El Arasla campe d'ordinaire dans un

---

[1] Renseignements extraits du travail du capitaine de Breuille, 1880, et de celui du lieutenant de Beaufort, 1893.

endroit appelé Tafrent. C'est une plaine, située entre Tinzi et Métrouh, où il y a trois Koubbas, l'une à côté de l'autre. Ce sont: Sidi Mohammed ben Zenagui, Sidi El Habib et Sidi El Haddadi, qui se trouve à proximité de Tinzi. Les Zekkara labourent dans cette plaine et y ont un certain nombre de figuiers.

Une partie de la fraction (quatre douars) des Oulad Moussa dresse d'habitude ses campements sur les rives de l'oued Moïetar. On y trouve la source d'Aïn Melloul qui est entourée de jardins. Une autre source jaillit à proximité, c'est l'Aïn Tisilias, près de laquelle on aperçoit une maison.

Les Zekkara s'approvisionnent de plomb aux mines des Beni Iala.

Ils ont pour industrie la fabrication des nattes d'alfa et celle du goudron. Ils n'ont pas de marché particulier ; ils vont à El Aïoun Sidi Mellouk, Oudjda, Sefrou (chez les Beni Snassen) et Lalla Mar'nia.

Les Zekkara sont serviteurs religieux du marabout de Kenatsa et de Si Ahmed ben Ioussef et aussi et surtout de Moulai Taïeb.

RENSEIGNEMENTS STATISTIQUES.

NOMS DES TRIBUS (FRACTIONS, DOUARS).	NOMS DES CHEFS	NOMBRE de			RESSOURCES pour transports			RICHESSES en troupeaux.		
		tentes.	fantassins armés.	cavaliers armés.	chameaux.	mulets.	ânes.	moutons.	chèvres.	bœufs.
Zekkara.	Ramdan ould Ameur ez Zekraoui, caïd, 1893.									
Rimaïn	Abdelkader ould Kaddour	70	150	25	»	70	100	10000	3000	40
Soualmia	Bel Aïd ben Mansour	60	80	6	»	25	80	1000	2500	»
Oulad ben Aissain	Ali ould Mohammed ben Ahmed	55	90	9	»	35	70	10000	1000	»
Oued el Kebir. El Maïcha	Ali ould Ameur	30	40	10	»	25	60	800	150	»
Oulad ben Khelifa	Mohammed ben Aïssa	65	70	1	»	10	40	700	500	160
Oulad ben el Hassen	Ali Lama	25	36	2	»	13	35	900	1000	»
Oulad Hammou	Rabah ould Khelifa	36	60	8	»	12	50	800	900	»
El Aboudïn	Mohammed ben Mansour	40	60	7	»	20	55	300	2000	»
Oulad Hammed Meïter. Kosouïn	Khelifa ould Ahmed ben M'hammed	35	45	4	»	14	50	8000	1000	»
El Mouhaïn	El Bachir ben Silhoum	30	40	8	»	18	40	2000	600	45
El Kherarga	Ameur ould M'hammed	37	65	2	»	8	45	700	800	»
Oulad ben R'ennou	Ahmed ben Abdelouahad	45	56	1	»	10	55	»	9000	100
Zarfaïn	Mohammed ben Ameur	20	30	5	»	7	45	800	200	»
Meharraïn	Ameur ben bou Medien	25	45	1	»	7	50	3000	800	»
Oulad Moussa. Imansouren	Ahmed ben Embarek	15	35	7	»	8	35	1200	700	»
Isalhen	El Mekki ben Ali	18	30	4	»	9	45	800	600	»
Rahouïn	Mohammed Nali ould Ahmed	40	55	18	»	16	50	1000	1500	»
Kosouïn El Ganah	Abdelkader ould Ahmed ben bou Medien	30	50	9	»	35	55	800	1100	40
Oulad Ganah. Haddouïn	Abdelkader ould Zerrouk	35	53	6	»	30	60	1000	5050	»
Isalhen El Ganah	Ahmed ould Ali ben Aïad	25	40	7	»	10	45	1500	1045	»
Oulad bou Salem	M'hammed El Djaba	18	35	5	»	12	35	1000	600	»
El Kraara	Saoul	35	50	1	»	30	60	800	700	»
Soualba Idhaïn	Belkacem ould Merah	25	35	5	»	10	35	1000	1500	»
El Mahin	Ali ould El Mehiani	30	45	7	»	20	50	700	1600	»
El Arasla	Abdelkader ould Ali ber Raho	50	100	12	»	40	120	2500	3000	20
Oulad Achent. Atshaddou	Ahmed ould Embarek	46	70	8	»	20	80	500	1500	»
El Maslim	Abdelkader ould Abdallah	20	35	6	»	5	55	800	1600	10
Beni Zount	Khellouf ould El Miloud	40	150	11	»	40	70	3000	2000	70
Hekalaïn	Bou Djemaa ould Mellouk	25	60	10	»	35	50	2000	2500	80
Bou Triken	Ameur ould Mohammed Belkacem	30	55	8	»	25	66	900	2000	25
El Maafid	El Miloud ould Aïssa	25	50	6	»	5	45	3000	2000	16
Oulad Ali Labia. Oulad bou Asaker	Abdallah ould Mohammed ben Moumen	45	80	7	»	36	60	3500	2000	130
Ichouïen	Mohammed ben Moumen	26	45	2	»	20	40	500	700	25
Oulad Sidi Ahmed ben Ioussef	El Bachir ould Ali	30	50	8	»	16	40	1200	1500	20
	Totaux	1181	1990	236	»	696	1781	46700	56645	775

BENI MATHAR. — Les Beni Mathar[1] racontent qu'ils sont originaires des R'enanema de l'oued Saoura. A une époque indéterminée, ils auraient quitté leurs frères pour se porter vers le Nord. Arrivée à Sahibat Beni Mathar, sur l'oued el Ardjem, la migration[2] se serait partagée en deux groupes. Le premier aurait gagné la région du Ras-el-Ma-Marhoum et constituerait actuellement les Beni Mathar de l'Annexe de Saïda, tandis que l'autre, s'installant sur l'oued Charef, aurait construit la Kasba de Ras el Aïn. C'est ce second groupe qui aurait donné naissance à la tribu dont nous nous occupons.

Les Beni Mathar parlent l'arabe et se prétendent de race arabe. Habitant le même pays que les Mehaïa, ils sont constamment en contact avec eux et suivent leur fortune. Ils sont presque considérés comme une fraction de cette tribu et obéissent à son caïd.

Les parcours des Beni Mathar sont limités par Kheneg El Ada, l'extrémité ouest du Chott R'arbi, Oglat Cedra et Ras-el-Aïn.

Ils campent la majeure partie de l'année à Ras-el-Aïn où ils ont des cultures.

Ils sont, pour la plupart, serviteurs religieux du marabout de Kenatsa (Ziania), qui a chez eux trois

[1] Extrait d'un travail établi par le capitaine Poindrelle, 1893.

[2] Il est à supposer que cette migration s'est produite à la même époque que celle qui a porté les R'enanema sur l'oued Saoura et qu'elle a été provoquée par la même cause. Ce serait un point à élucider.

mokaddems : Ali ben Bachir, des Oulad Ali ben Abbou, Mohammed ben Djerboa, des Oulad el R'azi, et mokaddem Talha, du douar El Fokra.

On ne trouve aucun juif chez les Beni Mathar.

RENSEIGNEMENTS STATISTIQUES.

NOMS DES TRIBUS (FRACTIONS, DOUARS).		NOMS DES CHEFS.	NOMBRE de			RESSOURCES p^r transports.			RICHESSES en troupeaux.		
			tentes.	fantassins armés.	cavaliers armés.	chameaux.	mulots.	ânes.	moutons.	chèvres.	bœufs.
Beni Mathar.		El hadj Saheli ould bou Bekeur, caïd des Mehaïa, 1893.									
Oulad Hammadi.	El Aouachir....	Mohammed ben Brahim....	25	24	18	14	»	75	2500	600	220
	Oulad El R'azi.	Mohammed ben Saïd.......	15	17	6	»	»	16	350	150	45
Oulad ben Aïssa.	Oulad Ali ben Abbou.......	Mohammed El Mahi.......	18	19	14	»	»	40	1500	300	240
	Oulad ben Ncer.	Ahmed ben Chadli.........	27	24	12	»	»	80	2800	500	218
	Oulad Ali......	El Habib ould Ahmed ou Moussa......	16	23	9	»	2	45	1000	800	80
Oulad El Heïmer.	Oulad Daoud...	Belkacem ould Lakhdar[1]..	22	18	10	»	»	60	500	220	48
	Oulad Kaddour.	Medjdoub ould ben Addou..	22	26	11	14	»	55	1600	500	114
	El Fokra.......	Brahim ould ben Brahim...	34	50	15	8	»	85	1100	500	65
		Totaux...	179	201	95	36	2	456	11350	3570	1030

MEHAÏA. — Les Mehaïa[2] sont pour la plupart de race arabe. Tous emploient la langue arabe à l'exclusion de toute autre. Ils se partagent en trois grandes fractions

[1] Le cheikh des Oulad Daoud, Belkacem ould Lakhdar, a servi, pendant plusieurs années, comme spahi au bureau arabe d'Aïn Sefra. Il nous rend de temps en temps des services. C'est l'homme lige du caïd El Hadj Saheli.

[2] Renseignements extraits du travail du capitaine Poindrelle, 1893.

d'origines diverses : les Mehaïa el Ouost, les Oulad Barka et les Achache.

Les Mehaïa El Ouost, qui ont donné leur nom à la tribu entière, prétendent descendre d'une femme, nommée Mehaïa, originaire des Angad; en réalité ce sont des Arabes Hilaliens, de la tribu de Athbedj, qui ont été transportés, dans la région qu'ils occupent, par le sultan Iar'moracène, en même temps que les Hamian, leurs voisins.

Les Oulad Barka se divisent en trois sous-fractions, d'origines différentes. Ce sont : 1° Les Oulad Barka proprement dits qui sont originaires : les Oulad Embarek des Oulad Djerir, les Rehamna des Douï Menia, et les Oursefan des Cheurfa de Saguiet-el-Hamra ; 2° Les Oulad Khelifa, qui viennent de Kenatsa ; 3° Les Oulad Maamar, qui viennent des berbères marocains.

Les Achache comprennent également trois sous-fractions. Ce sont : 1° Les Oulad Selim, originaires des Oulad El Hadj, qui habitent la Haute-Moulouïa ; 2° Les Chouaker, qui viennent des Beni - Amer, grande tribu qui réside actuellement aux environs de Sidi bel Abbès ; 3° Les Oulad Braz, venus du Tafilalet.

Les parcours des Mehaïa s'étendent depuis le Dahra jusqu'à la plaine d'Angad. Ils possèdent même quelques terres de culture dans cette dernière plaine aux environs de Sidi Moussa ben Abdelali, mais il est rare qu'ils puissent y effectuer des labours, à cause de l'état d'hostilité presque permanent dans lequel ils vivent vis-à-vis des populations environnantes. Aussi ne profitent-ils guère de ces terrains que pour aller s'y installer après la moisson, au moment où ils font leurs achats annuels de grains. Ils labourent, du reste, relativement peu ; ils ensemencent cependant une certaine superficie à Ras-el-Aïn des Beni-Mathar, à Tiouli et à Missiouin.

Les points d'eau les plus remarquables de la région qu'ils parcourent, sont :

1° Sur l'oued Charef supérieur, Matarka, où il existe de nombreux puits dans lesquels l'eau affleure la surface du sol à l'époque des pluies ;

2° Sur l'oued Tanekhloufet, affluent du précédent, Tendrara, où se trouvent plusieurs puits qui débordent souvent l'hiver et donnent naissance à un faible courant. Eau bonne et abondante ;

3° Sur l'oued Charef, après le confluent de l'oued Tanekhloufet, Oglat Cedra, série de puits qui donnent une eau abondante et bonne quoique légèrement saumâtre ;

4° Sur l'oued Charef, près du confluent de l'oued Mesakhsa, Ras-El-Aïn des Beni Mathar, source d'un débit considérable et permanent, qui donne naissance à une véritable rivière. C'est l'origine de l'oued Za. La différence de température entre l'eau de la source et l'atmosphère, pendant l'hiver, est telle qu'il s'en dégage de légères vapeurs. Elles restent en suspension dans l'air et indiquent au loin l'emplacement de Ras-El-Aïn ;

5° Sur l'oued Magoura, près de son confluent avec l'oued Za, Aouzian, point d'eau comprenant plusieurs puits qui fournissent une eau de bonne qualité :

6° Sur l'oued M'ta Okba, autre affluent de droite de l'oued Za, Hassi Barka, puits donnant de l'eau de bonne qualité et assez abondante;

7° Sur l'oued Betoum, affluent de gauche de l'oued Za, Meridja, point d'eau important;

8° Sur les pentes Est de la Gara el Grâa, à Foum Mtaoura, Aïn Msiaïd;

9° Dans la plaine de Tiouli, Aïn Tiouli, non loin d'Hassi Barka, situé sur le versant opposé de la montagne.

Les Mehaïa emmagasinent leurs approvisionnements à Ras-el-Aïn des Beni Mathar, conjointement avec cette dernière tribu.

Ils sont presque tous serviteurs religieux des Oulad Sidi Cheikh, auxquels ils paient une redevance annuelle.

Les gens de la fraction des Oulad Khelifa et principalement ceux du douar Oulad Saïd sont des Ziania (Kenatsa).

Presque tous les Mehaïa paient en outre une redevance annuelle (une brebis) aux Oulad Sidi Abderrahman Saheli, en raison de leur qualité de serviteurs des Oulad Sidi Cheikh[1]. On trouve aussi chez eux beaucoup d'adeptes de Moulai Taïeb, des serviteurs de Moulai Kerzaz, et un certain nombre de Mekhalia.

---

[1] Le grand Sidi Cheikh avait été le disciple de Sidi Abderrahman Saheli. La Zaouïa des Oulad Sidi Abderrahman Saheli, appelés aussi Moul Sehoul, est située sur l'oued Guir, non loin du confluent de l'oued bou Anan.

RENSEIGNEMENTS STATISTIQUES.

NOMS DES TRIBUS (FRACTIONS, DOUARS).		NOMS DES CHEFS.	NOMBRE de			RESSOURCES pour transports			RICHESSES en troupeaux.		
			tentes.	fantassins armés.	cavaliers armés.	chameaux.	mulets.	ânes.	moutons.	chèvres.	bœufs.
Mehaïa.		El Hadj Saheli ould bou Bekeur, caïd, 1893.									
Zouala.	Chaaba.......	Sliman ould Ahmed bou Azza................	15	14	15	100	1	30	6500	2400	»
Doui Khelifa.	Oulad Salem...	Touhami ould Embarek....	30	30	10	120	»	35	5000	1600	»
	Oulad Maamar.	»	15	15	10	70	»	20	3500	1100	»
	Oulad Dhif.....	»	8	7	8	60	»	20	4500	1500	»
	Tolba.........	»	4	6	2	40	»	8	2000	600	»
	Zeraoula.......	El Haouari ould Ahmed M'sellem..............	60	60	30	150	»	70	7000	3200	»
Oulad Kari.	Oulad Amira...	»	7	7	4	40	»	10	4000	1200	»
	Firan.........	»	7	8	7	45	»	18	3500	900	»
	Oulad be Diar..	»	7	8	5	50	»	15	2000	600	»
	Oulad bou Djemila........	»	4	7	4	30	»	8	1200	300	»
Oulad Abid.	Sbaïn.........	Bou Souar ould Aïssa......	25	20	18	105	»	26	4000	1300	»
	Zememta......	El Hadj M'hammed........	20	22	20	110	»	30	3500	1100	»
	El Gouadim....	»	6	6	5	50	»	15	2000	500	»
	El Khalfa......	»	8	10	7	60	»	18	2500	800	»
Oulad Barka.	Oulad Embarek.	El Hadj Kerroum ould Kerroum.................	70	60	60	700	3	140	10500	2250	50
	Rehamna.......	El Hadj Haouari ben Guitoun.................	30	20	35	600	»	55	4700	900	»
	Oursefan......	Aïssa ben Hamida	95	100	50	420	»	170	2300	450	»
	Chebka.......	Mellouk	15	14	5	75	»	28	800	170	»
Oulad Khelifa.	Sbetiin	Mohammed ould Embarek..	20	26	3	65	»	35	1100	200	»
	Oulad Amran...	Bou Lenouar ould el Miloud.	60	90	20	100	»	70	1900	400	»
	Oulad Saïd....	El Hadj Taïeb ould Saheli..	160	225	60	800	»	210	10500	2300	»
Oulad Maamar	El Hedahda....	Si Mohammed El Haïdori..	80	60	60	700	10	100	11000	3500	»
	El Helalfa.....	Mohammed ould Amar.....	50	65	45	350	1	60	7200	1800	»
	Louahag......	Larbi ould Embarek	105	110	70	480	»	125	8400	2500	»
Oulad Selim.	Nebartin......	Mohammed ould M'hammed.	20	30	20	120	»	30	3200	1200	»
	Zouaid........	Mohammed ben Lakhdar...	32	30	28	370	»	35	6000	1800	»
	Oulad Ahbal ..	Kaddour bel Mahi........	16	12	8	100	»	30	2500	800	»
	Maatig	Ali ben Nouali............	15	20	15	110	»	20	1200	450	»
	Medafaïa......	Maamar ould Salah........	50	70	25	180	»	70	2500	1700	»
Choua-ker.	El Heurniin....	Abderrahman ould Abdelhakem	40	40	25	160	»	40	3200	1100	»
	El Kherarib....	Taïeb ould Bou Djemaa.....	25	40	15	170	2	30	5500	1800	»
	El Hiansa.....	Abdelouahab ould Abderrahman................	20	30	20	200	»	35	2000	600	»
Oulad Braz.	El Magader....	Sliman ould Ali ben Salah..	50	60	30	240	»	60	6200	2100	»
	El Beïdan......	Abdelouahab ould Abderrahman................	10	10	6	50	»	15	1200	400	»
	El Maïzin......	»	11	10	6	45	»	16	1200	380	»
	Oulad Sidi Ali..	»	5	6	3	40	»	8	800	250	»
d Moulai El Hachem....		Mouley Brahim	30	32	15	120	30	90	6000	2500	»
a................		El Hadj Mohammed ben Abbès	5	7	9	115	14	30	5000	1800	70
			1230	1387	778	7340	61	1825	156200	48450	120

Il existe dans la région occupée par les Mehaïa et les Beni Mathar, deux familles importantes qui sont indépendantes du commandement du caïd El Hadj Saheli. Ce sont :

1° Les Oulad Moulai el Hachem, cheurfa originaires du Tafilalet et parents du Sultan du Maroc ;

2° Les Codia, famille du cadhi de Ras-el-Aïn, très influente et très riche.

SEDJAA[1]. — Les Sedjaa (Chedja) sont Arabes, de race et de langue. Ils habitent l'extrémité orientale de la plaine d'Angad, aux alentours de Kasba El Aïoun Sidi Mellouk. Le pays qu'ils occupent sur la rive droite de la Moulouïa est ouvert et facile : il est traversé par la grande trouée qui conduit de Lalla Mar'nia à Fez, trouée appelée par les Marocains, الطَّريف السُّلطان,

Et Trik es Sultan, la route du Sultan. Ils portent également leurs campements sur la rive gauche de la Moulouïa jusqu'au Foum Garet.

Les Sedjâa n'ont pas d'industrie particulière ; ils fabriquent cependant des tentes en poil de chameau estimées. Leur marché se tient le mardi, à El Aïoun Sidi Mellouk. Ils ensilotent, près de cette Kasba, à Makkhoukh.

Leur caïd joint, à ses fonctions de chef de tribu, le commandement de la Kasba d'El Aïoun, commande-

[1] Renseignements extraits du travail du capitaine de Breuille, 1880, et de celui du lieutenant de Beaufort, 1893.

ment pour lequel il reçoit du Sultan une investiture spéciale. En 1893, Bou Azza Soufi, personnage investi par la cour marocaine, n'avait aucune autorité, on citait le nommé Cheikh Hamidan jadis mis en prison par El Hadj Mohammed Douïda comme le personnage le plus influent de tous les Sedjâa [1].

Beaucoup de Sedjâa sont serviteurs religieux du marabout de Kenatsa (Ziania), mais la plupart relèvent des Cheurfa de Ouâzzan.

On ne trouve pas d'autres juifs chez eux que ceux qui résident à El Aïoun Sidi Mellouk.

RENSEIGNEMENTS STATISTIQUES.

NOMS DES TRIBUS (FRACTIONS, DOUARS).	NOMS DES CHEFS.	tentes.	NOMBRE de fantassins armés.	cavaliers armés.	RESSOURCES pour transports. chameaux	mulets.	ânes.	RICHESSES en troupeaux. moutons.	chèvres.	bœufs.
Sedjâa.	Si bou Azza Soufi, caïd d'El Aïoun Sidi Mellouk, 1893.									
Oulad Ioub	Hamdoun ould Si Hamidan ben Mansour (fils de l'ancien caïd cassé).	50	80	40	250	10	150	20000	1000	50
Meridserate	Aïssa ould Meridsa	60	100	50	800	8	200	25000	400	80
Oulad Nabet	Lakhdar ben Charef	30	55	20	150	5	70	1500	250	20
Oulad Aïad	Cheikh bel Louati	25	40	15	100	4	45	4000	1000	»
Oulad Dja Rahim	Si Ali bou Akline	120	250	60	300	20	250	10000	3000	50
Oulad ben R'ennou	Cheikh ben Ramdan	15	25	10	70	»	30	1000	200	6
Oulad Maâllah	Si El Mokhtar ould ben M'hammed	10	18	15	100	»	25	8000	2000	10
Oulad Iahich	Kaddour ber Raho	18	30	20	200	2	30	12000	1000	»
El Bessaïs	Cheikh ben Ali El Bessaïsi	22	50	30	150	4	40	7000	500	»
Oulad Khelifa	Mohammed bel Atsamni	24	60	25	400	7	50	15000	600	»
Oulad ben Saha	Cheikh Slimi	140	180	60	350	»	200	11000	800	20
Oulad Embarek	Cheikh ben Iacoub	100	120	80	600	7	250	9000	500	30
Oulad Moussa	Cheikh El Madjoub ould ben Ali	150	200	50	500	10	300	30000	1000	40
Oulad bou Nadji	El Hadj ben Abdallah	180	220	80	600	11	250	15000	1050	30
Oulad Messaoud	El Aïssaoui ould Ramdan	90	150	40	260	»	140	9000	800	»
El Ababda	Sliman ould Si M'hammed	70	100	30	200	»	90	4000	1000	»
El Amran	El Bachir ould Mohammed	30	50	18	130	»	70	2000	150	»
Oulad M'hammed	Mohammed ben Freha	25	50	16	120	2	45	6000	400	»
Oulad Hassoun	Mohammed ben Laredj	12	25	8	110	»	30	1500	115	20
Oulad Sbiha	El Iamani ould Rabah	40	90	25	235	3	102	4000	450	»
Oulad Guir	Ben Tahar ould ber Rahal	20	35	11	150	»	50	4000	366	»
Oulad Aïad Guenana	Bou Medien ould Sliman	60	100	40	255	»	120	9000	600	30
	Totaux	1291	2028	745	6030	93	2537	208000	17181	386

[1] H. M.

ANGAD. — Les Angad [1] sont de race arabe ; ils font remonter leur origine à la tribu de Makil [2]. Placés entre Fez et Tlemcen, les deux capitales rivales des dynasties berbères, ils prêtaient leur concours, tantôt aux souverains de Fez, tantôt à ceux de Tlemcen pour surveiller et contenir les montagnards berbères.

La plupart des Angad [3] habitent la partie de la plaine qui confine à notre territoire ; quelques-unes de leurs tribus étendent même leurs campements jusqu'au pied des montagnes qui limitent cette plaine vers le Sud. Tous parlent l'arabe.

Ils représentent dans l'amalat d'Oudjda l'élément envahisseur qui a pu s'altérer dans la suite des siècles, mais devant lequel primitivement le peuple conquis (les Berbères) s'était retiré au fond de ses montagnes. Plus tard une sorte de réaction se produisit, et les populations berbères, à l'étroit dans leurs montagnes, refluèrent vers la plaine. Cette sorte de mouvement reflexe ne put s'opérer sans avoir sa répercussion chez les Angad. L'on vit, alors, après une longue suite de luttes, une partie de cette confédération contrainte de chercher une autre patrie. Les émigrants n'allèrent du

---

[1] On les désigne fréquemment au Maroc et surtout à la cour chérifienne du nom de Ahl Angad. (H. M.)

[2] Ce sont des Douï Obéïd Allah, de la tribu de Makil. Ils ont été placés dans la région qu'ils occupent encore actuellement, vers 1360, par Abou Hammou II, souverain zianite de Tlemcen.

[3] Renseignements extraits du travail du capitaine de Breuille, 1880, et de celui du lieutenant de Beaufort, 1893.

reste pas loin ; reprenant la route de l'Est, ils vinrent s'installer dans la plaine d'El Gor à l'est d'El Aricha, où ils sont encore. Plusieurs tribus algériennes ont la même origine que les Angad et étaient désignées anciennement comme faisant partie de cette confédération. Ce sont les Oulad Riah, les Doui Iahia de la commune mixte de Sebdou, les Djouidat et les Achache du cercle de Lalla Mar'nia, les Angad de l'Annexe d'El Aricha.

Les Angad marocains sont séparés en deux par la montagne des Beni Snassen. Au Sud, sont les Angad d'Oudjda, qui campent dans la plaine d'Angad et aux environs d'Oudjda ; au Nord, les Angad de Trifa, qui habitent la plaine de ce nom.

Les premiers se partagent en deux groupes principaux, les Mezaouïr (Angad R'araba) divisés eux-mêmes en Mezaouïr proprement dits et El Athamna et les Oulad Iacoub ben Moussa ou Angad Cheraga, comprenant les Oulad Ahmed ben Brahim et les Oulad Ali ben Talha.

Les seconds constituent deux tribus : les Haouara et les Oulad Ser'ir.

Nous dirons quelques mots de chacune de ces tribus, qui, sauf les Mezaouïr et les Athamna, placés sous le commandement du caïd Abdelkader ben bou Terfas, sont administrés directement par l'amel d'Oudjda.

Celle des Mezaouir est de beaucoup la plus importante ; elle se tient à l'écart des autres fractions et voudrait les dominer.

Son chef, Abdelkader ben bou Terfas, est le plus influent des Angad. Il a toujours eu de bonnes relations avec nous et nous a même demandé un instant (1884) de placer l'amalat d'Oudjda sous notre protection, espérant, avec notre aide, prendre une situation prépondérante dans la région, à l'exclusion des Mehaïa et de son adversaire, le caïd El Hadj Saheli.

Les Mezaouir campent généralement au nord d'Oudjda.

Ils n'ont pas de marché spécial; ils vont faire leurs achats à ceux des environs.

Leurs silos sont à Sidi Sultan et à Sidi Derfouf entre Oudjda et les Beni Snassen. Les Athamna, qui suivent la fortune des Mezaouïr, ont leurs silos à Maibil, dans la plaine de Trifa où ils vont quelquefois camper.

Parmi les Angad Cheraga, les Oulad Ahmed ben Brahim ont généralement leurs campements au Sud de ceux des Mezaouïr et au Nord de ceux des Oulad Ali ben Talha. Leur territoire est traversé par l'oued Isly.

Ils envoient leurs troupeaux à l'ouest jusqu'à El Aïoun Sidi Mellouk et au sud jusqu'aux confins du pays des Sedjâa.

Les Oulad Ali ben Talha campent d'ordinaire au sud-ouest d'Oudjda. Leurs troupeaux sont le plus souvent au sud, mais viennent parfois jusque sur notre territoire.

Tous les Angad Cheraga fréquentent les marchés d'Oudjda, de Sefrou (chez les Beni Snassen) et de Lalla Mar'nia.

Ils n'ont pas d'autre industrie que la fabrication de tentes en poil de chameau. Ils ensilotent à Oudjda et à Tinsaïn, près d'Oudjda ; chaque douar a ses silos particuliers.

La plus forte tribu des Angad de Trifa est celle des Haouara. Elle campe d'ordinaire dans l'ouest de la plaine jusqu'à Méchera El Abiod, près du pays des Oulad Ser'ir. Ceux-ci dressaient autrefois leurs tentes près d'Oudjda, mais depuis 1882, se voyant disséminés à la suite des luttes intestines qui ont ensanglanté l'amalat, ils se sont tous réunis à Trifa.

Les Angad de Trifa n'ont chez eux aucun marché ; ils fréquentent ceux des environs.

Les Haouara ont leurs silos à Aïn Zerf, près de la Moulouïa et à Mechera El Abiod. Les Oulad Ser'ir ont également les leurs près de ce dernier point.

Les Angad d'Oudjda, comme ceux de Trifa, sont généralement serviteurs religieux du marabout de Kenatsa. Ils comptent aussi quelques adeptes de Kerzaz et beaucoup de Moulai Taïeb.

Il y a auprès de l'Amel d'Oudjda un Khalifa appelé Mohammed ben Talha, c'est lui qui aurait la direction de toutes les affaires, il est réputé dans les tribus comme étant très courageux, il vient à Lalla Mar'nia tous les jours de marché [1].

ATTIA. — Nous parlerons ici d'une petite fraction originaire des Beni Khaled (Beni Snassen) dont ils se

[1] H. M.

sont séparés, bien avant l'occupation de l'Algérie, à la suite de dissensions intestines; ce sont les Attia [1] (Athia-Aattia du traité du 18 mars 1845).

Ils habitent le cours supérieur du Kiss; ceux de la rive droite de ce petit fleuve sont algériens, ceux de la rive gauche marocains. Les premiers sont exempts de tout impôt en vertu d'une disposition spéciale et toute bienveillante, inscrite dans le traité de 1845 (Art. 3).

Au moment de leur séparation des Beni Khaled, les Attia vinrent demander asile aux Msirda, du cercle actuel de Lalla Mar'nia, et leur achetèrent des terres. Ce n'est que plus tard qu'ils s'étendirent sur la rive gauche du Kiss.

En 1862, une grande partie des Attia, ne pouvant s'accommoder des règlements de police imposés par nous aux habitants de la frontière, abandonnèrent leurs villages et allèrent s'installer dans leurs terres situées de l'autre côté du Kiss. La plupart rentrèrent ultérieurement en Algérie.

Aujourd'hui, les Attia marocains forment une trentaine de foyers. Ils sont groupés en deux villages de peu d'importance: Bou Iahiaïn et Addïn. Ils possèdent encore deux ou trois maisons isolées. Toutes leurs

---

[1] Renseignements extraits d'un rapport du capitaine Hoguenbill, chef du bureau arabe de Nemours (1866), et du travail sur la frontière, du capitaine Pansard, commandant supérieur du cercle de Tiaret (1893), ou fournis par le capitaine Redier, chef du bureau arabe de Lalla Mar'nia (1893).

habitations groupées ou isolées se trouvent le long du Kiss. Deux familles habitent sous la tente.

Leurs troupeaux pâturent depuis le Kiss jusqu'à Ar'bal, où Attia marocains et algériens ont des propriétés.

RENSEIGNEMENTS STATISTIQUES SUR LES ANGAD ET LES ATTIA [1].

NOMS DES TRIBUS (FRACTIONS, DOUARS).	NOMS DES CHEFS	tentes.	NOMBRE de fantassins armés.	cavaliers armés	RESSOURCES pr transports. chameaux	mulets.	ânes.	RICHESSES en troupeaux. moutons.	chèvres.	bœufs.
Mezaouir (ANGAD R'ARABA).	Abdelkader ben bou Terfas (caïd investi, 1893).									
Oulad El Haouari..	Mohammed ben Dali.........	20	45	12	25	7	40	6000	400	35
Snaïna............	Kaddour ould Maamar........	40	100	18	50	12	80	9080	500	10
Oulad Chiha......	Ben Ali ould bou Sehaba......	25	56	10	22	4	40	5000	150	13
Derafif............	Si Ahmed ben Abdallah.......	45	100	18	40	8	60	9000	210	20
Seïlate............	El Khechaï ould Mautallah....	12	22	6	4	»	20	100	55	8
Oulad Missaoui ...	Sliman Sounn...............	28	56	9	22	3	44	4000	200	24
El Hammal.......	Brahim ould Sahoul	16	40	15	13	4	50	1465	136	20
El Ferariha.......	Dahman ould Moussa.........	25	66	13	35	8	45	4050	340	25
Oulad Saïda.......	M'hammed ben Lakhdar	40	120	15	50	10	60	8000	350	36
El Asakhda.......	El Arbi ould Dahman.........	35	100	14	55	9	55	4050	116	14
Dsouba...........	Mimoun ould Kaddour	30	80	19	22	4	44	5000	225	22
Oulad Messaoud...	El Medjadi ould Ramdan......	10	25	6	3	»	20	300	85	35
Oulad Nadji.......	El Amouri ould Raho.........	18	40	9	12	2	30	900	115	85
Khodran..........	Abdallah ould Djelloul........	26	60	12	17	5	44	4000	230	100
El Mekhalif.......	Ali ould Mohammed ben Taïeb.	15	35	4	6	»	25	800	125	80
El Hadachat	Aïssa ould Ahmed ben Mimoun.	30	66	10	18	7	45	1940	300	135
El Maarif.........	Mohammed ould Chaoui......	28	65	18	13	5	40	2000	150	200
El Abada	Ahmed ould ben Ameur.......	22	50	7	11	4	35	1800	200	180
El Meraïd.........	Mohammed ould El Miloud....	10	18	2	3	»	18	200	80	35
	Totaux......	475	1144	217	421	92	795	67685	3967	1067

Lieutenant de Beaufort, 1893.

TRIBUS PLACÉES ENTRE

NOMS DES TRIBUS (FRACTIONS, DOUARS).	NOMS DES CHEFS.	tentes	NOMBRE de fantassins armés	cavaliers armés	RESSOURCES p' transports. chameaux	mulets	ânes	RICHESSE en troupes moutons	chèvres
Oulad Iacoub ben Moussa (Angad Cheraga).	L'amel d'Oudjda.								
Guenafda	Mohammed ould Talha ...... (cheikh des Oulad Ahmed ben Brahim)	40	50	28	100	4	100	8000	100
Houara	Kaddour ould bou Rezoug.....	110	160	40	130	»	180	10000	300
Beni Hassan...........	Ben Aouda...............	50	100	25	70	»	80	4000	40
Douaï.................	Bou Selham ould Haddou.....	50	70	24	34	»	100	5000	30
Oulad Hamdoun........	El Iazid ould Chouaf.........	25	34	13	22	»	30	700	7
Oulad El Abbès	Abbou...................	54	80	35	80	»	70	5000	30
Oulad Azzouz.........	Moulai Ali	30	40	15	24	»	35	300	10
Merahil...............	El Mokhtar ould Mohammed..	20	30	10	15	»	25	400	10
Ghelalis (Oulad Khalifa).	El Arbi ould Hammou	25	40	15	25	»	40	800	15
Oulad Hamira.........	Mohammed ould Kaddour.....	15	25	8	20	»	34	300	5
Oulad bou Taïeb.......	Mohammed ben Cheikh....... (cheikh des Oulad Ali ben Talha)	24	35	14	26	»	35	250	70
Oulad ber Rioua	Mohammed ould Embarek.....	25	34	13	27	»	40	280	6
El Haouaoussa	El Arbi ould Kaddour........	15	25	8	22	»	25	200	6
El Mahamid...........	Bou Zian ould ben Zian......	37	45	20	70	»	80	3700	50
Oulad bou Arfa	Mohammed ould ber Rokeia...	15	25	8	16	»	30	200	5
	Totaux	535	793	276	681	4	904	39130	683
Angad de Trifa.	L'amel d'Oudjda. Mohammed ben Trissi, cheikh des Haouara.								
Zedadra	Mohammed ben Trissi	24	70	12	10	12	50	4000	36
Oulad Hamida........	Ali ben Amri..............	30	100	15	16	10	56	2050	25
Chaamis..............	Ali ould El Hadj Ahmed	22	50	6	13	8	35	1300	21
Oulad Daho...........	El Miloud ould Mohammed ben Tahar.	30	85	15	20	10	58	3300	40
Riahat	Ali ould Taïeb.............	26	60	8	10	6	36	4037	25
Oulad Ahmed ben Ali..	Mohammed ben Mansour	28	75	12	13	7	45	2100	30
	Totaux des Haouara...	160	440	68	82	53	278	16787	177
	Ali bel Adel, cheikh des Oulad Ser'ir.								
Oulad Abderrahman	Ahmed bel Haouari..........	28	50	10	10	8	30	1200	11
Oulad bou Smier	Abderrahman ould Embarek...	18	46	5	4	2	40	526	14
Chenen................	Ben Salah ould Ali ben Brahim	25	55	8	9	5	43	1000	20
Ahl El Kelaa...........	Mohammed ben Aïssa........	15	30	2	»	»	30	80	10
	Totaux des Oulad Ser'ir..	86	181	25	23	15	143	2806	55
Attia.	El Mamoun ould Sliman, cheikh des Attia.	Maisons							
Attia. Bou Iahiaïn.............	El Mamoun ould Sliman	20	35	3	»	4	30	400	10
Addīn.................	Mohammed bel Arbi..........	10	25	2	»	2	24	200	8
	Totaux des Attia....	30	60	5	»	6	54	600	18

Zaouïa Oulad Sidi Moussa el Berrichi. — Ce sont[1] des chérifs d'origine. La dénomination de Zaouïa donnée au groupe de leurs tentes provient simplement de la sainteté de leur extraction et de leur attitude généralement pacifique. Ils restent neutres et ne se mêlent jamais aux querelles qui désolent presque constamment le pays.

Leurs campements ne s'éloignent guère d'Oudjda.

La Koubba de leur ancêtre Si Moussa ne reçoit que les offrandes de ses descendants directs. Parmi eux, les uns sont affiliés à l'ordre de Kerzaz, les autres à celui d'Ouazzan. Ils n'ont aucun chapelet spécial.

Beni bou Hamdoun. — Les Beni bou Hamdoun[2] sont de race et de langue arabe. Ils sont marabouts et, comme tels, s'interposent souvent entre les tribus de l'amalat, prêtes à en venir aux mains.

Ils occupent la région montagneuse au sud des Oulad Ali ben Talha, et au nord des Beni Iala et des Beni Hamlil.

Ils touchent à la frontière algérienne vers Ras Asfour.

On rencontre chez eux beaucoup de serviteurs religieux de Moulai Taïeb, et quelques ziania sont placés

---

[1] Renseignements fournis par le capitaine Redier et le lieutenant de Beaufort, 1893.

[2] Renseignements extraits du travail du capitaine de Breuille, 1880, et de celui du lieutenant de Beaufort, 1893.

sous le commandement du caïd d'Oudjda et ont pour cheikh le nommé Sidi Ben el Kebir [1].

BENI HAMLIL. — Les Beni Hamlil [2] sont marabouts comme les précédents, et, comme eux également, ils emploient leur influence religieuse à arrêter l'effusion du sang entre les tribus.

Leur territoire, situé à l'est de celui des Beni Iala, confine au nord à celui des Beni bou Hamdoun. Ils sont nos voisins dans la plaine de Missioun, dont ils nous contestent en partie la possession.

Un grand nombre d'entre eux sont serviteurs religieux du marabout de Kenatsa : un certain nombre seulement ont le chapelet de Moulai Taïeb.

[1] H. M.

[2] Renseignements extraits du travail du lieutenant de Beaufort, 1893, et de celui du capitaine de Breuille, 1880.

RENSEIGNEMENTS STATISTIQUES.

NOMS DES TRIBUS (FRACTIONS, DOUARS).	NOMS DES CHEFS.	NOMBRE de			RESSOURCES p^r transports.			RICHESSES en troupeaux.		
		tentes.	fantassins armés.	cavaliers armés.	chameaux	mulets.	ânes.	moutons.	chèvres.	bœufs.
Zaouia lad Sidi Moussa El Berrichi	L'amel d'Oudjda.									
lad Sidi Moussa............	Si El Haouari...............	80	120	30	160	6	»	4000	1000	»
Berarich.................	Si El Mostefa ould Ahmed.....	60	80	40	140	5	»	3000	1200	»
Hadadcha.................	Si El Aredj.................	40	50	20	100	4	»	2000	600	»
	Totaux........	180	250	90	400	15	»	9000	2800	»
Beni bou Hamdoun.	L'amel d'Oudjda.									
ad Chaïbi.................	Mohammed ould El Mamoun...	20	35	5	»	4	24	200	100	40
ad El Kerzazi.............	Choikh Moulai ben Abdallah...	10	15	6	»	2	30	100	100	20
ad El Akban..............	Moulai Amar ben Ioussef......	15	20	6	»	4	15	50	100	10
ad Saïd...................	El Hadj Mohammed ben Taïeb..	20	30	10	»	5	30	200	100	40
	Totaux......	65	100	27	»	15	99	550	400	110
Beni Hamlil.	L'amel d'Oudjda.									
ulad ammed. { Oulad Mezian..... Oulad Iahia ben Ahmed......... Beni bou Hassen.. ulad oussa. { Oulad Ali......... Oulad El Arbi.....	Moulai Touhami............... Moulai El Kebir............... Si M'hammed ber Raho........ Moulai Abdallah ben Ali....... Mohammed ould bou Chekif...	15 16 12 10 20	20 25 18 14 30	4 1 3 3 2	» » » » »	» » » » »	20 22 20 12 25	300 150 100 200 100	100 200 100 100 150	40 30 20 15 30
	Totaux........	73	107	13	»	»	99	850	650	135

BENI SNASSEN. — Les Beni Snassen [1] (Beni Znassen, Beni Iznassen, Beni Iznacen, Beni Iznaten) appartiennent à la grande famille berbère des Zenata. D'après la tradition, la conquête musulmane les trouva installés dans la plaine d'Er'ris, près de Mascara. Refoulés, vers l'ouest, par l'invasion arabe, ils abandonnèrent leur pays et vinrent se réfugier dans le massif montagneux qu'ils occupent encore et d'où ils chassèrent, après de longues luttes, les premiers occupants, les Beni Ielloul [2]. De cette forteresse naturelle, que leur courage et leur énergie surent rendre inexpugnable, ils purent assister, presque sans coup férir, aux grandes migrations de tribus qui bouleversèrent le Maghreb dans les premiers temps de la conquête arabe.

Plus tard, jaloux de leur indépendance, ils surent constamment opposer une résistance presque invincible à ceux qui cherchaient à les asservir.

De nos jours ils durent rabattre de leurs prétentions à l'inviolabilité de leur territoire. Attaqués par nos troupes dans leurs montagnes même (1859), ils furent forcés de se rendre presque sans combat et d'accepter nos conditions.

Depuis lors la politique astucieuse des représentants du Sultan à Oudjda a su semer la division parmi eux. Profitant habilement de ces dissensions, les amels, qui se sont succédé, ont achevé de les réduire en obtenant

[1] Renseignements extraits de la Notice du capitaine Graulle, 1884.
[2] Tradition locale recueillie par le lieutenant de Beaufort et ayant besoin d'être contrôlée.

du Sultan leur partage en plusieurs caïdats. Actuellement certaines fractions sont administrées directement par l'amel ; d'autres ont leurs caïds particuliers.

Le capitaine Graulle, qui a écrit en 1884 une notice intéressante sur les Beni Snassen, où nous avons puisé la plupart de ces renseignements, trace le portrait suivant des indigènes de cette tribu :

« Ils sont industrieux, aiment le travail, s'adonnent
» volontiers au jardinage, savent fondre et préparer les
» métaux, fabriquer des armes et de la poudre, mais
» leurs procédés sont très primitifs parce que, bloqués
» de toutes parts par une population nomade rebelle
» au progrès et avec laquelle ils étaient constamment
» en guerre, les Beni Snassen n'ont jamais eu que des
» communications très difficiles avec les grandes cités
» musulmanes où les arts, les sciences et l'industrie
» florissaient. L'état d'isolement dans lequel ils ont
» vécu fait aussi que les Beni Snassen n'ont jamais
» joué un rôle prépondérant, ni même marquant dans
» l'histoire du Maghreb. »

Les Beni Snassen ont conservé l'usage de la langue berbère, mais presque tous comprennent et parlent l'arabe. Ils se partagent en quatre grandes fractions, ce sont les :

    Beni Khaled,
    Beni Mengouch [1],
    Beni Attigue ;
    Beni Ourimèche.

[1] Les Beni Mengouch seraient, d'après Ibn Khaldoun, une fraction des Beni Resour'en, branche des Beni Toudjine. Les Beni Toudjine

Le pays occupé par eux est assez fertile. On y trouve de belles cultures et de l'eau en quantité suffisante. Cependant, les indigènes de cette région ont quelquefois à supporter de longues périodes de sécheresse pendant lesquelles un grand nombre d'entre eux s'expatrient et viennent chercher du travail en Algérie. Ils occupent dans leur pays de nombreux villages, souvent très rapprochés les uns des autres.

sont une des grandes ramifications de la tribu des Badin (Zenata) qui habitait les rives du Chélif, au sud de l'Ouarensenis. Ils suivirent, comme toutes les autres tribus zenatiennes, Iar'moracène, en 647 (1249-1250), dans sa lutte contre les Mérinides. Ils avaient alors pour chef Abd el Çaoui el Mengouchi. Arrêtée à Taza par les troupes mérinides, l'armée zenatienne fut poursnivie par elles jusque dans la plaine d'Angad et, à la suite d'un combat acharné, mise en complète déroute. Il est probable qu'après cette défaite, quelques familles des Beni Mengouch qui avaient suivi Abd el Çaoui, restèrent dans le pays et trouvèrent un refuge dans la montagne des Beni Snassen, berbères de race zenatienne comme eux. Ce serait là l'origine des Beni Mengouch actuels. Bien avant l'arrivée des Français en Algérie, une fraction des Beni Mengouch abandonna la montagne des Beni Snassen à la suite de dissensions intestines et vint s'établir sur la rive droite du Kiss. Les Oulad Mansour étaient alors propriétaires presque exclusifs de cette région; ils en vendirent des parcelles aux Beni Mengouch, qui y construisirent des villages.

Cette fraction dissidente des Beni Mengouch est appelée actuellement Beni Mengouch Tahta, pour la distinguer de celle restée dans la montagne, qui est connue sous le nom de Beni Mengouch Fouaga.

Les Beni Mengouch Tahta, en raison de leur situation géographique, sont algériens. Ils ont fait l'objet d'une disposition spéciale inscrite dans le traité du 18 mars 1845 (art. 3), disposition en vertu de laquelle ils ne paient aucun impôt.

(Renseignements extraits d'un rapport du capitaine Hoguenbill, chef du bureau arabe de Nemours (1866), et du travail sur la frontière du capitaine Pansard, commandant supérieur du cercle de Tiaret (1893).

Leurs femmes fabriquent d'assez beaux vêtements (burnous et haïks). Les Beni Mengouch seuls se livrent à la fabrication d'une poterie grossière.

Les principaux ordres religieux qui ont des serviteurs dans cette tribu, sont : les Ziania, de Kenatsa ; les Taïbia, d'Ouazzan ; les Kadria, de Baghdad (Si Abdelkader el Djilani) ; les Derkaoua, de Fez (Moulai El Arbi).

Il faut y ajouter deux petits ordres religieux locaux qui ont leur siège dans la montagne. Ce sont : celui de Moulai Ahmed El Aïachi, dirigé en 1884 par Si El Hadj Moulai ben Saïd et Si El Hadj Seddik, qui habitaient tous deux chez les Beni Attigue, et celui de Si Ali El Bekkaï, qui avait pour chef, à la même époque, Si Mohammed bel Khatir, demeurant chez les Beni Mengouch Fouaga.

Les marabouts les plus influents des Beni Snassen, étaient, à la même date :

Si Mohammed ben Mokhtar, de l'ordre des Derkaoua,
Si Mohammed El Badaoui, de l'ordre des Kadria,
Domiciliés tous deux aux Beni Ourimèche ;

Si El Hadj Mohammed El Hadri, des Derkaoua, et Si Ould El Hadj Mokhtar ben Tchich, des Ziania, résidant l'un et l'autre chez les Beni Khaled.

Lorsque des dissensions intestines viennent à éclater entre les Beni Snassen, ce sont tous ces marabouts qui cherchent à s'interposer pour arrêter les hostilités.

On ne trouve pas d'autres juifs chez ces Kabyles que ceux qui y viennent pour commercer.

NOMS DES TRIBUS (FRACTIONS, DOUARS)	NOMS DES CHEFS	RENSEIGNEMENTS STATISTIQUES [1]									RENSEIGNEMENTS DIVERS
		Nombre de tentes	Habitants mâles	Fusils à tir rapide	Fusils à pierre	Chevaux	Mulets	Moutons	Chèvres	Bœufs	

BENI KHALED

Tahar ben Nahar (ex-caïd investi, occupé par le sultan, est noté cheikh de Tar'djirt).

Tar'djirt											Les gens de Tar'djirt ont un marché le mercredi au lieu dit Tnîn entre Medjahra et les Ouled ben Tahar. Ils vont beaucoup au grand marché d'Arbaa, et vont à ceux de Si Hamar et de Lalla Mer'nia. Ils s'enlizent à Ta'rit chez les Ouled es Saïd.
Tar'craht	?	25	45	5	»	8	30	350	400	100	
Agram	Ali ou Amar	15	20	2	»	3	15	100	200	50	
Beni Ishla	?	15	25	3	»	»	16	150	200	40	
Nedjadjera	Si Embarek Habo	25	60	8	»	13	40	1500	600	200	
Rahamna	El Hadj Mohammed	12	16	»	»	2	12	100	150	20	
Ouled ben Talebt	Mohammed ben Haroun	20	35	4	»	4	30	300	400	45	
Bou Hasien	Mohammed ben bou Azza	40	55	10	»	10	60	800	500	150	
Ouled el Gadi	?	20	30	4	»	5	20	150	200	38	
Bou Zian	?	15	25	2	»	»	25	100	200	20	
Dous	?	8	10	»	»	»	10	»	50	15	
Bou Neharen	Tahar ben Amar	40	60	10	»	12	40	1000	600	200	
Bou Hassan	Mohammed ould Si Ahmed	20	15	2	»	»	25	»	100	15	
El Bacharîa	Mohammed bel Bachir Mirhoum	15	25	2	»	8	45	100	400	25	
Ouled Chiba	Mohammed ould bou Zian	18	30	4	»	6	30	120	300	30	
Totaux		279	451	56	»	70	399	5450	4000	955	

Ouled El R'azi

Saïd ould Mohammed ben Mimoun, (cheikh sous la dépendance de l'amel d'Oudjda).

Ahl Tizi	El Hadj Taieb ben Abdelmoumen	30	50	10	»	15	40	400	500	200	Les Ouled El R'azi vont au marché d'Arbaa, qui leur est commun avec les Ouled Si Mess'oud; ils vendent également aux marchés d'El Hamar et de Lalla Mer'nia, mais les fusils à tir rapide, et en général les fractions qui ont à se dépouiller quelque mobil à votre agent. Ils se tiennent à Tizi.
Bou Ammala	Saïd ould Mohammed ben Mimoun (cheikh des Ouled El R'azi)	25	40	12	»	8	50	800	400	150	
Ben Abdin	Mohammed bel Bachir	15	25	»	»	7	25	200	200	80	
Ouebanen	Si Ali ben Tahar	20	30	7	»	15	40	600	200	100	
El Mekabra	El A'rbi Mohkour	25	50	7	»	14	40	500	200	300	
Ouled Slassen	Ahmed bel Bachir	18	26	»	»	10	35	200	100	70	
Ouled el Bahli	Mohammed ben Ahmed	40	50	12	»	16	100	1200	700	300	
Asseno Allou	Mohammed bel Madhi	10	15	»	»	4	100	100	50	50	
Totaux		181	248	48	»	67	430	4000	2450	1250	

[1] Lieutenant de Beaufort, 1896.

TRIBUS PLACÉES ENTRE LA FRONTIÈRE ET LA MOULOUÏA

NOMS DES TRIBUS (FRACTIONS, DOUARS)	NOMS DES CHEFS	NOMBRE de tentes ou maisons	NOMBRE fantassins armés	NOMBRE cavaliers armés	RESSOURCES pour transports chameaux	RESSOURCES mulets	RESSOURCES ânes	RICHESSE en troupeaux moutons	RICHESSE chèvres	RICHESSE bœufs	RENSEIGNEMENTS DIVERS
Oulad el Moungar.	Saïd ould Mohammed ben Mimoun (également cheikh des Oulad El R'azi).										
Ar'bal	Bel Aïd ould Mohammed ben Bekouch	15	25	3	»	4	30	»	150	20	Les Oulad el Moungar vont aux mêmes marchés que les Oulad El R'azi ; leur grand marché d'Ar'bel a lieu le mardi et le jeudi. Ils ensilotent à Tisi, chez les Oulad el R'azi, et un peu à Azbar, près d'Ar'bel.
Hamamouchen	Si Ameur ould El Mostefa	20	40	5	»	6	50	300	400	100	
Ahl Tiddort	R'souti ould Abdallah	18	30	4	»	5	35	400	200	80	
Ikheszanen	Ahmed ber Rabah	12	25	4	»	6	30	200	100	50	
Ahl el Kelaa	Mohammed ben Djilali	10	20	2	»	3	25	100	50	40	
	Totaux	75	140	18	»	24	170	1000	900	290	
Oulad ez Zaïmi.	Mohammed ben Taïeb (ex-caïd investi, révoqué par le sultan ; est resté Cheikh des Oulad Ez Zaïmi)										
Oulad bou Abdallah	Mohammed ben Taïeb (Cheikh des Oulad Ez Zaïmi)	15	30	5	»	4	40	1500	600	300	Le marché des Oulad Ez Zaïmi est à Tar'djirt ; comme les autres fractions des Beni Snassen, ils fréquentent également le marché d'Ar'bel et ceux du cercle de Lalla Mar'nia. Ils ensilotent à Tar'djirt.
Oulad Amara	Mohammed ben Amara	10	24	3	»	2	25	400	100	60	
Oulad bou Djenda	Ahmed ben M'hammed	20	45	8	»	10	50	1000	300	200	
Oulad ben Ichou	Ahmed bel Mostefa	15	30	4	»	3	35	200	150	100	
Oulad ben Azza	Si Mohammed ben Dris	20	40	6	»	8	50	1200	500	300	
	Totaux	80	169	26	»	29	200	4300	1650	960	
Beni Drar.	Ali ou Rabah (ex-caïd investi, abandonné par un certain nombre de fractions des Beni Drar). Kaddour ould Mohammed ben Kaddour (caïd non investi).										
Ahl El Oued (obéissent à Ali ou Rabah). Azizain	Ali ou Rabah (Cheikh des Ahl El Oued)	20	40	12	»	15	50	1200	600	400	Les Beni Drar vont au marché d'Ar'bel et à ceux de Sefrou (Bessara), et du cercle de Lalla Mar'nia, sauf ceux d'entre eux, assez nombreux, qui ont à se reprocher quelque méfait à notre égard. Ils ensilotent à Roussan, sur le territoire des Oulad Tahar.
Tanout beni Chiib	Mohammed bel Mokhtar	12	30	4	»	5	30	200	100	50	
Gzennaïa	Cheikh el Mahdi ben Moussa	25	50	8	»	10	60	300	100	150	
Oulad Tadjer	Ben Aouda ould El Arbi	15	35	3	»	4	40	100	200	40	
Zänzan	Mohammed ben Taïeb, ben Zazour	10	20	2	»	4	25	700	200	100	
El Belalaa	Abdelkader oulo Cheikh	8	20	2	»	»	25	100	50	25	
Beni Segmiman	Kaddour ould Abderrahman	25	60	8	»	10	70	1000	600	300	
Oulad Tahar	Kaddour ould Mohammed ben Kaddour (Cheikh des Oulad Aissa)										
Oulad Aissa (obéissent à Kaddour ould Mohammed). Oulad Hammou ben Amar	Kaddour ben Abbou	25	50	15	»	12	60	1200	400	500	
Oulad Meriem	Lecheb ould Smaïn	12	30	8	»	5	30	400	200	100	
El Ar'aara	Mohammed ould Sliman	20	45	5	»	6	40	300	400	200	
Chetaïta	Mokaddem Ahmed bou Cheïa	30	60	10	»	12	70	1500	700	400	
Oulad El Hammam	?	12	35	4	»	4	25	300	200	150	
El Aïdan	Mimoun ould Si Ali	15	40	6	»	4	40	400	250	300	
Oulad Sidi Sliman	El Hadj el Mekki bou Taïeb	18	40	5	»	4	35	800	150	260	
		25	60	»	»	12	60	700	400	400	
	Totaux	272	615	92	»	107	660	9200	4550	3375	

NOMS DES TRIBUS (FRACTIONS, DOUARS)	NOMS DES CHEFS	NOMBRE de tentes ou maisons	habitants armés	cavaliers armés	RESSOURCES pour transports chameaux	mulets	ânes	RICHESSE en troupeaux moutons	chèvres	bœufs	RENSEIGNEMENTS DIVERS
	RÉCAPITULATION DES BENI KHALED.										
	Tar'djirt	279	451	56	»	70	359	5450	4000	955	
	Oulad El R'azi	191	318	48	»	87	430	4000	2450	1250	
	Oulad el Moungar	75	140	18	»	24	170	1000	900	290	
	Oulad ez Zaïmi	80	169	26	»	29	200	4300	1650	960	
	Beni Drar	272	645	92	»	107	660	9200	4550	3375	
	Totaux des Beni Khaled...	897	1693	240	»	317	1819	23950	13550	6830	
	BENI MENGOUCH.										
Oulad Ali ou Ammes.	Mohammed ben Ahmed el Guerroudj (caïd investi par le Sultan).	20	35	5	»	6	35	100	150	290	Le marché des Oulad Ali ou Ammes a lieu le dimanche et le mercredi à Guéddara. (Ce nom vient de « Guedra », plutôt en terre, qui sont une des principales industries du pays). Ils vont aussi beaucoup à El Heïmer, et au marché des Atsis. Ils cantonnent à Tixi Ali, à la Zaouïa des Oulad Sidi Ramdan.
Oulad Sidi Ramdan	Si el Mekki bel Haoussine	30	50	3	»	7	35	300	400	140	
Ahl Gueddara	Ahmed ben Mounen	80	200	10	»	11	400	900	800	400	
Beni Abdallah	Ahmed Arab	50	80	5	»	18	87	240	300	200	
Beni Mahfoud	Ahmed ben M'hammed	25	40	6	»	8	30	400	250	180	
Oulad el Bekkaï	Si Ahmed bel Mostefa	60	140	7	»	15	44	500	700	170	
Ahl Khellad	El Hadj Kada ben Khettou	70	120	5	»	25	100	300	500	200	
Djedaïn	Mohammed ou Abdallah (ex-caïd des Oulad Ali révoqué).	30	60	2	»	9	45	160	200	80	
Beni Ouaklan	Si el Mostofa ould Ali ou Kada	40	100	4	»	6	30	300	600	170	
Oulad bou R'ennem	Mohammed ben Ali										
	Totaux	405	825	47	»	105	506	3100	3700	1740	
Beni Khellouf.	M'hammed ben Aïssa, (caïd investi par le sultan, révoqué par ses tribus, demeure avec le caïd des Beni Ourimeche).										Les Beni Khellouf vont au marché de Sefrou ou à celui de Gueddara. Ils cantonnent à Toumilli, non loin de Sefrou.
Oulad Djaber	Embarek ben Hamdoun	15	30	»	»	»	30	220	300	60	
Ahl Tinissen	Mohammed Arab	25	40	4	»	7	35	255	200	50	
Zerazera	Kaddour ben M'hammed	20	45	4	»	4	25	400	130	80	
Oulad bou Iacoub	Mohammed bel Mahi	15	35	2	»	6	25	200	180	70	
Tekouchet	Mohammed ben Embarek	40	90	3	»	5	40	600	300	100	
Oulad Moussa ben M'hammed	El Hadj Kaddour	50	100	7	»	18	77	900	400	200	
Ber Rahilen	El Hadj Rabah ber Rahil	12	25	1	»	»	25	160	80	25	
Bezzerouden	El Haoussine Belkacem	15	25	2	»	3	35	500	100	80	
Oulad Cherif	Abdallah Zirer	12	30	»	»	»	24	80	120	45	
Oulad el Mantsour	Touhami ben Moussa	25	60	4	»	3	40	1200	500	100	
El Kaaoucha	Ali ould Ahmed ben Ameur	22	60	2	»	7	44	800	250	70	
Oulad el Mane	Mohammed ben Iahia	30	50	6	»	4	40	700	200	60	
	Totaux	281	590	35	»	57	440	6015	2760	740	

NOMS DES TRIBUS (FRACTIONS, DOUARS).	NOMS DES CHEFS.	NOMBRE de tentes ou habitations armées	cavaliers armés	RESSOURCES pour transports.			RICHESSE en troupeaux.			RENSEIGNEMENTS DIVERS.
				chameaux	mulets.	ânes.	moutons.	chèvres.	bœufs.	
Bessara.	M'hammed ben Aissa (le même que celui des Beni Khellouf).									
Oulad el Bali	Ali ou Kaddour	20	35	8	»	8	35	1500	200	50	Les Bessara vont au marché de Sefrou. Ils enclavent à Toumliit, et chez les Beni bou Khellouf; ces derniers sinon sont peu importants.
Oulad bou Ferra	Cheikh Saiah (son autorité est reconnue chez les Beni Khellouf et les Bessara, mais il n'est pas caïd investi)	15	30	9	»	5	40	2000	300	40	
Ibou Delalen	M'hammed el Mamoun	10	25	5	»	4	35	1200	100	50	
Titernine	Abdelkader ben Ali	20	45	5	»	7	37	800	150	60	
Oulad el Hadj	Abdelkader Ouchen	12	20	2	»	3	30	400	80	30	
Oulad ben Meriem	Ahmed el Guenfoud	10	25	2	»	5	33	600	150	24	
Beni bou Khellouf	Faradji ould Mohammed	16	35	6	»	4	44	800	100	70	
	Totaux	103	215	37	»	36	254	7500	1080	324	
Ahl Sefrou.	M'hammed ben Aissa, (n'est pas plus obéi qu'aux Bessara) obéissent à Ahmed ould el Hadj Ali, des Oulad Ouerrou.										
Sefrou Ahl El Oued	El Hadj Mohammed Khidani	24	50	8	»	11	40	500	180	100	Les Ahl Sefrou vont, le vendredi, au grand marché de Sefrou. Ils enclavent à Sefrou, à Toumliit et aux Beni bou Khellouf.
Oulad Dalah	El Hadj Embarek ben Amara	15	36	4	»	8	44	455	300	50	
El Haiaina	Mokhtar ben Kaddour	18	40	5	»	3	35	200	80	50	
Ibline	Aissa ould Abdallah	10	25	2	»	»	22	160	100	45	
Iamranen	Mokhtar Rothi	12	25	1	»	2	30	166	100	80	
Oulad Ouerrou	El Hadj Abdallah	24	50	10	»	9	45	800	200	60	
Issedaouen	Hamdoun ben Sliman	16	40	4	»	5	38	600	140	100	
Oulad bou Mimoun	Ahmed ben Ali	40	130	12	»	14	88	1500	500	200	
El Keracha	Dahman ould Kerrouch	16	35	2	»	6	34	600	220	80	
Imzouren	Ameur Mezzour	12	30	3	»	2	24	100	85	34	
Oulad Moussa ou Merah	Mohammed ould Ali ben Ahmed	25	60	7	»	7	30	1200	300	100	
Kedjalouen	Aissa ben Bakhti	12	30	2	»	3	24	140	60	25	
Oulad ben Melab	Si Mohammed ben Ahmed	17	35	»	»	9	44	300	100	60	
Oulad ben Aïni	Si Mohammed ben Brahim	20	50	2	»	5	44	550	170	100	
	Totaux	261	636	62	»	84	540	7271	2535	1084	
RÉCAPITULATION DES BENI MENGOUCH :											
Oulad Ali ou Ammes		405	825	47	»	105	506	3100	3700	1740	
Beni Khellouf		281	590	35	»	57	440	6015	2760	740	
Bessara		103	215	37	»	36	254	7500	1080	324	
Ahl Sefrou		261	636	62	»	84	540	7271	2535	1084	
Totaux des Beni Mengouch		1050	2266	181	»	282	1740	23886	10075	3888	

BENI ATTIGUE.

NOMS DES TRIBUS (FRACTIONS, DOUARS).	NOMS DES CHEFS.	NOMBRE de tentes ou maisons	NOMBRE factindres armés	NOMBRE cavaliers armés	RESSOURCES pour transports chameaux	RESSOURCES mulets	RESSOURCES ânes	RICHESSE en troupeaux moutons	RICHESSE chèvres	RICHESSE bœufs	RENSEIGNEMENTS DIVERS
Tar'azerout.	Bou Lenouar ould el Houbil, (caïd investi).										
Beni Attigue Dekhala. { Takarhoust	Si Mohammed ben Abdennebi	50	150	15	»	25	64	1000	200	260	Les gens de Tar'azerout vont au marché de Souk el Had, chez les Beni Moussi, et au marché de Souk El Arba, chez les Beni Ourimeches; ils ont aussi un marché, près de Tazar'ine, à Taïllout, le mardi. Ils ensiloctent à Merz bou Saïd, chez les Beni Moussi, et à Tazar'ine.
Tazar'ine	El Hadj el Kebdani	40	100	10	»	12	34	800	300	180	
Beni Ahmed	Abdelkader ben Otaman	25	40	6	»	8	44	400	200	80	
Oulad Ali ben Iacin	Mohammed Arab	50	80	8	»	6	75	200	155	70	
Oulad Moulai Ahmed	El Hadj Seddik ben Saïd	20	45	6	»	3	44	4000	500	200	
Beni Ameïr	El Bachir ben Tahar	25	55	4	»	9	40	486	120	50	
Iaoufal	El Hadj El Mazari	12	35	2	»	5	25	150	80	54	
Oulad Mimoun	Si Ahmed ben bou Zian	30	70	9	»	5	54	2000	245	150	
	Totaux	252	515	60	»	73	380	9036	1820	1044	
Beni bou Iaâla. (Dekhala).	Bou Medien ould Kaddoor Ouliou (caïd investi)	160	400	25	»	20	120	3000	1000	300	Les Beni bou Iaâla vont à Souk El Had et à Taïllout. Ils ensiloctent à Merz Sebebus, chez eux.
Beni Attigue Berraniïn.	Amar ould el Oudjil (caïd investi)										
Beni Moussi el Attach	Embarek ben Allah	150	325	24	»	25	166	4000	400	200	Le marché des Beni Moussi a lieu le dimanche (Souk El Had), près de Merz bou Saïd, entre les deux fractions. Leurs silos sont au même endroit.
Beni Moussi Rouha	Bou Taleb bou Aklaïn	120	100	20	»	18	118	3000	300	160	
	Totaux	270	425	44	»	43	284	7000	700	360	
RÉCAPITULATION DES BENI ATTIGUE :											
Tar'azerout		252	515	60	»	73	380	9036	1820	1044	
Beni bou Yaâla		160	400	25	»	20	120	3000	1000	300	
Beni Moussi		270	425	44	»	43	284	7000	700	360	
Totaux des Beni Attigue		682	1341	129	»	136	784	19036	3520	1704	

BENI OURIMECHE.

NOMS DES TRIBUS (FRACTIONS, DOUARS).	NOMS DES CHEFS.	Tentes ou ménages	NOMBRE de Habitations fixes	cavaliers armés	chameaux	mulets	ânes	moutons	chèvres	bœufs	RENSEIGNEMENTS DIVERS.
El Hararda.	Mohammed ould el Hadj el Bachir Arroud (caïd non encore investi, 1893).										
El Hararda	Mohammed ould el Hadj el Bachir Arroud	60	130	15	»	18	80	3000	700	350	Les El Hararda ont un marché à Cherrâa, chez les Oulad bou Abdesseled, le lundi et le jeudi; ils vont aussi au marché de Souk El Arba, chez El Hadj Mohammed ould el Bachir. Ils se affilotent près de ces marchés.
Beni Nouga el Djebel	Bou Djemâa Tarohoun	55	110	10	»	12	95	1500	650	160	
Tagma el Outa	Ahmed ben Mechal	40	80	6	»	7	77	800	290	100	
Oulad bou Abdesseled	Ahmed ould el Hadj Djafer	70	135	16	»	10	100	2000	450	180	
Oulad Ali Chebeb	Mohammed Djefal	87	150	22	»	15	119	4000	900	200	
Oulad ben Ameur	Aiad ben ?	25	55	6	»	4	45	900	129	58	
Oulad bou Bekeur	Mohammed ould Ameur ou Ali (en prison à Fez)	35	50	3	»	2	44	200	185	40	
Ahl Kerdad	Mohammed bel Hadj	15	25	»	»	»	36	138	300	28	
Oulad Raho	Ahmed ben Salah	12	20	1	»	2	24	220	150	45	
Tagma el Djebel	Abdallah Kherrez	50	115	13	»	9	87	3045	334	120	
Oulad bel Kheir	Mohammed Zerioua	13	20	1	»	»	22	110	200	76	
Oulad Abdessadok	Mohammed Akardal	14	23	2	»	3	24	186	140	45	
	Totaux	476	913	95	»	82	744	16157	4029	1408	
Oulad Abbou.	El Hadj Mohammed ould el Bachir (caïd investi).										
Ahl Risselan	Kaddour Lezaar	50	110	12	»	15	100	8000	900	204	Les Oulad Abbou vont au marché de Souk el Arba, le mercredi, marché qui se tient près de la maison de leur caïd. Ils se visitent au même endroit, à Cherrâa, et à Tagma El Outa chez les El Hararda.
Ahl Kannin	Mohammed ben Kaddour	10	18	2	»	3	22	150	208	55	
Beni Nouga el Outa	El Hadj Ahmed Chekrouni	30	75	7	»	9	50	844	500	100	
Bou Zemour	Mohammed ould Kaddour Zahaf	24	50	6	»	7	45	150	200	75	
El Greb	Ali ben Ahmed	13	24	3	»	4	28	240	188	85	
El Halachera	El Hadj Ameur ben Allal	18	30	9	»	10	36	4035	800	113	
Ahl Titest	Cheikh Mohammed ben Seddik	34	58	12	»	15	60	800	170	76	
Ahl Guemgan	Mohammed ould el Hadj R'aouti	17	30	4	»	3	35	1045	253	100	
Zaara	Mohammed ben Salah	18	40	7	»	2	36	1000	155	88	
Oulad Ameur	Mohammed ben Abdallah	15	35	2	»	4	25	220	390	55	
Oulad Ali Tafeliount	Ahmed bel Mostefa	19	44	5	»	7	35	3100	250	110	
Oulad bou Mia	Mohammed Belkacem	21	60	15	»	10	77	4050	500	116	
Oulad bou Kheris	Mohammed ben Soussan	30	77	18	»	12	85	8000	400	240	
Harkate	El Hadj Mohammed bou Haout	35	60	11	»	13	76	1124	166	120	
Guezennaia	Mohammed bel Hadj	20	35	10	»	6	45	2270	334	100	
	Totaux	354	746	121	»	120	755	35034	5224	1713	

NOMS DES TRIBUS (FRACTIONS, DOUARS)	NOMS DES CHEFS	NOMBRE de tentes ou habitations armées	cavaliers armés	RESSOURCES pour transports			RICHESSE en troupeaux			RENSEIGNEMENTS DIVERS
				chameaux	mulets	ânes	moutons	chèvres	bœufs	
Beni Mahiou.	Bou Tarfás ben (?) (ex caïd investi, cassé par le sultan, commande sa tribu sans titre officiel).									
Oulad bou Khamsa	Ameur Belkacem	45	100	18	»	12	90	6000	510	215	Les Oulad Mahiou vont à Souk el Arba, et au marché de Cherres. Leurs alliés sont à ces marchés et à Tagma et Outa.
Oulad bou Irr'oumen	Tahar ben bou Djemaa	25	55	10	»	13	46	1100	240	85	
El Messamda	Ameur ben Abdesselam	30	87	11	»	7	85	623	300	90	
Oulad Ali	Zerroual ben Moussa	20	40	6	»	4	54	900	186	140	
El Achache	Mohammed bel Bachir bou Atres	25	60	9	»	7	40	836	200	84	
Oulad Merzoug	Ali ould Cheikh	14	35	2	»	3	28	500	80	70	
	Totaux	159	377	56	»	46	343	9959	1516	684	
RÉCAPITULATION DES BENI OURIMECHE :											
El Hararda		476	943	95	»	82	744	16157	4029	1008	
Oulad Abbou		354	716	121	»	120	755	35034	5224	1713	
Beni Mahiou		159	377	56	»	46	343	9959	1516	684	
	Totaux des Beni Ourimeche	989	2036	272	»	248	1842	61150	10769	3405	
RÉCAPITULATION DES BENI SNASSEN :											
BENI KHALED		897	1693	240	»	317	1819	23850	13550	6830	
BENI MENGOUCH		1050	2266	181	»	282	1740	23886	10075	3888	
BENI ATTIGUE		682	1341	129	»	136	784	19036	3520	1704	
BENI OURIMECHE		989	2036	272	»	248	1842	61150	10769	3805	
	Totaux des Beni Snassen	3618	7336	822	»	983	6185	128022	37914	16227	

OULAD MANSOUR. — Les Oulad Mansour sont des Arabes, de race et de langue[1]. D'après la tradition, ils auraient la même origine que la tribu du même nom qui habite aux environs de Lalla Marn'nia[2]; ils s'en seraient séparés, il y a trois ou quatre siècles, pour venir s'installer sur le cours inférieur du Kiss.

Quelques années plus tard, ils s'étendirent sur le bord de la mer dans la plaine de Tazegraret et ne s'arrêtèrent qu'à la Moulouïa. C'est dans cette plaine de Tazegraret qu'ils campent actuellement. C'est là aussi qu'ils campaient en 1845; ils avaient alors cependant trois de leurs douars, possèdant des terres de culture sur la rive droite du Kiss, en territoire algérien. Ce dernier fait explique comment, à différentes époques, les Oulad Mansour sont venus se placer sous notre autorité, si bien qu'en 1860 un projet d'organisation de cette tribu, resté sans suite, fut élaboré par les autorités françaises de la frontière.

La majorité de leurs terres de culture sont situées dans la plaine de Tazegraret.

Les Oulad Mansour possèdent, sur leur territoire, le

---

[1] Ce sont probablement les descendants des Doui Mansour, subdivision des Makil (Ibn Khaldoun).

[2] Ces divers renseignements sont extraits :

1° D'un rapport du capitaine Hoguenbill, chef du bureau arabe de Nemours (1866) ;

2° D'un travail sur la frontière du capitaine Pansard, commandant supérieur du cercle de Tiaret (1893) ;

3° De notes fournies par le capitaine Redier, chef du bureau arabe de Lalla Mar'nia (1893).

marché d'El Heïmer, sur la rive gauche du Kiss. Ce marché se tient le dimanche et le mercredi. Ils vont aussi à Cherrâa et aux marchés des Kebdana, des Attia et de Lalla Mar'nia.

Ils ensilotent au village de Kelâa, près d'El Heïmer.

Les Oulad Mansour sont placés sous l'autorité plus nominale qu'effective du caïd Si Allal ben Mansour el Bokhari, qui habite, depuis treize ans, le bordj de Saïdia, sur la rive gauche du Kiss.

En 1883, le Sultan décida la construction de ce bordj qui forme un carré de 100 mètres de côté environ (murailles en pisé) pour l'opposer à celui que nous avions édifié sur l'autre rive du Kiss, à Adjeroud.

L'espace qui se trouve circonscrit par les faces du bordj marocain est vide. On aperçoit seulement dans un coin, à l'intérieur, une chambre de 3 mètres carrés, construite en adoubes (briques séchées au soleil). C'est là que vit, depuis treize ans, Si Allal[1] avec les deux soldats marocains qui constituent toute la garnison du fort.

Au moment de sa nomination à cet emploi, Si Allal était khalifa de l'amel d'Oudjda, Si Abdelmalek. Il résigna ces fonctions pour occuper ce poste de confiance et prendre en même temps le commandement des Oulad Mansour. Mais cette tribu n'a jamais voulu

---

[1] Si Allal est un mulâtre ; outre les deux soldats mentionnés ici, il a encore, auprès de lui, une négresse chargée des soins domestiques.

Quant aux deux soldats, ils font au marché voisin un commerce de boucherie qui leur permet de vivre. (H. M.)

se soumettre à son autorité et depuis son installation, Si Allal est pour ainsi dire prisonnier dans son bordj ; les Oulad Mansour lui interdisent d'en sortir [1].

Ce n'est que lorsqu'un de nos officiers, en tournée, s'arrête à Adjeroud et lui envoie un spahi d'escorte qu'il se décide à franchir le seuil de sa forteresse, en venant rendre visite au représentant de l'autorité française.

RENSEIGNEMENTS STATISTIQUES. [2]

NOMS DES TRIBUS (FRACTIONS, DOUARS).	NOMS DES CHEFS.	NOMBRE de			RESSOURCES pour transports			RICHESSES en troupeaux.		
		tentes.	fantassins armés.	cavaliers armés.	chameaux.	mulets.	ânes.	moutons.	chèvres.	bœufs.
Oulad Mansour.	Si Allal ben Mansour (caïd investi, 1893).									
Oulad Ramdan..........	Mohammed ould El Hadj Kaddour.	15	30	6	8	3	28	400	160	80
Oulad Mohammed.......	Mohammed bel Bachir............	18	26	4	»	4	30	150	100	45
Oulad M'hammed........	El Mekki El Hassini.............	8	20	2	»	1	12	60	75	44
Chachâa	Abdelkader ould Ali Es Senoussi ..	13	26	7	5	2	24	120	80	46
El Maârif..............	»	21	40	6	4	5	45	300	95	80
Oulad Bou Noua	»	24	60	8	9	7	56	860	160	100
Oulad bel Kheir.........	»	12	30	4	6	3	20	400	117	46
El Araâra..............	»	22	50	10	11	8	50	200	180	200
Es Saâsaâ	Aïssa ould El Hadj Moumen......	25	55	5	7	3	45	300	125	80
Cherarba	Mohammed ben Hammada........	15	46	6	5	4	36	204	85	66
Beni Moussi	Si M'hammed ben Tahar.........	36	90	12	15	8	60	2000	300	250
	Totaux	209	483	70	70	48	406	4994	1477	1037

[1] En novembre 1893, à la suite de la venue de Moulai-Arafa, frère du Sultan, aux environs de Melila, les Oulad Mansour se sont décidés à verser au kaïd Si Allal le montant de treize années d'impôts arriérés. (H. M.)

[2] Lieutenant de Beaufort, 1893.

Administration de l'amalat ; armement des tribus.
— Terminons cette rapide revue des tribus marocaines, limitrophes de la frontière algérienne, en donnant un aperçu sur la façon dont s'exerce l'action administrative du représentant du Gouvernement chérifien dans cette contrée.

Primitivement, l'autorité de l'amel ne s'étendait pas seulement aux tribus dont nous venons de parler, elle embrassait encore, au moins nominativement, tous les nomades, tous les Ksour du Sud, avec lesquels nous nous trouvons nous-mêmes en contact dans les régions extrêmes de nos possessions actuelles, c'est-à-dire, dans l'annexe de Méchéria et le cercle d'Aïn Sefra.

En 1883, un caïd marocain, délégué de l'amel, fut installé à Figuig. La création de ce nouveau commandement fut décidée par la cour de Fez, presque sur les conseils de notre Ministre à Tanger, M. Féraud, qui crut trouver ainsi un moyen de faciliter nos rapports avec Figuig et les tribus marocaines voisines. Le Sultan s'empressa d'autant plus volontiers à se ranger à cet avis, qu'il ne pouvait qu'y voir un moyen de prendre pied dans ces parages et de surveiller de plus près nos agissements, tout en allégeant la tâche de son délégué à Oudjda. Mais le lien qui unissait Figuig à Oudjda ne pouvait être solide, étant donné l'éloignement entre ces deux postes et les difficultés de communication. Aussi bien, aujourd'hui, le caïd de Figuig correspond-il presque toujours directement avec le Makhzen et se considère-t-il, sinon en réalité, du moins en fait, comme à peu près indépendant de l'autorité marocaine d'Oudjda.

L'amalat ne compte donc, à proprement parler, que les tribus que nous avons étudiées. Celles-ci sont divisées en plusieurs caïdats que nous indiquerons dans le tableau ci-après résumant les renseignements statistiques donnés précédemment.

Ces caïdats comprennent une ou plusieurs tribus ou fractions de tribus placées elles-mêmes sous le commandement d'un cheikh. Souvent aussi ces fractions n'ont pas de chef particulier, chacun de leurs douars a un cheikh auquel il obéit. Quelquefois l'influence d'un cheikh s'étend à plusieurs douars voisins.

La caractéristique de cette organisation, c'est qu'elle est très variable : souvent un caïd encourt la disgrâce du Sultan qui lui nomme un remplaçant tandis que sa tribu ne cesse pas de lui être fidèle et n'obéit qu'à lui. Tantôt, au contraire, c'est le caïd investi qui cesse de plaire et qui n'est plus considéré par la tribu que comme une quantité négligeable.

Parfois encore, il se produit une modification dans les alliances entre tribus. Les alliés d'un jour deviennent les ennemis du lendemain ; les serviteurs de telle tribu lui sont enlevés par telle autre au moindre prétexte ; les fractions de tribus se fractionnent encore, se mélangent ou disparaissent au gré des événements.

Bref, c'est à peu près partout la plus complète anarchie, et l'amel d'Oudjda lui-même ne peut guère faire exécuter que ceux de ses ordres qui ont le don de plaire à ses administrés.

Il est secondé dans son rôle administratif par un « amin », sorte d'intendant qui remplit auprès de lui les fonctions de receveur-trésorier. Il perçoit et encaisse les impôts, les amendes et les droits de douane et de marché.

Au point de vue judiciaire, toutes les tribus de l'amalat dépendent du cadhi d'Oudjda ; mais la plupart du temps chacun fait régler ses litiges par les tolba locaux ou les marabouts du pays.

L'armement de toutes ces populations, celles de la plaine comme celles de la montagne, se compose d'une forte proportion de fusils de systèmes perfectionnés (surtout de Remington). Chacun possède en moyenne deux fusils de cette espèce sur trois. Les autres armes sont des fusils Lefaucheux ou à pierre, des pistolets de fabrication espagnole, pour la plupart à un ou deux coups, et quelques revolvers de fabrique française ou espagnole. Un petit nombre de cavaliers portent des sabres ou des yatagans, beaucoup se contentent de couteaux arabes.

RENSEIGNEMENTS STATISTIQUES SUR L'AMALAT D'OUDJDA.

NOMS DES TRIBUS ET CAÏDATS (1893).	NOMBRE de			RESSOURCES pour transports.			RICHESSE en troupeaux.		
	tentes ou maisons.	fantassins armés.	cavaliers armés.	chameaux	mulets.	ânes	moutons.	chèvres.	bœufs.
Quatre Caïdats des Houara (1883)............	»	1500	500	»	»	»	»	»	»
Caïdat des Kerarma { Kerarma............... (1883)........ { Hallaf.. { Hallaf proptdits Ahl Refoula.	» »	500 400	» 100	» »	» »	» »	» »	» »	» »
Caïdat des Beni bou { Beni bou Zeggou.... Zeggou........ { Beni Iala Sfassif.....	1900 220	3143 330	383 110	12 »	256 180	1454 190	18344 13000	5794 9000	1238 350
Caïdat des Beni Iala R'araba...............	40	60	14	»	20	35	1200	400	70
Caïdat des Zekkara................	1181	1990	236	»	696	1781	46700	56645	775
Caïdat des Mehaia..... { Mehaia............. { Beni Mathar........	1230 179	1387 201	778 95	7340 36	61 2	1825 456	156200 11350	48450 3570	120 1030
Caïdat d'El Aïoun Sidi Mellouk-Sedjâa.......	1291	2028	745	6030	93	2537	208000	17181	386
Caïdat des Mezaouir (Angad R'araba)........	475	1444	217	421	92	795	67685	3967	1067
Neuf Caïdats des Beni Snassen...............									
Caïdat d'Oudjda (administré par l'anel). { Beni Snassen (quatre fractions des Beni Khaled)................	3618	7336	822	»	983	6185	128022	37914	16227
{ Beni Oukil.....	213	656	238	400	119	485	24850	2000	»
{ Oulad Ahmed ben Brahim. { Angad Oulad Ali ben Talha ... { Cheraga.	535	793	276	681	4	904	39130	6834	20
{ Beni Hamlil....................	73	107	13	»	»	99	850	650	135
{ Beni bou Hamdoun...........	65	100	27	»	15	99	550	400	110
{ Oulad Sidi Moussa el Berrichi.....	180	250	90	400	15	»	9000	2800	»
{ Haouara......{ Angad de Trifa... Oulad Ser'ir...{	160 86	440 181	68 25	82 15	53 143	278 2806	16787 554	1778 320	848
{ Attia	30	60	5	»	6	54	600	180	120
{ Beni Iala Cheraga............	303	460	119	»	154	296	16360	5450	831
{ Oudjda......................	648	1101	3	»	249	322	500	472	520
Caïdat de Saïdia. − Oulad Mansour...........	209	483	70	70	48	406	4994	1477	1037
Totaux............	12636	24650	4934	15495	3061	18344	768928	205516	24184

CHAPITRE IV.

**Description de la région à l'ouest de la Moulouïa.
Étude des tribus qui l'habitent.**

OROGRAPHIE.

A l'ouest de la Moulouïa, entre la mer et Taza, s'étend une vaste région qui comprend toute la rive gauche du bassin inférieur de ce fleuve. Elle englobe encore, vers le nord, quelques petits bassins de fleuves côtiers, qui arrosent presque tous le pays des Guelaïa.

Cette contrée offre, nous l'avons déjà dit, un aspect identique à celui de la rive droite du grand fleuve marocain. On y trouve également des massifs montagneux assez importants que séparent de grandes plaines. Mais ici, les montagnes les plus élevées ne se rencontrent qu'aux extrémités de la région : ce sont, au nord, les montagnes des Guelaïa et des Kebdana, au sud la partie du Moyen-Atlas qu'habitent les Beni Ouaraïne.

Au nord, les massifs des Kebdana et des Guelaïa forment une sorte de barrière entre la mer et l'intérieur du pays. Ils se terminent, vers le sud, au parallèle passant par la Kasba de Selouane[1] et constituent une région assez difficile sur certains points, mais riche et productive.

Le massif occupé par les Kebdana est compris entre la mer au nord, la plaine de Bou Areg à l'ouest, et le cours de la Moulouïa à l'est et au sud. Il forme une région d'un parcours souvent peu aisé et dominée par par le djebel Tamezzoukht (mont Oreille). On peut comparer le massif des Kebdana au Filhaoucen[2] avec cette différence toutefois que son versant maritime est plus escarpé et plus abrupte que celui qui regarde la Moulouïa.

Les montagnes des Guelaïa ne sont, à proprement parler, que l'extrémité orientale de la chaîne du Rif, dont les dernières pentes viennent finir dans la plaine de Bou Areg. La chaîne constitue, chez les Guelaïa, une suite de plateaux ondulés et peu accidentés, qui se relèvent vers le Nord pour former le Djebel Ouerk. Celui-ci, en s'avançant dans la mer, donne naissance à un large promontoire qui se termine au cap des Trois-Fourches (Tres Forcas, Ras Ouerk[3]). C'est sur le versant oriental de ce promontoire que se trouve

---

[1] De Foucauld écrit Kasba Iselouan. C'est la prononciation berbère.

[2] Au sud de Nemours.

[3] Le grand promontoire du Ras Ouerk, la base et peut-être la partie la plus considérable du territoire des Guelaïa, a eu son histoire au commencement des temps modernes. Tout près de la côte, existait alors la place forte maritime de R'asâsa, qui prit bientôt le nom peu différent de Khasâsa ; elle devait sans doute son nom à la tribu

Melila, non loin de la montagne la plus élevée du pays des Guelaïa, le Djebel Tazouda[1] (900 mètres environ). Deux autres sommets sont encore à citer dans le massif des Guelaïa, quoique moins élevés que le précédent ; ce sont, le Djebel Ouksan et le Djebel Adhimiin.

L'extrémité orientale du Moyen-Atlas limite au sud, comme nous l'avons dit, la région que nous étudions. Nous connaissons peu cette partie de la chaîne qui traverse tout le Maroc de l'est à l'ouest. Nous savons seulement par de Foucauld que les Beni Ouaraïne y ont construit leurs villages, mais que ces villages sont assez éloignés du cours de la Moulouïa.

La limite ouest de la région étudiée est marquée par la partie de la chaîne des R'iatsa d'où sort l'oued Innaouen qui arrose Taza, puis par le plateau ondulé appelé Fhama où prennent naissance des affluents de la Moulouïa ou du Sebou, enfin par le Djebel Metalsa, autre plateau de même aspect que le précédent, qui se relie au nord avec le massif des Guelaïa.

berbère des R'asâsa, qui appartient au groupe des Nefzaoua et que cite El Bekri dans son énumération des tribus des environs de Nokour. Le port, à quatre kilomètres de la ville, était fréquenté par les négociants de Venise, qui acheminaient de là leurs marchandises vers Fez ; mais, après l'expulsion des Maures d'Andalousie, l'emporium de Khasasa se transforma en un nid de pirates. Dès les dernières années du XVe siècle, la répression de la piraterie y attira la flotte des fervents souverains espagnols, Ferdinand et Isabelle, qui détruisit la R'asâsa musulmane en 1496 et bâtit sur ses ruines une ville chrétienne dont l'existence ne fut pas longue, car, dès 1534, les Marocains s'en emparèrent et la réduisirent en cendres. Depuis lors, elle n'a pas été rebâtie.

(H. Duveyrier, documents).

[2] Duveyrier écrit Tazoudagh.

L'immense étendue ainsi circonscrite forme de vastes plaines, séparées entre elles par des mouvements de terrain peu accentués.

C'est d'abord, au sud, la vallée de l'oued Melillo (oued Amlillou) entre le Moyen Atlas et une ramification du Djebel R'iatsa qui va finir à la Moulouïa non loin du confluent de l'oued Za.

Puis, vient la plaine de Djel (Djell, Jell) qui s'arrête, au nord, aux collines peu élevées de Guelez.

Enfin, ce dernier exhaussement de terrain marque la limite sud d'une vaste plaine, celle de Garet, qui s'étend jusqu'aux environs de Kasba de Selouane.

Cette grande étendue présente un fait intéressant à noter et que signale Duveyrier, au point de vue de la géographie physique : la présence d'un sol de sable, de dunes et d'une flore saharienne, au bord de la Méditerranée, par 35° 6′ de lat. nord, c'est-à-dire à un degré plus au nord que dans le Sahara algérien. Ce désert de Garet[1] coupe, du sud au nord, la moitié orientale du Maroc et vient mourir à peine modifié sur

---

[1] En arabe Garet ou mieux Qaret a, entre autres sens, la signification de « sol couvert de pierres noires ». D'autre part, le mot arabe « Djaret », que les Marocains prononcent Garet, dérive d'une racine dont le sens est « produire des herbes longues et rampantes ». Le premier sens conviendrait à la partie nord du Garet qui est constituée de roches basaltiques ; le second, que nous adoptons, convient aux steppes, disons même au désert, qui forme du côté sud la plus grande partie de la province.

(Duveyrier, itinéraire, page 201).

Léon l'Africain cite le Garet comme étant la sixième province du royaume de Fez.

le rivage de la mer. Il se prolonge, à partir de Kasba de Selouane, par la plaine de bou Areg, qui s'avance entre le massif des Guelaïa et la montagne des Kebdana. Cette dernière plaine ne peut atteindre le bord immédiat de la mer; elle en est séparée par une grande sebkha, connue sous le nom de sebkha de bou Areg[1].

HYDROGRAPHIE.

Cette sebkha[2] était autrefois une baie de la Méditerranée. Ce n'est, selon Duveyrier, qu'à un exhaussement volcanique du sol qu'il faut attribuer le dessèchement de l'ancienne baie et non à un ensablement. La sebkha contient, entre ses bords blanchis par le sel, un lac d'eau salée. Elle se divise, — toujours d'après Duveyrier qui seul en a suivi les

[1] Sebkha abou Areg. (H. D.).

[2] Tout ce qu'on va lire est extrait des notes de Duveyrier et comble une lacune des cartes marines, bien surprenante, car l'extrémité nord de la dépression est à moins de quatre kilomètres du préside de Melila.

La description nautique de la côte septentrionale du Maroc (de Sugny, 1893) donne les indications suivantes sur cette sebkha que nos ingénieurs hydrographes appellent, lac de « Puerto Novo » :

« Cette plage basse (la partie de la côte où est située la sebkha)
» sépare de la mer un grand lac salin qui s'étend dans l'intérieur et à
» la partie nord-ouest duquel s'élève le mont Atalayon (Djebel
» Timkert); un débarquement y serait facile pendant la belle saison,
» surtout avec un vent d'ouest. Le lac salin, appelé lac de Puerto
» Novo, n'a presque pas d'eau ; ce n'est qu'un vaste marais, divisé
» dit-on, en nombreuses salines. Il ne communique pas avec la mer ;

15

bords, les travaux de l'hydrographie française étant imparfaits, — en deux parties bien distinctes : la sebkha bou Areg, de forme allongée, au sud, et la sebkha El Dzira, beaucoup plus petite et plus large, au nord. Les deux sebkhas communiquent ensemble par un étroit goulet. La sebkha El Dzira, elle-même, communique avec la Méditerranée par un petit canal qui est à sec en temps ordinaire et qu'on distingue de Mezoudja. L'assèchement de ces deux réservoirs paraît de date très récente.

La sebkha El Dzira est soumise à un régime très

» les eaux qui l'alimentent filtrent à travers les sables du rivage. On
» lui attribue une longueur de 21 milles sur 9 de largeur. A la partie
» sud-est de ce lac, il y a un grand village, celui de Moulai Ali
» Chérif.

» Peu avant d'arriver à la pointe de Quiviana, on voit une petite
» falaise rocheuse, grisâtre ou noire quand on la relève au sud-est.
» Cette falaise « la Restinga de Tofino » est un peu en retrait de la
» plage ; quelques roches noires débordent et s'éloignent à peine du
» rivage. C'est là que les anciennes cartes marquent l'entrée de la
» lagune. Plus on s'approche de la Restinga, plus la langue de sable
» qui sépare la lagune de la mer se couvre d'une végétation rabougrie.
» Les dunes de sable blanc qui existent au nord, disparaissent à peu
» près entièrement et l'on ne voit, par dessus la plage, que les hautes
» terres de l'intérieur qui enceignent l'espace occupé par les salines. »

Dans les archives de la division d'Oran, on trouve également des renseignements sur cette sebkha ; ils sont extraits d'une lettre adressée, en mai 1878, au général commandant la division par le cheikh des Beni Chiker (Guelaïa) et peuvent se résumer ainsi :

Cette mer intérieure, nommée par les indigènes du pays, Bahr Ser'ir et aussi sebkha de Timkert, ne renferme de l'eau que pendant l'hiver. Cette eau provient à la fois des cours d'eau venant de l'intérieur et des infiltrations d'eau de mer en dessous du sol sablonneux de la langue de terre qui la sépare de la Méditerranée. Mais en

variable. Souvent son fond est assez sec et la croûte assez solide pour supporter des cavaliers. Par les gros temps, au contraire, la mer y rentre ; plusieurs torrents qui vont s'y perdre forment aussi un apport de vases et de boues liquides. Duveyrier conclut de ses observations au retrait, sur ce point, de la côte nord-est du Maroc, comme on est forcé de l'admettre sur la côte sud-est de Tunisie.

La sebkha finit à l'est à peu près à la hauteur du marabout de Sidi Mohammed El Moudjahed ; une plaine, couverte de joncs, remplit le prolongement nord du léger creux qu'elle forme.

aucun temps, cette sebkha ne contient assez d'eau pour porter des bateaux, quelque faible que soit leur tirant. De plus, il n'existe aucune communication actuellement entre la mer et cette sebkha. Toutefois, il y a sur la langue de terre, que les indigènes appellent improprement île (Djezira), une dépression de terrain qui semblerait indiquer que, à une époque antérieure, une communication existait ; les indigènes désignent ce point sous les noms de El Fak, de Arezran (en arabe, El Ouïdan, les rivières).

Au nord-ouest, la sebkha forme une baie qui vient baigner le pied de la crête appelée Timkert où les Mezoudja (Guelaïa) cultivent et où poussent une grande quantité de jujubiers sauvages et des arbres d'autres essences. On trouve encore sur ce sommet la Koubba de Si Ali Timkert, à proximité d'une citerne construite vers 1875.

Plus au sud, on rencontre une autre baie « Merset El Nador » qui a pris son nom de la hauteur nommée El Nador, située à proximité. A l'ouest de cette baie est un puits d'eau douce, Bir el Bakar, près de la Koubba de Si Ali ou R'ettous. Autour de ce puits, on trouve plusieurs sources d'eau salée.

Enfin, dans la partie méridionale de la sebkha, près de la Koubba de Si Ali El Hammam, on trouve une troisième baie, appelée El Ouazine. Elle est encombrée de joncs ; on y trouve aussi de l'eau douce.

Les affluents de gauche de la Moulouïa sont peu nombreux. Les deux plus importants sont l'oued Melillo et l'oued Messoun.

L'oued Melillo (Amlillou) prend sa source dans la montagne des Beni Ouaraïne pour finir dans la Moulouïa non loin de la Kasba Guercif appartenant aux Houara.

L'oued Messoun sort du pays des Guezennaïa. Il traverse le Fhama, puis entre dans la plaine de Djel qu'il parcourt jusqu'à son confluent avec la Moulouïa. Les eaux de cette rivière sont salées. On trouve sur ses bords, dans le Fhama, la Kasba de Messoun, établissement appartenant aux Houara. Dans la partie inférieure de son cours, l'oued Messoun traverse un pays désert, visité seulement de temps en temps par les nomades.

On peut encore citer, comme affluent de gauche de la Moulouïa, l'oued Defla. Il prend naissance dans les collines de Guelez et vient s'unir à la Moulouïa à l'endroit où elle s'avance le plus vers l'ouest avant d'atteindre sur sa rive droite le massif des Beni Snassen. L'oued Defla n'est, à proprement parler, que le déversoir des eaux de la région où il a son origine.

De la montagne des Kebdana coulent, en outre, un grand nombre de petits cours d'eau (torrents ou ruisseaux) plus ou moins intermittents, qui, au sud, viennent grossir de leurs eaux la masse de celles que le grand fleuve marocain porte à la mer, et au nord se déversent directement dans la Méditerranée. Aucun d'eux n'a assez d'importance pour pouvoir être cité ici.

A l'ouest du massif des Kebdana, le vaste bassin

dont la sebkha de bou Areg occupe le point le plus bas est sillonné par un assez long cours d'eau, l'oued Selouane, qui collige toutes les eaux du Garet septentrional. Cette rivière prend sa source dans la partie du Garet où nomadisent les Oulad Settout. Elle vient passer, après avoir traversé la plaine, à proximité de la Kasba de Selouane[1] pour finir au nord de cette localité sans pouvoir atteindre, la plupart du temps, la sebkha de bou Areg. Elle contient cependant toujours de l'eau, mais les habitants, qui occupent ses bords, l'utilisent complètement. Ils ont construit un barrage qui leur permet d'arroser les magnifiques cultures des environs de la Kasba; en outre, des canaux de dérivation conduisent le surplus des eaux à Tinegmaret où sont les azibs de la fraction des Mezoudja (Guelaïa).

Quelques cours d'eau de moindre importance et venant du pays des Guelaïa, se dirigent également vers la sebkha. Aucun d'eux cependant ne peut l'atteindre; tous viennent se perdre dans une petite plaine, qui, de ce fait, a reçu le nom d'El Feïda[2]. Cette plaine est

---

[1] Kasba Selouane (Kasba Iselouan) est une vaste maison de commandement bâtie sous une montagne, dite Djebel bou Djeddar, le mont Davranches des cartes marines. Elle est exactement à 24 kilomètres sud de Melila ; elle est encadrée dans des plantations considérables. On l'aperçoit des environs immédiats de Djebb ou Mortou (H. D.).

[2] La plaine d'El Feïda est le prolongement occidental de celle de bou Areg. Elle communique avec le Garet dont la sépare le petit massif du Djebel Si M'hammed par le Teniet Gounet, entre ce massif et les monts des Guelaïa.

située entre les montagnes de Tazouda au nord et celles d'Ouksan au sud-est. Les cours d'eau principaux, qui y aboutissent, sont l'oued Beni Nsar et l'oued Zer'enrane.

L'oued Beni Nsar passe à Souk el Djemâa et vient se perdre dans la plaine d'El Feïda.

L'oued Zer'enrane a sa source près du village du même nom, non loin du col d'Allahta chez les Beni bou Ifrour (Guelaïa). Après avoir servi à l'irrigation de nombreux jardins, il vient se perdre dans la plaine d'El Feïda. Il reçoit, à gauche, l'oued Menoun qui passe à Souk El Had et a toujours de l'eau, et l'oued Beni bou Armaren qui passe à Souk el Sebt et où on trouve également de l'eau. Son seul affluent de droite est le Mesraf qui descend des montagnes d'Ouksan et de Iouzoula.

Outre les deux cours d'eau qui viennent d'être mentionnés, le pays des Guelaïa est arrosé par plusieurs rivières qui se jettent directement dans la mer. Ce sont, en allant de l'est à l'ouest :

1° La rivière de Melila appelée par les indigènes : oued Beni Chiker, ou encore oued Laz, oued Farkhana, et par les Espagnols : Rio del Oro. Elle descend du Djebel Tazouda et contient toujours de l'eau. Sa vallée est couverte de jardins d'où émergent de nombreux villages. Elle se jette dans la mer à Djennada [1], petite mosquée sous les murs de Melila ;

[1] Par le mot Djennada, les Marocains désignent tout poste de garde établi sur la côte. C'est au point de Djennada, cité ici, que se rassemblaient autrefois les Guelaïa, chargés de surveiller Melila. Chacune de

2° L'oued Ikhezacène. Il sort du Djebel Adhimiin, sert de limite entre deux fractions des Guelaïa, les Beni Chiker et les Beni bou Gafer et se jette dans la mer au petit port d'Azanène [1]. Cette rivière a toujours de l'eau;

3° L'oued bou Hamza. Il aboutit à la mer après un cours peu considérable;

4° L'oued Kert (Kart). Il vient du pays des Metalsa et sert de limite entre les Guelaïa et les Beni Saïd (Rif). Son embouchure est à peu de distance des villages des Ahl Sameur. Il reçoit, à droite, l'oued Oumacine, lequel est lui-même grossi de l'oued Tlet. Son lit est assez large, mais son volume d'eau est moins considérable que celui de la Tafna. Pendant l'hiver, il est sujet à de très fortes crues; on ne peut alors le

---

leurs fractions entretenait un mokaddem dans la petite mosquée qui s'y trouvait, et y emmagasinait, en outre, ses provisions de guerre et de bouche. Il paraît même que les Guelaïa y possédaient quelques vieux canons qu'ils avaient mis en batterie; mais les Espagnols les auraient tous détruits ou encloués. (Capitaine de Breuille, 1880.)

[1] A l'ouest de la baie d'Azanène se trouve la petite crique de Bou Filous, dans laquelle aboutissent les ravins d'Aïn Sahridj et d'Aïn Timottalest qui, tous deux, ont de l'eau en abondance et sur les bords desquels se trouvent de nombreux vergers. Sur un piton situé à leur débouché et appelé El Kolla, on voit encore les ruines d'un fort et d'une ville espagnole. (Capitaine de Breuille, 1880.)

On a signalé à Duveyrier cette ruine chrétienne, pas très ancienne. D'après lui, elle serait située à 5 kilomètres à l'ouest des deux sommets du Djebel Tazouda et du Djebel Mezoudja qui font partie de la chaîne du Djebel El Qaulla. Elle se trouverait chez les Beni Ouir'maren. Duveyrier estime que ce serait le dernier vestige de la R'asâsa fondée sous Ferdinand et Isabelle.

traverser. Il charrie à ce moment des troncs d'arbres qui sont la seule ressource en bois des villages riverains.

En temps ordinaire, on peut le franchir sur tous les points.

POPULATIONS.

Ainsi qu'il a déjà été dit, la contrée à l'ouest de la Moulouïa comprend deux parties bien distinctes : la plaine qui en couvre la plus grande étendue, la montagne qui se dresse comme une barrière entre la mer et l'intérieur du pays.

Une différence semblable existe entre les populations qui habitent ces contrées ; au nord, c'est-à-dire dans la partie montagneuse et maritime, ce sont des Berbères, de race et de langue, tous essentiellement sédentaires et groupés en villages. Au sud, ce sont en majorité des nomades, mais d'origines diverses, arabe ou berbère ; quelques-unes de leurs fractions occupent également des villages.

Cette distinction va servir à classer les populations situées à l'ouest de cette partie du cours de la Moulouïa en deux groupes bien séparés :

1° Les tribus de la plaine ;

2° Les tribus du versant maritime. Chacun de ces groupes comprend un certain nombre de tribus.

Ce sont pour le premier, en allant du sud au nord, les tribus suivantes :

> Houara ;
> Hallaf ;
> Beni Oukil ;
> Sedjâa ;
> Oulad bou Ajouj ;
> Oulad Settout ;
> Beni bou Iahi ;
> Metalsa.

Le second ne comprend que deux grandes tribus :

> Kebdana ;
> Guelaïa.

Parmi les tribus de la plaine, les quatre premières : Houara, Hallaf, Beni Oukil et Sedjâa sont déjà connues. Toutes habitent sur les deux rives du fleuve. Il en a été déjà parlé au chapitre précédent.

Il semble cependant nécessaire de rappeler ici les points principaux de cette région où elles viennent installer leurs campements.

Les Houara, Berbères arabisés, nomadisent dans la vallée de l'oued Melillo et vont même jusque dans le Fhama, où ils possèdent la Kasba de Messoun.

Les Hallaf, qui sont Arabes de race et de langue, parcourent la plaine de Djel. Ils sont voisins, à l'ouest, des Oulad bou Rima et des Magraoua.

Les Beni Oukil envoient leurs troupeaux sur la rive gauche de la Moulouïa. Ils y transportent même leurs campements sans s'éloigner beaucoup du cours du fleuve.

La grande tribu des Sedjâa vient dresser ses tentes jusqu'au Foum Garet.

Les autres tribus de la plaine sont fort peu connues ; nous dirons seulement quelques mots de chacune d'elles.

A côté des Sedjâa, vit dans le Garet méridional une autre tribu arabe, les Oulad bou Ajouj dont Duveyrier parle incidemment dans ses notes et sur laquelle nous n'avons aucun autre renseignement.

Les Oulad Settout, qui viennent ensuite, sont des Berbères arabisés qui nomadisent du canton de bou Areg à l'intérieur du Garet. Ils ont pour voisins au nord, les Guelaïa, à l'ouest, les Beni bou Iahi, à l'est, les Kebdana. Dans cette dernière direction, ils touchent même à la Moulouïa en face du massif des Beni Snassen.

Les Beni bou Iahi (Beni bou Iahia, de Foucauld ; Beni bou Yahiyin, Duveyrier) sont Berbères, de langue et de race. Ils occupent la partie sud-ouest du Garet [1]. D'après de Foucauld, leur caïd, en 1883, se nommait Mohammed bel Hirch. Cette tribu pouvait alors, d'après le même, mettre sur pied 800 fantassins et 60 cavaliers [2].

Enfin les Metalsa occupent la région située entre les Beni bou Iahi et les Guezennaïa. Le pays qu'ils habitent

[1] Comme nous le verrons au chapitre VII, on place aussi les Beni bou Iahi (Beni bou Iahiïn) dans le Rif. Il est probable que leur territoire s'étend aussi bien dans le Garet que dans le Rif.

[2] D'après des renseignements datant de 1846, une de leurs fractions porterait le nom d'Oulad Assou. Ce serait la seule fraction des Beni bou Iahi, qui fît d'ordinaire alliance avec les Guelaïa et les Oulad Settout.

est un plateau très ondulé qui se rattache aux montagnes des Guelaïa, leurs voisins du nord.

Kebdana. — La tribu des Kebdana [1] est d'origine berbère. Elle a conservé la langue berbère et berbérise même les noms arabes. Elle occupe toute la région comprise entre la mer au nord, la plaine de bou Areg à l'ouest et le cours de la Moulouïa à l'est et au sud. La plus grande partie de la contrée ainsi délimitée est couverte par un massif montagneux assez difficile. Dans la partie nord-est seulement, entre la mer et la Moulouïa, la montagne s'abaisse pour former une plaine basse où se trouve Bordj el Bachir sur le rivage, en face des îles Zafarines.

La majorité des villages des Kebdana sont groupés sur le versant maritime de leur montagne ; quelques-uns seulement sont situés sur le versant de la Moulouïa. Aucun de ces villages n'est fortifié ; cependant, il existe quelques restes de fortifications, à peu près régulières, mais complétement en ruines, à Bordj el Bachir [2].

Les principaux villages des Kebdana sont les suivants :

1° Dans la région Nord :

    Timedbour'ine,
    Tazar'ine,

---

[1] Ikebdan en berbère. (H. D.)

[2] A Bordj el Bachir, en face des îles Zafarines, il existait (1890) une petite maison en ruines qui, de tout temps, a été occupée par 12 gardiens, armés de fusils remington, avec mission de surveiller les barques venant des îles.

Oulad Hammou ou Amar,
El Bordj Amar,
Bahou Hammou,
Tmadhet,
El Brakna,
Tinnelal,
Oulad Thaleb,
Madsen bou Dik,
Bou Grib,
El Hadara (El Adara),
Bessri,
Oulad Ikhlef.

2° Dans la montagne :

El Hammam,
Talfraout,
R'il Amran.

3° Sur le versant de la Moulouïa :

Hassi Labr'our,
Tanout,
Atkrirou,
Zekhanine.

Il n'y a, chez les Kebdana, qu'un seul chemin praticable le long de la côte, encore ne l'est-il que pour des convois de mulets.

Un second chemin, meilleur que le premier et toujours en plaine, tourne, par le sud, le massif occupé par cette tribu, mène de Mechera Guerma à Ouzaïou (Zahio). Trois autres chemins traversent le massif entier et réunissent ses villages. Ils partent de Moulai Ali Chérif et passent :

Le premier, par Tizi Ousnous, les Oulad Daoud et Hassi Labr'our, pour déboucher à Mechera Guerma ;

Le second, par Tizi Oniène et Ras bou Angoud, pour déboucher dans la plaine de Taoungat ;

Enfin le troisième, par Tizi Timetlas, pour déboucher à Ouzaïou.

Ce sont des chemins muletiers, mais d'un parcours assez difficile.

Les Kebdana se divisent en six grandes fractions, dont voici l'énumération [1] :

>   Oulad el Hadj,
>   El Berkaneïne,
>   Chraouïth,
>   El Hadara,
>   El bou Alatéïne,
>   Oulad Daoud.

[1] Duveyrier divise les Kebdana en quatre fractions seulement. Ce sont, d'après lui, les suivantes :

Echerouïdhen (Aït Tacherouit) ;
Aït Eboukfiyer (Ahl Bou Hafiyer) ;
Ad Daoud (Oulad Daoud) ;
Izakhanen (Ez Zekhanen).

Chaque fraction a son caïd et les quatre caïds relèvent d'un fonctionnaire supérieur ou grand caïd des Kebdana qui réside dans une Kasba en face des Zafarines, sur le cap del Agua.

En 1886, cette fonction était remplie par El Hadj Mohammed bou Ouasfiya qui avait succédé à Amar ould Harfouf, assassiné sur la place du marché, l'année précédente. A la même époque, le caïd des Echerouïdhen était Si Mohammed ben Ahmed El Cherouïti. Il demeurait dans une grande maison entourée d'enclos de figuiers de barbarie, à Zebboudj El Makhroug, (*en français, l'olivier sauvage lacéré*), localité située à 30 ou 35 minutes de la mer et à 2 ou 3 kilomètres de montagnes basses. De ce point, on embrasse les montagnes

Toute la tribu est placée sous le commandement d'un caïd investi par le Sultan du Maroc. C'était encore en 1880, et depuis de longues années déjà, le nommé Amar ould Harfouf, personnage très influent et dont l'autorité était reconnue par tous. Après lui, on pouvait citer, à cette époque, les indigènes suivants, qui étaient chefs (chioukh) de leurs fractions respectives. C'étaient :

Mohammed ould el Hadj Ahmed, de Tazar'ine,
El Mokaddem Zeroual, de El Hadara,
Mohammed ben Allel, de Timedbour'ine,
Mohammed el Daoudi, des Oulad Daoud,
M'hammed bel Bachir El Berkani, d'El Berkanéïne,
El Hadj M'hammed bou Sefia, de Zekhanine,
El Bachir Zriouth, d'El bou Alatiine,
Ahmed bou Ali Chrouïth, de Chraouïth.

Les Kebdana ensilotent dans les localités suivantes :

   Timedbour'ine,
   Tazar'ine,
   Hassi Labr'our,

des Kebdana et des Guelaïa et un long développement de côtes. Zebboudj est environ à 40 kilomètres de notre frontière algérienne et à 40 sud-est-est de Melila.

De ce point à Djebb ou Mortou s'étend une plaine semée de pierres, mais produisant une herbe fine, et sur laquelle s'étendent des champs de blé. Le terrain est coupé de vallées, vallons et ravins s'abaissant vers le nord avant Djebb ou Mortou qui est un grand village entouré de jardins, de citernes et de puits, vastes propriétés du Chérif de Ouazzan, chef de l'ordre de Moulai Taïeb. En 1888, au moment du passage d'Henri Duveyrier, le mokaddem, influent personnage, était un certain El Hadraouï. C'est un peu après Djebb ou Mortou que commencent les Oulad Settout, Berbères arabisants, qui nomadisent du canton de bou Areg à l'intérieur du Garet.

Zekhanine,
Tizi Ousnous,
Bou Angoud,
Sidi Addou,
Tanout.

Ils ont deux marchés sur leur territoire: celui de Sidi Addou, le vendredi, et celui de Chraouïth, le jeudi. Ils fréquentent, en outre, nos marchés de la frontière et ceux des Beni Snassen.

La population totale des Kebdana est évaluée à 9,500 âmes, habitant environ 1,300 maisons ou tentes.

On estime qu'ils peuvent mettre sur pied 120 cavaliers et 2,200 fantassins.

Guelaïa.[1] — Les Guelaïa[2], comme leurs voisins les Kebdana, sont d'origine berbère. Ils sont de la grande tribu des Botouïa (Betaouïa) d'après Edrisi. Chaque année, un grand nombre d'entre eux viennent en Algérie pour y chercher du travail, principalement à l'époque de la moisson.

Les Guelaïa, qui forment une très grande tribu, ou

---

[1] De Foucauld (Reconnaissance au Maroc) écrit Qelaïa. Duveyrier orthographie Guela'aya, ce qui veut dire, d'après lui, « gens de forteresse ».

[2] D'après El Bekri, Guela'aï (Guelaïa) vient probablement de Qoloua Djara: châteaux du Garet.
Les Qoloua Djara étaient des forteresses imprenables sur une montagne. Elles sont citées sans indication de distance comme situées entre Aguersif (Guercif) et Melila.
D'après Duveyrier, les Beni Ourtadi, qui habitaient Melila, occupaient également Qoloua Djara.

plutôt une confédération de tribus berbères, occupent toute la presqu'île qui se termine au cap des Trois-Fourches (Cap Tresforcas, Ras el Ouerk). Ils sont limités, à l'ouest, par l'oued Kert qui les sépare des Beni Saïd ; ils possèdent cependant quelques villages sur la rive gauche de ce cours d'eau. Au sud, ils ont pour voisins les Oulad Settout et les Beni bou Iahi. Enfin, à l'est, ils confinent aux Kebdana, avec lesquels ils se confondent même dans la plaine de bou Areg. Le pays des Guelaïa[1] est peu accidenté ; c'est une suite de plateaux ondulés.

On y trouve une grande quantité de sources plus ou moins abondantes. Cependant, d'après les dires des indigènes qui connaissent la contrée, on rencontre partout une eau très bonne et en très grande quantité.

Par suite de la configuration générale de la région qui est, comme nous venons de le dire, peu accidentée, les chemins y sont bons et praticables en toutes saisons.

Les principales voies de communication sont les suivantes :

1° De Djennada à Selouane, chemin bon et facile, toujours en plaine. On trouve de l'eau partout, mais pas de bois. Les habitants sont réduits à se servir, comme combustibles, de broussailles et même de fumier de bœuf desséché. A Djennada même, on trouve du bois en grande quantité.

[1] Le pays des Guelaïa est le Meggeo de Léon l'Africain. (H. D.).

La route passe à El Haouch m'ta Sidi Ali ou R'ettous. Elle laisse Timkert à gauche, El Nador à droite et traverse la plaine de Tinegmaret, qui prend son nom d'un village situé à une petite distance de Selouane. Distance approximative : 30 à 35 kilomètres, environ cinq à six heures de marche.

2° D'El Hadara (village des Kebdana) à Djennada, chemin très facile le long de la côte en passant entre la sebkha et la mer. En creusant, on trouve de l'eau partout. Il y a aussi du bois en quantité suffisante ; de plus, la mer rejette constamment des troncs d'arbres. Ce chemin est fréquenté par les gens qui viennent des Beni Snassen ; il est sûr, car il est éloigné des nomades (Oulad Settout, etc.). Distance approximative : 30 kilomètres, environ cinq heures de marche.

3° De Djennada à Zer'enrane (col d'Allahta), bon chemin, sur les pentes du Djebel Tazouda. On rencontre une très grande quantité de villages qui, tous, sont alimentés par des sources ou des puits, mais on manque de bois. Il faut aller le chercher sur le Djebel Tazouda qui est assez éloigné. A Zer'enrane, il y a beaucoup de vergers. On y trouve une quantité d'arbres fruitiers, mais la région manque aussi de bois de chauffage. Les habitants riches en achètent aux Arabes voisins, les pauvres se servent de fumier desséché. Distance approximative : 30 à 35 kilomètres, environ cinq à six heures de marche.

4° De Selouane à Zer'enrane, chemin très facile. On traverse la plaine d'El Feïda, mais on ne trouve ni eau ni bois. Le chemin passe ensuite au col d'Allahta. C'est la route du Rif aux Kebdana et aux Beni Snassen. Distance approximative : 22 kilomètres, environ quatre heures de marche.

5° De Djennada à Souk El Arba. Ce chemin remonte la vallée de l'oued Beni Chiker (rivière de Melila) en traversant tous les villages de cette fraction. La vallée est assez ouverte et le chemin facile. La route incline ensuite à droite en passant par les villages supérieurs des Ahl-el-Gada. Cette partie du chemin est mauvaise, mais on trouve de l'eau et du bois partout. Cette route est très fréquentée ; elle mène au marché d'El Arba, le plus considérable des Guelaïa. Distance approximative : 30 kilomètres environ, cinq heures de marche.

6° De Zer'enrane à Souk El Arba. Ce chemin, qui n'est que la continuation de celui de Selouane, est bon et facile ; il se maintient toujours en plaine. Distance approximative : 9 kilomètres environ, une heure et demie de marche.

7° De Djennada à Azanène. Deux chemins mènent de Djennada à Azanène: celui du haut est assez mauvais ; celui du bas est meilleur, quoique moins bon que ceux des autres parties du pays. On y trouve de l'eau et du bois. Distance approximative : 18 kilomètres, environ trois heures de marche.

Il y a encore un grand nombre d'autres chemins qui réunissent les différents villages entre eux. Presque tous sont d'un parcours facile.

Le pays des Guelaïa est généralement d'une fertilité

très grande, mais la population y étant très considérable, trouve à peine de quoi suffire à ses besoins. Quand la récolte est bonne, on peut faire quelques exportations, mais, en temps ordinaire, tout se consomme dans le pays. Les terres de labour se trouvent principalement dans les plaines d'El Feïda et de Garet. Les fractions de la presqu'île sont moins bien partagées et sont, en général, moins riches.

Le territoire est bien arrosé, aussi trouve-t-on beaucoup de vergers d'un grand rapport. En certains endroits, on plante la vigne comme en Espagne.

Les productions des vergers sont les mêmes que chez nos Kabyles, mais d'une qualité supérieure et, par suite, d'un meilleur rapport. On y trouve des légumes de toute espèce : melons, pastèques, etc... Au village de Zer'enrane, l'un des plus considérables de la tribu, on cultive en grand le chanvre et le tabac.

Il n'existe aucune forêt dans le pays. Les endroits boisés sont, du côté de Iouzoula et d'Ouksan, le Djebel Tazouda et le Ras el Ouerk. On n'y trouve que le thuya; le lentisque y est assez clairsemé. En certains endroits, à Zer'enrane, Sameur, Azanène et même dans la fraction des Mezoudja, le bois est si rare qu'on est obligé de l'acheter chez les nomades voisins et même de se servir pour la cuisson des aliments de fumier desséché.

On trouve des mines assez considérables chez les Beni bou Ifrour, du côté de Iouzoula et d'Ouksan. Chez les Iouzoula, ce sont des mines de plomb et d'antimoine exploitées et à Ouksan, des mines de fer non exploitées. Il paraîtrait que depuis un certain nombre d'années les mines de plomb sont épuisées et qu'on est obligé de se procurer ce métal dans l'intérieur.

La principale industrie du pays consiste dans la fabrication des haïks. Cette industrie est répandue dans toute la tribu, principalement chez les Beni bou M'hammed ; mais les meilleurs produits viennent des Beni bou Gafer.

Les gens des Allahta, Beni bou M'hammed et Ahl el Gada font un assez grand commerce avec l'intérieur du Maroc ; leurs convois vont jusqu'à Fez, d'où ils ramènent quantité de marchandises qu'ils débitent dans le pays et même jusqu'en Algérie. Les fractions des Mezoudja et des Ahl el Gada s'occupent beaucoup de culture et sont plus riches que les autres ; elles possèdent de nombreux troupeaux de bœufs, moutons et chèvres. La fraction d'Allahta, des Beni bou Ifrour, est aussi très riche en troupeaux.

Autrefois les Beni bou Gafer, hardis pirates, faisaient avec l'Algérie et le R'arb un grand commerce par mer [1]. Ils transportaient principalement beaucoup de sel et de céréales. Ils n'ont plus actuellement que quelques barques non pontées avec lesquelles ils ne font que le cabotage. Ce sont des espèces de chalands à rames et voiles, appelés Kareb [2]. Quelques-uns

---

[1] Aujourd'hui, ce n'est que par exception qu'ils se laissent aller à commettre des actes de piraterie.

[2] D'où les Espagnols ont fait Carabo.

viennent à Nemours apporter du sel, de la poterie et des moulins arabes.

On fabrique de la poudre chez les Iouzoula où se trouve du salpêtre ; le soufre vient du R'arb.

Chez les gens du Tlet (Ahl el Gada) on fabrique une poterie estimée.

Les Guelaïa sont très riches en bêtes de somme, juments, mulets et ânes. On trouve chez eux assez peu de chevaux ; les gens riches seuls sont montés. Mais leurs montures ne viennent pas du pays. Elles sont achetées chez les Arabes voisins.

Les Guelaïa sont considérés par les Marocains instruits, comme de beaucoup supérieurs aux populations du Rif. Les hommes y sont plus forts, mieux faits ; ils comprennent mieux l'aisance, se vêtissent mieux, se nourissent mieux ; leurs maisons sont mieux construites. Chez eux aussi la population est tranquille ; les hommes y sont sûrs et on entend rarement parler de vol. Seulement, comme les autres Kabyles, ils sont d'un caractère violent. Il y a souvent des meurtres pour des motifs futiles. Une partie assez considérable des Guelaïa travaillent aux métiers. Quand le travail manque ou que la récolte est mauvaise, ils sont obligés de s'expatrier et de venir chercher du travail en Algérie.

Les Guelaïa se subdivisent en cinq fractions ou tribus qui sont, de l'est à l'ouest :

1° Mezoudja (Beni Mezoudja, H. M.) ou Ahl Mezoudja.
2° Beni Chiker (Beni Tchiker, H. D.).
3° Beni bou Gafer.

} au nord, le long de la mer.

4° Beni Sedal (Beni Sidel, H. M., Beni Sidan, H. D.), ou Ahl el Gada.
5° Beni bou Ifrour.
} au sud des précédents.

Chacune de ces fractions [1] est administrée par un cheikh [2] ou caïd [3] à côté duquel est placé un intendant ou amin dont les fonctions, d'un ordre différent, paraissent limitées à la gérance des intérêts particuliers du Sultan et à l'expédition des affaires extérieures de la tribu.

En 1888, le chef de ces intendants, l'amin el omouna, était un certain Si Mohammed El Aseri, résidant à Djeunada, non loin du caïd des Mezoudja.

Vers 1879, le Sultan voulut placer les Guelaïa sous le commandement d'un seul caïd. Il choisit, pour l'investir de ces nouvelles fonctions, un homme important des Beni Sedal, dont l'influence s'étendait à toute la confédération et déjà chef de sa tribu, Mokhtar el R'em. Mais les Guelaïa ne voulurent pas se soumettre à ce nouveau chef, et Moulai el Hassan dut se décider à envoyer dans leur pays une colonne sous le commandement de Moulai el Amin.

Craignant les horreurs de la guerre, les Guelaïa implorèrent, inutilement du reste, le secours des Espa-

---

[1] Il faut y ajouter deux petites fractions arabes (500 âmes en tout) qui vivent avec les Guelaïa. Ce sont les Oulad Daoudi (cheikh Addou ben Gourari, 1880), et les Oulad Zeïer (cheikh Ahmed ben Moussa, 1880).

[2] H. M.

[3] H. D.

gnols. Ils se tournèrent sans plus de succès vers la France. Ce fut le cheikh des Beni Chiker, Kaddour ben Mohammed ben Chikan, qui se fit l'âme de toutes ces négociations.

Actuellement, un fonctionnaire ou caïd marocain, délégué du Sultan, a sa résidence à la Kasba de Selouane. Il exerce son action administrative sur le Garet, mais son autorité sur les Kebdana et les Guelaïa est à peu près nulle.

Voici maintenant les renseignements que nous possédons sur chacune des fractions de la tribu des Guelaïa :

1° *Mezoudja*. — Cette fraction est la plus orientale des Guelaïa; son territoire s'étend des revers est du Djebel Tazouda jusqu'à Tanegmaret et la sebkha, et au sud jusque dans la plaine d'el Feïda. Ce pays est fertile et d'un accès facile.

Le cheikh des Mezoudja était en 1880, (H. M.), le nommé El Hadj Amar Akouda. Il fut remplacé en 1888 par Si El Hadj Addou (H. D.). Il existe dans cette tribu deux marchés :

1° Souk et Tenin, près de Sidi Ouriach;
2° Souk el Djemâa, chez les Beni Nsar.

Les indigènes de Mezoudja possèdent une grande barque et cinq petites.

La population totale de la fraction est d'environ 9400 âmes [1].

[1] 3400 âmes seulement d'après M. de La Martinière.

NOMS DES SUBDIVISIONS.	NOMBRE de			NOMS DES CHEFS OU DES NOTABLES en 1880 [1].
	maisons ou tentes.	cava- liers.	fan- tassins.	
Ferkhana........	750	»	700	Cheikh: El Mimoun ben Mokhtar.
Beni Nsar........	750	»	700	Cheikh: Bou Ikharitchem.
M'samir	450	»	400	Cheikh: El Hadj el Mohdoni.
Ahl Nador.......	300	»	250	Cheikh: Mimoun ou Chaïri.
Baraha (Berraga).	350	»	300	Cheikh: Ahmed Abiid.
Totaux...	2600	15	2350	

2° *Beni Chiker*. — Les Beni Chiker ont presque tous leurs villages sur les bords du ruisseau de ce nom qui vient déboucher à Melila. Cependant une de leurs fractions, les Beni bou Armaren, ont les leurs du côté d'El Feïda; il y a même quelques maisons isolées sur la presqu'île de Ras el Ouerk. Cette presqu'île est complètement inculte. Le reste du pays est fertile; on trouve beaucoup de jardins irrigables sur l'oued Beni Chiker et sur l'oued bou Armaren.

Les Beni Chiker avaient pour cheikh en 1880, Kaddour ben Mohammed ben Chikan [2].

Il n'y a chez les Beni Chiker qu'un seul marché, à Souk el Had. Il est chez les Beni bou Armaren.

La population totale de la fraction est d'environ 6000 âmes [3].

[1] Capitaine de Breuille.

[2] H. M.

[3] 3400 âmes seulement d'après M. de La Martinière.

NOMS DES SUBDIVISIONS [1].	NOMBRE de			NOMS DES CHEFS OU NOTABLES en 1880 [2].
	maisons ou tentes.	cavaliers.	fantassins.	
Abdouna (Iabdounen)..	350	»	300	El Hadj Mohammed ou Abdallah (l'homme le plus marquant de la fraction).
Beni Athman............	600	»	500	Si Addou bou Azza.
Berdjiouen.............	500	»	400	Si Mohammed ou Athman.
Beni bou Armaren......	350	»	300	El Hadj Mohammed ou Hadi.
Totaux...	1800	10	1500	

3° *Beni bou Gafer*. — Cette fraction, la moins forte de toutes, occupe tout le pays compris entre l'oued Kert et l'oued Ikhezacène. Au sud, ses villages se confondent avec ceux des Ahl el Gada.

Les Beni bou Gafer possèdent, sur la côte, des rades assez bonnes, ce sont : celle d'Azanène [3] et celle de Sameur, à l'embouchure de l'oued Kert.

Autrefois, ils avaient d'assez fortes barques avec lesquelles ils faisaient le commerce de la côte barbaresque et aussi la piraterie. Ils n'en ont plus actuellement qu'une vingtaine de petites pour la pêche et le cabotage.

Ils étaient commandés en 1880 par El Hadj Hammou [4].

[1] D'après d'autres renseignements datant de 1846, cette fraction se subdiviserait ainsi : Iabdounen, Imezoudjen, Ahl Tiza, Ahl Ouerk.

[2] Cap. de B.

[3] Le village d'Azanène est le dernier point habité du territoire de la confédération des Guelaïa, du côté des Beni Saïd. Il ne compte guère que deux cents combattants, réputés, à juste titre, pour être les plus audacieux forbans parmi les Guelaïa. (H. D.).

[4] H. M.

Ils fréquentent les marchés des autres fractions des Guelaïa.

La population totale de la fraction est d'environ 4800 âmes [1].

NOMS DES SUBDIVISIONS [2].	NOMBRE de			NOMS des CHEFS OU NOTABLES en 1880 [3].
	maisons ou tentes.	cava- liers.	fan- tassins.	
Ahl Sameur............	200	»	»	L'homme le plus important de cette fraction était Si Addou ben Abdelmalek. Il a laissé en mourant trois fils dont l'un, Si Mohammed ould Si Addou, aurait hérité de son influence.
Mehaïatin..............	50	»	»	
Azanène................	300	»	»	
Chemlala (Aït Chemalen).	100	»	»	
Oulad Amar ou Hamza..	50	»	»	
Totaux....	700	10	1200	

4° *Ahl el Gada* (Beni Sedal). — Cette fraction est la plus importante des Guelaïa en même temps que la plus riche. Elle étend ses villages sur les pentes du Djebel Ouksan et sur la rive droite de l'oued Kert. Le pays qu'elle occupe est généralement plat et uni; il est arrosé par l'oued Kert, l'oued Oumacine et l'oued Tlet.

Les Ahl el Gada sont riches en troupeaux et en bêtes de somme; ils possèdent des terres de labour nombreuses et de bonne qualité.

[1] 2400 âmes seulement d'après M. de La Martinière.

[2] D'après d'autres renseignements, datant de 1846, cette fraction se subdiviserait ainsi : Aït Chemalen, Azanène, Ahl Sameur, Ahl Tar'redmia.

[3] Cap. de B.

Ils obéissaient, en 1880, à Mokhtar el R'em, celui-là même que le Sultan avait voulu investir des fonctions de caïd de tous les Guelaïa.

On ne trouve chez eux qu'un seul marché important; c'est celui de Souk el Arba, qui se tient chez les Ahl el Tlet.

La population totale est d'environ 12000 âmes [1].

NOMS DES SUBDIVISIONS [2].	NOMBRE de			NOMS DES CHEFS OU NOTABLES en 1880 [4].
	maisons ou tentes.	cavaliers.	fantassins.	
Beni Daguel	50	»	»	Le seul homme important de cette fraction était, en 1880, Mokhtar el R'em. Il appartenait à la fraction des Djouaoua. Après lui on pouvait citer, à cette époque, son Khalifa, Si Mohammed ould el Hadj Hammou, des Beni Feklan.
Ahl el Tlet	100	»	»	
Addoïcia	300	»	»	
Beni Feklan	500	»	»	
Oulad Iacine	300	»	»	
Djouaoua	300	»	»	
Oulad R'anen	50	»	»	
El Atianen	30	»	»	
El Roudia [3]	35	»	»	
Oulad Amar ou Aïssa.	20	»	»	
Totaux	1685	40	3000	

5° *Beni bou Ifrour*. — Les Beni bou Ifrour habitent au sud de la fraction des Mezoudja. Leurs villages

[1] 3500 âmes seulement d'après M. de La Martinière.

[2] D'après d'autres renseignements, datant de 1846, cette fraction se subdiviserait ainsi : Ahl Ioudjouhaoun, El Addahoua, Oulad Haïsaïna, Beni Feklan, Ahl Lahia.

[3] C'est une petite fraction de marabouts. Presque tous sont tolba et n'ont pas d'industrie.

[4] Cap. de B.

sont disséminés sur les montagnes de Iouzoula et d'Ouksan. Cette dernière, qui forme le point culminant de leur pays, a la forme d'un pain de sucre et est d'une élévation approximative de 700 mètres. On ne trouve, sur leur territoire, qu'un cours d'eau, l'oued Mesraf qui se perd dans la plaine d'El Feïda et n'a d'ailleurs d'eau qu'en hiver.

Ils étaient commandés, en 1880, par Mohammed ou Amar[1].

Ils ont un marché important, celui de Souk el Khemis, qui se tient dans la sous-fraction de Iouzoula.

La population totale de la fraction est d'environ 8000 âmes[2].

NOMS DES SUBDIVISIONS. (villages ou douars)[3].	NOMBRE de			NOMS DES CHEFS OU NOTABLES en 1880[4].
	maisons ou tentes.	cavaliers.	fantassins.	
Zer'enrane..........	400	»	»	L'indigène le plus marquant était Si Mohammed ould Mohammed ou Hadi, de Zer'enrane (1880) On pouvait citer encore le cadhi Si El Mokhtar, déjà âgé, qui habitait la même sous-fraction.
Iouzoula............	350	»	»	
Ahl Ouksan	350	»	»	
Allahta.............	200	»	»	
Totaux....	1300	25	2000	

[1] H. M.

[2] 2900 âmes seulement d'après M. de La Martinière.

[3] D'après d'autres renseignements, datant de 1846, cette fraction se subdiviserait ainsi : Beni bou M'hammed, Allahta, Ahl Ouksan, Ksoula, Reggana.

[4] Cap. de B.

RÉCAPITULATION DES GUELAÏA.

NOMS DES FRACTIONS.	NOMBRE de			Population.
	maisons ou tentes.	cavaliers.	fantassins.	
Mezoudja..............	2600	15	2350	9400
Beni Chiker.............	1800	10	1500	6000
Beni bou Gafer..........	700	10	1200	4800
Ahl el Gada.............	1685	40	3000	12000
Beni bou Ifrour	1300	25	2000	8000
Totaux......	8085	100	10050	40200

Les documents anciens existant à Oran portaient autrefois la population totale des Guelaïa à 35000 âmes environ pouvant fournir 260 cavaliers et 8750 fantassins. Mais le nombre des chevaux en 1880, au moment où le capitaine de Breuille recueillait la plupart des renseignements rapportés ici, avait diminué de beaucoup ; il n'était certainement pas alors supérieur à 100. Par contre, la population s'était un peu accrue, et, grâce au commerce européen, le nombre des fantassins armés avait augmenté.

On peut, en chiffres ronds, évaluer la population des Guelaïa à 40.000 âmes [1] avec 100 cavaliers et au minimum 10.000 fantassins.

[1] Ces chiffres sont très différents de ceux donnés par M. de La Martinière qui évalue la population totale des Guelaïa à 15.600 âmes.

Cette situation n'a pu guère se modifier depuis lors que par un nouvel accroissement de population. Il paraît préférable de s'en tenir aux chiffres donnés que de chercher à indiquer une nouvelle évaluation qui serait encore approximative, et par suite sujette à caution. La seule modification à signaler chez ces Kabyles est celle de leur armement. Tous ou presque tous, depuis dix ans, ont abandonné leurs anciennes armes pour se procurer des armes perfectionnées qu'ils achètent à Melila. Aujourd'hui pas un Kabyle de ces régions, aussi bien des Guelaïa que des Kebdana, qui ne possède au moins un Remington et de nombreuses cartouches. Il en est à peu près de même des autres tribus de l'intérieur, qui suivent de plus en plus cet exemple.

RÉCAPITULATION DES TRIBUS DU VERSANT MARITIME.

NOMS DES TRIBUS.	NOMBRE de			Population.
	maisons ou tentes.	cavaliers.	fantassins.	
Kebdana................	1300	120	2200	9280
Guelaïa................	8085	100	10050	40200
Totaux......	9385	220	12250	49480

CHAPITRE V.

Aperçu historique sur le Rif, et sur les populations primitives de cette partie du nord de l'Afrique.

Une incertitude presque complète règne sur les temps primitifs de la Berbérie en général et du Rif en particulier.

Les habitants de cette dernière partie de la Maurétanie, séparée par sa position géographique des autres territoires, ont, en effet, vécu dans un isolement qui paraît avoir été complet à toutes les époques de l'histoire. Sans relations avec l'extérieur, ils n'ont laissé que peu de traces des origines de leur existence. Toutefois, si nous en croyons les auteurs anciens[1], le

---

[1] Jugurtha. C. 18. Africam initio habuere Gœtuli et Libyes, asperi, inculti.

Ainsi que l'avait déjà remarqué de Slane dans un des savants appendices qu'il consacra à l'histoire des Berbères, c'est plutôt aux auteurs anciens qu'aux historiens arabes que nous devons nous reporter pour essayer d'établir l'analogie entre les noms modernes des tribus qui habitent certaines parties de l'Afrique septentrionale et ceux que nous ont laissés les auteurs anciens.

Ainsi les Bakouatai de Ptolémée, les Baquates des Inscriptions et les Bacuates de l'Itinéraire, habitaient la partie centrale de la Tingi-

nord de l'Afrique était jadis occupé par deux races autochtones, les Gétules et les Libyens. Les premiers erraient dans le sud, les seconds étaient fixés sur les rivages de la Méditerranée ; et c'est à ces derniers qu'il convient de faire remonter les indigènes du Rif. De nos jours, l'examen de la population berbère marocaine nous révèle encore, et très nettement, ces deux éléments ethniques absolument dissemblables. Dans le sud, dans tout le massif de l'Atlas, la population est composée de berbères ou cheleuhs à l'aspect méridional, aux cheveux noirs, au teint basané et qui ne sauraient être confondus, bien que parlant une langue de même origine, avec les tribus du Rif. Parmi ces derniers, en effet, on constate un grand nombre d'individus blonds[1] ou roux, au teint blanc, d'aspect

tane, dans la région que les Berr'ouata occupaient jusqu'au milieu du cinquième siècle de l'hégire.

Les Makanitai de Ptolémée, les Macenites de l'Itinéraire se tenaient dans la contrée où s'élève actuellement la ville de Meknas, en berbère Miknassa, nom de la tribu qui habitait alors cette région.

Les Autololai de Ptolémée occupaient le massif du Zerhoun, le « Volubile oppidum » de la domination romaine y avait été construit. Les ruines de Volubilis sont à côté de l'Ain Oulili, les Autololai étaient les Ait Oulili.

Pellissier de Reynaud dans les Annales algériennes, tome III, p. 524, émet l'avis que les Maures venus s'installer dans la région comprise entre la Mulucha et l'Océan étaient d'origine arabe. D'après lui ce seraient les descendants des Hycsos qui, chassés d'Égypte, auraient fini par trouver un refuge dans ces régions.

[1] Pour toute cette question, voir Vivien de St-Martin, « le Nord de l'Afrique dans l'Antiquité » et Faidherbe « Aperçus ethnographiques sur les Numides ».

complètement différent des autres Berbères du pays. Or, ces individus ne descendent ni des mercenaires gaulois de Carthage, ni des Vandales, ni des esclaves chrétiens employés par les Musulmans. Les savants qui se sont occupés d'ethnographie africaine leur attribuent comme origine une race blonde qui, dès les temps les plus reculés, habitait le nord africain, les massifs de la Kabylie et le Rif[1]. Elle s'est conservée dans toute sa pureté surtout dans la contrée qui nous occupe. Plus tard arrivent les immigrations asiatiques auxquelles devaient succéder les commerçants phéniciens, et les comptoirs se multiplièrent jusque sur les rivages reculés de l'Atlantique. Seule la côte du Rif ne fut qu'effleurée à Melila (l'antique «*Rusaddir*[2]»), car l'hostilité farouche des habitants découragea même ces hardis marins. Les textes anciens nous ont appris, en effet, qu'arrivé à ce dernier port le navigateur

---

[1] Le général Faidherbe a cherché à démontrer qu'un peuple blond, émigré du Nord avant l'invasion des Aryas, a envahi l'Afrique septentrionale. C'est aussi l'opinion de MM. Broca et Bertrand. Voir aussi l'ouvrage de Numismatique de Muller touchant les types blonds représentés sur les monnaies frappées en Maurétanie.

[2] La difficulté des relations locales avec les tribus de la région environnante, peut-être leur pauvreté, n'avaient pu rendre ce comptoir prospère, malgré l'infatigable activité commerciale des Phéniciens. La tradition, non plus que les historiens ou géographes, nous ont laissé peu de détails sur ce port, le meilleur de la côte. Quoi qu'il en soit, il est plus que probable que l' « Ακρος πόλις καὶ λιμήν » du Périple, se retrouve dans le « Russadir oppidum et Portus » de Pline, la « Russadir Colonia » de l'Itinéraire dont l'identité avec Melila est hors de toute discussion depuis les travaux de Tissot.

évitait la côte du « Metagonium »[1], et, prenant la route du nord indiquée par la pointe de Rusaddir, allait reconnaître l'île déserte d'Alboran pour faire ensuite voile vers le détroit de Gabès.

A l'époque romaine, on confondait tous les habitants du nord-ouest de l'Afrique avec les Numides dans la même dénomination générique de Maures, et bien que les peuplades du Rif aient formé une nation indépendante, résistant à l'autorité impériale, il ne paraît pas que ce souvenir de son existence non plus que de ses luttes soit parvenu jusqu'à nous, et que les historiens les aient séparés des guerres des rois numides. En réalité, le Metagonium demeura fermé aux légions; le seul résultat de la domination de Rome avait été, à la mort de Ptolémée, de refouler ces populations dans leurs montagnes. On se bornait alors à utiliser les solides vertus guerrières des indigènes qui s'engageaient comme mercenaires, et on les enrôlait dans les cohortes pour contenir les autres populations. Dans ce but et aussi pour garder la frontière méridionale de ces districts, on avait construit au pied des montagnes qui bordent le Rif et la région des Djebala, du côté de la Tingitane, une série d'ouvrages stratégiques.

[1] Nom que Strabon donne textuellement au grand promontoire voisin de l'embouchure de la Molochath (la Moulouïa) ainsi qu'à la coupée qui l'entoure et dont les montagnes forment le prolongement presque ininterrompu des montagnes des côtes. On y reconnaît sans peine le cap des Trois-Fourches et toute la côte rifaine de nos jours.

Les colonies agricoles qui garnissaient les vallées des fleuves étaient ainsi à l'abri des invasions des montagnards. On a retrouvé dans la Tingitane les vestiges de cette occupation qui isolait complètement du restant de la province impériale la région qui s'étendait de la Malva à la rivière de Tamuda oppidum. On sait, d'autre part, que le centre de l'occupation impériale était à Volubilis, dans le double massif du Zerhoun et du Tselfat, admirable position qui commandait le Tell marocain tandis qu'elle en imposait aux ancêtres des Djebala et des Rifains de notre époque.

Pour répondre à cette double mission, les légions romaines avaient donc établi une ligne de postes qui empêchaient toute communication entre les habitants de l'Andjera, voisins du détroit, et les tribus du massif occupé de nos jours par les Beni Ider, les Beni Messaouar du Djebel Habib. Cette chaîne de fortins se poursuivait dans le sud, et on a pu récemment admettre que parallèlement à la Méditerranée, une voie achevait la séparation du Rif proprement dit des autres territoires fertiles de la Tingitane[1].

Une sorte de route qui devait déboucher à la hauteur de la ville de Fez, assurait la communication terrestre entre les deux Maurétanies césarienne et tingitane. Quant aux entreprises militaires de Rome dans le Rif, nous n'en savons encore rien, malgré les récentes découvertes épigraphiques faites à Volubilis, et il n'y a

---

[1] H. M.

pas lieu de croire que ce voile puisse en être levé avant l'exploration archéologique qu'il reste encore à poursuivre de la Tingitane. Quoi qu'il en soit, on peut admettre que le Rif entier échappa à l'action de Rome. Les connaissances géographiques que nous a léguées l'antiquité[1] s'arrêtent à la côte, car aux derniers temps de la domination romaine, l'exploration s'était bornée à longer le rivage. L'intérieur en était demeuré aussi fermé, aussi inaccessible qu'il l'est encore de nos jours.

Ce que Rome n'avait réalisé, il n'apparaît pas que Byzance en ait eu les moyens lorsque Justinien borna l'occupation du Bas-Empire dans ces régions à l'entretien d'un simple tribun à Ceuta.

A la faible lueur des documents parvenus jusqu'à nous, on n'ose qu'effleurer l'histoire des origines de l'islamisme au Rif. Nous savons néanmoins que la persistance de la religion chrétienne[2] y fut plus grande qu'on ne le supposait, aussi les débuts de la doctrine de Mohammed furent-ils pénibles. El Bekri a eu soin de nous apprendre les difficultés que l'apôtre Salah ibn Mansour le Himyérite avait rencontrées en convertis-

[1] H. M.
Dans Ptolémée, nous trouvons un certain nombre de positions, mais sur cette partie du Metagonium, le géographe d'Alexandrie ne cite aucune localité: c'est à l'Itinéraire d'Antonin que nous devons recourir pour combler les lacunes.

[2] La PRISCIANA de Mela, sur le Djebel Moulai Bou Cheta, était le siège d'un évêché important. Voir la liste des évêques de la Tingitane, puis Étienne de Byzance et enfin le texte de l'Anonyme de Ravenne.

sant les Sanhadja et les R'omara[1], toujours enclins à reprendre leurs anciennes croyances[2].

Avant l'invasion arabe, la doctrine de Moïse[3] avait aussi recruté des adeptes au Rif, et de très bonne heure, de 710 à 740 de notre ère, moins d'un siècle après Mohammed, eut lieu la conversion à l'Islam des Beni Tam Saman. Quant à l'histoire de la nouvelle religion dans le Rif, elle n'est guère, dans les débuts, que l'énumération de plusieurs schismes qui tentèrent

[1] Les R'omara étaient chrétiens et avec eux les Beni Hamed, les Mettioua, les Beni Nal, les Ar'saoua, les Beni Zeroual, les Medjkasa, d'après les historiens arabes et d'après les légendes encore en cours aujourd'hui. Ils furent convertis par Moussa ibn Hocein ou ibn Noceir qui leur infligea la défaite la plus rude et les porta à embrasser l'islamisme (Ibn Khaldoun, II, page 135). Il est curieux de remarquer avec quelle ardeur ils embrassèrent la religion de Mohammed; ce furent ensuite les plus zélés défenseurs des Idrissites; les Beni Tam Saman, aujourd'hui de farouches Derkaoua, avaient parmi eux des chrétiens; leur conversion date de 730.

[2] C'est à peu près une des seules indications précises que nous ayions sur les débuts de l'islamisme dans ces régions. Mais Salah ayant finalement triomphé, les Berbères furent ramenés dans le droit chemin, ainsi que nous l'apprend El Bekri. Salah mourut en odeur de sainteté et l'on voit encore son tombeau vénéré chez les Tam Saman.

Aussi bien, H. Duveyrier a discerné la religion tout à fait primitive des habitants berbères de ces régions, qui était le culte des mânes confié à des femmes passant pour prophétesses (kahena). Le savant voyageur avait autrefois trouvé les mêmes origines jusque chez les Touareg Azdjer.

[3] Au moment de la conquête arabe, une partie des Berbères professaient aussi le judaïsme; parmi les Berbères juifs que cite Ibn Khaldoun, nous remarquons les Mediouna et les R'iata, que l'on rencontre encore, les premiers dans le Rif à côté des Sanhadja, les seconds au sud sur la route de Fez à Oudjda.

de s'y répandre, et ensuite et surtout de diverses confréries musulmanes s'y créant des fiefs afin d'y récolter des aumônes.

Déjà, avant la fin du VIIIe siècle, apparut un prophète chez les Medjkâsa en Djeraoua, près de Nokour. Il s'appelait Hâmîm[1]; c'est le deuxième des trois prophètes berbères au Maroc; musulman lui-même, mais ayant comme tantes deux prophétesses ou sorcières de la religion nationale, il tâche de trouver entre l'Islam et le culte des mânes, un juste milieu dogmatique, sans négliger le souci de ses intérêts. Il composa un Coran en berbère. L'enseignement de Hamîm abolissait la circoncision, les ablutions et le pèlerinage à la Mecque; mais il prohibait les œufs comme aliments, prescrivait d'égorger les poissons et autorisait à manger la viande de sanglier; oiseaux et œufs étaient en effet considérés comme impurs chez les Berbères primitifs, comme ils le sont encore de nos jours chez les Touareg. Il instituait, pour chaque semaine, un jeûne dans la matinée du mercredi et toute la journée du jeudi, mais il abrégeait de cinq jours le carême ou Ramadan des musulmans.

Les six prières musulmanes étaient réduites à deux, mais chaque homme devait apporter au prophète un tribut de cinq taureaux et la dîme sur tous ses biens. Cette dernière règle contribua à empêcher la nouvelle religion de s'étendre.

[1] Hâmîm est peut-être une réduction du nom hébreu « Prahamini », pieux.

De là, une suite ininterrompue de querelles et de luttes, souvent sanglantes, que favorisait le sentiment de combativité des habitants.

Les confréries de Sidi Abdelkader el Djilani, de Moulai Taïeb et de Sidi Mohammed ben Abou Zian, recrutèrent, dans la suite, çà et là des disciples: les Derkaoua Chadelia fondèrent même un couvent au Djebel Bou Berîh; enfin les descendants de Sidi Abdesselam ben Mechich, natif des environs de Tétouan, y comptèrent de nombreux fidèles. Mais l'influence de ces cherifs, héritiers [1] d'une partie des revenus de la grande Zaouïa de Moula Idris à Fez, dérive plutôt de la tradition politique et historique, que d'une sympathie religieuse, car, suivant l'opinion de H. Duveyrier, hors de rares couvents, bien peu d'habitants du Rif se préoccupaient assez de l'idéal et de leur salut pour s'arrêter à la pensée d'une obole ou d'une protection religieuse [2].

Ces considérations d'histoire religieuse ont semblé utiles, elles permettront d'apprécier l'origine des difficultés rencontrées par les Sultans marocains dans leurs tentatives pour asservir le Rif. La théocratie de la cour de Fez est souvent demeurée impuissante et

---

[1] Un mois par année le corps des cherifs de Moulai Abdesselam envoie à Fez une délégation, qui, s'installant dans la grande Zaouïa qui renferme le tombeau de Moula Idris Ser'ir, le fondateur de Fez et le fils de l'apôtre musulman au Maroc, y récolte ainsi la douzième partie environ des collectes et dons assez considérables, de l'année.

[2] Voir, influences religieuses dans le Rif.

comme sans effet sur ces montagnards. On peut résumer l'histoire des relations du gouvernement chérifien avec les habitants de cette partie du Maghreb dans une énumération de révoltes, d'incursions réciproques, d'actes de piraterie amenant comme répression de véritables expéditions trop souvent infructueuses.

On sait que la première dynastie musulmane au Maroc, celle des Idrissides, s'appuya uniquement sur les éléments berbères. Ce fut dans le Rif, dans ce pays berbère par excellence, que les princes déchus cherchèrent un asile aussi bien que les moyens pour lutter contre leurs successeurs. La petite ville de Nokour fut leur dernier refuge; elle avait été fondée vers 758 par un chef arabe Salah ibn Mansour. Très populaire parmi les tribus r'omariennes des environs, ce prince avait développé une rigide orthodoxie musulmane, en conservant les principes de la foi entre les héritiers Berr'ouata et les Kharedjites [1].

Dans la suite, ses héritiers agrandirent sa tâche et les schismes dont nous avons déjà parlé furent le prétexte de guerres qui ensanglantèrent longtemps ce pays.

A la mort d'Idris Ser'ir (828) toute la région maritime du Rif, habitée par les R'omara, échut à Omar, tandis que son frère Daoud avait Taza, les Tesoul, les Miknassa, les R'iata et les Haouara. La guerre ayant éclaté entre Iahia ben Kacem ben Idris, qui régnait

[1] Voir Ibn Khaldoun, vol. II, pages 137 et suivantes.

en 901 à Fez, et son neveu Iahia ben Idris ben Omar, souverain du Rif, le premier périt dans un combat et Iahia ben Idris s'empara de l'autorité dans le Maghreb. Il réunit alors, pour la première fois depuis Idris II, le Rif au Maghreb. Vers cette époque, la grande tribu des Miknassa soumit tout le territoire compris entre les Tesoul, Taza et la Moulouïa, c'est-à-dire les confins méridionaux du Rif.

Après sa défaite par le fameux Moussa ben Abou el Afia, ce fut encore dans le Rif que vaincu, l'idrisside El Hassan se réfugia, et il devait en être ainsi pendant de longues années.

Cependant les princes idrissides, poursuivis jusqu'à Nokour, virent leur nouvelle retraite enlevée par trahison et livrée aux pillards. Une suite de combats fameux avec l'armée fatimide s'engagea et les Idrissides reconnurent la nouvelle autorité. Après la fuite de Moussa dans le désert, le chef des fatimides donna à Kacem ben Idris, surnommé Kennoun, le commandement de tout le pays conquis sur Moussa; cependant la ville de Fez fut réservée. Ne pouvant rentrer dans la cité de leur ancêtre, les Idrissides demeurèrent à Hadjar en Nacer et à Nokour, leurs capitales (936). C'est l'époque de la plus grande prospérité au Rif, malgré la guerre avec les Magraoua. Les Idrissides étaient comblés de cadeaux par les souverains d'Andalousie qui recherchaient une autorité politique doublée d'une puissante influence religieuse.

Quand les succès des Oméïades au Maghreb eurent

définitivement précipité la chute de la dynastie d'Idris [1], quand Basra [2] eut été abandonnée, avec le Ksar Masmouda [3], nous voyons le Rif demeurer le refuge des princes déchus. Iousouf ben Tachefin, le plus brillant des Almoravides, ayant envahi une première fois,

[1] La puissance de la famille d'Idris fut anéantie dans la suite par les fatimides ; mais pendant toute sa durée, les Alides de l'Orient (descendants du gendre du Prophète) n'avaient jamais ralenti leurs efforts pour s'emparer du Khalifat. Leurs agents parcouraient le Maghreb. Les berbères Ketama embrassèrent cette cause. Mais comme la nouvelle religion s'était bien établie chez les Berbères, en détruisant les monuments de la puissance arabe, ils ne portèrent aucune atteinte à l'édifice de la foi et voulurent fonder un empire. C'est ce qui arriva aux Miknassa, mais tous ces pouvoirs devaient s'écrouler pour faire place dans le Maghreb el Aksa, aux Beni Merin.

[2] Fondée vers le milieu du IX⁰ siècle par Mohammed ben Idris, Basra était située sur un plateau qui commande à l'ouest la vallée de l'oued Meda, à l'est la route de Ouazzan, au nord-est une vallée qui débouche dans le bassin du Loukkos, et au sud, la route du Ksar el Kebir à Fez et à Meknas. L'importance d'une telle situation permet de supposer que Basra n'avait fait que succéder à une ville antique (Tremulœ, d'après Tissot). Basra est un des exemples les plus frappants de la rapidité avec laquelle disparaissent, au Maroc, des centres de population qui partout ailleurs laisseraient au moins des vestiges de leur ancienne prospérité. De cette grande ville qui couvrait deux collines et dont l'enceinte, au rapport d'El Bekri, ne comptait pas moins de dix portes, il ne subsiste plus aujourd'hui que l'angle nord-ouest du rempart; Edrisi, qui écrivait un siècle après El Bekri, parle déjà de Basra comme d'une ville qui avait été autrefois considérable.

[3] Ksar es Ser'ir, le Ksar Masmouda d'El Bekri, était au Moyen-Age un des points les plus importants de la côte septentrionale. C'était tout à la fois le chantier où se construisaient la plupart des navires qui faisaient le commerce du détroit et l'arsenal où se préparaient les expéditions dirigées, contre l'Espagne, par les princes musulmans. La

en 1063, le pays de R'omara, trouva toute la contrée montagneuse du Rif[1] soumise à l'autorité des Idrissides hammoudites. Le Khalife Abou Iakoub, sous les Almohades, ayant confié à ses frères le commandement de l'Afrique, une révolte des R'omara et des Masmouda provoqua un terrible soulèvement, dont l'armée eut la plus grande peine à triompher. C'est de cette époque glorieuse (1167-1168) que le Khalife prit le titre de Commandeur des Croyants. On créa par la suite un commandement important à Sebta (Ceuta) pour surveiller toute la région du Rif.

A l'époque des Mérinides, Abou Thaleb est forcé de se mettre à la tête d'une grande expédition pour combattre en 1308 les rebelles du Rif, car les révoltes ne cessent de se multiplier dans cette région[2], dans la vallée du Ouar'ra et chez les Oulad Aïssa.

A la chute des Almohades, Abou Iousouf ben Abde

---

victoire de Las Navas de Tolosa avait mis fin, dès le XIIIe siècle, au rôle guerrier du Ksar; l'ensablement de l'oued el Iemm à l'embouchure duquel il est situé, en tarissant sa prospérité commerciale, a fini par amener sa ruine. La vieille place forte des Masmouda n'est plus aujourd'hui qu'un monceau de ruines que les dunes disputent aux broussailles et ne tarderont pas à ensevelir.

[1] En l'an 1142-43, Abd el Moumen subjugua les campagnes du Maghreb, se rendit maître du pays des R'omara. De là, il conquit successivement le Rif (Ibn Khaldoun, I, p. 254).

[2] A la mort du sultan Mérinide, Moussa El Ouâthek avait à lutter avec les R'omara du Rif toujours disposés à soutenir les prétendants de la famille Idrisside; nous retrouverons constamment cette fidélité et cette persistance à servir la première famille régnante berbère par ses origines.

attitude bien différente de celle que nous leur connaissons depuis cette époque. Parfois ils s'étaient rangés sous une même bannière, ainsi qu'à l'époque des descendants de Moula Idris, pour ne parler que des gens du Rif, mais le plus souvent ils avaient formé une série de petites confédérations sans aucun lien solide. Cet état de choses serait dû à l'esprit d'indépendance farouche de la race berbère et au manque d'autorité morale des dynasties autochtones.

S'il était difficile, pour ne pas dire impossible, au XVIe siècle de discipliner les populations berbères, on pouvait, par l'autorité morale, relever le pouvoir politique et prendre un certain ascendant sur les tribus. Les Chérifs Saadiens entreprirent cette tâche et leur honneur est d'y avoir partiellement réussi en préparant les voies des Chérifs Filali dont le plus illustre fut Moula Ismael, un ancêtre du souverain actuel.

Le manque d'explications laissées par le Prophète sur les titres nécessaires à l'obtention du khalifat, avait été la cause des principales difficultés rencontrées par les apôtres musulmans dans la conversion des populations berbères, difficultés que les propagateurs de la nouvelle religion tournèrent en décidant que nul ne serait légitimement investi du pouvoir suprême s'il n'était issu de la famille même de Mohammed. Ce ne fut pas sans résistance que la race berbère adopta cette manière de commandement qui, en définitive, consacrait la suprématie de l'élément arabe. Aussi, les premières ardeurs de la foi nouvelle calmées, secouèrent-ils le joug des dynasties pour mettre à leur tête les Almoravides, les Almohades, les Mérinides, et c'est ce qui explique aussi la faveur des Idrissides ; Moula Idris le Grand, le premier et le plus illustre apôtre musulman au Maghreb, s'étant établi au Djebel Zerhoun, c'est-à-dire dans un centre berbère, n'avait prêché la sainte parole que dans un milieu autochtone.

Toutefois ces dynasties n'avaient réussi à se faire accepter des vrais croyants que grâce à un pouvoir occulte et par des influences religieuses de Marabouts chèrement acquis, au lieu de réunir dans une même main, ainsi que les Khalifes, l'autorité spirituelle et temporelle. Les compétitions intérieures constantes les menacèrent, et, sous les Mérinides, les complications extérieures [1] aggravèrent la situation au point que les cherifs Saadiens n'eurent qu'à se présenter pour que l'élément arabe d'abord, devenu de plus en plus nombreux au moins depuis plusieurs années, les soutînt et leur permît de prendre le pouvoir, après une longue lutte contre les Zaouïas qui voulaient encore revendiquer l'autorité spirituelle.

Il ne nous appartient pas d'entrer dans tous les détails de l'histoire moderne ; nous nous bornerons à résumer les événements qui, depuis l'établissement

---

[1] Expulsion des Maures d'Espagne, conquête des principaux ports du pays par les Portugais et par les Espagnols, occupation de l'Algérie par les Turcs.

de la dynastie filali au Maroc, caractérisent les relations de la cour de Fez avec le Rif.

En 1683, le sultan Ismael ben Ali ayant reçu la nouvelle de l'abandon de Tanger par les Anglais, y envoya s'établir une nombreuse colonie de Rifains qui procédèrent à la reconstruction des monuments, des mosquées, des médersa.

Sous Moula Ismael, le Rif fut soumis, et le chef de toute cette région, le caïd Ali ben Abdallah, étant mort, le sultan désigna un Pacha pour prendre cet important commandement. C'est l'époque la plus prospère du Maroc, celle où, suivant l'expression de l'historien Ez Ziani[1], une femme ou un juif pouvaient aller d'Oudjda à Taroudant sans avoir rien à redouter. Les gens du Rif cependant se tenaient toujours sur la défensive comme des caméléons, ajoute le chroniqueur. En 1757, le sultan Mohammed ben Abdallah est obligé de se mettre à la tête de son armée, en dirigeant chez les R'omara une puissante expédition pour combattre et tuer un marabout influent qui y prêchait la révolte.

En 1765, Moulai Ali, fils du sultan, ayant été nommé vice-roi de Fez, reçoit en outre le commandement de toutes les tribus montagnardes du Rif. Une expédition est dirigée par le sultan en personne contre le Garet et le Rif; elle passa chez les R'omara et, dans toute la région, les tribus furent exterminées, sauf celle des Kebdana.

[1] Ettordjemân, traduction de Houdas, page 105.

Rien ne montrera mieux et la nature des montagnards du Rif et les procédés de la cour chérifienne, que l'histoire de la révolte de Zithân. Transmise par Aboulqassem Ben Ahmed Ez Ziani, nous la donnerons intégralement; les procédés du gouvernement marocain n'ont pas changé. Ce sont encore les mêmes de nos jours, débutant par la même violence dans la répression, se terminant ensuite par la plus insigne faiblesse, sans persévérance dans la ligne de conduite, témoignant enfin de la plus complète incapacité de gouverner et de la même impéritie.

Le Sultan[1] apprit la révolte de Zithân El Khamsi, dans la montagne des R'omara, et dans le Hebeth. Entouré de tous les fauteurs de désordres des diverses tribus, Zithân se transportait avec ses montagnards, tantôt d'un côté, tantôt d'un autre. Sa renommée avait bientôt grandi et le nombre de ses partisans était devenu si considérable que le Sultan ne pouvait tarder plus longtemps à sévir. Seliman donna donc l'ordre à ses troupes de marcher contre le rebelle[1].

L'expédition, commandée par le « sinistre[2] » (*sic*) El R'enimi, se mit aussitôt en marche et prit contact avec Zithân dans la tribu des Athâoua. Au moment où l'on allait s'engager dans les montagnes, les Caïds qui accompagnaient El R'enimi lui demandèrent de laisser

[1] Seliman ben Mohammed ben Abdallah. L'expédition contre Zithân eut lieu vers 1792.

[2] Telle est l'expression employée par Aboul Qâssem ben Amhet Ezziâni et traduite par M. O. Houdas.

les bagages de l'armée au pied de la montagne, tandis que la cavalerie et l'infanterie poursuivraient leur marche en avant ; El R'enimi s'y opposa en disant : « Je veux emmener tout mon monde avec moi et suivrai le rebelle partout où il ira ». Les troupes s'engagèrent alors dans la montagne, mais quand elles furent arrivées dans les passages difficiles, elles furent attaquées par l'ennemi qui surgit de tous les ravins. Embarrassés par leurs impedimenta, les soldats du Sultan prirent la fuite au milieu de ce pays accidenté. Les bagages furent pillés et un grand nombre d'hommes périrent. Vainement le « Sinistre » essaya un retour offensif, il dut de nouveau prendre la fuite. Quand il apprit ces événements, le Sultan entra dans une violente colère contre El R'enimi ; il le livra aux enfants d'Es Soueïdi, qui le tuèrent pour venger la mort de leur père qu'El R'enimi avait fait périr après un cruel supplice. Le Sultan confia à son frère Et Taïeb le commandement des tribus montagnardes, ainsi que celui de toutes les villes du littoral et lui assigna Tanger pour résidence.

En 1209 (1794-1795), le Sultan envoya à son frère Et Taïeb une armée destinée à opérer contre ce même Zithân et ses partisans. Dès que ces troupes furent arrivées à Tanger, Et Taïeb quitta cette ville en emmenant en outre avec lui, les contingents des villes maritimes et dirigea toutes ces forces contre les Beni Djerfedh où se trouvait le foyer de l'insurrection. Il razzia les troupeaux de cette tribu, incendia ses villages, saccageant tout et tuant le plus de monde qu'il put. Traqué par Et Taïeb, Zithân s'était d'abord réfugié chez les Beni Merchen, fraction des Beni Idder ; Et Taïeb l'y poursuivit avec son armée : il campa chez les Beni Merchen, leur livra bataille, brûla leurs villages et coupa leurs arbres. Zithân s'enfuit dans la tribu des Akhmas ; l'armée impériale entra dans ce pays, elle détruisit les villages, ravagea le territoire et fit périr la plus grande partie de la population. Les Akhmas furent aussi contraints de faire leur soumission ; Zithân quitta cette tribu pour aller chez les R'omara. La colonne d'Et Taïeb revint alors sur ses pas et l'on écrivit à Zithân pour lui offrir l'aman. Zithân se rendit auprès d'Et Taïeb et de là fut envoyé vers le Sultan auquel il exprima son repentir. Le Sultan lui fit grâce et lui confia le commandement de la tribu des Akhmas. Zithân resta un des agents du Gouvernement jusqu'au jour où, ayant affermi son pouvoir, le Sultan le remplaça dans ses fonctions, lui assigna Tétouan pour résidence et lui servit une pension. L'ancien agitateur était encore dans cette ville au moment où Ez Ziani écrivait. La situation des tribus fut améliorée, par suite de l'habileté et de l'autorité dont fit preuve leur nouveau chef Et Taïeb.

Pendant l'année 1802, le Sultan Moulai Seliman envoya contre le Rif une colonne, sous les ordres de son frère Kaddour, qui eut surtout comme objectifs les Kebdana, les Guelaïa, les habitants du Garet et aussi les Metalsa et les Beni bou Iahi.

En 1810, nouvelle et grande expédition ; le Sultan à la tête de toute son armée se rendit au Rif, il campa à Aïn Zoura ; la lutte fut des plus vives ; les Rifains ne se soumirent qu'après avoir vu piller leurs troupeaux et incendier leurs villages ; on n'évacua le pays qu'une fois l'impôt payé.

Dès 1812 la cour Marocaine est obligée de diriger à nouveau un véritable corps d'armée contre les Guelaïa et le Rif. L'expédition est commandée par un secrétaire de la cour, Mohammed Es Selaoui, qui avait une grande réputation de finesse, afin de joindre la diplomatie à l'art de guerre ; mais, arrivé dans le pays, Mohammed se borna à lâcher ses soldats qui pillèrent, incendièrent, tuèrent et saccagèrent tout ce qu'ils rencontrèrent. Cette méthode de conquête marocaine devait amener un terrible soulèvement ; aussi en 1813, moins d'un an après, sous le prétexte que les gens du Rif vendaient des bestiaux et des céréales aux chrétiens, malgré la défense faite à ces derniers de faire des chargements dans les ports du Maroc, la cour de Fez résolut de frapper un grand coup afin d'arrêter la contrebande qui avait pris d'énormes proportions, car tous les Rifains sans exception étaient entrés en contact avec les chrétiens[1] qui, par mer, venaient y charger les produits que l'on trouve dans le Rif.

Quoi qu'il en soit, le Sultan, après avoir fait capturer un certain nombre de bâtiments et d'équipages euro-

---

[1] Le chroniqueur Ez Ziani, qui s'étend longuement sur tous ces incidents, a négligé de nous donner la nationalité de ces chrétiens.

péens, entreprit une expédition pour mettre à la raison les populations du Rif. Il plaça l'armée sous les ordres de ce même Mohammed Es Selaoui dont le nom seul, à la suite des atrocités déjà commises, provoquait la terreur. On lui adjoignit le fils du Sultan, Ibrahim, qui commandait les troupes des villes maritimes, les contingents du R'arb et des autres provinces. Cette armée nombreuse et telle que le Rif n'en avait encore vu, prit le chemin des montagnes tandis que le Sultan, à la tête du principal corps d'armée, suivait la route ordinaire, allant à Taza, puis dans le Garet. Les montagnards du Rif, nous dit Ez Ziani, connaissaient à peine la nouvelle de l'entreprise qu'ils étaient déjà cernés de tous côtés par cette habile manœuvre. On en fit un grand massacre, on pilla les villages que l'on incendia, puis on vida les silos. Le Sultan nomma comme gouverneur Ahmed ben Ali ben Abdessadok Er Rifi, membre d'une des familles les plus influentes du nord du Maroc qui a fourni tous les pachas ou gouverneurs de la ville de Tanger depuis deux siècles et qui est originaire du Rif. Le nouveau fonctionnaire auquel devait échoir la tâche difficile d'administrer une région ruinée, dévastée, et où les habitants traqués ainsi que des bêtes fauves ne devaient plus avoir aucun sentiment humain, paraît s'en être tiré à son honneur.

Au moment où l'Algérie allait être exposée à la plus rude épreuve, par le concours que l'empereur du Maroc Abd er Rahman, si puissant autant par le nombre de ses sujets que par son influence religieuse de chef des Croyants dans tout le nord de l'Afrique, prêtait à la cause d'Abdelkader en faisant prêcher la guerre sainte jusque sur notre frontière, il a paru intéressant de rechercher quel avait été à cette époque le rôle des populations du Rif.

Les contingents de toutes les tribus berbères et arabes qui occupent le vaste territoire qui s'étend de Fez à Oudjda, étaient venus se joindre à l'armée marocaine que nous devions vaincre dans la brillante journée d'Isly. Il a été établi que les chefs de l'armée chérifienne n'avaient attendu pour nous attaquer que l'arrivée des populations du Rif, sur la valeur desquelles ils comptaient d'autant plus que leur courage avait souvent infligé de cruelles défaites aux troupes des sultans. Nul exemple ne permettra mieux de saisir la toute puissance, la magie, qu'exerce sur l'esprit de populations même aussi peu soumises, l'attrait de la guerre contre les infidèles avec l'appât du pillage. Cinquante ans plus tard nous pouvons retrouver dans les mêmes circonstances les mêmes masses de populations rebelles en temps ordinaire au gouvernement du Sultan du Maroc, mais que la perspective de la lutte contre l'étranger rallierait immédiatement à la cause commune.

Quoi qu'il en soit, la victoire du Maréchal Bugeaud calma, pour quelque temps au moins, l'excitation des gens du Rif.

Mais il est bon de rappeler, ainsi qu'un enseignement d'avenir, que c'est dans le Garet, à la Kasba de

Selouane chez les Guelaïa, qu'Abdelkader avait laissé sa famille durant ses luttes avec nous. Dignitaire de la confrérie toujours militante de Sidi Abdelkader El Djilani, l'émir Abdelkader profitait du prestige solidement établi que possédait sa confrérie.

En 1850, le général de Mac Mahon est par deux fois obligé de combattre les Mezaouir, voisins des Beni Snassen, qui étaient venus s'établir sur le territoire français et, durant les années 1851-1852, c'est une suite ininterrompue d'actes de piraterie commis sur mer par les Guelaïa, tandis que le 10 avril, le 15 mai et le 24 juin les Beni Snassen et notamment la tribu des Beni Drar, voisins de nos Achache, reçoivent de nos troupes de dures leçons, châtiments d'incursions que les Beni Snassen avaient faites sur notre territoire, à l'instigation de leurs Marabouts, dont le plus zélé était un certain Si Mohammed el Mekki, mokaddem de la zaouïa que possède, chez les Beni Snassen, la famille de Ouazzan.

Tandis que se passaient tous ces incidents, Abdessadok, caïd d'Oudjda et du Rif[1], avait reçu ordre de son souverain de pénétrer dans le Rif afin d'y prélever les impôts arriérés, tâche à laquelle il dut renoncer en abandonnant dans cette campagne jusqu'à ses propres animaux et son campement.

Cependant la situation, sur la côte nord toute entière

---

[1] Il n'y avait alors qu'un seul caïd pour tout ce vaste pays ; c'était un fonctionnaire de parade comme est encore le caïd ou le cheikh marocain de Taodeni, à 520 kilomètres de Timbouctou. (H. D.)

du Maroc, s'aggrava vers 1854, et en présence de l'inertie ou de l'impuissance constatée chez les nations jusqu'alors le plus directement intéressées, comme l'Espagne dont chaque année on pillait ou dévalisait des bâtiments, ou de l'Angleterre même qui avait vu à cette époque une goëlette battant pavillon britannique capturée et dépecée par les Guelaïa, le gouvernement français prit l'initiative de la répression de cette piraterie en décidant aussi l'exploration hydrographique de la côte. En même temps que le bâtiment de la marine française, le « Newton », faisait son apparition sur ces rivages inhospitaliers et bombardait les pirates, M. Vincendon Dumoulin, ingénieur hydrographe, recevait l'ordre de s'embarquer sur notre aviso « le Phare » pour lever toute la côte du détroit de Gibraltar, et notre chargé d'affaires [1] au Maroc, agrandissant par la plus louable des initiatives le cadre de cette mission, faisait relever par la même occasion toute la côte du Rif. L'imperfection des cartes si regrettable, si funeste pour la navigation de toutes les nations dans cette partie de la Méditerranée, fut remplacée par un travail qui sert maintenant à tous les capitaines de navires. C'est donc à la France que l'Europe doit l'hydrographie [2] du Rif proprement dit.

Dans le courant de l'année 1856, le prince Adalbert de Prusse, cousin germain du roi de Prusse et chef

[1] M. Jägerschmidt.

[2] Achevée en 1855 par le commandant de Kerhallet.

de l'Amirauté prussienne, côtoie le Rif. On tire sur le bâtiment qu'il commande, il fait une descente et il est blessé dans le combat avec sept de ses matelots.

En 1858, les Guelaïa s'emparent de sept indigènes que les autorités militaires de Melila détenaient à la suite d'un assassinat commis aux abords du préside. L'année suivante, la situation générale s'aggrave, au point de donner de sérieuses inquiétudes pour l'état des garnisons des établissements espagnols, sur toute la côte, depuis Melila jusqu'à Ceuta.

Le gouvernement de Madrid ne cessait, d'autre part, de se plaindre à la cour chérifienne du véritable blocus dans lequel les Rifains enfermaient les présides, et cela, au mépris des traités, et la diplomatie espagnole poursuivait, en vain, auprès du Makhzen, la réparation de tous les méfaits commis depuis 1837, jusqu'au moment où la mort du Sultan, Abderrahman, amena l'anarchie.

Le mécontentement devenait donc général dans toute la Péninsule, l'état des esprits était fort surexcité, on y résolut l'expédition de 1859-1860, qui amena, après six mois d'opération, l'armée espagnole de Ceuta à Tetouan et ensuite sur la route de Tanger. On sait quelle importance le Cabinet de Madrid, à la suite d'événements que nous n'avons ici ni à apprécier, ni à énumérer, crut devoir donner à cette campagne.

Par les préliminaires [1] de l'Oued Ras signés sur la

[1] Voir Tome V, histoire diplomatique et description du gouvernement marocain.

route de Tétouan à Tanger, l'Espagne obtenait de la cour de Fez certaines conventions militaires au profit des territoires qui avoisinent Ceuta et les présides du Rif. Mais il ne paraît pas que, depuis [1] cette époque déjà lointaine, on se soit attaché à profiter autant qu'on l'aurait pu, autour des présides du Rif proprement dits, des avantages concédés par le Sultan.

Pour la cour marocaine, l'état politique du Rif ne devait cesser d'être rien moins que satisfaisant. En effet, une année ne s'était écoulée depuis son avènement au trône, le sultan Moulai el Hassan fut obligé de faire une expédition dans le Rif et l'année suivante il lui fallut reprendre la direction de l'est de ses États, vers Oudjda, afin de mettre fin aux agissements du caïd El Hadj Mohammed ould El Bachir qui pouvait lui causer de graves embarras avec l'Algérie. Arrivé à hauteur de Taza, il fut arrêté par les R'iata qui lui disputèrent le passage et il éprouva un grave échec, laissant une partie de sa cavalerie dans un ravin profond. Le Sultan soumit les Kebdana au cours de cette difficile campagne.

En janvier 1880, Sa Majesté chérifienne envoya son oncle Moulai El Amin dans le Rif. Cette expédition fut très longue et se termina par la soumission momentanée des Guelaïa.

En mai 1880 eut lieu un grave soulèvement des

[1] Voir chapitre IX.

tribus situées entre Fez et Tanger, aux environs de Ouazzan ; on y envoya plusieurs bataillons d'infanterie et de l'artillerie de montagne ; après deux combats, les troupes Chérifiennes finirent par avoir le dessus et, le 7 juin, trente têtes étaient clouées au-dessus d'une des portes de la Kasba de Fez.

Une série de petits incidents tour à tour grossis ou passés sous silence, selon les besoins de la politique intérieure de la Péninsule, ne cessèrent de marquer l'état défectueux des relations des autorités espagnoles des Présides avec les populations environnantes. Nous ne citerons que les principaux et les plus récents. Au mois de mai 1885 des officiers espagnols de la garnison d'Alhucemas [1] sont attaqués ; on renverse leur barque et il faut une démonstration énergique pour obtenir une réparation immédiate ; vers la même époque, sous les murs de la place de Melila, les Guelaïa tuent deux Espagnols, et, quelques jours après, quatre Espagnols, dont deux commandants, un prêtre et un laïque, sont assaillis.

Durant l'été 1890, les gens de la tribu des Guelaïa ayant laissé pénétrer un troupeau de bœufs dans un jardin espagnol sous les murs de Melila, l'autorité saisit le troupeau. Les indigènes reprennent de force leurs animaux, la troupe espagnole leur tue un homme, mais les Rifains reviennent en nombre, ils sont armés de fusils à tir rapide, ils tuent huit Espagnols et deux

---

[1] Hadjar en Nokour.

chevaux. A la suite de cette affaire tous les troupeaux des Espagnols sont enlevés.[1]

En septembre 1893, le général Chinchilla, commandant les forces militaires de l'Andalousie, était en tournée d'inspection à Ceuta, Peñon de Velez et Melila, et le Ministre d'Espagne à Tanger, frappé de la fréquence aussi bien que de la gravité des conflits qui, depuis quelques années, s'étaient produits autour de cette place, s'y rendait lui-même vers cette époque, afin de s'assurer des griefs que l'on pourrait faire valoir à la cour chérifienne aussi bien que des conditions où s'y exerçait l'autorité militaire. Dans les premiers jours d'octobre des dépêches de Madrid annoncèrent qu'un détachement de la garnison des présides, envoyé à l'endroit du marabout de Sidi Ouariach pour protéger les ouvriers qui y étaient occupés aux travaux dont les autorités militaires venaient de faire entreprendre et très inopinément la construction à la date du 29 septembre 1893, avait été repoussé. — La garnison toute entière avait dû sortir et, malgré les efforts de l'artillerie, n'avait pas été plus heureuse, car cette

---

[1] L'expérience a démontré que ces places sont des impasses et qu'aucune expédition n'en saurait partir. A Melila il y a peu d'eau, quand les citernes sont vides on doit en faire venir de Malaga ; au Peñon de Velez, même condition. En résumé, la situation précaire des présides espagnols de la côte du Rif, loin de toute base d'opération, la mauvaise position stratégique et topographique de ces places, sauf peut-être Ceuta, enfin l'armement perfectionné dont disposent actuellement les tribus de cette partie du Maroc, tout cela ne peut que créer une intarissable source de difficultés.

première rencontre coûtait aux Espagnols 19 hommes tués et 70 blessés, sur un effectif total de 1.600 hommes [1] dont pouvait disposer le général Margallo. C'est ainsi que surgissaient violemment et tout à fait à l'improviste les événements de Melila qui devaient occuper durant l'hiver 1893-1894 toutes les chancelleries européennes. — L'administration militaire espagnole était surprise presque au lendemain de la date fixée pour l'entrée en vigueur des mesures prises par le Ministre de la Guerre pour donner à l'armée nationale sa nouvelle organisation. Obligé de constituer un corps expéditionnaire assez considérable, le gouvernement de la Péninsule a dû faire fonctionner un organisme entièrement nouveau et s'est trouvé surpris en véritable période de transformation militaire.

Quoi qu'il en soit, le Gouvernement espagnol prit de suite des mesures énergiques pour ne pas laisser cette attaque impunie. Le commandant en chef du IIe corps d'armée (Séville) recevait, le 6 octobre, l'ordre de rappeler les hommes de son corps d'armée qui, libérés par anticipation, n'avaient pas encore accompli leurs

---

[1] La garnison de Melila, commandée par le général Margallo, comprenait, au début des affaires :

Le régiment d'Afrique N° 1	900	hommes.
Le bataillon disciplinaire	490	»
Une compagnie d'artillerie de forteresse	90	»
Une section de chasseurs à cheval de Melilla	50	»
Une compagnie du génie	70	»
Total	1.600	»

trois années de service, ainsi que ceux qui étaient absents pour un motif quelconque.

Le 8, le même ordre était donné au commandant du Ier corps, à Madrid.

Comme la situation paraissait critique, le Ministre prescrivait en outre, dès le 3 octobre, l'envoi immédiat à Melila d'une compagnie d'artillerie de forteresse et du régiment d'infanterie de Bourbon, corps stationnés tous deux à Malaga. En même temps, d'autres troupes étaient concentrées en Andalousie, prêtes à s'embarquer au premier signal.

Le 15 octobre, le général Margallo, commandant général de Melila, disposait des forces suivantes : 3.245 hommes d'infanterie, 50 cavaliers, deux compagnies d'artillerie de forteresse soit 270 hommes, et deux compagnies du génie soit 120, c'est-à-dire un total général de 3.685 hommes[1].

A la même date, les troupes de renfort concentrées en Andalousie comprenaient : 3 bataillons de chasseurs (Segorbe, Tarifa et Catalogne), formant, avec le bataillon Cuba, la brigade de chasseurs du IIe corps d'armée, 2 régiments d'infanterie (Alava et Pavie), le régiment de dragons de Santiago, une batterie du 12e régiment monté, une batterie du 1er régiment de montagne.

En cas de besoin, le général Margallo aurait donc pu disposer de 6.000 hommes d'infanterie, 300 cavaliers,

---

[1] Dans cet effectif, seuls 200 hommes étaient armés du fusil Mauser de $7^{mm}65$, toutes les autres troupes n'avaient que le fusil ancien modèle Remington.

2 batteries d'artillerie à 6 pièces et 2 compagnies du génie.

Mais ces préparatifs belliqueux avaient sans doute calmé le premier élan des Kabyles, qui se bornèrent à exécuter des tranchées sur les hauteurs qui dominent de toutes parts la place de Melila, notamment vers le nord.

De son côté, le Gouvernement espagnol faisait étudier par une commission spéciale les moyens de mettre, dorénavant, Melila à l'abri d'un coup de main, et semblait renoncer à tirer immédiatement des tribus du Rif la vengeance que réclamait à grand cris la presse espagnole, interprète du sentiment national. On avait cependant décidé de remplacer le général Margallo qu'on accusait de manquer d'énergie, par le général de division Macias, quand un nouvel incident, plus grave que le premier, vint changer tout d'un coup la face des choses.

Le 27 octobre, à la suite d'une reconnaissance entreprise par le général Margallo, les Kabyles avaient repris l'offensive et, après un combat sanglant, le général, coupé de Melila, avait dû se réfugier dans l'un des forts extérieurs pour y passer la nuit. Le lendemain, vers dix heures du matin, il tenta une sortie à la tête de deux bataillons d'infanterie, mais il fut tué presque aussitôt et la lutte se prolongea jusque vers deux heures de l'après-midi.

Dès la nouvelle du combat du 27, le général Macias recevait l'ordre de partir immédiatement et d'emmener avec lui les premiers renforts disponibles. Le 29 octobre, il prenait lui-même la direction des opérations; pendant les journées du 29 et du 30, il ravitaillait les forts et réussissait, sans trop de mal, à se donner de l'air en repoussant les Kabyles au-delà des limites du territoire de Melila.

Le total des pertes subies par les Espagnols, dans les journées des 27, 28, 29 et 30 octobre, s'élevait à 22 tués et 88 blessés.

Le 3 novembre, le général Macias opérait une nouvelle sortie pour relever la garde des forts et y envoyer des vivres et des munitions. Le convoi proprement dit était escorté par deux régiments d'infanterie, le bataillon disciplinaire, les sections de tirailleurs armés du Mauser, la section de cavalerie et une batterie de montagne. La brigade de chasseurs, renforcée par une seconde batterie de montagne, prenait position à mi-distance entre la place et les forts pour couvrir la marche et la retraite du convoi.

Quelques coups de feu furent échangés de part et d'autre et l'opération fut menée à bonne fin sans difficulté, les Kabyles s'étant retirés sans être poursuivis.

Le général Macias disposait, à la date du 4 novembre, d'environ 8.000 hommes de toutes armes, effectif qu'il trouvait suffisant puisqu'il télégraphiait au Ministre de la Guerre de ne plus lui envoyer de renforts, vu l'impossibilité dans laquelle il se trouvait de loger de nouvelles troupes.

Mais le Gouvernement, poussé de plus en plus par

l'opinion publique, fortement surexcitée, avait déjà pris de nouvelles mesures. Le 28 octobre, on rappelait d'urgence, dans les IIIe, IVe, V^e, VIe et VIIe corps, les hommes en congé qui n'avaient pas terminé leurs trois années de service, et des corps de toutes armes, pris dans les différentes parties de l'Espagne, recevaient l'ordre de se tenir prêts à partir au premier avis. C'était, en quelque sorte, une première mobilisation partielle de toute l'armée, destinée surtout à mettre les corps, notamment l'infanterie, en état de marcher avec des effectifs à peu près suffisants.

Le 3 novembre se réunissait un Conseil des Ministres où, après lecture des rapports et dépêches du général Macias, de graves décisions étaient arrêtées.

Bien que la situation à Melila fût relativement satisfaisante, le général Macias craignait un retour offensif des Kabyles, soutenus par leurs coreligionnaires de l'intérieur chez lesquels on prêchait, disait-on, la guerre sainte. De plus, on était sans nouvelles précises du Sultan du Maroc, parti depuis le 28 juin en expédition dans la direction du Tafilalet, et son Ministre des Affaires Étrangères à Tanger ne se hâtait pas de donner une réponse à la note qui lui avait été remise par le Gouvernement espagnol. On résolut donc de compléter les premières mesures prises dès le 28 octobre et l'on prescrivit, par un décret du 4 novembre, le rappel des hommes de la réserve active (classes de recrutement de 1887, 1888 et 1889).

Par suite de cette mesure, les effectifs de l'armée

espagnole devaient se trouver plus que doublés, et l'on allait disposer de forces suffisantes pour parer, non seulement à un retour offensif des Kabyles, mais aussi à toutes les éventualités qui pourraient se produire.

La tranquillité à peu près complète qui régnait à Melila depuis la dernière escarmouche du 3 novembre, n'avait pas été troublée et cependant les renforts continuaient d'affluer dans cette place, où le général Macias procédait activement à leur installation ainsi qu'à l'emmagasinement des approvisionnements de toute nature. Le 20 novembre, les troupes stationnées à Melila étaient pourvues de fusils Mauser, que le Gouvernement espagnol avait envoyé chercher en toute hâte en Allemagne.

Le sentiment national, vivement surexcité par les continuels mouvements de troupes qui s'exécutaient sans relâche dans toute l'étendue de la Péninsule, se montrait peu satisfait de l'inaction dans laquelle semblait rester le commandant des forces espagnoles. On reprochait amèrement au Gouvernement de ne rien faire pour l'honneur de l'Espagne et de reculer devant une poignée de Kabyles. On réclamait une action immédiate et énergique qui permît d'en finir rapidement avec les insolences des Rifains. Aussi, le 26 novembre, la Reine régente appelait-elle le maréchal Martinez Campos, capitaine général de la Catalogne, au commandement en chef de l'*Armée d'opérations en Afrique,* avec le général Macias comme chef d'état-major.

Cette armée, dotée d'un nombreux état-major, comprenait deux corps d'armée ; son effectif total était de 26 généraux, 22.000 officiers et soldats, 48 pièces de canon et 500 chevaux.

Aussitôt arrivé à Melila, le maréchal Martinez Campos faisait recommencer les travaux du fort de Sidi-Ouariach par 3 compagnies du génie et 100 hommes du pénitencier. Cette opération, protégée par 5 brigades d'infanterie, 1 régiment de cavalerie et 8 batteries d'artillerie, s'exécuta sans qu'il fût tiré un coup de fusil, et le maréchal Martinez Campos recevait des Kabyles l'assurance qu'ils ne se livreraient désormais à aucun acte d'hostilité.

En même temps, les négociations, précédemment entamées entre le général Macias et un frère du sultan, Moulai-Arafa, étaient reprises par le maréchal Martinez Campos. Le prince marocain n'ayant pas les pouvoirs suffisants pour donner satisfaction pleine et entière au maréchal, celui-ci était nommé, par décret du 28 décembre, ambassadeur extraordinaire du roi d'Espagne auprès du Sultan, qui venait de regagner la ville de Merâkech, afin de traiter directement avec le souverain.

Le maréchal conservait néanmoins le commandement en chef de l'armée d'Afrique, dont un seul corps, le 1er, continuait à occuper Melila, tandis que le 2e rentrait en Espagne et restait concentré en Andalousie, prêt à se réembarquer si les événements venaient à l'exiger.

Le conflit de Melila se trouvait donc, d'une manière

bien inattendue, en voie d'être pacifiquement résolu sans que l'Espagne tirât des Rifains cette vengeance, pour laquelle 22,000 hommes avaient paru à peine suffisants, et que réclamait avec tant d'insistance l'amour-propre national.

Après un mois de négociations assez pénibles, le maréchal Martinez Campos obtenait de Moulai el Hassan un traité mettant fin à l'incident de Melila. Ce traité porte la date du 5 mars 1894 et comprend sept articles, dont le texte intégral n'a pas encore été livré à la publicité. Le gouvernement espagnol s'est borné, jusqu'ici, à en donner dans un « *livre rouge* » imprimé à Madrid en 1894 et ayant trait aux affaires de Melila, un résumé dont nous reproduisons ci-dessous la traduction :

CONVENTION ENTRE L'ESPAGNE ET LE MAROC.

Au nom de Dieu tout puissant :

Afin que les articles jusqu'à présent non accomplis des traités en vigueur entre l'Espagne et le Maroc relatifs à la place et au territoire de Melilla emportent l'effet qu'ils doivent, et pour éviter à l'avenir la répétition de faits aussi regrettables que ceux qui sont arrivés dans ledit territoire aux mois d'octobre et de novembre de l'année dernière, S. M. la reine régente d'Espagne, au nom de son auguste fils, le roi Alfonso XIII, et S. M. le sultan du Maroc ont désigné leurs plénipotentiaires, à savoir :

S. M. la reine régente d'Espagne D. Arsenio Martinez de Campos, capitaine général des armées nationales, sénateur du royaume, général en chef de l'armée d'opération d'Afrique, chevalier de l'ordre insigne de la Toison d'or, grand-croix des ordres royaux militaires de St-Ferdinand, de St-Hermenegilde et du Mérite militaire, grand-cordon de la Légion d'honneur de France, Collier de la Tour et de l'Épée de

Portugal, Grand-croix de Léopold d'Autriche, grand-cordon du Dragon d'or d'Annam, décoré d'autres croix diverses et médailles de distinction pour actions de guerre, etc., etc., etc.

Et Sidi Mohamed el Mefadel ben Mohamed Gharrit, son ministre des affaires étrangères, au nom de S. M. le Sultan du Maroc.

Lesquels, après avoir échangé leurs pleins pouvoirs respectifs, trouvés en bonne et due forme, sont convenus des articles suivants :

Article premier

S. M. le Sultan du Maroc s'oblige, conformément aux stipulations de l'art. 7 du traité de paix et amitié entre l'Espagne et le Maroc passé à Tétouan le 26 avril 1860, et d'accord avec ses déclarations à l'ambassadeur extraordinaire de S. M. la reine d'Espagne lors de l'audience publique qui eut lieu à Maroc le 31 janvier de l'année présente (1894), à châtier les riffains, auteurs des événements survenus à Melila aux mois d'octobre et de novembre de 1893. Le châtiment sera infligé dans le plus bref délai, et, s'il n'est pas possible de le faire dès maintenant, aura son plein effet au cours du printemps prochain, conformément aux lois et à la procédure marocaines.

Si le gouvernement de Sa Majesté Catholique ne considère pas comme suffisant le châtiment appliqué aux coupables, il pourra exiger de celui de Sa Majesté Chérifienne l'application en dernier ressort d'une peine d'un degré plus élevé, toujours, bien entendu, conformément aux lois et à la procédure marocaines.

Art. 2

A l'effet d'assurer la complète exécution de l'art. 4 de la convention du 24 août 1859 et des stipulations de l'acte de démarcation des frontières de la place de Melila et de sa zone neutre du 26 juin 1862, il sera procédé par les deux gouvernements intéressés à la nomination d'une commission composée des délégués espagnols et marocains, afin qu'elle effectue la démarcation de la ligne polygonale qui délimite la zone neutre du côté du territoire marocain, en plaçant les bornes de pierre y correspondantes à chacun des sommets d'angles et les blocs de maçonnerie nécessaires entre celles-ci à 200 mètres de distance les uns des autres.

La zone comprise entre les deux lignes polygonales sera neutre ; il ne s'y établira pas d'autres chemins que ceux qui conduiront du territoire espagnol au territoire marocain et vice-versa ; il ne sera permis d'y paitre du bétail ni d'en cultiver le sol. De même, les soldats de l'un ni de l'autre territoire ne pourront pénétrer dans ladite zone ; sera autorisé seulement le passage au travers de ladite des sujets des deux nations allant d'un territoire à l'autre, et toujours sans armes.

Le territoire de la zone neutre sera définitivement évacué par ses habitants actuels le 1er IX^{bre} de l'année présente ; les maisons et cultures y existant seront détruites par eux avant cette date, sauf les arbres fruitiers pour la transplantation desquels un délai sera accordé jusqu'au 1er Mars 1895.

Art. 3

Le cimetière et les ruines de la mosquée de Sidi Ouariach seront entourés de façon convenable par un mur percé d'une porte afin que les maures y puissent pénétrer sans armes pour prier dans ce lieu sacré ; il ne leur sera plus permis d'y pratiquer désormais des ensevelissements. La clef de la porte susdite restera aux mains du caïd, chef des troupes du sultan auquel se réfère l'article suivant.

Art. 4

Afin d'éviter tout nouvel acte d'agression de la part des riffains, et pour assurer la due exécution des stipulations de l'article 6 du traité du 26 avril 1860, S. M. le Sultan du Maroc s'engage à établir et maintenir de façon permanente aux environs du territoire de Melila un caïd avec un détachement de 400 maures du roi.

Dans les mêmes conditions seront établies et maintenues aussi de façon permanente d'autres forces marocaines à proximité des places espagnoles des Zaffarines, du Peñon de Velez ou de la Gomera, et d'Alhucemas, conformément aux stipulations de l'art. 6 de la convention sur les limites de Melila du 24 août 1859 et de l'art. 5 du traité de paix et amitié entre l'Espagne et le Maroc du 26 avril 1860. Ces forces dépendront du même caïd que celles de Melila. Au même effet, des forces suffisantes sous un caïd à elles, résideront à l'avenir sur les frontières de Ceuta.

Art. 5

La désignation à la charge de pacha du territoire de Melila tombera nécessairement, maintenant et à l'avenir, sur un dignitaire de l'empire qui par ses qualités personnelles offrira des garanties suffisantes pour maintenir des relations de bonne harmonie et d'amitié avec les autorités de la place et du territoire de Melila. Le gouvernement marocain devra donner avis préalable à S. M. la reine d'Espagne de sa désignation et de sa résignation.

Ledit pacha pourra, de son chef et d'accord avec le gouverneur de Melila, résoudre les affaires ou les réclamations exclusivement locales ; au cas de désaccord entre les deux autorités, la solution sera remise aux représentants des deux nations à Tanger ; le tout à l'exception des affaires qui, par leur importance, demanderont l'intervention directe des deux gouvernements.

Art. 6

A titre d'indemnité des dépenses occasionnées au Trésor espagnol par les événements survenus aux alentours de Melila aux mois d'octobre et de novembre 1893, S. M. Chérifienne s'engage à payer au gouvernement espagnol la somme de 4 millions de douros, soit 20 millions de piécettes, de la façon suivante :

Un million de douros comptant dans le terme de 3 mois à compter du 5 mars 1894, date de cette convention correspondant au 26 chaaban 1311 de l'hégire, et prenant fin le 4 juin de l'année présente.

Les trois millions restant se paieront dans le terme de sept ans et demi par échéances semestrielles de 200.000 douros, l'acquittement de la première échéance ayant lieu entre le 5 juin et le 4 décembre 1894, celui de la seconde le 4 juin 1895, de la troisième le 4 décembre 1895, de la quatrième le 4 juin 1896, de la cinquième le 4 décembre 1896, de la sixième le 4 juin 1897, de la septième le 7 décembre 1897, de la huitième le 4 juin 1898, de la neuvième le 4 décembre 1898, de la dixième le 4 juin 1899, de la onzième le 4 décembre 1899, de la douzième le 4 juin 1900, de la treizième le 4 décembre 1900, de la quatorzième le 4 juin 1901, et de la quinzième et dernière le 4 décembre 1901.

Le paiement desdites sommes se fera effectivement dans les ports de Tanger et de Mazagan aux dates dessus-dites, et elles devront être livrées au délégué commis à cet effet par le gouvernement espagnol, en monnaie de cours légale en Espagne et aussi en douros dits isabellins à l'exclusion des demi-douros et des piécettes philippines.

Au sujet de la due garantie demandée pour ce paiement à échéances, S. M. la Reine d'Espagne considère comme (garantie) suffisante la parole de S. M. le Sultan. Toutefois, si, à la fin des années précitées le gouvernement marocain se trouve avoir laissé en souffrance le paiement correspondant à ladite année, l'intérêt à 6 % par an des sommes non payées sera bonifié au gouvernement espagnol. Au cas où les sommes en souffrance excéderaient une annuité, le gouvernement espagnol pourra s'entremettre dans les quatre douanes des ports de Tanger, Casablanca, Mazagan et Mogador, sauf à ne pas exercer ce droit s'il juge opportun d'agir ainsi.

A supposer que la somme convenue de quatre millions de douros ne soit pas acquittée dans son intégralité, le gouvernement marocain ne pourra conclure aucun emprunt avec les gouvernements d'autres nations ni avec des particuliers, qui exige pour sa garantie la caution des douanes des ports marocains. Et si le gouvernement de S. M. le Sultan a besoin de contracter quelque emprunt pour le paiement des échéances prédéterminées, il le fera d'accord avec le gouvernement espagnol.

Le gouvernement marocain conserve la faculté d'anticiper le paiement des échéances susdites s'il le juge convenable.

Art. 7

La présente convention sera ratifiée par S. M. la Reine d'Espagne et par S. M. le Sultan du Maroc, et l'échange des ratifications s'effectuera à Tanger dans les 60 jours ou plus tôt s'il est possible.

En foi de quoi, les plénipotentiaires soussignés ont conclu en duplicata cette convention et l'ont scellée de leurs seings respectifs, en la ville de Maroc le 5 mars 1894 de l'ère chrétienne qui correspond au 26 chaaban de l'hégire.

Arsenio Martinez de Campos
(L S)

Mohammed el Mefadel ben Mohammed Gharrit
(L S)

Nota. — L'incident de Melila est ainsi terminé sans qu'il puisse se produire sur ledit aucune réclamation, sauf les stipulations consignées aux sept articles de cette convention.

Par ce traité, l'Espagne obtenait donc à peu près toutes les satisfactions qu'elle avait demandées, sauf, cependant, en ce qui concerne le chiffre de l'indemnité, 20,000,000 de pesetas au lieu de 30,000,000 que le maréchal Martinez Campos avait, dit-on, réclamés tout d'abord.

L'*Armée d'opérations en Afrique* n'avait plus, dès lors, aucune raison d'être.

Déjà, les réservistes des classes 1887 et 1888 avaient été congédiés respectivement le 22 décembre et le 22 janvier ; il ne restait plus qu'à licencier les réservistes de la classe 1889 et les hommes de l'armée active rappelés de congé. Une circulaire du 6 mars prescrivit de les renvoyer les uns et les autres le plus tôt possible.

Dès l'annonce de la signature du traité, le IIe corps ramené en Andalousie, avait été disloqué, et les troupes qui le composaient replacées dans les garnisons qu'elles occupaient avant la mobilisation.

Dès son retour à Melila, après avoir rempli sa mission au Maroc, le maréchal Martinez Campos donnait des ordres pour le rapatriement de certains éléments du Ier corps. On laissait à Melila des forces assez importantes, tandis que d'autres effectifs, dits de renfort et empruntés à tous les corps d'armée de la Péninsule, étaient placés sous le commandement du général de division Correro afin de demeurer à Melila jusqu'au règlement complet de la délimitation et de l'évacuation de la zone neutre.

Comme conclusion momentanée à ces malheureux

incidents de l'automne de 1893 survenus, ainsi que nous venons de voir, à Melila, on ne saurait trop attirer l'attention sur la question de l'armement des tribus du Rif qui, plus encore que les populations du restant de l'empire marocain, sont particulièrement redoutables. Leur voisinage de notre frontière oranaise, leur caractère belliqueux, leur courage qui depuis des siècles ne s'est jamais démenti, ainsi que nous nous sommes efforcé de montrer au cours de ce résumé historique, toutes ces considérations doivent nous faire examiner avec le plus grand soin les moyens à préconiser pour empêcher l'introduction des armes de guerre à tir rapide et des munitions dans ces régions.

Dans ces derniers incidents de Melila, la supériorité de l'armement des montagnards du Rif a paru évidente, leur tir assuré et la portée de leurs armes en tous points remarquable. A la vérité, le gouvernement espagnol recevait un enseignement bien cruel ; mais pour tous ceux qui connaissaient avec quelle intensité se faisait déjà depuis plusieurs années l'importation des fusils « Remington » à ce même Melila, on ne pouvait que s'étonner qu'un tel conflit n'ait pas eu lieu plus tôt.

Si rapide que l'étude historique que nous avons entreprise ait pu être, elle serait incomplète si nous ne traitions ici même en quelques lignes une question d'un ordre purement diplomatique, mais qui est d'une réelle importance, aussi bien pour la sécurité de notre situation algérienne, que pour l'équilibre du *statu quo* dans la Méditerranée. Il s'agit des bruits de cession[1] d'un point de la côte du Rif et qu'à certains moments le gouvernement marocain aurait été sur le point de consentir à une puissance européenne.

La première allusion relative à ces intrigues paraît remonter à 1871 ; au lendemain de la guerre, on avait assuré que l'Allemagne poursuivait l'établissement d'un port, tout au moins d'un dépôt de charbon sur cette côte, et la Légation de France à Tanger, qui, sous

[1] A propos de cession d'un port de la côte septentrionale du Maroc, il résulte d'une correspondance datant de 1796, transcrite dans des notes particulières et intimes de M. D. Hay, que son fils Sir John D. Hay, voulut bien confier à M. de La Martinière, qu'à cette époque (1796) l'Angleterre eut des vues sur El Ksar es Ser'ir.

Dans une première lettre, datée du 10 juillet 1796, du Consul britannique à Tanger, au duc de Portland, il y est exposé que l'Espagne, voyant la nécessité de posséder un port sur le détroit, avait, quelques années auparavant, examiné avec soin les mouillages de Tarifa ; mais ayant reconnu que les dépenses y seraient fort grandes pour un résultat douteux, le gouvernement de Madrid pensa pouvoir obtenir du Sultan la cession de Tanger en échange de Ceuta et des Présides de la côte du Rif.

Cette proposition ne semble pourtant point avoir été faite au Chérif, car le Consul britannique estime que le Makhzen eût agréé avec empressement ce projet. Le nord de la Tingitane étant suffisamment tenu avec Larache, Tétouan et El Ksar el Kebir et, en résumé, pour une place comme Tanger dont les systèmes de défense n'existent plus, il aurait gagné dans Ceuta une ville forte et bien défendue. Quant aux Présides du Rif, le Sultan eût pu s'en servir de clefs de domination sur cette province réellement insoumise.

Dans une lettre du 10 septembre 1796, du même au même, il est fait mention que les probabilités d'une guerre de l'Angleterre avec l'Espagne s'accentuant, le consul britannique à Tanger avait proposé au général Ottara, gouverneur de Gibraltar, l'occupation du point

la gérance de M. Tissot, s'en était déjà préoccupée, dut, en décembre 1883, faire des observations très nettes au gouvernement chérifien touchant les mêmes bruits de cession et les entraves que le Sultan voulait mettre aux relations des Marocains avec la province d'Oran.

Dans la suite, au cours de 1888, des renseignements intéressants furent recueillis par les soins de la Division d'Oran et dès lors il n'y eut plus aucun doute que le Sultan n'ait reçu une demande formulée par des

---

d'El Ksar es Ser'ir, situé sur la côte. Le Sultan Moula Iezid qui, dans son règne, s'était vu à la veille d'une guerre avec l'Espagne, avait du reste été le premier à offrir cette occupation à l'Angleterre.

Le consul britannique fait ensuite ressortir les avantages de cette position en vue de Gibraltar avec lequel on peut communiquer aisément, par des signaux optiques, et les vents de l'est et de l'ouest permettant de constantes communications, ce qui n'a pas lieu avec les autres points.

Au 22 du même mois de la même année, le consul s'étant convaincu du délabrement de la place d'El Ksar es Ser'ir et du manque de sécurité qu'aurait en l'état actuel un établissement de chrétiens, informe le Foreign-Office qu'il a décidé le Makhzen à y faire les réparations nécessaires. Cette province d'Andjera est, du reste, peu fidèle, remuée par l'influence religieuse de Moula Islemma (*sic*) ; nul doute que le Makhzen n'y voie même avec plaisir l'établissement d'une puissance amie coupant les facilités d'attaques des rebelles.

Les négociations à ce sujet durèrent assez longtemps, car, en décembre 1801, le même consul, dans une lettre à son gouvernement, mentionne qu'à cette dernière date il n'avait eu aucune conférence sérieuse avec le gouverneur de Tanger au sujet d'El Ksar es Ser'ir.

Puis, en 1803, la cession parut décidée, ainsi que nous l'apprend une nouvelle lettre, d'autant que, un mois après, l'empereur avait même l'intention de réparer entièrement à ses frais la place. La correspondance cesse alors ; et on ne retrouve plus alors mention d'El Ksar es Ser'ir qu'au moment des bruits qui circulèrent, en 1836, au sujet des projets des États-Unis d'Amérique au Maroc. (H. M.)

Européens dans le but d'obtenir une concession de terres entre la Moulouïa et le bordj des Kebdana. Dans leur lettre de pétition, les demandeurs faisaient ressortir l'avantage qui découlerait pour le Makhzen marocain de l'occupation par les Européens d'une région jusqu'alors inhabitée et en friche et qu'ils mettraient en valeur. Un ancien amel d'Oudjda, Si Ali Guider, fut chargé par le Sultan de reconnaître la région en faisant savoir si la demande pouvait être prise en considération. Or, ce fonctionnaire en s'acquittant de sa mission, découvrit que la région dite inhabitée et en friche était au contraire très peuplée, fort bien cultivée et possédait tous les caractères d'une fertilité extrême, car elle renfermait de nombreuses sources. Le Sultan aurait donc non seulement renoncé à donner suite à la pétition, mais aurait prescrit la construction d'une Kasba à Djenada des Kebdana, au lieu même indiqué sur les cartes par la mention « El Bordj », où jusqu'à présent il n'y avait qu'une maisonnette en ruine qui de tout temps avait été occupée par une douzaine de gardiens, armés de Remington, avec mission de surveiller les barques venant des Zaffarines. En novembre 1883, le grand vizir [1] de la cour chérifienne répondant à notre ministre [2] au Maroc, lui écrivait en des termes qu'il a paru utile de reproduire ici :

« J'ai communiqué votre lettre à Sa Majesté qui a
» pris connaissance de tout ce que vous y exposez ;

[1] Si Mohammed bel Arbi ben Mokhtar.
[2] M. L. Ordéga.

» elle m'a ordonné de vous répondre que les demandes
» et les vues sur ce point ne manquent pas, elles sont
» nombreuses et n'émanent pas de quelques-uns seule-
» ment. Quant au but de ce fortin dont on a décidé la
» construction, il concerne les affaires des deux puis-
» sances (?) et Dieu sait si notre gouvernement n'est
» pas le plus intéressé à son existence, notamment
» pour la suppression de la contrebande, dans le pays
» des Guelaïa et de ses environs, quoique le gouverne-
» ment chérifien ait autorisé les transactions commer-
» ciales avec Melila, la contrebande ne cesse pas ; et
» c'est surtout sur la demande des Angad que cette
» construction a été élevée pour empêcher les habi-
» tants de Guelaïa et des environs de faire le commerce
» avec l'Algérie en contrebande et illicitement. »

Enfin, en mars 1888, le ministre des Affaires Étrangères [1] du Sultan écrivait de Meknas à notre représentant à Tanger, alors M. Féraud :

« Nous avons reçu la lettre par laquelle vous nous
» avisez que votre gouvernement a eu connaissance
» d'un bruit annonçant que S. M. Chérifienne avait
» concédé à une puissance étrangère la baie d'Adje-
» roud et la côte qui en dépend, sur laquelle ladite
» puissance créerait un port, et éleverait des fortifica-
» tions et autres constructions. Vous ajoutez que ce
» bruit invraisemblable s'est répandu partout et qu'on
» en parle aussi bien dans les conversations que dans

[1] Si Mohammed El Mefadel ben Mohammed Gharrit.

» la Presse. Vous nous demandez enfin une réponse
» catégorique à cette question. Je me suis empressé de
» communiquer cette lettre à S. M. Chérifienne,
» laquelle m'a chargé de répondre à votre gouverne-
» ment *qu'en effet une puissance étrangère lui a fait*
» *quelques ouvertures* pour obtenir la cession de ce
» point de la côte, mais S. M. n'a accueilli ses
» demandes que par un refus. »

En effet, vers la fin de 1877, un gros négociant de Fez, du nom d'El Hadj Mohammed ben Niss, qui se rendait souvent en Europe pour ses achats, alla en Italie. Il y fit la connaissance d'Allemands qui l'emmenèrent en Allemagne; on le combla de cadeaux et, en rentrant à Fez, il aurait alors ramené deux ingénieurs allemands qui s'arrêtèrent à Tanger à la Légation d'Allemagne. Ben Niss dont l'influence au Makhzen était réelle, aurait été chargé de traiter très confidentiellement avec le Sultan la cession du petit port de Djenada des Kebdana.

Les documents de la cour marocaine faisaient allusion, ainsi que nous venons de voir, aux propositions que le Sultan aurait reçues de plusieurs puissances; en effet, dès le commencement de 1877, on pouvait prêter à l'Espagne le projet de fonder un établissement sur la côte des Kebdana; en octobre 1878, le Capitaine Général de la province de Grenade s'était rendu à Melila, il avait gagné les Zaffarines explorant la côte jusqu'à Bordj el Bachir (Cap d'el Agua) et avait eu une entrevue avec le fils du caïd des Kebdana, Amar

Harfouf, ce qui avait grandement ému le Makhzen Chérifien ; on avait cru y voir l'intention des Espagnols d'occuper toute la portion de la côte entre Melila et l'oued Kiss ; le gouvernement marocain n'ayant pas encore à cette époque réglé la totalité de l'indemnité de guerre de 1860, on élevait fortement la voix à Madrid.

CHAPITRE VI.

Description générale du Rif.

On peut avancer hardiment que le coin de l'Afrique septentrionale attribué par les géographes comme empire à Sa Majesté Chérifienne est, de nos jours, un des pays les moins connus du monde. Or, tous ceux qui ont vécu au Maroc, qui l'ont parcouru en y poursuivant des études scientifiques, savent que la province où il est le plus difficile de pénétrer[1] et où la haine fanatique que les habitants professent pour l'étranger forme comme une barrière infranchissable est sans contredit le Rif[2] ; on peut approximativement l'inscrire dans un polygone dont les différents sommets seraient Tetouan,

---

[1] Roland Frejus en 1666 et Duveyrier en 1888 sont les seuls Européens qui aient réussi le premier à traverser et le second à aborder le Rif. Duveyrier a failli payer de sa vie son audacieuse tentative, les Oulad Settout, les Guelaïa avaient juré de le tuer s'il avait persévéré dans son dessein.

[2] C'est, suivant Kasimirski, qui l'emprunte au grand répertoire de la langue arabe, au Kâmoûs, « le pays cultivé et fertile faisant suite à un désert et limitrophe d'un fleuve ou d'une mer ». Le Rif marocain répond bien aux conditions qu'implique son nom ; il confine au Garet et s'étend jusqu'à la Méditerranée. L'orthographe Riff est vicieuse.

Melila, l'embouchure du Kiss, Oudjda, Taza, Fez, le massif des montagnes des Beni Hasan.

L'intérieur du Rif est encore de nos jours « terra incognita »; ce que nous en savons est acquis par voie de renseignements; en y ajoutant ce que certains auteurs arabes comme Ibn Khaldoun, Edrisi et El Bekri, pour ne parler que des principaux, ont transmis, nous arrivons ainsi à la très faible somme de nos connaissances.

Ainsi que l'avait remarqué Duveyrier [1], la partie du Maroc septentrional qui reste à explorer, par rapport au

[1] L'exécuteur testamentaire d'Henri Duveyrier, M. Maunoir, a bien voulu nous confier, parmi ses papiers, les documents que ce savant avait, durant sa vie de labeur incessant, réunis sur le Maroc. Tous ceux qui ont connu ce voyageur savent avec quel soin il se promettait d'explorer, sinon le Maroc entier, tout au moins la région rifaine. Il y était attiré par l'étude de l'élément berbère, et sa compétence sur ces questions faisait espérer un ouvrage analogue à son grand travail sur les Touareg. Mais une tentative qu'il y fit, devait échouer sous les murs de Melila. Quoi qu'il en soit, l'itinéraire de Telemsan (Tlemcen) à Melila qu'il nous a laissé et que nous avons déjà pu étudier sur ses notes de route, avant sa toute récente publication par la Société de géographie de Paris, est un nouveau témoignage de la conscience et de l'exactitude topographiques que professait ce savant dans tout ce qu'il entreprenait. Il était élève d'Henri Barth et apportait à ses observations scientifiques les procédés et la méthode du plus grand des voyageurs modernes.

Dans ses papiers, dans toute la correspondance, nous avons puisé une grande partie de ce qu'on va lire à côté de précieux documents fournis par le service des affaires indigènes. Il est aussi une autre source que nous ne pouvons passer sous silence, il s'agit des travaux inédits de Tissot, de notes de ce diplomate et archéologue dont nous devons la communication à l'obligeance de M. Salomon Reinach et qui nous ont été d'un puissant secours. (H. de La Martinière.)

terrain actuellement connu, est peut-être la plus intéressante et la plus considérable comme étendue. Car Melila n'est qu'à un tiers de la distance de Lalla Mar'nia à Chechaouen où M. de Foucauld a arrêté son itinéraire de Tétouan. Pour qui donc irait au plus court par terre en levant la route de Melila à Chechaouen, il y aurait deux cents kilomètres à faire, tous sur un terrain neuf, et ce terrain inconnu part du rivage de la Méditerranée et ne s'arrête en moyenne qu'à cent vingt-cinq kilomètres dans le sud, à la ligne de Taza à Fez et Ouazzan. En bloc, le pays du Rif à découvrir faisant suite à ces autres « blancs » de l'est, le territoire des Guelaïa, le bassin de la Moulouïa et le désert de Garet, représente à lui seul quelque chose comme 23,000 kilomètres carrés.

En somme on peut dire que sur une partie des côtes du « Mare nostrum » des Romains, nos connaissances positives s'arrêtent à l'horizon que l'on découvre du pont des navires et pourtant les cartes du Nord du Maroc, du Rif même, sont couvertes de montagnes artistement modelées par le dessinateur, soigneusement tracées par le graveur, bien que tout cela ne repose que sur de rares renseignements fournis par des indigènes, ou quelquefois sur de simples hypothèses.

L'importance politique de tous les événements qui touchent au Rif est cependant extrême. En effet, si l'expérience a surabondamment prouvé que les présides espagnols ne sont que des impasses et ne permettent aucune opération militaire sérieuse, tout au moins sans des forces disproportionnées, on a pu de même se convaincre que les relations de ces places fortes avec les montagnards rifains sont une source intarissable de complications, de difficultés, de prétextes à intervention tour à tour cachées ou grossies suivant les besoins de la politique intérieure de la Péninsule. L'autorité de la cour chérifienne, parfois si précaire dans le reste du Maroc, l'est encore davantage dans le Rif. Au cours de l'étude historique nous nous sommes attachés à démontrer la fragilité des liens qui, à tous moments de l'histoire du Maghreb, réunissaient cette contrée, manière de province théorique, aux souverains du Maroc. De nos jours la situation n'a pas changé. On peut donc redouter les pires difficultés, d'une part provenant de l'impuissance du Sultan à faire respecter par les Rifains les engagements que lui a fait prendre la diplomatie espagnole, tandis qu'il n'est pas bien certain que les autorités militaires que le gouvernement de Madrid envoie dans le préside aient les connaissances et le tact voulus pour ne pas amener, ainsi que cela s'est vu tout récemment encore, de regrettables affaires.

L'entourage du Sultan et le souverain lui-même se rendent parfaitement compte de la situation, les soucis de la politique intérieure empêchent le gouvernement du chérif de se consacrer à l'étude de cette question du Rif, véritable plaie toujours saignante aux flancs de « *l'homme malade du Maghreb* ».

Aussi bien on y a une appréciation parfaitement

juste du degré de puissance qu'il convient d'attribuer à l'Espagne, de ses jalousies sur tout ce qui touche aux choses du Maroc septentrional. Il est donc permis de croire que la cour marocaine se sent assez bien gardée et jusqu'à un certain point, par ce rôle de chien de jardinier qu'aime à y remplir l'Espagne.

Dans l'esprit du Sultan, le Rif est même une manière d'os à ronger et rien ne peut faire croire que dans cet ordre d'idées pour s'assurer la vigilance de la garde espagnole qui veille aux portes de son empire vermoulu il ne soit allé jusqu'à de certains sacrifices. Il en est un pourtant que le chérif Filali qui règne à Fez ne peut faire et ne fera jamais afin de ne pas compromettre son prestige aux yeux des cherifs Idrissides dont nous étudierons plus loin l'autorité spirituelle toute puissante sur les hommes et les choses du Rif, ce serait l'abandon d'une parcelle de territoire aux mécréants de chrétiens. On sent donc toute la difficulté de la question et l'importance que les événements qui touchent au Rif peuvent avoir d'un moment à l'autre en ouvrant une question marocaine. Nous serons entièrement satisfaits si l'étude que nous avons entreprise, en démontrant cette importance, peut faciliter la tâche des agents du gouvernement dans une question aussi délicate.

Vers 1882 un Français, M. de Chavagnac, ayant eu l'occasion d'acheter à un homme du Rif qui se trouvait en prison à Meknas, des terrains miniers situés au Djebel Hammam non loin d'El Mezemma, fréta un navire, embarqua tout un matériel d'exploitation, mais ne put même mettre pied à terre[1] quand il arriva à l'endroit, en présence de l'hostilité des indigènes. Il dut se réfugier au Peñon de Velez de la Gomera, où l'échec de sa tentative parut réjouir les autorités militaires emprisonnées dans cet îlot, à une centaine de mètres de la plage et d'où elles ne peuvent sortir pour mettre pied sur la terre ferme. Quand la tribu avait eu vent de l'affaire, elle avait défendu aux premiers propriétaires de céder la mine et elle est encore prête à repousser par les armes les acheteurs s'ils venaient prendre possession du terrain. On n'a pas rendu d'ailleurs le prix payé.

En 1883, M. de Foucauld qui devait parcourir sous un déguisement les parties les plus sauvages, les plus inexplorées du Maroc, le Sous, le Draa, l'oued Ziz, fut obligé de renoncer à une exploration de la bande du Rif qui s'étend de Tétouan à Fez; il dut s'arrêter à Chechaouen et revenir sur ses pas.

On connaît aussi l'essai infructueux de Duveyrier; bien qu'accompagnant le chérif de Ouazzan, le voyageur dut borner son itinéraire à Melila et, venu de Tlemcen au préside espagnol, il lui fallut s'embarquer et abandonner son projet devant les menaces de mort

---

[1] Dans l'état actuel de barbarie où est plongé le Rif on ne peut faire aux marins du commerce d'autres recommandations que d'éviter cette côte.

(De Kerhallet. Description nautique de la côte Nord du Maroc, 1857, p. 31).

et presque les tentatives d'assassinat dont il était victime[1].

Henri Duveyrier, sur les instances de notre ministre à Tanger, avait obtenu une manière d'autorisation du délégué du Sultan à Tanger, Si Mohammed Torres, pour se rendre de notre frontière à Tanger en suivant la côte du Rif. Le syndic[2] des Guelaïa avait déclaré son impuissance à faire accepter par les populations même la simple idée du voyage d'un chrétien chez elles, et cela malgré la protection religieuse du grand chérif de Ouazzan qui, il convient de le faire remarquer, se montra peu disposé à déplaire aux Espagnols en cette circonstance, et bien plus cédant à la demande du commandant du préside que prenant ombrage du voyage scientifique de Duveyrier, le poussa à s'embarquer, déchargeant ainsi sa responsabilité.

Les voyages qui sont déjà si difficiles dans tout le Maroc, au point que nul pays, même la Chine, ne peut sous ce rapport être comparé à cette partie de l'Afrique,

[1] En 1888, les Guelaïa déclarèrent alors qu'ils ne laisseraient point passer le voyageur Duveyrier. On avait déjà, il est vrai, prévenu notre compatriote, car à la zaouïa de Sidi el Mekki il lui avait été dit : « Il n'y a pas de pire que les gens du Rif ; ils tuent un homme pour un sou. » A Mezoudja les Guelaïa avaient voulu tuer leur cheikh el Hadj Haddou parce qu'il avait laissé le voyageur chrétien planter sa tente sous le mur extérieur de sa résidence ! Plus loin les délégués de la même tribu avaient déclaré qu'ils tueraient le voyageur, lui et ses domestiques, pilleraient son bagage et qu'on promènerait le feu sur les pas des hommes et animaux afin de purifier le pays de ce contact.

[2] Tel est le véritable titre, aussi ambigu que modeste, du représentant du gouvernement marocain en cette région et que l'on qualifie de caïd.

deviennent pour un Européen presque impossibles dans le Rif.

Pour faire un voyage dans le Rif, tout Musulman étranger au pays, fût-il Marocain, est d'ailleurs forcé d'acheter la protection de l'homme le plus puissant dans chaque canton ; c'est, du reste, la seule manière de voyager dans toutes les tribus indépendantes du Maroc, ainsi que dans celles imparfaitement soumises. On ne saurait mieux résumer cette question des voyages au Maroc qu'en citant presque textuellement ce qu'a écrit à ce sujet M. de Foucauld.

« Dans toutes les tribus indépendantes du Maroc,
» ainsi que dans celles qui sont imparfaitement sou-
» mises, la manière de voyager est la même. On
» demande à un membre de la tribu de vous accorder
» son "anaïa", "protection", et de vous faire parvenir
» en sûreté à tel endroit que l'on désigne : il s'y engage
» moyennant un prix qu'on débat avec lui, " zetata " :
» la somme fixée, il vous conduit ou vous fait conduire,
» par un ou plusieurs hommes, jusqu'au lieu convenu ;
» là on ne vous laisse qu'en mains sûres, chez des
» amis auxquels on vous recommande. Ceux-ci vous
» mèneront ou vous feront mener plus loin dans les
» mêmes conditions : nouvelle " anaïa ", nouvelle
» " zetata " et ainsi de suite. On passe de la sorte de
» main en main jusqu'à l'arrivée au terme du voyage.
» Ceux qui composent l'escorte sont appelés " zetat ",
» leur nombre est extrèmement variable, un seul
» homme suffit parfois, lorsqu'ailleurs, souvent tout

» près, quinze ne suffisent pas. L'usage de l' "anaïa",
» appelée aussi " mezrag ", forme une des principales
» sources de revenu des familles puissantes. C'est à elles,
» en effet, que les voyageurs s'adressent de préférence,
» la première condition chez un "zetat" étant la force
» de faire respecter son protégé. Il y a une seconde
» qualité non moins essentielle qu'il faut chercher
» chez lui : c'est la fidélité. En des lieux où il n'y a ni
» justice d'aucune sorte, où chacun ne relève que de
» soi-même, des " zetat " peuvent piller, égorger,
» chemin faisant, les voyageurs qu'ils avaient promis
» de défendre ; nul n'a un mot à leur dire, nul n'a un
» reproche à leur faire : c'est un accident contre lequel
» rien au monde ne peut garantir ; une fois en route
» avec des zetat, on est entièrement à leur merci.
» Aussi faut-il les choisir avec la plus grande prudence
» et, avant de demander à un homme son anaïa,
» s'informer minutieusement de sa réputation. D'ail-
» leurs, quoiqu'on en voie un très grand nombre qui
» trahissent soit ouvertement en vous pillant eux-
» mêmes, soit par stratagème en vous faisant dépouiller
» par un parti plus nombreux auquel ils donnent le
» mot ; quoiqu'il y en ait d'autres qui vous abandon-
» nent chemin faisant, après s'être fait payer d'avance
» ou bien qui ne consentent à vous accompagner
» jusqu'au bout qu'à condition d'augmenter leur
» salaire, malgré ces genres divers de trahison, on trouve
» aussi des hommes honnêtes qui, les uns par senti-
» ment d'honneur, les autres pour garder intacte une

» réputation source de nombreux bénéfices, non seule-
» ment vous conduisent fidèlement jusqu'à la fin,
» mais montrent même un dévouement qui va jusqu'à
» risquer leur vie pour vous défendre. »

Aussi les négociants du Tafilalet, après avoir tâté le marché du Rif, ont-ils été obligés d'y renoncer[1]. La guerre de canton à canton existe en effet presque constamment ; du plus simple différend intime surgit une véritable guerre de tribu à tribu, la vendetta arme les plus résolus qui en imposent aux plus timides et entraînent les irrésolus. Le perfectionnement des armes de guerre que la contrebande leur fournit enhardit ces populations et l'orgueil de ces montagnards fanatiques ne laisse que bien peu d'espoir aux projets d'explorations que voudraient entreprendre des Européens, et quand les Rifains sont sur une terre que gouverne l'Européen ils éludent les questions et les demandes de renseignements[2].

Ptolémée ne nomme que trois montagnes principales dans la Tingitane, le Διουρ, par 8° 30′ de longitude, 30° de latitude, le Φοκρα par 10° et 20° 30′, et l'extrémité occidentale du Δουρδα ou Δουρδος par 15° et 29° 30′.

Tissot ne met pas en doute que le Δωρ ou Διουρ ne soit le double massif du Tselfat et du Zerhoun, au nord

---

[1] Ainsi que nous avons vu, un commerce actif se fait pourtant, grâce aux Juifs de Debdou, et l'importation de Melila augmente ; les Marocains installés aux lignes espagnoles en témoignent. L'influence des Juifs est plus grande qu'on ne le supposerait au premier abord ; même dans ce pays du Rif le Juif s'infiltre.

[2] Duveyrier. *Étude sur le Rif.*

et entre Meknas et Fez; le Phocra, qui s'étendait jusqu'au promontoire Russadir, et sous lequel étaient situés Herpis et Molochath, se retrouve dans la chaîne qui domine la rive gauche de la Moulouïa, l'antique Μολογαθ, et s'étend effectivement de l'Atlas jusqu'au cap des Trois Fourches. Le Diour paraît correspondre à la portion de l'Atlas, où la Moulouïa prend sa source, à laquelle se rattache la chaîne du littoral de la Maurétanie Césarienne.

Les connaissances du géographe ancien s'appliquent assez bien au système orographique, que nous attribuons de nos jours, au Maroc septentrional et qui est caractérisé par des massifs montagneux se rattachant indirectement au système de l'Atlas. D'une part, et à l'ouest, l'oued Sebou, le Subur amnis, de Pline, qui se déverse dans l'Atlantique, d'autre part et à l'est, la Moulouïa, tributaire de la Méditerranée, circonscrivent, par leurs vallées respectives et par celles de leurs affluents, une contrée de forme quadrangulaire, dont les lignes de crêtes ne sont pas orientées dans le même sens que le grand Atlas. Un passage, dont l'altitude est d'environ 960^m, Bab Tamalou, dans la région de Meknas[1], sépare les deux régions sur la route de Tlemcen à Fez[2]. Dans la contrée du nord, le relief prin-

---

[1] Voir itinéraire de Fez à Oudjda.

[2] La cime majestueuse du Djebel R'iata, semble marquer le dernier chaînon de l'Atlas, dans le nord, toute la plaine septentrionale de la vallée de l'oued Innaouen, par exemple, appartient à un autre massif qui en est entièrement distinct, le massif du Rif.

cipal de terre se rapproche du littoral méditerranéen : c'est là que se dressent les pics les plus élevés, dirigeant, par les saillies de leurs crêtes, la navigation côtière. L'ensemble de ce système, où domineraient suivant Lenz les formations anciennes, s'abaisse vers le rivage, de manière à présenter un versant montagneux qui se développe en un vaste hémicycle du Ras Ouerk ou cap des Trois Fourches à la pointe de Ceuta.

D'après ce que l'on aperçoit de la mer, et ce que confirme l'historien Ibn Khaldoun, la constitution orographique du Rif offrirait un certain nombre de chaînes, courant parallèlement entre elles et au rivage. On peut y voir le pendant en Afrique des chaînes espagnoles de la Contraviesa, des Alpujarras, et de la Sierra Nevada. La direction et la longueur des cours d'eau, qui débouchent là dans la Méditerranée, indiquent que ces chaînes doivent être interrompues sur plusieurs points, et comme divisées chacune en différents massifs allongés [1].

Mais nulle donnée ne peut encore nous fixer jusqu'où vont, du côté de l'ouest, la formation volcanique et basaltique des montagnes des Guelaïa, et dans l'est, les roches sédimentaires ou terrains secondaires (oolithique, crétacé, néocomien), et tertiaire éocène des environs de Tanger et de Tétouan, comme les gisements de houille au nord-est de cette dernière ville ; jusqu'à nouvel ordre ce sont problèmes réservés aux explorations de l'avenir [1].

[1] H. D.

Le géologue Maw[1], a constaté que la côte sud du détroit de Gibraltar, présentait les preuves évidentes d'un soulèvement moderne; les observations de Duveyrier, sur la sebkha des environs de Melila, à 245 kilomètres du détroit, tendent encore à la même conclusion[2].

Le nœud central paraît se trouver entre les Sanhadja et les Metalsâ, de l'ouest à l'est, et à mi-chemin de Taza à Nokour, à environ 80 ou 90 kilomètres de la mer. L'existence d'un massif considérable nous est en effet confirmée par El Bekri, qui nous le décrit sous le nom de Djebel Gouïn[3] des Beni Gouïn[4], montagne située sur le territoire des Guezennaïa, et où prennent naissance les trois cours d'eau les plus importants du Rif, le Ouar'ra, le R'is et le Nokour, mais nous en ignorons l'altitude. Cette indication, venant toutefois d'El Bekri, a d'autant plus de valeur, que l'écrivain arabe, dans la Cordoue musulmane où il rédigea son ouvrage, avait accès à des documents de première source : les rapports des agents du Khalife en Afrique,

---

[1] J. D. Hooker, *Journal of a Tour in Morocco*, London, 1878.

[2] Léon l'Africain nous a laissé la mention et la description d'un volcan en activité, de son temps. Malheureusement, le nom de la tribu est si défiguré par l'auteur, que l'on ne peut en tenter l'assimilation de nos jours. Aucun indigène, interrogé à ce sujet, n'a pu nous donner d'information.

[3] Lieu de la bataille entre les deux frères Saleh et Sares, vers 917 de J.-C.

[4] Djebel Beni Kaoum, suivant Duveyrier.

et il pouvait interroger les fonctionnaires de toutes les parties du Maroc qui affluaient à la cour.

Quant à la chaîne côtière, qui commence sur le détroit au Djebel des Beni Saïd, à côté de Tétouan et dont quelques points seulement ont été relevés de mer, jusqu'à un maximum de distance de vingt-trois kilomètres de la côte, elle est la seule pour laquelle on possède des mesures d'altitude. De ce qui est acquis, il résulterait que culminant par 2201^m dans le Djebel Beni Hasan [1], (le mont Anna des cartes) à 25 ou 26 kilomètres de Tétouan, elle atteint chez les R'omara, 1800 et 1850, chez les Mettioua El Bahr 1410 et 1787,

---

[1] Le versant oriental du Djebel Beni Hasan avait été entrevu et ses principaux sommets mesurés lors du travail hydrographique de la côte du Rif. C'est à de Foucauld que nous devons la première description du flanc occidental de ce massif qui, avant lui, nous était inconnu. La haute muraille rocheuse du Djebel Beni Hasan, couronne le chemin de Tetouan à Chechaouen ; elle se dresse toute droite au-dessus du sentier, à peine se trouve-t-il entre elle et les lentisques qui la bordent une étroite bande de cultures.... Plus loin, le Djebel Beni Hasan présente un aspect enchanteur : des champs de blé s'étagent en amphithéâtre sur son flanc.... ce n'est que vie, richesse, fraicheur. Des sources jaillissent de toute part, à chaque pas on traverse des ruisseaux. Le Djebel Beni Hasan est un massif extrêmement remarquable. Les plus hauts sommets, dont les cartes marines nous donnent les altitudes 1410^m, 2210^m, 1818^m, en sont invisibles du fond de la vallée ; une haute muraille de pierre grise, à crête dentelée, le couronne de ce côté et lui donne l'aspect le plus étrange ; on dirait une série de rochers de Gibraltar juxtaposés sur un piédestal de montagnes, la crête supérieure de cette montagne parut, à de Foucauld, d'une altitude uniforme, pouvant varier entre 1200 et 1500^m. Au-dessus quelques cultures, entrevues en deux ou trois points, semblent révéler l'existence d'un plateau.

chez les Beni Oulichek de 1437 à 1620ᵐ. M. Vincendon Dumoulin, dans son tracé hydrographique de la côte, n'a pas signalé de neige sur ces sommets en août, septembre et octobre, mais on en a vu, en juin, sur les pics des Mettioua El Bahr et chez les R'omara.

Les parties montagneuses du Rif sont d'ailleurs réputées pour leur climat très froid, comme aussi pour les forêts qu'elles renferment.

L'oued Kart ou Kert, appelé aussi Oued bou Gafer, qui doit prendre sa source chez les Beni Touzi et au Djebel Gouïn, passe vraisemblablement chez les Metalsa, les Guezennaïa et peut-être les Beni Our'iaral, se jette dans la Méditerranée, presque à la base et à l'ouest du Ras Ouerk, après un parcours que l'on peut estimer, très approximativement, à 90 kilomètres en droite ligne.

L'oued bou Azzoun, de la carte du Service géographique de l'Armée [1], paraît être le même que l'oued Frezar ou Ranem, dont les bords sont couverts d'un grand nombre de villages appartenant aux Beni Tam Saman. Il prendrait sa source dans le même massif du Gouïn et, après un parcours d'environ 60 kilomètres, se jetterait dans la mer, à environ 12 kilomètres est du cap Quilates des cartes marines.

Nous ne savons rien de l'oued el Djemaa, qui sépare la tribu des Beni Tam Saman des Beni Oulichek. L'oued Nokour et l'oued R'is prennent aussi naissance au

---

[1] Carte d'Afrique au 1: 2.000.000.

Djebel Gouïn; ils se réunissent au lieu nommé Agdal[1] et là, ils se partagent encore pour former plusieurs ruisseaux. Le rivage de la mer, auprès du R'is, est d'un accès difficile et s'appelle Tagrarart[2].

L'oued Nokour se jette dans la mer, au fond de la baie où se trouve le préside espagnol d'Alhucemas, entre le cap Quilates et le cap du Maure des cartes marines, non loin et probablement au lieu habité, à la bourgade marocaine d'El Mezemma.

Sur une longueur d'environ 130 kilomètres, entre l'embouchure du Nokour et celle de la rivière de Tétouan, l'oued Martil, on compte un grand nombre[3] de petites rivières aux eaux abondantes, même en été, et qui viennent des montagnes de l'intérieur, alimentées par toutes les sources des Djebel Mettioua, R'omara, et surtout des Beni Hasan.

Nous remarquons parmi les principaux: l'oued Bou Ferah, qui se jette à Badis, en face du préside espagnol de Peñon de Velez.

Puis, parmi les plus importants, l'oued Ourinega,

[1] El Bekri, page 210.

[2] Nokour paraissait située entre les deux rivières avant leur confluent. L'oued Nokour vient, suivant El Bekri, de la montagne des Beni Gouïn dans le pays des Guezennaïa; le R'is prend sa source, toujours suivant le même auteur, dans le territoire des Beni Our'iaral. Chacune d'elles parcourt une distance d'environ une journée et demie avant de se jeter dans la mer, leur confluent était à environ cinq milles du rivage. L'une et l'autre ont un courant intense puisque, toujours d'après El Bekri, elles faisaient tourner plusieurs moulins.

[3] Environ dix-neuf.

qui se jette à l'est et près de la pointe des Pêcheurs des cartes marines. L'oued Ourinega est indiqué, mais sans nom, sur la carte du Service géographique de l'Armée[1], il vient des montagnes des Mettioua; dans sa vallée se trouve un marché très fréquenté, le Souk Tleta (du mardi) d'Ourinega; la rivière paraît former la limite des R'omara et des Mettioua el Bahr, son parcours en ligne droite semble être d'environ 50 kilomètres.

Ensuite, l'oued Tersa[2], de la carte du dépôt de la guerre, sur lequel nous ne possédons aucune donnée, et qui se jette dans la mer près de la Koubba du marabout de Sidi Tahar; on trouve, sur ses bords, la maison d'un mokaddem[3] des Chérifs de Ouazzan.

Puis une grande rivière appelée l'oued Tarera. Sur ses rives, en plein territoire des R'omara, se rencontrent un grand nombre de Koubbas parmi lesquelles celle du marabout Sidi el R'azal qui était cheikh de la Djemâa de cette tribu.

Sur le territoire de la même tribu on rencontre encore l'oued Tiguisas, et enfin l'oued Sifellaou[4] qui prend sa source près de la ville de Chechaouen et se

[1] Carte d'Afrique au 1: 2.000.000.

[2] Probablement Tirarsa, nom d'une tribu des R'omara.

[3] En 1893, Si Mohammed Tahar.

[4] L'oued Sifellaou est l'oued Laou de Tissot, que ce savant avait identifié avec le « Laud Flumen » de Pline, tandis que l'anse voisine était, selon lui, le Promontorium Barbariæ de l'Itinéraire d'Antonin, désigné comme Ολέαστρον ἄκρον de Ptolémée.

jette dans la mer, entre les tribus des Beni Saïd et des R'omara, à l'endroit appelé Gaârsas, point qui sert de limite entre les tribus des Beni Saïd, des R'omara (à droite) et des Beni Hasan (à gauche).

Plus loin, en se rapprochant de la rivière de Tétouan, on rencontre l'oued Merabet et enfin l'oued Tanisa avant d'arriver à l'oued Martil [1].

Telle est l'énumération approchée des principaux cours d'eau qui débouchent dans la Méditerranée ; ce ne sont, pour la plupart, que des ruisseaux ; on comprend, en effet, que les pentes des montagnes du Rif sont trop voisines de la côte pour fournir un long développement à ces ruisseaux.

Tout autre est le Ouar'ra, l'un des fleuves les plus célèbres du Maghreb, suivant El Bekri. Ainsi que nous l'avons déjà vu, cette rivière, véritable fleuve, prend sa naissance dans le massif du Djebel Gouïn et après environ 200 kilomètres de parcours se jette dans le Sebou, dans l'immense et fertile plaine qu'arrose ce dernier fleuve, bien connue de tous les voyageurs qui se sont rendus de Tanger à Fez ou à Meknas. Le Ouar'ra [2] roule toute l'année des eaux abondantes, claires et rapides sur un fond de galets, au moins dans la partie voisine de son confluent dans le Sebou ; à la mechrâa el Bacha ou gué du Pacha, où passe une des

[1] L'oued Ras ou oued Medjekesa d'El Bekri, le Tamuda flumen navigabile de Pline, le Θαλοῦδα ποταμον ἐϰϐολαί de Ptolémée.

[2] Le traducteur d'El Bekri, M. de Slane, ajoute que ce mot signifie « or », en berbère.

routes de Tanger à Fez, la rivière a 80 mètres de large, son lit est bordé de berges terreuses et à pic de 4 à 5 mètres de haut ; la rivière atteint, au gué même, 100 mètres, elle a environ 60 centimètres de profondeur ; au-dessous, son cours se rétrécit, mais elle devient profonde alors de 1^m,50 [1].

L'aspect de la vallée est très riant, c'est une grande prairie où paissent de nombreux troupeaux ; quelques bouquets d'arbres l'ombragent ; des jardins, des douars s'y voient en grand nombre. Elle conserve le même aspect jusqu'aux premiers contreforts du Djebel el Kalaa, sur une longueur d'environ 50 kilomètres à l'est du confluent avec le Sebou, entre les Cherarda [2] et les Beni Ahsen [3], non loin de la mechraa el Megrem. La vallée du Ouar'ra est bornée jusqu'à cette hauteur au nord par le Djebel Setta et plus près par les hauteurs des collines du R'arb, puis par le Djebel Chaïbi, au sud par les petites montagnes des Oulad Aïssa qui se réunissent à celles des Fichtala. C'est entre l'étranglement formé au nord par le Djebel Chaïbi au point dit el Kasba, et au sud par la fin du

---

[1] Observations prises en Juillet par de Foucauld.

[2] Tribu arabe soumise, qui habite la partie de la plaine du Sebou, entre l'oued R'edem et le Sebou ; au sud les prolongements du Djebel El Outita séparent son territoire de celui des Oulad Delim.

[3] Tribu arabe peu soumise, qui habite le sud de la plaine du Sebou jusqu'à la forêt de Mamoura et qui touche aux Zemmour, tribu Cheleuh insoumise, et aux Guerouan, tribu de même caractère ethnographique et politique.

grand massif du Djebel Moulai Bou Cheta, que se dirige vers le nord, le Ouar'ra. Son cours passe alors en plein territoire des Djebala; depuis le marché des Atl Setta la région n'est plus très sûre, à dater d'El Kasba, les cavaliers du Sultan ne s'aventurent qu'en nombre. Par la coulée de la vallée, entre El Kasba et les contreforts du Djebel Moulai Bou Cheta, on perçoit un horizon fermé par les montagnes des Beni Mestara; mais un plateau ondulé, que ces monts projettent, repousse le cours du Ouar'ra vers l'est et c'est derrière le Djebel Moulai Bou Cheta que cette rivière repasse, semblant circonscrire la montagne. Traversant ensuite les territoires des Beni Zeroual, le bas des Mettioua el Djebel, puis une partie des Sanhadja, on arrive enfin à sa source dans le Djebel Gouïn. Cette dernière partie de son cours nous est totalement inconnue, le levé de la vallée a été fait jusque et y compris le Djebel Moulai Bou Cheta[1], mais ensuite nous devons avoir recours à El Bekri pour savoir que cette rivière coulait alors dans un pays magnifique au milieu d'une foule de villages qui ressemblent à des villes.

Parmi les essences forestières, les auteurs arabes citent les hauts pins des montagnes de Jellès, voisines de Bâdis, et dont le bois alimentait vraisemblablement les chantiers de construction des trirèmes de « Parie-

---

[1] A la Medjaz el Khacheba (le gué de la poutre), M. de La Martinière a pu retrouver l'emplacement, derrière le Djebel Moulai Bou Cheta, des ruines d'une grande ville arabe, « Fez el Bâli ».

tina » ; puis le genévrier et le cèdre des environs de Nokour. El Bekri nous a laissé la description des piliers et du plafond de la mosquée célèbre de cette ville ; enfin le buis des monts des Beni Ouardefeth, près de Tetouan. Les arbres cultivés les plus répandus[1] sont, dans le fond des vallées, l'olivier, le figuier, l'amandier, le cognassier, le noyer, le citronnier et la vigne. Le Rif possède encore aujourd'hui des vignobles avec lesquels musulmans et juifs fabriquent des vins appréciés des montagnards berbères[2]. A côté de ces arbres fruitiers on cultive aussi le blé et l'orge, en moindre quantité, car les chevaux y sont peu nombreux, puis l'oignon et le lin.

Quand on examine l'aspect des chaînes côtières, en longeant le rivage, on devine le caractère rocheux et souvent stérile de la majeure partie de l'intérieur[3]. Le gros bétail y est donc rare, le mulet est l'animal par excellence dont on se sert pour les transports, avec l'âne et le petit cheval de bât ou « quidar ». Ces derniers ont même un endurement et une vigueur tout à fait remarquables. La chèvre est l'animal domestique le plus répandu. La faune sauvage non plus n'est

[1] La ville de Nokour, située à cinq milles de la mer, vers le sud, était renommée pour ses jardins et ses vergers de poiriers, de grenadiers, au temps d'El Bekri.

[2] H. D.

[3] La région de l'embouchure de Nokour fait cependant exception, c'était là, dans le canton appelé Tagrarart, que la famille des Salah avait établi ses haras (El Bekri, page 211).

pas très riche, point de gros félins, quelques rares panthères, point de mouflons, encore moins de gazelles ou d'antilopes, les gazelles de la plaine de Messoun ne dépassent point, en effet, le Garet. Mais les sangliers abondent comme dans presque toutes les parties montagneuses du nord du Maroc.

Quant à la richesse minérale du pays elle est encore peu connue, malgré les récits enthousiastes des Espagnols qui, au surplus, en sont réduits aux conjectures. On assure que le sol est riche en minerai; il est vraisemblable que l'on doit y rencontrer les mêmes échantillons que dans le massif de Beni Saf et de Nemours. Quoi qu'il en soit, on assura à Duveyrier qu'une mine de métal, dont on ne voulut pas dire le nom, existerait dans le Djebel Hammam près de Badis [1]. Le fer abonde partout chez les Beni Saïd de l'ouest, chez les Beni Touzin près des Beni Tam Saman, chez les Beni Saïd de l'est, d'où l'on a dit à Duveyrier qu'on l'exportait jusqu'à Fez (?), enfin dans le pays des Guelaïa. Duveyrier croit y voir l'explication des déviations anormales de l'aiguille aimantée, observées au cours des levers hydrographiques de MM. Dumoulin et de Kerhallet sur la côte du Rif.

C'est encore à Ptolémée que nous aurons recours pour une énumération des diverses peuplades Mauré-

---

[1] Probablement de la galène argentifère. Ce gisement serait celui que M. de Chavagnac comptait exploiter en 1882.

taniennes. Le géographe d'Alexandrie indique en même temps leurs situations respectives. Le littoral du détroit, comprenant de nos jours l'Andjera, est habité par les Μεταγωνῖται, celui de la mer Ibérienne, c'est-à-dire le Rif, par les Σοκόσσιοι, au-dessous desquels se placent les Οὐερουεῖς; il existe encore aujourd'hui, ainsi que nous verrons ultérieurement, dans les contreforts méridionaux du Rif, un district de Ouar'ra.

La partie orientale de la Tingitane est habitée tout entière par les Μαυρήνσιοι et une fraction des Ἐρπεδιτανοί, dont la capitale Herpes, se trouvait dans le Phocra.

Si fastidieuse que puisse paraître cette étude, elle n'en offre pas moins un intérêt puissant au point de vue ethnographique. Un certain nombre de noms de peuplades maurétaniennes se retrouvent, en effet, dans les listes des tribus berbères, qui nous ont été transmises par les géographes arabes du Moyen-Age, ou existent encore aujourd'hui. Les Baccuatœ, les Macenites, les Autololes, les Mazices, sont certainement les Ber'ouata, les Miknassa, les Ait Oulili et les Amazir' du Maroc. Au surplus, toutes ces tribus appartiennent incontestablement, ainsi que l'a dit Tissot, à cette antique race libyenne ou berbère que les premières navigations orientales ont déjà trouvée établie sur toute la côte septentrionale de l'Afrique et qui forme encore au Maroc, et surtout dans les districts de montagnes, la masse principale de la population, comme le Rif où l'infiltration arabe n'a pu se faire. L'étude des questions complexes qui n'ont pu encore résoudre le problème des origines berbères, nous entraînerait au-delà des limites où nous tenons à nous renfermer, mais notre travail serait incomplet, même au point de vue très réduit où nous sommes placés, si nous n'avions esquissé tout ce qui précède.

Les limites du Rif n'ont pas dû varier au cours de l'histoire ; borné à l'est par le Garet, dont le caractère désertique forme une frontière naturelle au bas et en avant du massif des Guelaïa, se terminant au sud par la vallée de l'oued Innaouen et la trouée qui unissait le royaume de Fez et celui de Tlemcen, la région rifaine semble, et à grands traits, bien délimitée.

Dans l'ouest, la séparation physique paraîtrait plus délicate à tracer au premier abord.

De l'est de Fez jusqu'aux environs de Ouazzan et de Tétouan au nord, on peut dire, en matière d'à peu près, que les populations du Rif sont bordées d'une véritable ceinture de tribus que nous appellerons les Djebala, ainsi qu'on les désigne au Makhzen marocain. Ces derniers, presque tous berbères arabisants et quoique d'une nature aussi guerrière, d'un caractère aussi farouche et en général aussi insoumis que les Rifains, sont cependant plus à portée de l'action de la cour chérifienne qui, chaque fois qu'elle le peut et en a l'occasion, agit avec ses procédés de rigueur bien connus.

C'est derrière cette sorte d'écran que commence le Rif proprement dit, qui, s'il est limité à l'est, comme nous l'avons vu, par l'oued Kert et les Guelaïa, et au sud par les tribus des Miknassa, les Tesoul, les Branes, les R'iata et les Haïaïna, bordant la route de Fez à Oudjda, a par contre dans l'ouest des frontières moins précises. On sent qu'en effet il serait bien délicat, dans l'état actuel de nos relations avec le Rif, d'établir les frontières du Rif avec les Djebala; entre des populations aussi semblables, les zones de démarcations doivent être insensibles.

Aux différentes époques historiques, que nous avons résumées précédemment, il n'apparaît pas que les limites du Rif aient changé; la nature du terrain se prête trop bien à isoler les habitants du restant du Maghreb pour croire que des frontières, autres que celles tracées par la nature, auraient pu être imposées par les différents pouvoirs qui se sont succédé en Tintigane et plus tard, dans le royaume de Fez.

CHAPITRE VII.

Géographie politique du Rif.

ESQUISSE DE DIVISION ADMINISTRATIVE. — GROUPEMENT GÉNÉRAL DES POPULATIONS [1].

La région comprise entre la frontière algérienne et Chechaouen forme une seule division administrative marocaine, le gouvernement d'Oudjda et du Rif, qui contient trois provinces historiques ou géographiques et qui sont, en partant de l'Algérie [2] :

La circonscription d'Oudjda comprenant le pays des Beni Snassen [3] ;

Le pays de Garet comprenant l'intendance des Guelaïa [4] ;

Le Rif.

Nous ne connaissons rien des détails de l'administration du Makhzen marocain au Rif, ou pour parler plus justement, de la façon dont s'y exerce le semblant

[1] D'après Duveyrier.
[2] H. D.
[3] Voir Chapitre III.
[4] Voir Chapitre IV.

d'autorité que prétend y avoir la cour chérifienne. Le Sultan, le long de la côte et seulement aux points qu'y possèdent les Espagnols, y entretient des douanes et des oumana ou intendants qui s'accordent plus ou moins avec les caïds que l'autorité de Sa Majesté y a nommés pour la forme et qui n'entretiennent que de très mauvaises relations avec les populations. Mais dans l'intérieur même du pays, si le gouvernement marocain y investit des caïds, nous ne connaissons pas la façon dont ils remplissent leurs charges, « in partibus » très vraisemblablement, ni l'accueil que leur réservent des tribus aussi insoumises, aussi indépendantes, et qui, pour tout dire, n'acceptent comme fonctionnaires du Sultan que des frères à eux, point d'étrangers, et encore à la condition que l'autorité de ceux-là, purement nominale, s'arrêtera au seuil de leurs demeures.

En un mot, nous avons toutes les raisons pour croire que la région du Rif est assez semblable aux territoires du grand Atlas où le nom du Sultan n'est même qu'à demi respecté et seulement, parfois, comme chef religieux.

Nous verrons plus loin comment s'exercent dans le Rif les diverses influences religieuses.

Le Rif proprement dit commence à l'ouest de l'oued Kert dont la rive occidentale est peuplée de Beni Saïd.

1° La première région que l'on rencontre est alors le pays des Botouïa, arrosé par l'oued Bou Azzoun et peuplée par les Beni Oulichek ;

2° Le pays des Beni Tam Saman arrosé par l'oued R'is et son affluent l'oued Nokour qui semble être la séparation entre les Beni Tam Saman et les Beni Oulichek ;

3° Au sud des Beni Oulichek, des Beni Ouriar'al et des Beni Tam Saman, vivent les Metalsa, les Guezennaïa, les Beni Touzin et enfin les Beni bou lahïïu. Ces dernières tribus ne sont séparées du chemin de Fez que par les Miknassa, les Tesoul et les Branes ;

4° A l'ouest des Beni Tam Saman vient le pays des Bokouïa ou Bokioua, puis celui des Beni bou Ferah.

Au-dessus des Bokioua et des Beni bou Ferah, dans l'intérieur, s'échelonnent vers l'est les Beni Mezdoui, les Beni Ammart, les Marnissa[1]; plus à l'ouest les Beni Itteft, les Tsarguist, les Sanhadja et les Mediouna, au-delà desquels, dans la direction de Fez, on passe chez les Fichtala où commence la région des Djebala.

5° Le long de la côte vers l'ouest après les Beni bou Ferah viennent les Mesettâsa, puis les Mettioua el Bahr, qui ont pour voisins au sud les Mettioua el Djebel[2]. Entre ces derniers et les Fichtala vivent les Beni Seddet, les Tar'zout et les Ketama.

---

[1] Les Marnissa, presque d'élément rifain, sont Djebala de langue ; leur territoire ne compte pas dans le Rif.

[2] Les Mettioua el Djebel sont Djebala (voir chapitre VIII).

Après les Mettioua el Bahr viennent les **R'omara** et leur fraction les **Beni bou Zeran**.

A l'ouest des R'omara vivent les **Chechaouen**, au nord-ouest les **Beni Saïd**, qui habitent le Djebel Beni Hasan, et enfin les **Beni Maadan** qui occupent le territoire jusqu'aux environs de Tétouan [1].

BENI SAÏD[2]. — Les Beni Saïd[3] sont Berbères ; ils habitent des villages dans la partie de la côte comprise entre l'oued Kert et l'oued El Mahden. Une seule de leurs fractions, les Beni Tomaït, a ses villages du côté de la plaine, vers le cours supérieur de l'oued Kert.

Leur pays ressemble à celui des Guelaïa, que nous avons décrit précédemment. Il est également fertile, bien arrosé et très populeux.

Il existe sur la côte une rade, à Sidi Hassen.

Les Beni Saïd ont un marché qui se tient le mercredi de chaque semaine chez les Beni Abdaïm.

Ils possèdent sur leur territoire une zaouïa de l'ordre de Sidi Mohammed ben bou Zian (Ziania-Kenatsa) dont le chef était, en 1880, Si Mohammed el Hadri.

La population totale de la tribu était, en 1880, d'environ 25.000 âmes. Les contingents qu'ils peuvent mettre sur pied étaient évalués, d'après des documents plus anciens, à 200 chevaux et 9.000 fantassins. Ces chiffres sont exagérés.

[1] H. D.

[2] On trouve une autre tribu de Beni Saïd près de Tétouan ; nous en parlerons plus loin.

[3] Capitaine de Breuille, 1880.

NOMS DES FRACTIONS.	NOMBRE de			NOMS DES CHEFS OU NOTABLES en 1880.
	maisons ou tentes.	cava- liers.	fantas- sins.	
Medjaoua (Oum Djaoua, sur la rive gauche de l'oued Kert)...	»	»	800	Cette tribu a un kaïd investi d'une autorité reconnue : Mohammed Akchich (encore en 1893). On pouvait citer en 1880, après lui, les chioukh : Allal Zahaf, des Beni Tomaït ; Si Mohammed ou Ali Zahti, des Medjaoua; Ali ou Ahmed des Ahl Tchouket ; Amar bou Zain, des Beni Abdaïm; Mohammed ou Rekiza des Zaouma. En 1893, Sidi el Hadj Hammou Hadir personnage influent. Le caïd Akchich est Taïbiia.
Ahl Tchouket (vers la mer).....	»	»	3000	
Beni Abdaïm, (vers la mer, à l'ouest de la précédente fraction)......................	»	»	700	
Zaouma (Izaounien, dans la montagne)......................	»	»	1000	
Beni Tomaït (du côté de la plaine)	»	»	700	
Totaux......	5000	100	6200	

BENI OULICHEK [1]. — Cette tribu [2] a la même origine que la précédente, mais elle forme un caïdat séparé et est moins importante.

Le pays qu'elle habite est plus difficile et plus mouvementé que celui des Beni Saïd.

Les villages des Beni Oulichek occupent la portion montagneuse voisine de la côte, située entre l'oued el Mahden et l'oued bou Azzoun. Une fraction seule, celle des Ahl Tizi Abadin, a ses villages du côté de la plaine, sur le versant sud.

Il y a un marché le samedi, chez les Oulad Abd es Selam.

---

[1] Oulitchitch, d'après Duveyrier ; la véritable forme paraît être : Oulchchek.

[2] Cap. de Breuille, 1880.

La population totale de la tribu était évaluée, en 1880, à environ 12.000 âmes.

Les documents plus anciens donnaient à cette tribu une force de 5.000 fantassins et 200 chevaux. Ils n'avaient plus, en 1880, un seul cheval, excepté celui du caïd.

NOMS DES FRACTIONS.	NOMBRE de			NOMS DES CHEFS OU NOTABLES en 1880.
	maisons ou tentes.	cavaliers.	fantassins.	
Ahl Azerou (Aït Ouzerou).	»	»	»	Le caïd de la tribu était le nommé El Hadj el Arbi bou Tament, des Ahl Azerou. On pouvait citer après lui les chioukh Si Mohammed ou bou Hammou, El Hadj Mohammed ben Tinounat, Mohammed ben Abdes Selam.
Oulad Abd-es-Selam.....	»	»	»	
Oulad Ikhelef	»	»	»	
Ahl Tizi Abadin.........	»	»	»	
	2400	»	3000	

Beni Tam Saman[1]. — La tribu berbère des Beni Tam Saman[2], située à l'ouest de la précédente, occupe tout le pays compris entre l'oued bou Azzoun et l'oued Nokour, qui a un volume d'eau à peu près égal à celui de la Tafna.

Le pays occupé par cette tribu est assez abrupt dans certaines parties, mais il est très fertile et bien cultivé partout. On y trouve une grande Kasba nommée Kasba Ed Dchar.

[1] Temçaman d'Ibn Khaldoun et d'El Bekri.

[2] Cap. de Breuille, 1880.

[3] Les Beni Tam Saman ont, du reste, été liés à la fondation de la ville de Nokour (Voir El Bekri).

Trois des fractions des Beni Tam Saman, les Aït Tmar'ni, les Beni Taben et les Beni Idian, ont leurs villages le long de la côte et sur le versant méditerranéen. Les deux autres fractions ont les leurs dans la montagne.

Les Beni Tam Saman ont un marché important, le jeudi, à Tam Saman même, chez les Amzaourou.

Tous les indigènes de cette tribu appartiennent à l'ordre religieux des Derkaoua.

La population totale des Beni Tam Saman était évaluée, en 1880, à environ 16.000 âmes.

Les documents plus anciens donnaient, à cette tribu, la même force en fantassins que la précédente, et de plus 300 chevaux. Elle n'avait plus, en 1880, un seul cheval, mais présentait, toutefois, une force un peu plus considérable que les Beni Oulichek.

NOMS DES FRACTIONS.	NOMBRE de			NOMS DES CHEFS OU NOTABLES en 1880.
	maisons ou tentes	cava- liers.	fan- tassins	
Aït Tmar'ni..........	»	»	500	Le caïd de la tribu se nommait Ahmed ben Doudouch, des Aït Tmar'ni. On pouvait citer après lui les chioukh : El Hadj Messaoud ; El Hadj Hammou ; El Hadj Mohammed Akabel. En 1893, Ould el Hadj bou Azza était caïd de sa tribu. Sa demeure se trouvait près du marabout Sidi ben Daoud.
Beni Taben..........	»	»	400	
Beni Idian (Aït Idian)..	»	»	1000	
Ahl Trougout........	»	»	1000	
Amzaourou..........	»	»	1000	
	2500 à 3000	»	3900	

Beni Ouriar'al [1] (ou Beni Aour'ir'el). — Cette tribu berbère [2] est un peu plus forte et plus populeuse que les Beni Saïd. Elle habite toute la région qui s'étend des Beni Tam Saman aux Azemouren, c'est-à-dire aux environs de la vallée des rivières Nokour et R'is.

Plus éloignée que les tribus précédentes, elle est moins connue. Elle se subdivise en cinq fractions; nous ne possédons que les noms de trois d'entre elles, savoir :

>Aït Abdallah ;
>Aït Zian ;
>Marabtin.

Nous savons qu'un de leurs plus grands villages se nomme Mehaouline.

[1] Beni Ouriagol, d'Ibn Khaldoun, qui nous les donne comme étant des Sanhadjiens ; à l'époque des Almohades, une tribu des Beni Ouriagol habitait aux environs de Bougie.

Suivant l'auteur de l'histoire des Berbères, les Beni Ouriagol seraient aussi issus des Nefzaoua, par conséquent alliés aux R'assaça, Mernissa, Zehila, Soumata, Zatima, Oulhassa, Medjra, Ourcif, et Meklata, tribus sur lesquelles nous ne possédons, de nos jours, aucune donnée. D'après Ibn Khaldoun, les Meklata ont formé :

>Les Beni Ouriagol ;
>Les Gueznaïa ; (les Guezennaïa de Duveyrier).
>Les Beni Isliten.
>Les Beni Dimar ou Rihoun ;
>Les Beni Seraïn.

Quelques-unes de ces populations nous sont seules connues actuellement.

On trouve une autre fraction des Beni Ouriar'al, cette dernière, que nous rangerons dans les Djebala, est voisine des Beni Zeroual.

[2] Cap. de Breuille, 1880.

Le caïd de la tribu, El Hadj Addou ou Aïssa, était, en 1880, le seul personnage influent et important.

La population totale était évaluée alors à environ 35.000 âmes, habitant 600 ou 700 maisons.

Les renseignements plus anciens, portaient la force de cette tribu à 30.000 fantassins et 200 chevaux. Ils étaient fort exagérés. Les Beni Ouriar'al ne possédaient plus de chevaux en 1880 et ils ne pouvaient pas mettre en ligne plus de 8.000 fantassins.

GUEZENNAÏA. — Les Guezennaïa, d'après des renseignements recueillis en 1885 [1], seraient voisins des Beni Ouriar'al et des Beni Touzin. Ils auraient une colonie chez les Beni Snassen, car un des villages de ce pays porte leur nom [2]. Ils seraient également voisins des Metalsa. Les Guezennaïa sont exclusivement berbères, leur territoire est montagneux et touche celui des Beni bou Iahïin.

BENI BOU IAHÏIN. — Les Beni bou Iahïin sont exclusivement berbères [3] ; ils habitent un territoire très montagneux, bordé à l'ouest par les Metalsa et les Guezennaïa, et au sud par les Magraoua [4].

[1] H. D.

[2] Ibn Khaldoun (*Histoire des Berbères*, I, page 227), range les Guezennaïa dans la même famille que les Beni Ouriar'al.

[3] H. D.

[4] Voir au chapitre IV ce que nous avons déjà dit à propos des Beni bou Iahïin (Beni bou Iahi).

Beni Touzin. — D'après les informations qu'avait pu recueillir Duveyrier, et qui constituent la très faible somme de renseignements que nous avons sur cette tribu, les Beni Touzin vivraient entre les Guezennaïa et les Beni bou Iahïin. Ce serait des berbères purs et leur territoire comprendrait les contreforts méridionaux du massif du Djebel Gouïn. Les historiens arabes ne mentionnent point les Beni Touzin.

Sanhadja. — Les Sanhadja habitent le bassin du haut Ouar'ra, entre le Rif, les Mettioua, Beni Oulid, Haïaïna et Mezziat.

Les Sanhadja, issus de la grande tribu de ce nom, issue elle-même de la partie des Yemenides, qu'Ifricos établit en Ifrikia lorsqu'il envahit le pays, forment une importante confédération, qui compte en partie dans le Rif, en partie chez les Djebala.

Elle se divise en trois tribus de Sanhadja :

Sanhadja [1] d Serir, qui sont dans le Rif.
Sanhadja d Reddou.   } Djebala.
Sanhadja d Mousebaa.

Une autre tribu de Djebala, les Ketama, comptent politiquement et géographiquement avec les Sanhadja d Serir.

Les Sanhadja Djebala, aussi bien que ceux du Rif, sont soumis à l'ascendant exclusif d'une grande famille

---

[1] De Foucauld fait observer (page 11), que l'emploi de la particule « d », dans le sens de notre préposition « de », est général parmi les tribus de tout le Maroc, et particulièrement aux environs de Tétouan.

de Cherifs Oulad Sidi Ahmed ben Nasser qui est établie chez eux. Ils en forment la clientèle, lui obéissent en tout, et ne reconnaissent pas d'autres maîtres.

Chez les Sanhadja du Rif, c'est le chef de la famille qui exerce l'autorité au nom du Sultan. Lors de la campagne de 1889, Moulai el Hassan, qui a traversé le territoire de la confédération et s'est arrêté trois semaines chez les Sanhadja d Serir, pour attendre le paiement d'une amende de 300 mulets, sans oser s'aventurer chez les Sanhadja d Mousebaa et d Reddou, a cependant essayé de détacher ceux-ci du parti de leurs maîtres. Il a nommé deux caïds dans la première tribu, un dans la seconde, mais les a emprisonnés quelques mois plus tard parce qu'ils n'avaient réussi à recueillir aucune *hédia*.

En fait, sous réserve de l'autorité d'origine religieuse, exercée par les Oulad Akhemlich, les Sanhadja Djebala sont complètement indépendants, les Mousebaa surtout, qui habitent dans le Djebel Médiouna des villages inaccessibles, où les mulets ne peuvent pas monter. Les Sanhadja ont des djemaa pour chaque dchar.

D'après le capitaine Thomas qui accompagnait, en 1889, l'expédition du Sultan chez les Djebala, on diviserait les Sanhadja en trois fractions :

1° Les Sanhadja du Rif. Ils habitent des maisons isolées, entourées de jardins, ils parlent le berbère.

2° Les Senhadja Djebala, qui habitent des maisons

agglomérées en villages; ils parlent l'arabe et comprennent deux fractions principales :

    Sanhadja d Reddou... .... 1000 fusils.
    Sanhadja d Moussebah .... 3000 fusils.

3° Les Sanhadja d Serir.

Les Sanhadja seraient en somme un ensemble assez hétérogène de tribus arabes et berbères sans autre lien que celui de la reconnaissance d'une même autorité religieuse; ils comprennent les neuf fractions principales suivantes :

    Ketama................. 3000 fusils. Arabes.
    Beni Siddet .... 300 » Berbères.
    Beni Bou Nesser........ 1200 » »
    Tarzout................. 400 » »
    Beni Ahmed .... 900 » »
    Beni Ouchir .... 600 » »
    Zerakat... } ensemble. 800 » »
    Targuist.. }
    Beni Kennous........... 200 » »
                           7400 fusils.

Ils se battent souvent entre eux.

FRACTIONNEMENT.

Sanhadja d Reddou. Villages :

Beni Krama ;   Djala ;   Bou Redda.

Sanhadja d Mousebaa. Villages :

Aïn Mediouna ;	Tizeroual ;	Bou Adel ;
Gzennaya ;	Beni Salman ;	Oulad Azam ;
Bou Knana ;	Fennassa ;	Tazouta.
El Menaa ;	Beni Gorra ;	

Ils subissent l'influence exclusive des Oulad Akhemlich.

La totalité des tribus des Sanhadja, réunit environ 5.000 fantassins.

BENI MEZDOUI ET BENI AMMART. — Parmi les noms des tribus énumérées par Duveyrier sans aucun renseignement détaillé, nous trouvons les Beni Mezdoui et les Beni Ammart. Leurs territoires seraient voisins des Sanhadja d Serir ; d'après la simple mention que nous a laissée le savant voyageur, ils habiteraient le massif allongé encore inconnu qui sépare la vallée où est le grand dchar de l'Aïn Berda des Beni Zeroual, des tribus de la côte telles que les Mettioua.

BENI BOU FERAH OU BENI OUFERAH. — Les Beni bou Ferah sont entre les Mestassa, les Beni Guemil à l'ouest, et les Beni Iteft. Leur territoire est peu étendu et à cheval sur plusieurs petites rivières séparées l'une de l'autre par des chaînons abrupts et orientés perpendiculairement à la Méditerranée.

On trouve chez eux le grand village de Rais Ali.

Ils subissent l'influence religieuse des cherifs d'Ouazzan.

C'est sur la côte des Beni bou Ferah que se trouve, dans un îlot, le préside de Peñon de Velez.

Les documents espagnols ne donnent aucune information sur cette tribu.

Leurs principaux villages sont : Idjenanet, Goubia, Bougara, Aounet, Oulad Ader'ar, Ibaïahiat, Assouani,

Dar Iazzi Iakhelaf, El Gaoubi, Sidi Abdallah ou Chaïb, Beni bou Guemat, Zennana. Ils posséderaient environ 1570 fusils.

Mettioua el Bahr. — Les Mettioua el Bahr ou Mettioua de la mer, ainsi nommés pour les distinguer des Mettioua el Djebel ou de la montagne, ces derniers étant du groupe Djebala, sont renommés pour leur piraterie et leur sauvagerie ; ce sont les plus grands forbans du Rif. Ils ont pour voisins au sud, leurs frères les Mettioua el Djebel, à l'est les Beni bou Ferah, les Mesettasa et les Tazariaret[1], à l'ouest ils sont voisins des R'omara. De ce côté, leur territoire s'arrête à l'oued Ourinega dans la vallée duquel se trouve un marché célèbre dans la région, le Tleta d'Ourinega.

Il existe dans cette tribu quelques serviteurs des cherifs d'Ouazzan.

On trouve chez eux le grand village de Bou Hannine dont le cheikh, en 1893, était Si Mohammedine.

Bokouïa. — Le pays des Bokouïa, appelés aussi Bokioua et quelquefois Bekioua, est à l'ouest de celui des Beni Tam Saman ; il précède celui des Beni bou Ferah et se trouve non loin du rivage qui fait face au préside espagnol de Peñon de Velez. Rien ne nous autorise à les confondre avec les Botouïa d'Ibn Khaldoun, mais rien non plus ne s'élève contre cette

---

[1] Petite tribu peu connue et peu importante dont le territoire n'a environ que 6 kilomètres de large.

assimilation, d'autant que l'auteur de l'histoire des Berbères partage la tribu Sanhadjienne des Bokouïa en trois branches : les Bacouïa de Taza, les Beni Ouriar'el d'El Mezemma et les Oulad Mahali.

Les Botouïa d'Ibn Khaldoun furent soumis par Abd el Moumen vers 1142.

Cette tribu se partage en quatre fractions comprenant chacune plusieurs villages. Nous allons énumérer toutes ces divisions en donnant pour chacune les renseignements statistiques que nous possédons.

1re fraction : Izammouren (440 chevaux, 750 fusils).

Villages : Izammouren (120-200), Guir'iach, comprenant deux grands villages (200-300), Tafanassa (120-250).

2e fraction : Asakram (370 chevaux, 780 fusils).

Villages : Asakram (100-150), Asammar (80-150), Iboulifen (40-100), Taouassart (40-100), Iâabounen (30-80), Zaouïa Sidi Mohammed Amokran (80-200).

3^e fraction : Maïa (320 chevaux, 580 fusils).

Villages : Maïa (30-80), Tizi (30-80), Iatsmanen (80-120), Idjallouten (80-150), Azbarine (100-150).

4^e fraction : Taguidit (215 chevaux, 630 fusils).

Villages : Taguidit (20-80), Tigout (15-40), Taddakent (20-60), Tir'esa (20-60), Bou R'ambou (20-70), Tizi Ali (20-50), Isrourten (30-70), Emrabat (30-60), Ikhantouren (20-60), Adouz (15-40), Beni bou Idir (10-40).

La force totale des Bokouïa atteindrait donc 2.740

fusils et 1.350 chevaux, mais ce dernier nombre est évidemment très exagéré.

MESETTASA OU MESTASSA [1]. — Les Mesettassa sont entre les Beni Bou Ferah et les Mettioua el Bahr.

Les Mestassa sont séparés à l'est des Beni Guemil [2] par un pays désert appelé Bou Khachkhach, et à l'ouest ils sont voisins des Tazariaret [3]. On trouve chez eux le grand village de Mestassa qui peut armer 300 fusils.

MEDIOUNA. — Les Mediouna forment la dernière tribu que l'on compte dans le Rif avant les Fichtala. Les Mediouna sont célèbres dans l'histoire du Maghreb ; c'était une des tribus juives que trouvèrent les premiers conquérants arabes [4]. Ils sont alliés aux Mar'ila [5] ; on sait que ces derniers furent les plus puissants des Idrissides.

BENI ITEFT. — La tribu des Beni Iteft est bornée à l'ouest par les Beni bou Ferah, au sud par les Sanhadja d Serir, à l'est par l'extrémité des Bokouïa, des Azemouren et des Beni Our'iaral.

[1] Ibn Khaldoun (I, p. 170) les indique comme frères des Masmouda et des R'omara.

[2] et [3] On n'a pu réunir aucun renseignement sur ces deux tribus.

[4] Ibn Khaldoun, I, page 209.

[5] On voit encore un dchar de Mar'ila sur le versant méridional du Djebel Zerhoun, au pied du Kannoufa, à mi-route de Fez et de Meknas.

Influences religieuses : grande zaouïa des cherifs de Ouazzan dont le chef, en 1893, était Sidi Abdallah, fils de Sidi Brahim, cousin d'El Hadj Abdesselam, le grand chérif de Ouazzan.

Chez les Beni Iteft se trouve une grande Kasba, dite Kasba El Djenada : c'est un fort occupé actuellement par trente cavaliers des Oudaïa ; c'est près de cette Kasba que se trouve la zaouïa des cherifs de Ouazzan.

Les Beni Iteft se divisent en deux fractions : les Asouahel et les Lahouad ; elles disposeraient, réunies, d'environ 1.510 fusils et 516 chevaux. Ce dernier chiffre paraît exagéré.

Noms des principaux villages des Asouahel : Asouahel, Ahardounen, Aouïzakht, Mernissa, Beni Chiker, Azriahen, Tir'alin, Snada, Ez Zaouïa, El Adoua, Iselhiouen, Samaramar, Aâmaier, Mozoudjen, El Ars.

Principaux villages des Lahouad : Lahouad, Bousmada, Lamsak, Aït Aissa, Achatounen, Bougafalen, Iouzaroualen, Baïlen, Ibarhouten, El Hadj Boukar, Aït Chaïb.

TSARGUIST, BENI SEDDET, TAR'ZOUT[1]. — Le bassin supérieur du Ouar'ra est encore entièrement inexploré ; la région qui est limitrophe des Beni Zeroual confine au Rif et sépare le territoire de cette dernière tribu des populations de la côte méditerranéenne. Les renseignements font défaut sur les tribus Tsarguist, Beni Seddet,

---

[1] Il existe un village de ce nom dans l'oued Souf. (H. D.)

Tar'zout, qui vivent entre les Mettioua el Djebel et les Fichtala.

Ketama[1]. — Tribu de population restreinte, mais renommée pour sa bravoure et au passé illustre dans l'histoire du Maghreb[2]. Les Ketama habitent la région montagneuse entre les Mettioua et les Fichtala, à cheval sur les Djebala et les Rifains; ils comptent dans le Rif[3].

Tant est grande la rareté extrême des documents sur le Rif et l'extrême difficulté d'en réunir les informations, que nous ne possédons rien sur cette tribu.

R'omara. — Le pays des R'omara est borné au nord par l'oued Sifellaou qui le sépare du territoire des Ben Saïd à l'endroit appelé Gaârsas; à ce point et à l'ouest vient aussi se terminer la région des Beni Hasan. Suivant la courbe que décrit la côte méditerranéenne,

[1] Kotoma suivant El Bekri. La ville actuelle d'Alkassar el Kebir (El Ksar El Kebir), à 90 kilomètres S. de Tanger, l'ancien *oppidum novum*, était au moyen-âge le grand centre des Kotoma et s'appelait Souk Kotoma; c'était la plus florissante cité de cette puissante tribu.

[2] L'origine des Ketama est un sujet de controverse pour la plupart des généalogistes arabes. D'après l'opinion généralement reçue, les Ketama faisaient partie des Yemenites qu'Ifricos établit en Afrikia quand il envahit le pays. (Ibn Khaldoun, I, page 185.)

[3] Ibn Khaldoun, dans son Histoire des Berbères, 1, page 291, donne l'histoire et la généalogie de la tribu. El Bekri lui donne une origine masmondienne, et à l'époque d'El Obéid son territoire s'étendait jusqu'au Cala-t-ibn-Kharroub, château qui était à une journée de Tanger. Le Cala-t-ibn-Kharroub devait être sur le flanc méridional du massif du Djebel Habib, non loin de l'emplacement du Souk Tleta el Kharroub qui s'y tient de nos jours et au bas duquel coule l'oued el Kharroub.

les R'omara arrivent au territoire des Mettioua el Bahr. Dans l'ouest vivent les Chechaouen.

Le territoire des R'omara est donc très étendu ; il l'était encore davantage au XIVe siècle puisqu'il englobait alors toute la partie de la côte des Botouïa, près de Khasasa[1] (R'assaça), sur une profondeur de cinq journées de marche de la Méditerranée jusqu'à l'oued Ouar'ra. L'auteur de l'histoire des Berbères leur assigne même tout le pays du Rif jusqu'à l'Atlas et El Bekri renferme dans leur territoire celui des Medjekassa jusqu'aux environs de Nokour.

A l'époque où écrivait El Bekri, le territoire des R'omara touchait dans l'ouest au Derega[3], contrée dont le nom antique nous est parvenu sans que nous puissions de nos jours encore en établir l'assimilation. Le même géographe arabe nous indique quelques fractions des R'omara : les Beni Nefgaoua et les Beni Homeid qui habitaient les bords du Laou. De là on passait chez les Beni Messara, tandis qu'à l'extrémité opposée, à l'occident, on rencontrait l'oued Ilian qui coule dans la région médiane entre Tanger et Ceuta et qui marquait alors la limite des R'omara à un territoire qu'El Bekri nomme Kerouchet[4].

[1] Ibn Khaldoun, I, p. 194.

[2] Ibn Khaldoun. Histoire des Berbères, II, page 133 et suiv.

[3] Le Derega était situé à la distance d'un relai de poste de Tetouan et était habité par les Beni Hossein ibn Nasr et touchait au massif du Djebel Habib.

[4] P. 246.

Edrisi fixe la limite occidentale des R'omara au petit port d'Anzelan, localité florissante, bien habitée et située de son temps à environ 15 milles de Tétouan. Les R'omara sont demeurés dans leur territoire au moins depuis les premières invasions musulmanes, et nos connaissances au sujet de leur histoire ne remontent pas au-delà de cette époque.

Plus tard l'empressement des R'omara à se rallier aux Almohades leur valut la faveur constante de cette dynastie[1], ensuite ils obéirent[2] aux Mérinides ; mais dans l'histoire moderne du Maghreb, depuis l'arrivée des dynasties arabes, ils interviennent comme les plus grands fauteurs de troubles. Sous les Saadiens[3], en 1585, un certain personnage du nom d'El Hadj Karakouch se mit à la tête d'une insurrection dans les montagnes de R'omara et de Habeth[4]. Cet agitateur qui prenait le titre de « prince des croyants », se mit à la tête d'un gros mouvement insurrectionnel qui ne prit fin qu'après qu'il eut été tué.

Sous le sultan Sidi Mohammed ben Abdallah ben Ismael (vers 1758), la cour chérifienne dut organiser une véritable expédition chez les R'omara, que le souverain lui-même commanda pour y combattre le Marabout el Arbi Aboussokour El Khamsi qui avait

---

[1] Ibn Khaldoun, II, p. 156.
[2] Ibn Khaldoun, II, p. 157.
[3] Nozhet el Hadi, p. 265.
[4] Localité inconnue.

levé l'étendard de la révolte. Quand l'insurrection fut domptée, que le rebelle eut été tué et que sa tête eut été expédiée à Fez pour y être exposée, le Makhzen marocain donna le commandement de la tribu au pacha El Aïachi en lui assignant Chechaouen comme résidence [1].

Actuellement, la région des R'omara est une des contrées du Rif les plus difficiles à aborder. L'expédition du Sultan, en 1889, n'a pu s'y engager, et l'intransigeance du fanatisme et de la haine de l'étranger sont portés au comble chez ces montagnards [2].

Comme influences religieuses, on peut citer quelques serviteurs de la famille de Ouazzan, il existe une zaouïa de Taïbïa, à l'oued Tiguisas, chez le mokaddem Si Tahar (1893), mais l'influence prédominante est celle des Oulad Abdesselam ben Mechich.

Aujourd'hui, presque tous les R'omara parlent arabe et sont considérés pour ce fait, par le vulgaire, comme étant arabes.

Une seule de leurs tribus, a-t-il été rapporté à Duveyrier, celle des Beni Bou Zerane, a pourtant conservé la langue originelle.

Les Beni bou Zerane sont affiliés à l'ordre religieux

---

[1] Voir pour plus de détails sur les relations des R'omara avec la cour de Fez, le résumé historique du Rif et en particulier l'expédition contre Zithân.

[2] Les R'omara, d'après les estimations du capitaine Thomas, qui accompagnait l'armée de Moulai el Hassan, compteraient plus de 70.000 habitants avec 20.000 fusils.

de Sidi Ahmed El Filali, et ont une tradition suivant laquelle le pays des R'omara appartiendra un jour aux chrétiens, sauf pourtant le territoire occupé par la fraction et la ville de Chechaouen.

BENI SAÏD. — Les Beni Saïd habitent sur le littoral entre le Rif et Tetouan ; ils sont séparés des R'omara par l'embouchure de l'oued Sifellaou, à l'endroit dit Gaâsras.

C'est une petite tribu de Djebala, en partie rifains. Dans la montagne des Beni Hasan, dont ils occupent le versant est, les Beni Saïd habitent des dchour assez resserrés et se livrent à la culture de l'olivier, arbres fruitiers, etc... Dans la plaine ils font des labours. On trouve chez eux quelques pêcheurs des anciens Baharïa de Tétouan.

Les Beni Saïd relèvent du pacha de Tétouan qui nomme leur cheikh. Ceux de la montagne sont peu en main.

Ils forment trois fractions ayant chacune son cheikh :

    Beni Mesreg, dans la montagne.
    Cherouta el Outa } dans la plaine.
    El Msa

Il existe dans cette tribu une influence locale très importante, celle du feki [1] Ould Alouen, chef d'une famille nombreuse, riche, très hospitalier et qui a complètement à sa dévotion les gens de la montagne.

[1] Feki : secrétaire.

On rencontre également, chez les Beni Saïd, quelques familles de cherifs :

Cherifs Oulad ben Resoul, chez les Cherouta el Outa et El Msa. Cherifs Oulad el Bekkal, chez les Beni Mezreg.

En fait d'influences religieuses, on cite chez les Beni Saïd quelques Kadrïa, relevant de la zaouïa El Bar'dadi de Tétouan.

On mentionne encore une grande zaouïa Derkaoua, à Anasel, relevant de celle des Andjera. C'est la plus importante et la plus influente.

On trouve également chez eux de nombreux serviteurs des cherifs d'Ouazzan.

Les Beni Saïd, quoique voisins du Djebel Alem, y vont peu. C'est de leur tribu qu'était le meurtrier de Sidi Abdesselam ben Mechich, et ses descendants, les Beni Touadjiin, ne peuvent, à en croire une tradition répandue, monter à la Koubba du marabout, les jambes leur manquant en route.

Le personnage influent de la tribu était Si Mohammed er R'assouli, en 1893. Il demeure sur l'oued Sifellaou.

On compte chez les Beni Saïd environ 1.000 fantassins armés, la plupart de fusils à tir rapide.

Beni Madaan. — Les Beni Madaan (Beni Naadan de la carte marine), occupent le territoire qui s'étend jusque dans les environs de Tétouan ; cette tribu est bornée au sud par les Beni Saïd et à l'ouest par les hautes montagnes des Beni Hasan.

CHECHAOUEN. — C'est un Ksar du massif du djebel Alem, ne dépendant [1] pas des tribus voisines.

Il fut fondé par les Andalous après l'expulsion des Maures d'Espagne.

On y compte deux fractions principales : Garnata et el Hadara.

Ce ksar est à peu près indépendant, quoique ayant un caïd. Il est surtout sous l'influence d'une famille de cherifs Oulad Mechich, les Oulad el Mahdjich.

Tous les habitants, Andalous ou autres, sont serviteurs dévoués de Si Abdesselam ben Mechich. De Foucauld est le seul européen [2] qui ait réussi à visiter cette petite ville, un des centres du fanatisme le plus intolérant de tout le Maroc, et qui nous en ait rapporté une description.

Chechaouen, « Ech Chaoun » suivant la véritable orthographe arabe, est une ville ouverte adossée au Djebel Mezedjel [3] qui élève à pic la haute muraille de ses roches au-dessus des constructions.

Chechaouen est enfoncé dans un repli de la monta-

[1] De Foucauld écrit pourtant que le territoire de la ville dépend des Akhmas.

[2] Il convient de citer, toutefois, le récit que Walter Harris publia, il y a quelques années, dans le Bulletin de la Société de Géographie de Londres, relativement à l'essai qu'il tenta pour visiter Chechaouen ; malgré son énergie et son courage personnel et bien que travesti sous des habits maures, il dut y renoncer et manqua d'être tué sur la route.

[3] Le Djebel Mezedjel, identique au Djebel Beni Hasan, n'est que la continuation de ce dernier, sous un autre nom.

gne, et on ne découvre le Ksar qu'au dernier moment. Avec son vieux donjon à tournure féodale, ses maisons couvertes de tuiles, ses ruisseaux qui serpentent de toutes parts, on se croirait bien plutôt en face de quelque bourg paisible des bords du Rhin, que d'une des villes les plus fanatiques du Rif. En avant de Chechaouen s'étendent de riches jardins et vergers qui couvrent un immense espace ; la ville est renommée pour l'excellence de ses fruits.

L'arête rocheuse sur laquelle est construite Chechaouen, s'appelle Kef et Thaaban, le rocher du Python. A Chechaouen, on estime que la population mâle armée de fusils, en grande partie à tir rapide, atteindrait 700 hommes.

La très courte énumération des tribus du Rif, qui précède, n'est qu'un témoignage trop apparent de la pauvreté de nos renseignements sur cette région. En effet, si nous connaissons, à grands traits, le nom des principaux groupes de ces populations, nous ignorons par contre, et pour la plupart, jusqu'aux appellations de diverses tribus, quelquefois les plus importantes de cette contrée.

Les indigènes du Rif ne se fixent guère en dehors de leur pays d'origine ; on en trouve peu à Fez, et à Tanger ceux qui y sont établis avec leurs familles, qui ont formé une colonie prospère et nombreuse, y sont installés à demeure depuis longtemps et ne peuvent être pris comme exemple. C'est donc une preuve de l'attachement de cette race pour son sol natal, que son désir d'y rentrer chaque année, au retour du mouvement d'exode considérable qui s'y produit depuis notre établissement en Algérie. Par centaines, en effet, les hommes du Rif viennent dans notre colonie prendre leur part des peines et des avantages des travaux qui s'y exécutent, y faire la moisson, la vendange, etc... La plus grande partie des terrassements et des constructions de routes, aussi bien que de chemins de fer, ont été, en Algérie, effectués par les bras de ces berbères dont l'énergie, la résistance et la capacité au travail sont merveilleuses. C'est encore dans le nord du Maroc, et en faisant appel à ces mêmes éléments que l'on est venu recruter, il y a quelques années, les ouvriers destinés aux travaux du chemin de fer du Sénégal.

Malheureusement l'influence de notre civilisation sur ces esprits n'est que relative, le spectacle de l'ordre qui règne chez nous enivre leur sentiment d'indépendance et, pure question d'atavisme, ils n'en préfèrent que davantage leur état social où la justice est rendue suivant le bon plaisir du plus fort et du plus courageux. Il semble qu'ils nous croient faibles, parce que nous leur ouvrons notre pays et recourons à leurs bras en leur permettant de gagner en deux ou trois mois de quoi payer leur voyage et vivre chez eux le restant de l'année. Ils se croient forts et redoutés, parce que, non seulement nous ne nous imposons pas à eux, mais aussi et surtout parce que, pas plus l'autorité du Sultan que celle de l'autre puissance avec laquelle ils sont en contact (nous voulons parler de l'Espagne) n'a encore pu s'exercer d'une manière efficace et permanente contre eux.

De Tanger sur la côte, l'itinéraire projeté par Duveyrier eût embrassé toute la contrée de Tétouan à R'assassa et à l'oued Kert, puis, dans l'intérieur, le voyageur aurait rayonné, et des Beni bou Iahïïn serait venu déboucher à Fez en passant par tout le groupe intérieur inconnu des Guezennaïa, des Beni Touzin, des Ketama, des Sanhadja, des Mettioua el Djebel et des Fichtala ; à cette dernière tribu il serait arrivé dans le territoire des Djebala. D'après les renseignements qu'il avait recueillis, les populations qu'il devait rencontrer étaient ainsi groupées :

Beni Ouriar'al.	Tar'zoût.
Bokouïa.	Ketama
Beni Iteft.	Beni Zeroual.
Targuist (Tsarguist).	Beni Hamid.
Beni Mezdoui.	Beni Messara.
Beni Ammart.	R'ezaoua.
Marnissa.	Er Rona.
Sanhadja.	Ouazzan.
Beni Seddet.	

D'autres indications lui avaient permis d'établir ainsi qu'il suit la liste des tribus placées sur le commencement du chemin des Beni Tam Saman à Fez.

Beni Ouriar'al.	Mettioua.
Guezennaïa.	Beni Nal.
Beni Touzin.	Ar'saoua.
Beni bou Iahïïn.	Beni Zeroual.
Beni Hamid.	Medjkasa.

Les tribus qui bordent le Rif entre Tétouan et Fez ou, pour parler avec plus de précision, qui s'étendent entre Chechaouen et le Djebel Moulai Bou Cheta en passant à l'est de la ville de Ouazzan, sont insoumises et célèbres par leurs brigandages ; les caravanes évitent avec soin leur territoire, les courriers n'osent y passer, on leur prend leurs lettres et leurs vêtements ; les tholba eux-mêmes ne s'y aventurent qu'à la condition d'être à peu près nus. De Foucauld cependant se persuada plus tard que si la route de Tétouan à Fez est impraticable, il n'en est pas de même de celle de Fez à Tétouan ; en effet, les cherifs idrissides ont une assez puissante influence sur ces populations pour permettre d'accomplir un tel voyage. D'après ce voyageur, les tribus échelonnées sur la limite du Rif entre Tétouan et Fez, seraient à partir de Tétouan :

Les Beni Aouzmer.	Beni Zeroual.
Beni Hasan.	Beni Hamid.
Akhmas.	Cheraga.
Rehona.	

On rencontre des Israélites dans le Rif. Entre chrétiens et musulmans le Juif a été autrefois au Maroc l'interprète inévitable parce qu'il savait l'espagnol et la langue des pays où ses pères avaient vécu, et même aujourd'hui, il sert souvent d'intermédiaire, bien que la connaissance de la langue arabe soit plus répandue chez les Européens.

En terminant cette étude du Rif, nous dirons ici

quelques mots de deux villes de cette région, aujourd'hui disparues : Tezzota (Tazouta) et Nokour.

Tezzota. — Quand les Beni Merin envahirent le Maghreb et s'en partagèrent les provinces, les Beni Ouattas obtinrent le Rif; la campagne de cette région leur servit de séjour, et les cultivateurs ainsi que les villes devinrent leurs tributaires. Tezzota ou Tazouta[1], un des châteaux les plus forts du Maghreb, s'élevait chez eux dans le Rif et appartenait aux Beni Merin. Les princes nés d'Abd el Hak[2] attachèrent une telle importance à la conservation de cette place qu'ils en donnèrent toujours le commandement aux plus habiles de leurs généraux. Elle servait à tenir en respect les Beni Ouattas[3]; elle était construite sur cette montagne.

Tezzota fut détruit au VIIIe siècle par l'armée du Mérinide, Abou Ioussof Iakoul; elle reflorit plus tard après la prise de R'assassa par les Espagnols.

Nokour. — Lors de la conquête musulmane, les vainqueurs se partagèrent les cantons et les provinces du Maghreb et, à plusieurs reprises, ils obtinrent des khalifes l'envoi de nouvelles troupes afin de faire la guerre aux Berbères. Ibn Khaldoun nous a appris que dans l'un de ces premiers corps de troupes, lesquels

---

[1] Voir Renou. Description du Maroc, p. 336.
Détruite au commencement du XIVe siècle par les Beni Merin, elle reflorit après la prise de R'assassa par les Espagnols.

[2] Les Mérinides.

[3] Ibn Khaldoun, tome IV, p. 135.

étaient composés d'Arabes, se trouva un chef himyérite appartenant à ceux de l'Yémen et nommé Salah ibn Mansour. Ce guerrier s'appropria le territoire de Nokour qu'il obtint, dans la suite, en 709, du khalife. Telle est l'origine du royaume de Nokour[1], véritable centre de l'occupation arabe dans le Rif.

Salah commença de rassembler autour de lui les tribus R'omarites et Sanhadjiennes, et après les avoir converties à l'islamisme, il maintint son autorité avec leur appui. Ayant alors pris possession du pays des Beni Tam Saman, il propagea rapidement la nouvelle religion parmi toutes ces populations. Ibn Khaldoun assure que Nokour est la même ville qui portait de ses jours le nom d'El Mezemma[2]. Il semble y avoir confusion dans son esprit, car Roland Fréjus, le seul Européen qui ait pénétré en ces parages et nous en ait laissé une description, a mis trois heures de marche d'El Mezemma à Nokour qu'il qualifie de bourg dans une vaste plaine. Quoi qu'il en soit, le Nokour actuel, lieu sur lequel nous n'avons guère de renseignements, est situé entre deux rivières dont l'une, l'oued Nokour, descend du pays des Guezennaïa où il prend sa source dans la même montagne qui donne naissance au Ouar'ra. L'autre rivière, appelée l'oued R'is, sort du pays des Beni Ouriar'al et verse ses eaux dans l'oued Nokour

---

[1] Pour une description du territoire de Nokour, voir Ibn Khaldoun, tome II, page 137 ; les limites antiques indiquées n'ont qu'un intérêt historique.

[2] Voir Alhucemas (préside espagnol).

auprès d'Agdal ; plus loin elles se séparent l'une de l'autre et vont se jeter dans la mer en face du Peñon d'Alhucemas.

En l'année 761, les Normands (Madjous [1]), arrivèrent avec une flotte et s'étant emparés de Nokour, ils la saccagèrent pendant huit jours, mais ils en furent expulsés par les Boranès qui s'étaient ralliés autour de Saïd, petit-fils de Salah ibn Mansour. Nokour, dans la suite, devint le centre de royaumes berbères et plus tard celui de la résistance aux dynasties arabes.

[1] Les Infidèles.

CHAPITRE VIII.

Influences religieuses et politiques[1] du Nord-Est du Maroc.

ZAOUÏA DE MOULA IDRIS SER'IR A FEZ[2].

Cherifs Idrissides ou Drissiin.

Le chapitre de la Zaouïa ou le couvent de Moula Idris de Fez est tout puissant dans le Rif. Au cours de

[1] On ne traitera ici que de la région du Maroc septentrional, qui s'arrête à la latitude approchée de Taza, Fez, Meknas. Les grandes influences politiques, qui s'exercent dans cette contrée, puisent leur puissance dans la noblesse religieuse de leurs chefs. On les divise en deux groupes principaux :

Les Drissiin ou descendants de Moula Idris enterré au Djebel Zerhoun; les Alaouïn ou descendants de Moula Ali, mort au Tafilalet.

Les Drissiin ont donné naissance à toute la postérité de Moulai Taïeb de Ouazzan, à celle de Moulai el Fedil, famille influente chez les Zaïane, à celle de Moulai el Madani, famille influente chez les Beni Methir, et enfin aux nombreux descendants d'El Amrani, originaires de Fez.

Les Alaouïn ont formé la dynastie des sultans actuels, et aussi la famille du fameux chérif el Derkaoui du Tafilalet, et enfin la descendance des chérifs de Kçabi Ech Cheurfa.

Pour la description de Fez, voir la monographie de cette ville, tome II.

[2] Il y a deux Zaouïa des Drissiin ou, pour parler avec plus de précision, deux centres d'influence qui puisent chacun leur action

l'aperçu historique qui précède, nous avions examiné les liens politiques qui, aux différentes époques de l'histoire, ont rattaché les populations de cette partie du nord du Maroc à la descendance de Moula Idris. Ces liens existent encore très vivaces aujourd'hui, mais ils s'exercent bien plutôt par la personne des mokaddem ou intendants de la grande mosquée de Moula Idris et de son entourage. Ce milieu [1] religieux et intellectuel est très influent à Fez, il est même redoutable pour

dans le culte et dans la vénération de chacun des deux tombeaux, l'un d'Idris le père ou Idris el Kebir, et l'autre d'Idris le fils ou Idris Ser'ir. Le mausolée du premier se trouve dans une des gorges du Djebel Zerhoun, à 24 kilomètres nord de Meknas, en face des ruines de Volubilis ; le tombeau du second est dans la grande mosquée dite des cheurfa à Fez el Bâli.

La dévotion des fidèles a fondé autour de la Zaouïa de Moula Idris au Zerhoun, une véritable petite ville, peuplée presque exclusivement de chérifs ou descendants du Saint. Ces derniers sont régis par des gouverneurs nommés par le sultan et pris dans la famille des Alaouiin.

Le Sultan leur donne une solde fixe ; ils résident près du tombeau objet de la vénération, mais relèvent d'un gouverneur suprême qui est à Meknas, appartenant aussi à la même famille, mais recevant les ordres des uléma de Fez. La zaouïa du Zerhoun dépend donc de celle de Fez, elle ne paie toutefois aucun impôt, chaque fois que le Sultan y vient en dévotion, il donne en général 500 francs à la mosquée et un présent de 5,000 francs chaque année.

[1] Au surplus, presque tous les ordres religieux du Maroc sont représentés à Fez, par des Zaouïa ou couvents de ces confréries. Car Fez est le centre des études théologiques du Maghreb, les étudiants y arrivent en foule et y forment un véritable parti indépendant. On ne trouve plus rien cependant dans ces bibliothèques si fameuses au moyen-âge : elles ont été dévastées par une théocratie étroite qui condamne comme impure, jusqu'aux études d'histoire. Parmi les

l'autorité du Sultan dont il contrôle, critique et combat parfois la politique, possède une autorité morale très grande, et souveraine même, chez certaines tribus d'une grande partie du Rif. Des confréries telles que les Taïbia ou les Derkaoua, y ont aussi de nombreux

principales Zaouïa, on citera les suivantes : Ordre des Derkaoua ; Zaouïa de Sidi Ahmed el Bedâoui et Zaouïa de Sidi Mohammed el Harrak, qui sont les Zaouïa mères des deux branches les plus répandues dans le R'arb. Ordre des Tidjania : Zaouïa, mère des Tidjania du Maroc, connue sous le nom de Zaouïa Sidi Ahmed Tedjini : on trouve aussi une petite Zaouïa à Fez djedid. Ordre des Taïbia : Zaouïa dépendant de Dar Ouazzan et centralisant toutes les relations de cet ordre au Gourara et au Touat.

On trouve encore une importante Zaouïa de Sidi el R'azi, puis une autre d'El Kacemiin de Sidi Kacem des Cherarda, et un couvent d'Aïssaoua, avec des établissements pour leurs sous-sectes des Sefianiin, des Hamacha et des Dr'or'iin ; et enfin les Kadria ont à Ras Tiallin, une Zaouïa qui a pour chef un chérif Kadri, du nom de Mohammed el Kadri, saint homme très vénéré et respecté. Bien que capitale du Maroc septentrional et parfois séjour préféré des Sultans, Fez a une existence politique autonome, et quoiqu'elle soit la principale résidence des agents du gouvernement, candidats, titulaires en fonctions ou anciens employés de tout rang, cette ville a toujours été un centre d'opposition, très difficile à manier, prompte à s'insurger, portée à la guerre civile et où la plupart des Sultans n'ont pu se faire admettre que les armes à la main. Ses habitants, en effet, n'ont cessé de jouer un rôle très actif dans les élections impériales, et ce qui leur donne un caractère aussi frondeur, c'est la présence des nombreux cheurfa qui y résident auprès des tombeaux des saints. La masse de la population demeure cependant étrangère aux fluctuations de la politique impériale, à l'exclusion des uléma, qui ont une influence marquée sur le Sultan, et dont les conseils et les requêtes sont toujours animés d'un esprit très étroit, très théocratique et très hostile aux Européens.

Comme familles religieuses, nous citerons les chérifs Drissiin et les Alaouiin, puis les Sekalliin, les Tahariin (venus d'Andalousie), les

adeptes; l'action de la première, qui inspire le groupe politique de la maison de Ouazzan, sera étudiée plus loin, et il convient de citer en tout premier lieu la zaouïa de Moula Idris [1].

En effet, l'influence du mokaddem en chef de la zaouïa de Fez, Si Er Rami, ou, pour parler plus

Yamaniin venus du Yemen, les Ketaniin, les Harakiin venus de l'Irak. Les Alaouiin représentent surtout le parti du gouvernement, ce sont pour la plupart des membres de la famille du Sultan, frères, oncles et cousins. Les Drissiin, descendants de Moula Idris Ser'ir, patron de la ville, forment la véritable noblesse religieuse de Fez. Outre les chérifs de la Zaouïa, qui représentent la lignée la plus directe du fondateur, ils comptent quelques membres des branches collatérales, tels que Si Dris el Abedin el Ouazzâni, dont l'influence est primordiale chez les R'iata. Très nombreux, mais en général assez pauvres, les Drissiin jouissent d'une réelle considération et forment un parti très remuant. Après eux, les seuls qui méritent une mention spéciale, sont les Harakiin, qui ont acquis une récente illustration, due à la situation de l'un d'eux, Si Mohammed el Haraki, qui fut mokaddem d'une zaouïa de Guernis à Fez. Pour terminer, nous mentionnerons les chérifs El Fesiin, fraction de Tholba, qui fournissent le Kheteb ou chapelain du Sultan. L'étude du mode d'administration et de commandement des cheurfa et des uléma qui forment des castes distinctes dans la population, nous entraînerait dans des développements qui ne sauraient trouver ici leur place.

(Voir Monographie de Fez, tome III, et Administration du Makhzen marocain.)

[1] Les bourgeois de Fez et la plus grande partie de la population du nord du Maroc, vénèrent Moula Idris à l'égal du Prophète. (Duveyrier.)

On remarque d'autre part que chaque confrérie vit et se développe indépendante, pour son propre compte, sans se préoccuper des autres, loin de courber aveuglément le front devant l'autorité religieuse du Sultan.

exactement, Sidi Dris Zine El Abedine[1], est immense sur tout le groupe de population qui s'étend des bords de l'Innaouen[2] aux rives de la Méditerranée, c'est un homme considérable au Maroc[3]; en bien des lieux, il est plus puissant que le Sultan; presque toutes les tribus comprises dans la région que nous venons d'indiquer obéissent à ses moindres volontés : ont-elles des affaires à Fez, c'est lui qui s'en charge; le Sultan désire-t-il quelque chose de l'une d'elles, il s'adresse à lui. Aussi la famille des intendants de la Zaouïa[4], qui remplissent leurs charges de père en fils, est-elle vénérée à l'égal de celle de Moula Idris même, et le vulgaire confond les deux dans une unique vénération;

[1] Si Dris Zine el Abedine est mort en novembre 1893. Son fils Sidi Abdesselam, qui a de grandes propriétés et une réelle influence chez les R'iata, lui a succédé. On avait un instant parlé du chérif Si Ahmida ben Thsami el Ouazzâni pour prendre cette importante situation.

[2] Il est impossible de déterminer avec précision le partage des influences religieuses. On peut cependant établir que les R'iata et une grande partie du Rif, obéissent au chapitre de Moula Idris, ou à celui de Moulai Abdesselam ben Mechich. Les Tesoul, les Branes, les Meknassa, beaucoup des Beni Snassen, des Guelaïa, des Beni Tam Saman, des R'omara, des Sanhadja et tout le groupe des tribus Djebala, les Masmouda, les Sarsar, les Rehona, dépendent de la maison de Ouazzan.

[3] Par l'influence personnelle de ce personnage le Makhzen marocain exerce un semblant d'autorité chez les R'iata.

[4] Il n'est ici question que de la Zaouïa de Fez, l'importance politique du couvent du Zerhoun étant tout à fait secondaire et dépendant au surplus des chapitres de la grande mosquée de Fez el Bâli.

comme la descendance de Moula Idris est fort nombreuse, on a dû réglementer la distribution des nombreux dons en nature et en argent, qui affluent au tombeau du Saint. C'est le mokaddem qui préside à ces opérations, et ne sont admises à participer à ce revenu de la zaouïa que deux classes : 1° les familles résidant à Fez et Meknas, au nombre d'une soixantaine [1] ; 2° celles qui font partie de la descendance de Moulai Abdesselam ben Mechich.

On sent donc l'habileté et le tact politiques que doit posséder un tel personnage, mais aussi on devine la considération, le prestige, le pouvoir qu'il détient.

D'autre part, l'action de la zaouïa de Fez est doublement puissante, puisqu'elle s'exerce grâce à son propre prestige et parce qu'elle agit en vertu de son autorité sur la famille des Oulad Abdesselam ben Mechich qui, de leur côté et comme parallèlement, ont une influence souveraine sur une grande partie du Rif et de la région des Djebala.

A l'heure présente, l'action politique résultant de la noblesse religieuse de la zaouïa de Fez sur les tribus qui nous intéressent est entièrement prêtée, donnée au Makhzen marocain par le chapitre de cette zaouïa, ou au moins dans la limite où cette influence peut s'exercer sans nuire à ses propres destinées. Il est clair, en effet, que l'indépendance morale où vivent les populations du Rif et la rebellion effective où se

---

[1] De Foucauld.

plaisent parfois ces indigènes s'accommoderaient mal de ressentir la pression de la cour de Fez à travers la direction spirituelle que leur a toujours donnée le groupe de Moula Idris. Aussi bien, les membres de ce dernier sont de trop habiles politiciens et ont une trop grande expérience pour ne pas éviter cet écueil. On peut donc croire que, malgré certains dissentiments réels ou simulés avec la cour du Sultan, c'est encore par le moyen de cette influence religieuse que s'exerce le plus sûrement, et en tout cas le plus fréquemment, le gouvernement de Sa Majesté chérifienne. La cour marocaine n'a pas de plus sûr moyen de faire prévaloir sa politique intérieure que d'opposer tour à tour, pour les énerver et les détruire, les influences locales[1], et quand elle les juge invincibles ou trop redoutables, elle se les concilie par des cadeaux et même par des alliances contractées jusque dans la famille ou le harem du Sultan[2].

Mais de cette action politique dont nous percevons les grands traits, rien ne peut encore, dans l'état restreint de nos connaissances sur le Maroc, nous en faire discerner les détails. Il nous aura suffi d'esquisser le côté de la politique intérieure du Makhzen pour en faire saisir l'importance.

[1] Nomination, en 1884, à Ouazzan, comme caïd d'Abd el djebbar, cousin du grand chérif, mais ennemi particulier.

[2] Lella Mekeltoum, une des sœurs de Moulai El Hassan, était mariée à Si Mohammed el Amrani ; elle mourut en 1889 à Meknas.

OULAD ABD ES SELAM BEN MECHICH.

Cherifs Beni Arouss. Akhmas, Soumata et cherifs de Chechaouen.

Nous verrons plus loin quel est le territoire des Beni Arouss[1] ; il nous reste à examiner l'influence religieuse et politique de cette tribu de cherifs.

Les Beni Arouss vivent du produit des offrandes religieuses ou Ziara apportées au tombeau de Si Abd es Selam ben Mechich, qui leur sont données, aussi bien que du produit, pendant un mois chaque année, des quêtes et des dons recueillis à la grande mosquée de Moula Idris de Fez. A cet effet, ils désignent un certain nombre d'entre eux qui vont en députation passer le délai indiqué à la zaouïa. Quant au sanctuaire[2] d'Abdesselam ben Mechich, c'est un lieu de pèlerinage où se rendent la plus grande partie des tribus des Djebala et de la

---

[1] Voir chapitre X « *Djebala* ».

[2] Le Djebel Alam ou Djebel Moulai Abdesselam est une montagne située au centre du massif qui s'étend de Tétouan à la vallée de l'oued el Kouss, et à une journée de marche de Tétouan dans le Djebel Beni Hasan. Là vivait, au commencement du VIIe siècle de l'Hégire, un « *ouali* », le plus révéré du Maroc, Sidi Abdesselam ben Mechich. Il était issu de la famille régnante des cherifs Drissiin dont quelques-uns s'étaient réfugiés dans ces parages lors de la chute de la dynastie à la conquête Fatimide. Il représentait, à ce titre, la tradition de la souveraineté nationale et l'élément berbère, et personnifiait, en outre, les principes de la foi orthodoxe en présence des empiètements schismatiques qui se succédaient au Maroc depuis l'arrivée des Fatimides.

partie occidentale du Rif. On peut avancer que le culte rendu à la mémoire du Marabout forme un lien assez puissant pour unir ces populations dans une sorte de confédération religieuse[1]. Toutes marcheraient groupées sous l'étendard de leur saint, de leur patron. Quoi qu'il en soit, Abdesselam ben Mechich ayant transmis à son élève Abou el Hassan Chadeli l'héritage de sa bénédiction, ses descendants, c'est-à-dire les Beni Arous, ne constituent qu'une noblesse religieuse sans pouvoir héréditaire. Ils n'ont donc pas d'influence personnelle dans les tribus du voisinage où ils vont s'établir. Ils sont, en général, fort riches, peu batailleurs en raison de leur extraction et des usages traditionnels qu'elle leur impose; ils ne se livrent à aucune occupation; ils sont, en qualité de cherifs, exempts de toute redevance et ne se montrent pas hostiles au Sultan qui, à l'occasion de l'expédition de 1889, est monté en pèlerinage au tombeau d'Abdesselam ben

[1] Contemporain des Almohades, Abdesselam ben Mechich semble avoir repris et continué l'œuvre religieuse qu'avait inaugurée le fondateur de la dynastie unitaire (Almohade). Enfin, élève du fameux Abou Médian Choaib el R'out et maître lui-même d'Abou Hassan Ali ech Châdeli, il répandit le premier au Maroc la doctrine du soufisme, origine de tous les ordres religieux de l'Islam. On peut donc dire (voir Rinn « *Marabouts et Khouans* ») qu'Abdesselam ben Mechich, cherif des Beni Arous, est le véritable chef de l'ordre des Chadeliia dont l'enseignement religieux a eu une si grande portée sur les choses de l'Islam.

Jouissant durant sa vie d'un prestige étendu, il devint après sa mort, en 625 de l'Hégire, un des patrons du Maroc, lorsqu'il fut tombé sous les coups de l'imposteur Abou Touadjin qu'il avait dévoilé.

Mechich, puis à la zaouïa de Sidi Ali Résoul, à Tétouan, distribuant de larges offrandes. Comme cherifs, les Beni Arouss sont en paix avec toutes les tribus des environs, sauf avec les Akhmas. Ces derniers sont dits *Akhmas ou tholba de Si Abdesselam ben Mechich*, et possèdent le privilège traditionnel, donné par le Saint, de venir en ziara à sa koubba, sans intermédiaire et d'en chasser les cherifs. Ils s'y rendent chaque année en délégation fort nombreuse. Aucun cherif ne doit s'y trouver, et ceux qui s'y trouvent par hasard sont impitoyablement chassés, sinon tués.

De là, entre les Beni Arous et les Akhmas, une hostilité implacable, des luttes fréquentes, des rixes où les cherifs ont toujours le dessous et qui débutent d'ailleurs par les attaques des Akhmas.

Soumata.

Dans la région du Sérif, la petite tribu des Soumata représente l'influence religieuse de Si Abdesselam ben Mechich, sans la détenir, mais elle bénéficie des privilèges qui s'y rattachent; c'est ainsi que les offrandes du Sultan sont partagées entre elle et les cherifs. Les Soumata recueillent de même les dons qu'apportent à la koubba, les tribus du voisinage, dont quelques-unes paient l'achour, sous forme d'offrande de quelques bœufs à Sidi Abdesselam. C'est du moins ce qui se faisait encore ces dernières années, chez les Beni Zeroual, les Er Rehouna, et les R'ezaoua, etc. etc.

Toutes les tribus Djebala sont serviteurs de Sidi Abdesselam ben Mechich. Cependant celles du groupe du Djebel Alem, sont seules inféodées à ce parti politique. Suivant les uns, Sidi Abdesselam ben Mechich aurait eu quatre frères : Semlah, Moussa, Sidi Chakar et Sidi Amar, mais pas d'enfants ; suivant les autres, il aurait laissé une postérité, cinq fils et une fille : Sidi Aïssa, Sellam, Bouker, Moussa, Ali et Lalla R'essoula.

De Sidi Semlah, descendent les cherifs d'Ouazzan, qui envoient des ziara à la koubba du marabout. De Lalla R'essoula, sont issus les cherifs Oulad ben R'essoul, auxquels se rattachent les cherifs Oulad el Bekkal, dont le plus illustre est Sidi Allal ben el Hadj.

Ces branches ne comptent plus parmi les cherifs Beni Arous. Dans la tribu même, quelques personnages marquants : Sidi Mohammed, Kébir des Oulad et Kher'arza à Sourrak, El Fekki el Mekki, et Sidi Hamdou el Kher'azi, qui sont oukil ou intendants de la koubba et chargés du partage des ziara (un tiers pour les tholba et deux tiers pour les cherifs).

Mais l'indigène le plus influent[1] est un nommé Sidi el Hassen de Thar'ezert, qui doit à une folie peut-être réelle, plutôt simulée, une grande réputation comme devin, prophète. Sa maison, par son fils Sidi Abdes-

[1] En 1893.

selam, est devenue un véritable but de pèlerinage, où les Djebala se rendent en foule. On considère la moindre de ses paroles comme un oracle, et à en croire quelques racontars, la tranquillité des Djebala, sur le passage du Sultan en 1889, serait due en partie à ce qu'un jour, avant la nouvelle de l'arrivée de celui-ci, Sidi Abdesselam s'était brusquement fait couper les cheveux, témoignage de soumission qu'on a reporté au Sultan.

Chechaouen compte un grand nombre de cherifs; parmi ceux-ci, on distingue au premier rang, la famille des Oulad el Maddjich; ils font partie de la descendance de Si Abdesselam ben Mechich.

Chérifs de Ouazzan et zaouïa de Moulaï Taïeb à Ouazzan.

Le territoire de la ville de Ouazzan est situé à l'extrémité de la région où s'exerce l'administration du Sultan. Ouazzan est, en effet, dans la partie médiane des Djebala et du R'arb. C'est au-delà que commencent les tribus des Beni Mestara, des Er Rehouna, des R'ezaoua; à l'ouest, ce sont les Masmouda, puis les populations du djebel Sarsar. Ces deux dernières, que nous avons rangées parmi les Djebala, comme caractères ethniques et politiques, en réalité s'accommodent assez volontiers de l'autorité gouvernementale, ménageant ainsi la transition entre les tribus soumises de la plaine du R'arb et les populations rebelles et presque indépendantes des districts montagneux, comme les Beni Mestara.

Ouazzan[1] est une petite ville de quatre à cinq mille habitants, étagée sur le flanc nord du Djebel Ouazzan ou Djebel Bouellol et située à environ 150 kilomètres sud-ouest de Tanger[2].

Elle paraît avoir été fondée vers 1678-1679, par Moulai Abdallah Chérif, chef de la famille des cherifs de Ouazzan ; ce n'était d'abord qu'un simple village des Beni Mestara, ce fut malgré eux que Moulai Abdallah y installa sa zaouïa, et l'hostilité entre cette tribu et la descendance du fondateur paraît n'avoir pas d'autre origine.

Véritable fief religieux, sorte de principauté soumise à la seule domination de la famille qui gouverne la confrérie de Moulai Taïeb, Ouazzan constitue une exception politique au Maroc. Résidence des cherifs descendants du fondateur de l'ordre et qui en possèdent la presque totalité des maisons, elle avait toujours été considérée comme indépendante des Sultans jusqu'au règne actuel. Exemptés de toute redevance, de toute obédience, les cherifs n'avaient avec la famille régnante que des relations de quasi égalité dans le domaine religieux ; sous Moulai Taïeb, la Zaouïa de Ouazzan

---

[1] Dans la banlieue, à environ 1,500 mètres, se trouve le bourg de Kucheriin, ainsi que trois ou quatre villages avoisinants. L'ensemble du fief de Ouazzan, ou territoire patrimonial des cherifs, s'étend à plusieurs kilomètres autour de la ville.

[2] Au sujet des origines, du but de la confrérie de Moulai Taïeb, consulter le chapitre XXV des Taïbia du savant ouvrage du commandant Rinn « *Marabouts et Khouans* ».

était devenue lieu d'asile, au même titre que la mosquée de Moula Idris Ser'ir à Fez, ou que la Zaouïa du Zerhoun, d'où l'appellation de Dar el Deniana (maison de l'asile), donnée à la maison de Ouazzan, où les proscrits ou criminels sont assurés d'un asile inviolable. Ouazzan, où la prédominance des cherifs, issus de Moulai Taïeb, est absolue, n'obéit qu'à cette famille ; elle s'administrait par elle-même jusqu'à ces derniers temps ; toutefois, Moulai el Hassan, lorsque le chef de Dar Ouazzan, Sid el Hadj Abdesselam, entra en relations avec nous, en conçut un vif ressentiment et voulut établir son autorité sur la ville. Il y mit un caïd, El Hadj Abd el Djebbar, habilement choisi dans une branche cadette de la maison et hostile au chérif chef de l'ordre, notre protégé. La légation de France exigea alors sa révocation, mais au mois de janvier 1890, le même individu fut replacé dans sa charge, puis enfin disgrâcié par l'entourage du Sultan. Depuis lors, et surtout après la mort du grand chérif, la situation est demeurée confuse, quoi qu'en fait l'administration de la ville dépende du fils d'Abdesselam ; mais si, vis-à-vis du gouvernement du Sultan, Ouazzan jouissait d'une entière indépendance, il n'en est pas de même vis-à-vis des tribus voisines, vis-à-vis des Beni Mestara surtout. Quoique serviteurs de la Zaouïa, ceux-ci ont souvent pillé la ville, en 1885 notamment, où excités par Abd el Djebbar qui venait d'être destitué, ils coupèrent la population de toute communication avec l'extérieur, venant piller jusqu'aux tombeaux des cheurfa, enlevant des jeunes filles, des petits garçons pour les vendre dans l'intérieur. Il fallut, en 1889, deux expéditions pour les réduire et encore leur soumission ne fut-elle que momentanée.

Enfin, tout récemment, en automne 1892, ces mêmes populations, encouragées par les intrigues même d'Abd el Djebbar [1], profitèrent d'un voyage à la cour de Fez, des deux fils du grand chérif décédé, pour tenter un coup de main, où la ville aurait succombé, sans le courage de Moulai Ali, le fils aîné de Moulai Mohammed.

En effet vers 1883, le Ministre de France, M. Ordéga, usant du droit que confère aux puissances européennes l'article 16 [2] de la convention internationale du 3 juillet 1880, de Madrid, accorda la protection française au grand chérif Si El Hadj Abdesselam ben el Arbi el Ouazzani, en récompense de services politiques rendus et plus spécialement sur la demande de ce grand personnage qui, désireux d'entretenir des rapports d'amitié avec la puissance souveraine en Algérie, où se trouvent de

---

[1] Abd el Djebbar se faisait alors passer pour protégé d'une puissance européenne et exhibait à l'appui de ses allégations un document quelconque.

[2] ARTICLE 16. — .... l'exercice du droit consuétudinaire de protection sera réservé aux seuls cas où il s'agirait de récompenser des services signalés rendus, par un marocain, à une puissance étrangère, ou pour d'autres motifs tout à fait exceptionnels.

...... Le nombre de ces protégés ne pourra dépasser celui de douze par puissance, qui reste fixé comme maximum, à moins d'obtenir l'assentiment du Sultan.

nombreux fidèles de la confrérie de Moulai Taïeb, s'inquiétait vivement des procédés de jalousie cupide du Makhzen marocain. Ainsi qu'il fallait s'y attendre, le gouvernement marocain protesta et on a encore présentes à l'esprit, les difficultés que rencontra à cette occasion notre diplomatie [1].

Depuis lors, les liens qui unissaient la famille de Ouazzan à la France ont été resserrés à la suite d'un voyage que Si El Hadj Abdesselam fit en Algérie. Le gouverneur général de l'Algérie profita de cette occasion pour déterminer d'une façon précise et d'un commun accord avec le cheikh de l'ordre de Moulai Taïeb et par une convention en date du mois de Mars 1892, le mode de nomination des Moqaddem et tout ce qui concerne l'administration temporelle de l'ordre. El Hadj Abdesselam, pour mieux affirmer les sentiments de déférence vis-à-vis de l'autorité française, demanda au Gouverneur général de l'Algérie l'autorisation d'entreprendre, malgré son grand âge et ses infirmités, un voyage dans tous les pays du sud oranais dépendant de son obédience. Il prolongea cette tournée jusqu'aux oasis de l'extrême-sud et il eut soin de revenir également par la voie de l'Algérie.

En 1892, El Hadj Abdesselam mourut à Tanger, mais auparavant et sentant sa fin prochaine, il avait eu soin d'envoyer près du Gouverneur général de

---

[1] M. Tissot, en 1874, avait déjà prévu les avantages politiques à retirer de cette protection à accorder au chef de la Zaouïa de Ouâzzan.

l'Algérie, son héritier présomptif, Moulai El Arbi, pour que celui-ci pût renouveler les engagements qu'il avait pris lui-même. Son fils aîné Moulai El Arbi, lui succéda, héritant de son chapelet et de son cachet, et prenait en mains la direction de la confrérie. Le grand chérif laissait deux fils, Moulai El Arbi l'aîné, et Moulai Mohammed, issus d'une même femme, puis un autre fils d'une concubine, Moulai Tsami, ce dernier à l'heure actuelle en France où il est soigné dans un asile d'aliénés.

Mais indépendamment de cette lignée, on sait qu'il y a une vingtaine d'années, le chérif s'était allié à une institutrice anglaise qui lui donna deux fils [1] élevés au lycée d'Alger.

Il ne fallut pas moins de plusieurs mois, pour que les affaires d'une aussi importante succession religieuse, compliquées des multiples intérêts des nombreux héritiers, soient enfin réglées.

Le partage des immenses propriétés du défunt, la sauvegarde des biens de main-morte de la zaouïa furent des opérations aussi longues que délicates, dans lesquelles notre administration française ne pouvait entrer, bien que les enfants du défunt aient fait appel, au moment de la mort de leur père, à notre intervention. Notre diplomatie n'était donc pas sans quelque appréhension. Des contestations regrettables pouvaient, en

---

[1] Moulai Ali et Moulai Ahmed ; le premier a 18 ans en 1893, et le second 12 ans.

effet, se produire au cours de ces opérations et nous pouvions notamment nous demander, avec quelque apparence de raison, quelle serait alors la conduite du gouvernement marocain. Le souvenir des difficultés suscitées par la délivrance, en 1884, de notre protection au chérif défunt, était encore assez vivace pour que la prudence conseillât d'éviter le retour de tels événements. Notre légation s'inspirant donc des éléments théocratiques du Maroc, aussi bien que des intérêts religieux et politiques des tribus algériennes où la famille de Ouazzan possède de nombreux fidèles et partisans, prévint avec habileté les objections que la cour de Fez aurait pu formuler.

Actuellement, il semble reconnu par le Makhzen marocain et par les divers représentants étrangers à Tanger, que nous ne pouvions abandonner à elle-même, sans la surveiller, la confrérie de Moulai Taïeb.

Il nous importait, en effet, de préserver des manœuvres étrangères les chefs d'une confrérie religieuse qui, parmi nos indigènes algériens, est un puissant instrument de domination. Cette tutelle n'impliquant d'ailleurs de notre part aucune immixtion dans les affaires intérieures de l'empire chérifien[1].

---

[1] Toutefois un des moindres inconvénients de cette protection accordée aux chefs de la famille de Ouazzan, est de compliquer étrangement la tâche de notre Légation de Tanger. Nos protégés n'hésitent pas, en effet, à s'adresser à notre représentation aussi bien pour toutes les questions que leur négligence laisse se créer, que pour le règlement des vols, des contestations de tout genre auxquelles donne lieu le nombre presque incalculable de leurs serviteurs, de leurs fermiers, de leurs

Ouazzan, résidence des cherifs de ce nom, est en même temps le siège de la grande zaouïa ou couvent principal de la confrérie de Moulai Taïeb. La direction appartient au cherif Moulai El Arbi, mais il est difficile d'établir dans quelle mesure l'influence de ce personnage est prédominante : elle ne s'exerce, en effet, que par l'intermédiaire du chef des Mokaddem de l'ordre, puissant et docte personnage qui réside à Ouazzan ; ce dernier transmet les ordres du maître de la confrérie à toutes les zaouïa extérieures, mais il est aussi en relations constantes avec le Makhzen[1] qui le ménage et a pour lui les plus grands égards.

L'influence de la maison de Ouazzan a été longtemps la plus grande du Maroc au point de vue religieux. Quoi qu'il en soit, encore aujourd'hui son renom s'étend au loin, et lors des grandes fêtes religieuses de l'année musulmane, on rencontre à Ouazzan par centaines les pèlerins et les délégués des régions les plus reculées du Maghreb. Apportant leur offrande religieuse au chérif grand chef de l'ordre, ils viennent

intendants. C'est donc une tâche singulièrement malaisée pour notre diplomatie que de séparer les intérêts politiques des affaires religieuses en discernant les questions de propriétés personnelles de nos quatre protégés des affaires purement religieuses qu'il convient de rattacher aux biens habbous ou de la confrérie et qui ne sauraient se réclamer de notre intervention.

[1] En 1893, il accompagna le Sultan dans l'expédition de Tafilalet, et on peut croire que le soin de Moulai el Hassan à asseoir sa domination dans l'extrême sud n'y était pas étranger. Le chef des Mokaddem est nommé après entente des cherifs avec le Sultan.

écouter sa sainte parole pour suivre ses conseils, et rendent compte de la gestion des nombreuses et immenses propriétés dites « biens habbous », que possède la confrérie sur toute l'étendue d'une partie du nord-ouest de l'Afrique. Le revenu en est considérable et difficile à estimer; leur administration est confiée au chef des Mokaddem de l'ordre qui, du couvent principal de l'ordre, dirige l'emploi des fonds et des offrandes reçues. L'action de la famille de Ouazzan est demeurée considérable aussi bien sur l'esprit des populations de l'extrême nord, dans toute la région de l'Andjera notamment, que dans le centre et dans l'est du royaume de Fez, dans les contrées qui séparent le bassin du Sebou de la frontière oranaise. Là, les Haïaïna, les R'iatsa, les Miknassa, les Tesoul, les Branes, les Oulad Bekar, les Houara, les Magraoua, les Oulad Bou Rouma, les Metalsa, les Beni Bou Iahiin, et jusqu'à la grande tribu des Beni Ouaraïne, ne connaissent que l'autorité religieuse des cherifs de Ouazzan[1]. Le Sultan lui-même n'a qu'une influence relative dans la vallée

---

[1] L'influence de la maison de Ouazzan est très grande chez les Zemmour, grande tribu insoumise qui habite entre Meknas et l'Océan. A plusieurs reprises, notamment en 1853, les Sultans ont recouru aux cherifs de Ouazzan pour y faire prévaloir leur autorité ou pour obtenir un apaisement, alors que le succès de leurs armes était impuissant. Il convient de citer à l'appui de cette note, la démarche que fit chez les Zemmour le chérif Ouazzani Sidi Abd Allah, frère de El Hadj el Arbi et oncle de Moulai el Hajd Abdesselam, en juillet 1853, alors que le sultan Moulai Abderrahman traversait à Meknas une crise où l'on pouvait croire que l'autorité impériale était définitivement compromise au Maroc.

de l'Oued Innaouen ; il a fréquemment recours à l'intervention de la maison de Ouazzan afin d'y faire tolérer certaines mesures très modestes de son administration. Pour parcourir ces régions, l'aide d'un mokaddem de Ouazzan est toute-puissante [1], les prières s'y faisant sous l'invocation de Moulai Taïeb. Dans la petite ville de Taza, où un caïd nommé par le Sultan n'est que toléré et n'ose sortir de sa demeure, c'est l'autorité d'un mokaddem de l'ordre de Moulai Taïeb, de la zaouïa de Meknassa, qui tranche, au nom du chef de la maison de Ouazzan, tous les différends. Chez les Beni Snassen, la zaouïa Sidi el Mekki, anciennement appelée zaouïa Sidi Ramdan, est un centre considérable d'influence religieuse qui rayonne sur le Garet proprement dit, sur les Oulad Settout, les Guelaïa et les Kebdana. Dans la région rifaine, l'action religieuse des cherifs de Ouazzan est moins considérable. Quoi qu'il en soit, on y compte un grand nombre de serviteurs religieux et de couvents [2] ; mais leur influence politique vient après celle des Oulad Abdesselam ben Mechich.

Enfin, dans les oasis [3] de la région saharienne, aussi bien que dans le massif de l'Atlas, l'influence religieuse des cherifs n'est pas moins importante ; on se rappelle

[1] Voir : Itinéraire de Fez à Oudjda.

[2] Le chérif de Ouazzan possède à Blad el Hadana et à Djebb ou Mortou de grandes propriétés, de véritables villages ; chez les Oulad Settout, nombreuses terres cultivées par des Marocains de l'ouest, tenanciers du chérif de Ouazzan.

[3] Voir volume II.

que le célèbre voyageur allemand Gehrard Rohlfs, le seul Européen qui ait parcouru ces oasis, ne put effectuer son voyage que grâce aux lettres du cherif de Ouazzan dont il était porteur.

Par tout ce qui précède, on voit quelle serait la puissance de la maison de Ouazzan. Considérable dans le domaine religieux parmi ces populations marocaines que seule régit une théocratie fanatique, cette influence viendrait, au point de vue politique, presque directement après celle du Sultan, et c'est l'opinion des voyageurs qui ont séjourné dans ce pays [1].

Pendant longtemps on a admis que seule la famille de Ouazzan pouvait provoquer au Maroc un mouvement politique général contre la dynastie actuelle. Il convient de citer à l'appui de cette opinion les événements provoqués chez les tribus du nord du Maroc par l'attitude imprudente prise, vers 1884, par le chérif de Ouazzan, qui semble n'avoir visé rien moins qu'au renversement de Moulai el Hassan et l'élévation au pouvoir de la dynastie de Ouazzan. Chez les Andjera, les Beni Oued Ras, les Beni Messaouar, entre Tanger et Tétouan, dans tout le massif du Djebel Habib, et même, ce qui était encore plus grave, dans toute la contrée du Sérif, ordinairement si soumise à la dévotion des cherifs Oulad Abdesselam ben Mechich, une vive agitation se manifesta de tous côtés. Des bandes armées parcouraient la campagne aux cris de : « Allah iansar

---

[1] Rohlfs, de Foucauld, de La Martinière.

Mouleina Abdesselam[1] ». Il est délicat de prévoir maintenant ce qu'eût produit cette tentative ; mais le chérif fut désavoué et, abandonnés à eux-mêmes, les insurgés rentrèrent dans l'ordre, soumission relative, car ils continuèrent à refuser les impôts, et Moulai el Hassan, s'estimant heureux d'en être quitte à si bon compte, se borna à quelques exécutions isolées sans oser une répression générale. On voit donc qu'il n'y a pas lieu de contester que la protection française accordée au grand chef de l'ordre des Taïbia ait été réellement pour notre influence une victoire décisive et la preuve matérielle et publique de son étendue.

Certains écrivains[2] ont mis en doute l'ascendant du chérif d'Ouazzan, compromis, estimaient-ils, vis-à-vis des musulmans autant par sa conduite privée que par ses relations avec nous.

Il y a là une double erreur. On a surtout considéré le chérif comme devant son pouvoir spirituel au titre de chef d'un ordre religieux, celui de Moulai Taïeb ; puis,

[1] Que Dieu protège notre maître, notre Sultan, Sidi Abdesselam.

[2] Après avoir gagné à notre cause et protégé en 1883 le chef de la famille de Ouazzan, nous avons peut-être et dans la suite, insuffisamment guidé notre protégé pour le préserver de certains écarts. En effet, outre la concurrence qui s'établit forcément entre les différentes confréries au sein même des tribus, à l'occasion des quêtes, on n'ignore pas que les ordres religieux orthodoxes — si influents soient-ils au Maroc — ont dans ce pays comme dans tout l'Islamisme de nombreux ennemis : d'abord le clergé officiel et ceux des savants qui sont demeurés indépendants, enfin tous ceux qui dans le gouvernement redoutent une influence analogue à celle du chef de la confrérie des Taïbia.

jugeant que cet ordre n'a qu'une action restreinte au Maroc, on en a déduit que son grand-maître n'était pas lui-même le personnage qu'il paraissait. Enfin on lui a attribué un caractère essentiellement religieux que ses tendances européennes eussent, en effet, dû rabaisser.

Mais la réalité est que le chérif d'Ouazzan, tout en se trouvant chef d'une confrérie religieuse dont nous avons examiné l'étendue et l'influence, représente également la plus illustre maison de noblesse religieuse du Maghreb, Dar Ouazzan. Par son ancêtre direct, Moulai Abdallah Chérif, il est l'héritier d'un des trois patrons les plus révérés de la contrée, et les deux autres n'ont pas laissé de postérité. En même temps et au même titre, il personnifie la lignée directe des chérifs Drissiin, de la première et la plus populaire des dynasties locales, en opposition à la dynastie actuelle, celle des chérifs Alaouiin. Ce n'est donc point seulement un cheikh de khouan, mais aussi et surtout l'inspirateur d'un puissant parti politique. C'est vers lui que se tournent tous ceux qui, n'appartenant à aucun groupe particulier, rejettent ou combattent l'autorité du Sultan. Or, Moulai el Hassan ne comptait plus guère, avant l'expédition de 1893 au Tafilalet, comme partisans dévoués et traditionnels de sa cause, que les tribus où domine l'élément arabe, celles de la région de Merakech, du R'arb, au nord-ouest de Fez, et quelques districts isolés de Tafilalet, une partie du Sous et du Drâa. L'élément berbère, de beaucoup le plus nombreux, lui était hostile, dans la majorité de ces deux dernières régions, dans l'Atlas, dans le Rif, et chez les Djebala, tribus arabes de langue, berbères de mœurs, qui s'étendent de Fez à Tanger et Tétouan. Là, bien que ne comportant pas l'exercice d'un pouvoir exclusif, ne s'appuyant sur aucune force matérielle, l'ascendant moral et l'influence du chérif d'Ouazzan, l'emportent de beaucoup, dans les limites qu'implique l'anarchie sociale et politique du Maroc. Rallier Sid El Hadj Abdesselam à notre parti, obtenir de lui une adhésion publique, en lui accordant la protection, était donc un acte de haute portée. Quelle que soit devenue sa situation religieuse, il n'en était pas moins resté le second personnage de l'empire, le premier après le Sultan.

En résumé et en définitive, le prestige et la renommée de la confrérie de Moulai Taïeb ont pu se ressentir des tendances manifestées par le grand chérif, mort il y a un an, à se rapprocher, dans ses mœurs, des Européens : l'influence politique de la maison de Ouazzan, considérable à certaines époques de l'histoire du Maghreb, a pu souffrir vis-à-vis de la théocratie puritaine et fanatique, de la protection d'une nation chrétienne, affichée sur les chefs de la sainte maison de Moulai Tsami, il n'en demeure pas moins certain que cette action religieuse et politique sera toujours un des facteurs les plus importants de la question marocaine, mais à la seule condition que cet élément soit manié avec l'expérience et la prudence nécessaires. Non seulement, il paraissait utile d'intervenir dès à présent, dans la lutte des partis politiques qui partagent le Maroc en clans, les uns ralliés au Makhzen, les autres hostiles, mais il convenait que la France musulmane se ménageât le rôle qui semble devoir lui appartenir.

INFLUENCES RELIGIEUSES DIVERSES. — DERKAOUA ET MOULAI BOUCHETA.

Derkaoua et Zaouïa de Bou Berih.

Dans une partie de la vallée du haut Ouar'ra, l'influence dominante est celle des Derkaoua, dont la Zaouïa principale, et le tombeau du marabout El Arbi Derkaoui, sont dans la tribu des Beni Zeroual à Bou Berih. Elle a pour chef actuel, un petit-fils de Sidi el Arbi, Sidi Abderrahman Ould Sidi Taïeb. Sans méconnaître d'une façon absolue son autorité, tous les Derkaoua du Maroc, même ceux de Medr'ara, admettent au moins la suprématie morale de la zaouïa de Bou Berih et les chefs des différentes branches y envoient des offrandes annuelles.

On trouve une autre Zaouaïa de Derkaoua très importante à Medjour.

L'ensemble de la tribu des Beni Zeroual est, au point de vue religieux et peut-être politique, presque complétement dans la main du chef de la zaouïa Chadelia, de Bou Berih, et il en est de même de quelques tribus voisines. Cette influence est plutôt hostile au parti du Makhzen [1]. Elle a comme adversaire celle de la zaouïa de Sidi Allel el Hamouni, marabout local très révéré, dont les serviteurs sont en général favorables au gouvernement. Le Sultan s'y est rendu en Ziara pendant la colonne de 1889. L'influence des Derkaoua est prédominante chez les Tam Saman, et considérable chez les R'omara; chez ces derniers, une de leurs fractions, les Beni Bou Zemrane, qui parlent uniquement le rifain (Duveyrier), sont affiliés à la confrérie de Si Ahmed el Filâli.

Zaouïa de Moulai Bou Cheta.

Enfin, dans les mêmes régions du haut Ouar'ra, nous citerons aussi la Zaouïa du patron du R'arb de l'est, dont le tombeau est sur le territoire des Fichtala, populations qui sont très jalouses de leur Saint. Entre autres coutumes, ils s'opposent par la force à toute tentative faite pour blanchir sa koubba, Moulai Bou Cheta n'ayant jamais voulu habiter que dans des constructions en pisé.

Zaouïa des Oulad Abdesselam.

On cite aussi une Zaouïa très grande des Oulad Abdesselam entre les Beni Zeroual, Chechaouen et les Beni Messaouar.

---

[1] Le chef religieux, dont l'autorité s'étend au loin sur les tribus de cette contrée, est un certain Si Salah; il vint trouver en 1889 le Sultan et traita, comme d'égal à égal, des conditions du passage de l'armée.

Zaouïa des Oulad El Hadj Abd el Kader, de l'ordre de Sidi Abd el Kader el Djilani.

Aux environs de Melila, se trouve la zaouïa des Oulad El Hadj Abd el Kader, qui dépend de la confrérie de Sidi Abd el Kader el Djilani, qui a des attaches avec la ville de Mascara et la famille de l'ancien émir Abd el Kader. La famille des Oulad El Hadj Abd el Kader des environs de Melila, descendait, a-t-on rapporté à Duveyrier, du Sultan des saints Sidi Abd el Kader el Djilani; son chef actuel est Sidi Abder Rahman ; elle entretient un agent spécial à Tlemcen qui a charge des intérêts commerciaux de la Zaouïa, qui sont considérables.

Zaouïa de Sidi El Hadj Mohammed ben Abder Rahman ben Abou Zian.

La confrérie de Sidi El Hadj Mohammed ben Abder Rahman ben Abou Zian de Kenatsa, a des affiliés dans le bassin de la Moulouïa, chez les Guelaïa et dans le Rif. On sait que cette association religieuse s'occupe activement d'affaires commerciales. On cite la grande zaouïa de cet ordre, entourée de jardins et de cultures très vastes, à 14 kilomètres sud de Melila, chez les Guelaïa. Les influences religieuses qui ont paru à Duveyrier dominer dans le Garet, sont celles de Moulai Taïeb, Si Abd el Kader El Djilani[1], Sidi

---

[1] Le marabout Sidi Mohammed El Kadiri, de la Zaouïa (taïfa) de Moulai Abd el Kader el Djilani, est mort en 1885 ou 1886. Son frère Moulai Mohammed el Kadiri a pris sa place ; il habitait, en

Hammou ou Mouça, et Sidi Ahmed et Tedjini, puis l'influence de Si Abd el Kader et Teliouanti des Beni Chiker, très répandue chez les Guelaïa. Sa Zaouïa est au Djebel Ouerk ; ce personnage serait encore vivant en 1893.

Zaouïa du cheikh Mohammed el Hâbri, de Drioua.

Sur les bords de l'oued Kiss, sur la rive marocaine, par conséquent le long et auprès de la frontière oranaise, on cite la zaouïa d'El Hadj Mohammed el Hâbri, chef d'un couvent dépendant de l'ordre des Derkaoua (fraction marocaine des Chadelia), mais en réalité vivant et se développant pour son propre compte.

El Hadj Mohammed el Hâbri est originaire du Douar des Oulad Zaïm, fraction des Oulad Bou Azza, qui font eux-mêmes partie des Beni Drar (Beni Snassen, Maroc). On sait que les Oulad Bou Azza sont considérés comme des marabouts, leur ancêtre Si Abdallah Ben Azza a sa Koubba à Tar'jirt, village important de Beni Khaled, fraction des Beni Snassen. El Hadj Mohammed el Hâbri fut primitivement mokaddem de la secte des Derkaoua de la zaouïa de Kerther, située chez les Beni Bou Iahi du Rif, puis il vint s'installer à Tar'jirt et se mit à recueillir des ziara ou aumônes religieuses pour son propre compte, et ce fut dans ce but qu'il vint s'établir sur l'ultime frontière marocaine, au lieu dit

1888, à Ouerk (Kalia). On sait que le grand promontoire du Ras Ouerk est peut-être la partie la plus considérable du territoire des Guelaïa.

Drioua, à 3 ou 4 kil. sud d'Adjeroud, il y acheta des terrains importants aux Beni Mansour, tribu arabe de la plaine de Trifa, et y fit construire un moulin dont les fidèles déjà nombreux de Tlemcen ont fait tous les frais.

Le cheikh Mohammed el Hâbri est un personnage d'un âge avancé (60 ans environ en 1894), il a su acquérir par son austérité une grande réputation et une influence religieuse indéniable. Il ne s'occupe que peu ou point de politique, personnellement il ne nous paraît pas hostile. Mais il est certain que ses fokra sont assez disposés, dans leur fanatisme, à exagérer la doctrine du maître par un zèle religieux exagéré. En réalité, la zone de son influence ne s'étend pas au-delà des Guelaïa dans l'ouest, et de Tlemcen dans l'est. Les principales tribus où il compte des adhérents et serviteurs nombreux sont les Guelaïa, les Kebdana, les Beni Snassen, la ville et la banlieue d'Oudjda, les Angad, puis en Algérie les M'Sirda, les Maaziz dans le cercle de Lalla Mar'nia, les Trara, les Djebala et les Souhalia de la commune mixte de Nedroma, enfin à Tlemcen même [1].

Cette énumération, si succincte soit-elle, des

---

[1] Le chapelet des fidèles d'El Hadj Mohammed el Hâbri est celui de tous les Derkaoua. Quant à son « *dikr* », il ne diffère pas assez des invocations semblables imposées aux membres de l'ordre principal des Chadelia Derkaoua ou des ordres secondaires qui en dérivent. pour qu'on puisse l'assigner comme spécial à El Hadj Mohammed el Hâbri.

influences politiques ou religieuses, qui s'exercent dans le nord du Maroc, ne saurait être terminée sans citer la famille des Abd es Sadok, gouverneurs de Tanger de père en fils, et qui ont eu à certaines époques historiques, une réelle influence dans le Rif, mais qui ne paraissent plus avoir, de nos jours, de relations qu'avec les populations d'origine rifaine établies sur le territoire de la province de Tanger.

CHAPITRE IX.

Description succincte des Présides espagnols de la côte du Rif.

ILES ZAFARINES.

Les trois îles (*tres insulæ*) que l'itinéraire d'Antonin indique à douze milles de la Malva, et à soixante-cinq de la « Russader Colonia », portent aujourd'hui le nom de Zafarines[1], corruption de celui de Djaferin, qu'elles avaient reçu à l'époque de la conquête arabe, de la tribu voisine des Beni Djafer. L'île du centre est désignée par les indigènes, sous le nom de Hadjera Kebdana, la roche de Kebdana, également emprunté au district berbère, dont le territoire s'étend en face du territoire des Zafarines. L'île la plus occidentale, qui est aussi la plus considérable, a reçu celui de Teneufa. Elles se composent de : l'île del Rey, la plus orientale ; l'île d'Isabel Segunda, qui occupe le centre du groupe, et l'île

[1] Tissot qui a fait d'intéressantes recherches à ce sujet, nous apprend que le Portulan de P. Visconti de Gênes, porte Zafarin (1318), la carte catalane de 1375 Jaffarine, celle de Jean d'Azzano (1442) Jafarin. Ce nom s'altère de plus en plus dans les documents postérieurs, qui écrivent Zafarinos, Chafarinas, Chafelines, Zapharines, Zaphran ; El Bekri donne aux Djaferin, l'épithète d'Iles de la Moulouïa.

Congresso, la plus occidentale [1]. Cette dernière a environ 900 mètres de longueur.

Ces îles se trouvent près de la frontière de l'Algérie et du Maroc, et ces deux contrées se présentent sous un aspect tout à fait différent. Le Maroc, à cet endroit, n'est qu'une vaste plaine et une grande plage, tandis que la côte algérienne est couverte de montagnes mamelonnées, de 300 à 600 mètres de hauteur, terminées du côté de la mer, par des terrains en pente assez rapide et des falaises ou plages rocheuses.

Les îles Zafarines occupent de l'est à l'ouest, un espace de 2 kilomètres environ ; elles sont à 1,235 mètres au nord du cap del Agua (35° 8′ 57″) latitude nord et 4° 44′ 0″ longitude ouest), et forment une excellente rade abritée de la mer et du vent de toute direction. Le mouillage des îles est le meilleur de toute la côte du Rif et le seul bon jusqu'à Oran. Dans la belle saison, une escadre entière pourrait mouiller facilement aux Zafarines. Ces îles, peu éloignées de la côte, se distinguent de Melila ; elles changent d'aspect et de forme suivant la direction où l'on se trouve et la position qu'on occupe ; elles sont faciles à reconnaître à environ 50 kilomètres de distance.

Le sol est granitique, recouvert d'une petite couche de terre végétale, où l'on voit quelques plantes rabougries ; l'eau douce manque absolument ; elles sont petites et très voisines l'une de l'autre.

[1] Voy. les cartes de l'hydrographie française, N°s 804, 3412 et 3678.

L'île del Rey, longue, étroite, fortement découpée, offre plusieurs mamelons, dont le plus élevé a 34 mètres de hauteur. On n'y rencontre qu'une seule maison, comme sur l'île Congresso. Elle est séparée de l'île d'Isabel Segunda, par un canal fort étroit, mais profond.

L'île d'Isabel Segunda ou île du Milieu, présente une forme presque ronde. Elle a un kilomètre dans sa plus grande dimension et sa partie la plus élevée, près de son littoral septentrional, où elle atteint 41 mètres d'altitude, par 35° 10′ 53″ latitude nord et 4° 46′ 2″ longitude ouest. Cette île est couverte d'un nombre prodigieux de petits escargots blancs, qui dévorent presque toutes les plantes vivantes, on y trouve des figuiers de Barbarie. Le pénitencier s'étend sur tout le versant méridional de l'île, et compte de grandes constructions, l'église se trouve dans l'intérieur de l'île, qui porte, sur sa pointe nord-ouest, un phare qui s'élève à 64 mètres au-dessus du niveau de la mer.

Une batterie de six pièces de fort calibre, couronne le sommet de l'île ; d'autres ouvrages analogues sont construits sur les sommets des falaises, qui tombent partout à pic et rendent l'île inaccessible, à l'exception du sud où se trouve le débarcadère.

L'île de Congresso, la plus à l'ouest et en même temps la plus grande et la plus élevée, mesure 900 mètres du nord au sud, et atteint 136 mètres d'altitude dans sa partie la plus occidentale. Elle est terminée par des falaises accores dans sa partie méridionale, mais on débarque facilement sur la côte orientale, au pied d'un sentier qui conduit à mi-hauteur de la montagne, à la seule maison qui existe dans l'île. Elle est séparée de l'île d'Isabel Segunda, par un canal large de six cents mètres, à travers lequel on peut passer, mais en s'approchant plus près de celle-ci.

Les Espagnols ont établi un préside dans les îles Zafarines ; c'est leur quatrième sur la côte du Rif.

Il y a aux Zafarines une garnison de soixante-quatorze hommes, commandés par un capitaine et quatre lieutenants ou sous-lieutenants, douze marins et quatre-vingts condamnés.

Les Zafarines ont une grande importance pour la France[1], maîtresse de l'Algérie, qui de là, pourrait

[1] L'importance de cette situation n'avait pas échappé au général de La Moricière, commandant la province d'Oran. Dès que la soumission d'Abdelkader fut un fait accompli, et qu'il n'eut plus de préoccupations de ce côté, il songea à faire surveiller plus efficacement que par le passé les parages du Rif. Sur sa demande, le Gouverneur général, duc d'Aumale, mit à sa disposition l'aviso « le Véloce », qui eut ordre de s'établir au mouillage des Zafarines et d'y débarquer quelques hommes sous prétexte de réparations, mais de s'en retirer sans opposition, ni protestation, si on venait à les occuper. Suivant ces instructions, le commandant du « Véloce » visita, dans les premiers jours de novembre 1847, le mouillage en question et poussa jusqu'à Melila. Il y apprit que le gouverneur de ce préside avait eu le projet de faire un établissement militaire dans ces îles jusqu'alors inhabitées et d'où les Espagnols de Melila tiraient de la pierre pour leurs constructions, et que, deux ans auparavant, ce même gouverneur avait envoyé un ingénieur les explorer : le manque d'eau avait fait renoncer à tout projet d'occupation.

Un compte rendu de la reconnaissance du « Véloce » fut adressé au Ministre de la Guerre dans les premiers jours de janvier 1848. Il y répondit en prescrivant de n'envoyer personne aux Zafarines, de

surveiller la côte du Maroc, tandis qu'elles sont peu utiles aux Espagnols. Leur petit pénitencier est resté dans l'état le plus misérable. Tous les vivres et approvisionnements sont envoyés de Malaga, distante de 240 kilomètres, tandis que Nemours n'est éloigné que d'une cinquantaine de kilomètres.

Il n'y a d'autre population que celle des employés et des condamnés.

Dans notre siècle, l'amiral Bérard est le premier qui ait fait une description de ces îles, en 1850.

MELILA.

Melila [1], appelée Melilla par les Espagnols, est une ville fort ancienne; il est probable en effet, ainsi que l'a démontré Tissot, que le préside espagnol occupe l'emplacement même de l'antique comptoir phénicien, auquel avait succédé le Russadir oppidum et Portus de Pline, le Ρὺσσάδερον de Ptolémée, la Rusaddir Colonia de l'Itinéraire. Les ports sont rares sur cette côte et la navigation antique avait dû profiter du mouillage de ce point. Le fort actuel de Rosario, qui a succédé à la citadelle d'Abderrahman ben Nacer, a été construit

n'y mouiller qu'en cas de nécessité et d'éviter tout ce qui pourrait porter ombrage à l'Espagne et au Maroc. Mais, avant même que cette réponse fût parvenue en Algérie, on apprenait qu'un bataillon d'infanterie espagnole s'était embarqué à Barcelone, le 27 décembre 1847, pour aller occuper les Zafarines.

[1] Telle est la véritable orthographe, on écrit et on prononce en arabe aujourd'hui comme on écrivait au XIe siècle. Le site est fiévreux et Melila veut dire en arabe chaleur fébrile. (H. D.)

à la place même de l'antique Acropole. Quant au débarcadère, taillé dans le rocher sur lequel est assise la ville, c'est selon toute vraisemblance une œuvre phénicienne, un « cothon ».

El Bekri nous apprend que la ville arabe fut reconstruite par les fils d'El Bouri ibn Abi el Afia le Miknassien ; mais, de nos jours, cette ville est toute espagnole et rien, dans l'aspect extérieur des constructions, ne permet au passant de deviner que Melila fut d'abord une cité musulmane. Elle fut détruite en 1487, puis reconstruite par les Musulmans, et enfin conquise en 1496, suivant Marmol, par les Espagnols, sous la conduite du Duc de Medina Sidonia et depuis, elle a toujours appartenu à l'Espagne. Elle a été souvent attaquée avec acharnement ; en 1563 notamment, où les Rifains firent contre cette place deux tentatives demeurées célèbres. Mais le siège le plus fameux que le préside ait subi, est sans contredit celui qui commença dans le courant du XVIIe siècle ; quand, vers 1697, les vivres manquant, la garnison allait en être réduite à subir un sort affreux, si les navires n'étaient heureusement arrivés pour le ravitaillement. Deux jours plus tard, la famine eût forcé les habitants à se rendre aux montagnards. Enfin, en 1774, Melila fut assiégée, sans déclaration de guerre à l'Espagne, par le sultan Mohammed, qui fut toutefois obligé de renoncer assez rapidement à cette entreprise, au-dessus de ses forces.

De nos jours, les nombreuses attaques de 1893, où l'on a vu les Rifains aguerris, expérimentés et armés de fusils à tir rapide, s'avancer jusque sous les murs, ont démontré la nécessité de perfectionner le système de défense de la place. Les forts ne pouvaient être alors approvisionnés qu'à la suite de combats acharnés ; quant aux fortins, ils ne se protègent pas les uns les autres et ne constituent point, dans l'état où ils se trouvent, une véritable zone offensive, afin de maintenir l'ennemi à distance ; en résumé, ils ne sont pas suffisamment sûrs, pour résister à un siège de quelque durée, en présence du perfectionnement de l'armement des Rifains.

En 1884, les autorités militaires ont jugé à propos de construire une ligne de blockhaus, qui ne figure pas encore sur les plans et cartes, même sur le plan de Melila au 1/5000 du lieutenant du génie Cervera Baviera. Ces fortins sont, de l'est à l'ouest : le Castillo de San Lorenzo, le Castillo del Camel et le Castillo del Cabril. Enfin en 1885, au moment où l'on parlait de projets allemands sur la côte nord du Maroc, on a réparé les fortifications de Melila, procédé à la construction d'un second mur d'enceinte, du côté « Est » tout au moins, et ajouté à l'artillerie de la place, quatre gros canons Krupp. Les murailles de la ville étaient alors déjà garnies de vingt canons de gros calibre, et les batteries extérieures de plus de cinquante pièces d'artillerie.

Les projets du Gouvernement espagnol, à la suite des événements de 1893, sont de construire une batterie à barbette en avant du fort del Camel, un fort sur la route de celui de Rostrogardo, élevé il y a peu d'années en avant des lignes, puis relever le blockhaus commencé et détruit à Sidi Ouriach, ainsi que celui marqué à la borne III.

Le marabout de Sidi Ouriach couronne, en effet, une petite hauteur qui permet de dominer entièrement la plaine où se tient le marché de l'extérieur de la ville, celui où viennent en temps de paix les indigènes des environs, mais lieu habituel de disputes qui peuvent dégénérer en de véritables batailles entre les chrétiens et les montagnards fanatiques.

Depuis les levés hydrographiques de M. Vincendon Dumoulin et du commandant de Kerhallet, les Espagnols ont légèrement modifié un point de la topographie de leur possession de Melila. Jadis l'oued Farkhana, leur Rio del Oro, passait sous les murs de la ville, où il formait avant de se jeter dans la mer, un marais à émanations malsaines. Dans les temps récents, les Espagnols ont détourné plus au sud, le cours de l'oued et ils ont construit une digue en terre, le long du rivage de la Méditerranée, sur toute la partie du littoral que couvrait autrefois le marais ; grâce à ces travaux intelligents, le marécage a disparu et le climat du préside a gagné en salubrité.

D'après des informations recueillies par Henri Duveyrier, la place posséderait de longs souterrains partant de la ville et allant dans différentes directions jusqu'au delà du territoire espagnol ; un de ces chemins couverts se prolongerait par N. 15° E (azimut magnét.), jusqu'à un petit cap à 10 kilom. de Melila. La place est assez directement dominée par les hauteurs du Djebel El Mezoudja, qui dans le S. S. E. porte le nom de Djebel Beni Chiker, d'après la tribu qui l'habite. On y remarque un marabout très vénéré, Sidi Mohammed El Moudjahed, à 6 kilomètres des murs de la ville.

Melila est la résidence du gouverneur général des Présides; elle est occupée par une garnison composée d'un régiment d'infanterie, quelques soldats de cavalerie, et les troupes nécessaires d'artillerie, du génie. En 1893, le total des troupes s'est élevé à 20,000 et l'on avait dû alors élever de nombreux baraquements.

Des habitants, dont beaucoup de juifs, au nombre de 600, forment la population civile libre. Il existe un bagne avec quantité de forçats.

Le commerce de Melila s'est développé durant ces dernières années; on y importe du sucre de Marseille, des cotonnades de Malaga, de Gibraltar et du thé de provenance anglaise. Toutes ces marchandises destinées au Rif, prennent aussi la voie d'Oudjda et de l'extrême sud et du bassin de la Moulouïa. Mais le commerce le plus actif est sans contredit celui des armes de guerre et des munitions, qui, d'abord établi en contrebande, s'est, dans la suite, exercé au grand jour[1].

---

[1] Presque toutes les armes perfectionnées que possèdent à l'heure actuelle les tribus marocaines du Rif, de la vallée de la Moulouïa et des hauts plateaux marocains, sont des Remington du modèle espagnol (fusils d'infanterie ou carabines de cavalerie). Ces armes,

Autour du territoire espagnol de Melila sont de nombreux villages Guelaïa ; parmi ceux-ci, le plus important et qui mérite presque le nom de ville, est Talemtiloukt ; il n'est marqué sur aucune carte, pas même sur les cartes espagnoles ni sur la carte inédite de MM. de Breuille et Meunier ; on l'a désigné à Henri Duveyrier comme la Melila musulmane, sans

---

appelées « collata » par les Marocains, sont fabriquées à bas prix en Espagne, à Barcelone, à Malaga. La vente en a commencé à Melila en 1885 : les Remington se vendaient alors de 100 à 200 francs, et le cent de cartouches de 20 à 25 francs. Depuis cette époque, le prix de ces armes a baissé considérablement : elles ne valent plus aujourd'hui (1893) que 50 à 60 francs, et le cent de cartouches (par paquet de dix) se paie de 3 fr. 50 à 4 fr. 50.

Quelques-unes des cartouches ont été examinées en octobre 1887 à la Direction d'Artillerie d'Alger. Il a été reconnu qu'elles correspondaient par leurs dimensions aux munitions pour fusil Remington, modèle espagnol. Ces cartouches sont plus petites que celles du fusil Gras, modèle 1874. Elles donnent de mauvais résultats au tir lorsqu'elles sont utilisées dans une arme de ce dernier modèle.

En 1887, le Sultan, inquiet de l'extension croissante que prenait, chaque jour, ce commerce d'armes et de munitions, et craignant de voir bientôt entre les mains de toutes les tribus de cette partie de son empire, un armement perfectionné, voulut enrayer cette contrebande. Dans ce but, il prit une mesure radicale : l'agent marocain des douanes, à Melila, fut destitué, et son successeur muni d'instructions catégoriques relativement à la répression de ce trafic illicite. Mais cette mesure fut absolument illusoire. Le nouvel agent des douanes, livré à ses propres forces, n'avait pas et ne pouvait avoir l'autorité nécessaire pour empêcher l'introduction d'armes et de munitions. Ce commerce se continua donc comme par le passé.

Ajoutons que les Marocains de ces régions possèdent quelques carabines Winchester (modèle 1873) de provenance américaine et achetées également à Melila et qu'en ces derniers temps on leur a aussi vendu des fusils Mauser.

que le voyageur ait pu la visiter, en raison de l'insécurité de cette région dont la population est constamment en guerre avec la place espagnole.

ALHUCEMAS.

En face de l'embouchure de petit fleuve de l'Oued Nokour, on voit en mer l'île Hadjerat En Nokour[1] couverte par le préside espagnol d'Alhucemas. L'île paraît avoir été cédée à l'Espagne vers la même époque que le Peñon de Velez et dans un but analogue, mais elle n'aurait été réoccupée qu'en 1873, suivant Duveyrier. Le nom espagnol d'Alhucemas, comme le vieux nom français Albouzème, sont des corruptions du nom arabe El Mezemma, sous lequel on désigne la ville marocaine qui fait face à l'îlot sur le continent.

El Mezemma était une ville bâtie sur une colline, au bord de la mer, par les anciens habitants du pays. Léon l'Africain nous apprend que, saccagée en 922, par le khalife de Kairouan, elle demeura déserte pendant quinze années; repeuplée alors, elle fut détruite une seconde fois par Abder Rahman III, calife de Cordoue. Elle devait plus tard, sous Louis XIV, acquérir une certaine importance comme port de commerce.

Ce fut d'El Mezemma que partit le seul Européen libre, le Français Roland Fréjus, qui traversa entièrement le Rif du nord au sud. Du 9 avril au 19 juin 1667, par ordre du roi Louis XIV, il fit le voyage

[1] La pierre de Nokour, pour la distinguer d'Hadjera Kebdana, la pierre de Kebdana des îles Zaffarines.

d'Alhucemas à Taza, alors résidence du sultan Moulai Rechid. Il passa par Nokour et Tafersit et revint de Taza à El Mezemma à peu près par le même itinéraire. Roland Fréjus était l'agent d'une Compagnie française de commerce qui possédait un établissement à Beni bou Iakoub, point sur la terre ferme du Rif, dans le canton de Tam Saman, mais dont aucune carte n'indique plus la position. Invité à prendre l'initiative de l'occupation par un certain Amar, cheikh des Tam Saman des Bokouia, qui considérait la mesure comme utile aux habitants, Roland Fréjus préconisa en vain, il y a deux cent vingt ans, l'idée de la construction d'une forteresse française à El Mezemma.

Le Peñon s'élève dans une anse où les navires de moyenne grandeur trouvent un mouillage, et il porte, sur un plan incliné de l'est à l'ouest, la ville irrégulièrement bâtie, fortifiée principalement par une sorte de château flanqué de tours. Pas plus que Velez, Alhucemas n'a assez de l'eau de pluie recueillie dans trois grandes citernes, et elle en reçoit d'Espagne. La garnison est d'environ 100 hommes, commandés par un capitaine. La population totale est d'environ 320 habitants dont une soixantaine de condamnés. Le matériel de bronze qui arme la place est magnifique et beaucoup plus considérable qu'il n'est nécessaire. Les indigènes Bokouia qui font face sur la terre à l'île, incommodent souvent la garnison avec de vieux canons qu'ils possèdent.

PEÑON DE VELEZ DE LA GOMERA ; BADÈS.

El Peñon de Velez de la Gomera, que les Arabes nomment Balech (d'où Velez), est un îlot[1], à quatre-vingt-cinq mètres du continent[2], tout couvert par les constructions du préside. Badès est dans la baie d'Alcala (El Kalaa la forteresse : Bâdès), à une petite distance au sud-ouest du peñon. Toute cette côte appartient aux Beni bou Ferah, gens libres, le doigt toujours sur la détente de leurs fusils, et si nous ne savons encore rien de la ville actuelle de Badès, c'est que les Espagnols sont bloqués et séquestrés dans leur îlot, qu'ils ne sont pas admis à débarquer sur le continent. Cela depuis les quatre siècles bientôt complets de l'occupation espagnole à Balech, les occupants se sont contentés de garder leur îlot ; ils paraissent peu curieux d'apprendre à connaître ce qui leur fait face, et les Beni bou Ferah se contentent de tirer sur les barques qui approvisionnent la galère, montrant bien par cette démonstration qu'ils demeurent sur le pied de guerre[3].

On ne va pas à Badès, à moins d'être Marocain et

[1] L'île de San Antonio est réunie à un second îlot par un banc de roches ; tous deux n'ont pas un demi-kilomètre de longueur.

[2] Henri Duveyrier. — Documents inédits.

[3] Les citernes ne suffisent pas à fournir d'eau douce la place, et l'Espagne est obligée de lui en envoyer dans les sécheresses et quand l'hostilité des Rifains interdit toute communication avec le rivage. Un service régulier de vapeurs partant de Malaga asssure l'existence de la garnison.

ami des Beni bou Ferah et de partir de Tanger, de Tétouan ou de Fez: cela fait partie du Rif et c'est tout dire [1].

Le sultan Moulai Abdallah, vers 1560[2], voyant la prospérité d'Alger, dont les vaisseaux fréquentaient sans cesse les ports de Hadjar Badès (le Peñon de Velez) et de Tanger, craignit que les Algériens ne voulussent s'emparer de ces ports. Aussi, dans le but d'arrêter les empiètements des Turcs dans le Maroc et de leur ôter tout moyen d'y pénétrer, il convint avec le roi chrétien qu'il lui livrerait Hadjar Badès. Telle est l'origine de la cession de l'îlot appelé à devenir plus tard le Peñon et telle est la version donnée par le Nozhet el Hâdi. Les historiens modernes (Renou, Godard) attribuent pourtant à Don Pédro de Navarre la construction de la forteresse du Peñon vers 1588. Renou écrit qu'elle fut attaquée par Moulai el Mansour qui gouvernait à Badès. Moulai Mohammed, cousin et successeur de Moulai El Mansour, s'empara de cette place par trahison le 10 décembre 1522; quelque temps après, les Espagnols firent une tentative infructueuse pour reprendre le Peñon ; cette place tomba au pouvoir des Turcs en 1554 et leur fut soumise dix ans. Les Espa-

---

[1] H. D.

[2] Un accord intervenu entre l'Espagne et le Portugal, vers 1500, avait restreint le champ d'action de cette dernière puissance au Maghreb extrême, tandis que le reste de la Berbérie était abandonné à l'autre. Le Peñon de Velez marque la limite respective des possessions des deux États en Afrique (Mercier).

gnols essayèrent encore vainement de s'en emparer en 1563, mais, le 6 septembre 1564, ils se rendirent maîtres de la ville et de l'île.

La population actuelle de ce préside, le plus petit que l'Espagne entretient sur la côte, comprend environ 400 âmes, en y comptant la garnison.

CHAPITRE X.

Djebala.

On désigne au Maroc sous le nom de Djebala ou habitants de la montagne, les tribus berbères, plus ou moins arabisées, qui occupent la région montagneuse, bordant ainsi qu'une manière de ceinture le Rif et le séparant, comme par un écran, du Tell occidental marocain. Cette contrée, presque aussi peu connue que le Rif, s'étend des environs de Tétouan, au nord, jusque et près de Fez au sud et s'arrête à l'ouest avec les dernières ondulations projetées par la chaîne complexe du Rif, au-dessus des plaines du R'arb de la province d'Alcazar (El Ksar el Kebir), près de la ville de Ouazzan et enfin plus bas jusqu'aux rives du Sebou à la hauteur des Fichtala.

Le pays des Djebala ne forme qu'une transition insensible avec le district rifain ; certaines des tribus Djebala comptent en effet par moitié dans les deux districts, tels les Mettioua, les Sanhadja. La région des Djebala est beaucoup plus riche que le Rif, certaines parties en sont des plus luxuriantes, la vallée du Ouar'ra, notamment, qui est d'une fertilité exceptionnelle qu'indique au premier coup d'œil la terre noire dont elle est formée ; cette vallée est cependant très peu cultivée en raison de la rivalité des tribus voisines, qui toutes la convoitent, et ce terrain merveilleux n'est qu'une immense prairie naturelle. Plus haut, vers le nord, le territoire des Beni Arous, du Sérif, n'est qu'un immense verger dont les vignes sont renommées et dont les raisins sont portés jusqu'à Fez, Tanger, Tétouan, et El Araich (Larache).

Les Djebala se caractérisent par l'emploi de la langue arabe, le port de la djebala au lieu du burnous, l'habitat en dchour ou villages, formant parfois des agglomérations considérables, et diverses coutumes spéciales, notamment l'habitude d'enlever dans les tribus voisines, des jeunes garçons ou filles (chethah), pour en faire des danseurs et danseuses, l'usage du samt, ou vin frais, etc. etc.

Ces montagnards ne sont pas, en général, très grands de taille, mais ils sont trapus, ont de larges épaules et semblent très vigoureux ; ils ont presque tous des « *remington* » ou autres fusils à tir rapide qu'ils entretiennent très bien, et sont abondamment pourvus de cartouches ; ils ont l'air martial et seraient de sérieux adversaires s'ils savaient s'unir contre un ennemi commun [1].

En 1889, le sultan entreprit une longue expédition,

---

[1] Itinéraire de l'expédition suivi par le Sultan en 1889 de Fez à Tétouan, par le Cap. Thomas.

et par un itinéraire en grande partie nouveau, se se rendit de Fez à Tétouan en passant par les Haïaïna, les Mezziate, les Mettioua, les Setta, les Beni Zeroual, les Beni Ahmed, les Beni Mestara, les Akhmas, les Beni Hasan et par la petite ville de Chechaouen. Mais cette campagne revêtit bien plutôt la tournure d'un voyage religieux, que celle d'une entreprise guerrière, aussi le sentiment d'indépendance de toutes ces tribus ne s'en trouva-t-il dans la suite que très accru.

On peut diviser le territoire qu'elles occupent en Haous et Djebel Alem, au nord du bassin de Sébou.

1° Haous (au nord du Tétouan) (1).

D'après des informations réunies durant les dernières années, on estimerait à environ 115,000 fantassins armés de fusils en majorité à tir rapide, les forces que pourraient mettre en ligne ces populations.

Andjera	7,000	fusils.
Haous	2,000	»
Ville de Tétouan	3,500	»

2° Djebel Alem.

Beni Oued Ras	3,000	fusils.
Beni Messaouar	3,500	»
Beni Aouzmer	2,000	»
Beni Ider	2,500	»

(1) Nous ne donnerons dans ce Ier volume qu'un rapide aperçu des tribus de l'Haous, on en trouvera une étude plus complète dans le IIIe volume.

Djebel Habib	2,500 fusils.
Beni Leit	800 »
Beni Arous	4,500 »
Beni Gorfit	3,300 à 3,400 »
Beni Issef	2,500 »
Ahl Serif	4,000 à 4,200 »
Beni Hasan	5,000 »
Akhmas	10,000 »
Beni Ahmed	3,000 »
Soumata	684 »

3° Bassin du Sébou.

El Sarsar	500 fusils.
Masmouda	800 »
Er Rhouna	2,500 »
Beni Mestara	4,000 »
Beni Mesguilda	3,000 »
Fichtala	2,000 »
Setta	2,000 »
Beni Zekkat	500 »
R'zaoua	3,000 ([1]) »
Beni Zeroual	25,000 »
Oulad bou Rima / Oulad Bekkar	300 »
El Djaia	2,000 »
Beni Ouriar'al	1,000 »
Sélès	1,000 »
Sanhadja	5,000 »
Mazziate	1,500 »
Mettioua el Djebel	3,000 »
Fennassa	300 »
Beni Ouandjen	1,000 »
Oulad Bou Slama	1,000 »

[1] D'après de La Martinière ; 20 à 40,000 d'après le Cap. Thomas.

Beni Oulid............................	1,000 fusils.
Marnissa.............................	4,500 »
Haïaina...............................	20,000 fantassins.
»	2,000 cavaliers.
Tesoul................................	2,500 fusils.
Branes	5,000 »
Rr'ioua...............................	500 »

ANDJERA [1].

Territoire. — Sur la côte, entre Tanger et Ceuta, Djebala, issus des anciens R'omara. Vivent en villages peu importants : 25 à 30 maisons en général.

Tribu soumise, mais dont l'attitude est hostile au pacha de Tanger dont elle releva ; de nos jours elle dépend d'Acila. En 1884, il s'y était dessiné un mouvement en faveur du chérif d'Ouazzan, qui fut durement réprimé. Actuellement encore, beaucoup d'indigènes n'osent pas se rendre à Tanger [2] et ne quittent pas la tribu, trop nombreuse et batailleuse pour que le Makhzen s'y risque à des arrestations isolées.

Elle relevait autrefois du pacha de Tanger, Ould Abdessadok, puis a été placée sous les ordres d'un caïd indépendant, Mohammed El Kandja. Replacée sous l'autorité du pacha de Tanger, à la mort du précédent, elle est sous les ordres du pacha d'Acila ; elle a eu trois cheikh investis officiellement, mais qui

---

[1] Voir pour plus de détails le III⁰ volume.

[2] Le pacha d'Acila réside la majeure partie de l'année à Tanger.

ont été révoqués récemment, et relève aujourd'hui directement de Dris Amkichet, malgré de nombreuses protestations élevées par les indigènes lors du voyage du Sultan à Tanger. A la suite de cette mesure, les Andjera ont crevé les yeux, suivant un usage répandu chez les Djebala, à un émissaire du pacha.

La tribu a de bonnes relations avec les Européens de Tanger, mais non avec les Espagnols de Ceuta.

La légation d'Allemagne a cherché, en 1887, à s'y faire donner des concessions de terrains sur la côte [1].

Fractionnement. — Deux subdivisions administratives : Haous el R'aba, Haous el Khemis.

Principaux villages : Aïn El Hamra, Zaouïa el Bekkal El Hasan, Aïn er Remel. Influence politique prédominante du chérif d'Ouazzan.

Quelques familles influentes : Oulad ben Iamoun, Sid Adesselam el Chotti, Oulad Mohammed El Kandja (ancien caïd), Mohammed el Breil (ancien cheikh, représentant l'influence allemande et peut-être anglaise).

Influence religieuse prédominante, fort étendue chez toutes les tribus Djebala du voisinage : Derkaoua de Sidi Ahmed El Hadjiba, chef d'une branche issue de Sidi Mohammed el Harrak. La zaouïa principale, où est enterré Sidi Ahmed et où réside son fils et successeur, Sid el Hadj Abd el Kader, est à Zemmei, en bas du djebel R'ouman, près de Souk el Tnin.

[1] Le Drogman de la légation d'Allemagne M. Mansour Mélamé, y possède une propriété sur la rade de Kankoch, derrière la pointe Malabatta.

Assez nombreux Aïssaoua, avec zaouïa importante à El Hasana.

Deux fractions de Cherifs : les Oulad bel Aïach et les Oulad el Bekkal, qui ont une zaouïa assez fréquentée (zaouïa Oulad el Bekkal).

Zaouïa Sidi Ali ben Harrazou, marabout local vénéré à Aïn Hamra, chez les Hammouiin.

HAOUS.

Territoire. — Sur la côte, entre Ceuta et Tétouan, séparée des Andjera par le Djebel Dougreich et Bahar el Hadjer.

Petits villages ; la population est composée de cultivateurs.

En relations fréquentes avec les Espagnols de Ceuta.

Tribu soumise et tranquille. Elle relève du pacha de Tétouan.

Fractionnement. — Deux subdivisions territoriales : Haous el Bahar, Haous el Djebel.

Fractions :

Haous el Bahar...
- El Kebdana (du Rif).
- Oulad Zerdjoum.
- Beiin.
- Ouled Dellil.
- Serom.

Haous el Djebel...
- Seddina.
- Beni Saden.

Deux familles influentes : Oulad Djenninou à Bou Zer'lal et Ali Souissi à El Gallalin.

Influences religieuses prédominantes : Derkaoua de Sidi Ahmed ben Hadjiba avec zaouïa chez les Beni Saden. Mokaddem el Harrak qui relève de la zaouïa des Andjera.

Les indigènes du Haous el Djebel sont tous Derkaoua, hommes et femmes. L'ascendance de la famille de Sidi Ahmed el Hadjiba est absolue pour eux.

TÉTOUAN.[1]

Territoire. — Au pied du djebel Dersa, et au-dessus de l'oued bou Sféah ou oued Martil, à 6 kilomètres de la mer.

Ancienne cité, fondée peu après la conquête du Maroc par les musulmans, mais qui n'a pris son importance actuelle qu'après l'expulsion des Maures d'Espagne et des juifs du Portugal, qui forment la masse de la population. Du XIVe au XVIe siècle, Tétouan fut un centre de piraterie très important, Elle avait été prise une première fois par les Espagnols de Ceuta au XVe siècle, et son port fut détruit par Philippe V en 1564 (?). C'est par sa prise que s'est terminée la guerre contre l'Espagne en 1860. Tétouan est une des plus riches cités du Maroc. C'est là que se retirent de préférence les négociants du Maroc ou les agents du Makhzen qui renoncent aux affaires après fortune faite.

Ville paisible où l'on s'occupe peu de politique. Elle

---

[1] Voir description et monographie de Tétouan, IIIe vol.

est gouvernée par un pacha dont relèvent quatre tribus voisines : El Haous, Beni Oued Ras, Beni Aouzmer, Beni Saïd.

Tétouan est entourée d'une enceinte fortifiée et dominée par une kasba peu importante. On prête au Sultan l'intention d'y faire construire des batteries par un ingénieur allemand.

22.000 habitants.

Les principales familles sont les : Oulad El R'ezini, Oulad El Khfi, Oulad Otlob, Oulad El Badi, Oulad El Brichinn, R'arsiin, Oulad ben Oumiin, Oulad Skiridj.

Quelques familles de cherifs : Oulad Sidi Abdesselam ben Mechich, Oulad el Bekkal, Alaouiin, Bar'dadiïn (Oulad Sidi Abdel Kader el Djilani).

Zaouïa de Derkaoua (branche de Sidi Mohammed el Harrak), Zaouïa Kadria, Zaouïa d'Aïssaoua, Zaouïa de Hamadcha, Zaouïa Tidjania.

La principale influence religieuse est celle de la zaouïa de Sidi Ali ben R'esoul, des cherifs Oulad ben Mechich, qui est le patron de la ville. Cette zaouïa est très fréquentée, mais la famille du marabout est éteinte, au moins dans la lignée directe.

BENI OUED RAS.

Territoire. — A cheval sur la route de Tanger à Tétouan, entre les Beni Aouzmer, les Andjera et les Beni Messaouar ; le fondouk d'Aïn Djedida, sur la route de Tanger à Tétouan, marque l'extrémité de la tribu.

Tribu soumise, assez tranquille, relevant de Tanger. Elle ne fournit pas d'askar.

Un cheikh investi officiellement.

Quatre fractions :

Bou Mettach. — Dans la montagne (côté sud), fraction plus remuante que le reste de la tribu. En 1887, ils ont tué leur cheikh, El Baroudi.

Outaouïn. — Dans la plaine de Bou Sféah, au nord de la route de Tétouan.

Souk el Khemis. — Voisins des Andjera.

Dar el Fondouk. — Sur la route de Tétouan, autour du Fondouk construit à mi-chemin. Nombreux voleurs. La tribu se partage, comme influence politico-religieuse, entre Dar Ouazzan, qui a des azib, et le Djebel Alem. Les Bou Mettach sont exclusivement serviteurs de Bou Mechich. Chez les Outaouiin et à Souk el Khamis, majorité de Derkaoua, serviteurs de Sidi Ahmed ben Hadjiba, des Andjera.

Quelques aïssaoua.

Petite confrérie locale de El Fekki ben Thaoul.

Les Beni Oued Ras dépendent de l'amalat de Tanger.

BENI MESSAOUAR.

Territoire. — Au sud de la route de Tanger à Tétouan, dans la région voisine du Fondouk.

Territoire très montagneux.

Djebala. — Petits villages.

Tribu soumise et assez en main. Relève de Tanger.

Elle a un cheikh à taba ou cachet officiel à Dar Chaouï.
Trois fractions :

>Beni Harchem,
>El Alleg,
>Aït Sefli... { Rbâa Dar Chaoui, Rbâa d'Rouif.

Quelques familles influentes :
Cherifs Oulad Afilel, Oulad Ben Assab, Oulad el Merrouch, Oulad Cheikh Mohammed el Tobi ;

Cherifs Oulad ben R'essoul et de Dar Ouazzan.

Tous les Beni Messaouar sont serviteurs de Sidi ben Mechich.

Zaouïa de Derkaoua de Sidi Abdallah Haddou, influente dans la tribu.

La tribu dépend du Pacha de Tanger (1893).

BENI AOUZMER.

Territoire. — Sur les flancs des montagnes qui dominent Tétouan au sud et dans la vallée, entre les Beni Oued Ras au nord, les Beni Saïd à l'est, les Beni Hassen au sud, et les Messaouar à l'ouest.

Les villages sont assez resserrés et forment parfois presque des petits ksour. Les Beni Aouzmer sont spécialement adonnés à la fabrication du plâtre.

Tribu soumise. Une partie de ses impôts est remplacée par l'obligation de fournir du plâtre au Makhzen pour les constructions du gouvernement à Tétouan. Elle relève du pacha de cette ville, qui lui nomme un cheikh.

Fractions et villages :

Beni Mâden,
Beni Retel,
Ahl Lela,
Kermeks,
Mekdesem,
Derral,
Beni Kirem,
Zinets,
Amtil.

Familles influentes : Cheikh Mohammed el Guenari, Cheikh ben el Hadj.

Une famille de cherifs Drissiin, les Oulad Sidi Ahl el Rifi.

Tous les Beni Aouzmer sont serviteurs de Sidi Abdesselam et plus particulièrement de la zaouïa de Sidi Ben R'esoul de Tétouan.

Petite zaouïa de Derkaoua de Sidi Allel ben el Hadj et quelques Aïssaoua.

La famille de Ouazzan y possède une réelle influence.

Les Beni Aouzmer relèvent du Pacha de Tétouan (1893).

BENI IDER.

Territoire. — Dans la partie septentrionale du massif du djebel Alem, entre les Beni Arous au sud, le djebel Habib et les Beni Messaouar au nord, le djebel Habib et les Beni Gorfit à l'est, les Beni Hasan à l'ouest. Territoire boisé, montueux, en partie inhabité.

Djebala, vivant en villages dont quelques-uns sont importants, mais dont la plupart sont très divisés et disséminés. Tous se trouvent sur les sommets. La tribu relève du pacha de Tanger, qui nomme son cheikh. Tribu remuante, soumise nominalement.

Quatre fractions : Khemis, correspondant à quatre marchés qui représentent une subdivision territoriale ; Ez Zitouna (près du djebel Habib) ; Zaouïa el Ansar ou el Foukia, des Oulad bou Rech ; Tleta Beni Ider (près des Beni Aouzmer ;

Menkel ou Aït Selfi (du côté de Tétouan).

Les Aït Selfi sont à la dévotion d'une de leurs familles, les Oulad Charef.

Il existe des cherifs Oulad Bekkal à Djamoun.

Nombreux Aïssaoua relevant de la Zaouïa de Mezoura.

L'influence dominante est celle du djebel Alem.

Les Beni Ider relèvent du Pacha de Tanger (1893).

DJEBEL HABIB[1].

Territoire. — A l'extrémité nord-ouest du massif du Djebel Alem. La tribu tire son nom d'une haute montagne couronnée par la koubba de Sidi el Habib, et qui domine la route de Tétouan à Fez, à son débouché dans la plaine.

Les tribus voisines sont dans la plaine à l'ouest, les Bedoua, au nord les Beni Oued Ras, à l'est les Beni Messaouar et les Beni Ider, au sud les Beni Gorfit et les Beni Ider.

---

[1] Altitude 1000 mètres. El Bekri connaît cette montagne et nous apprend sa véritable appellation (**El Bekri**, p. 245), Djebel Habib ben Ioussef el Fihri.

Villages peu importants sur les points élevés.

Le district du djebel Habib relève de Tanger[1] et possède un cheikh. Tribu de tholba paisible, mais subissant peu l'action du makhzen dans les affaires intérieures.

Cinq fractions :

> Dchar Ahrigh,
> Merdj Akmar,
> El Kharroub,
> Habata,
> Dar el Fellak.

Quelques familles de cherifs : Oulad el Bekkal et Beni Arous.

Nombreux marabouts locaux : Sid el Habib, Sid el Fadil.

Grande zaouïa de Derkaoua, près du débouché de la route de Tétouan : mokaddem Sid el Hadj Foddal.

Quelques serviteurs de Dar Ouazzan, à Dar el Fellak un mokaddem des cherifs de Ouazzan. Mais les membres de la tribu sont surtout serviteurs de Sidi Abdesselam ben Mechich.

BENI LEIT.

Territoire. — Dans le massif du djebel Alem, entre les Beni Hasan, les Akhmas et les Beni Arous.

Les Beni Leit constituent une fraction des Beni Aouzmer, séparée d'eux comme territoire et inféodée

[1] 1893.

aux Beni Arous, dont ils ont beaucoup d'azib, ou propriétés ou serviteurs.

Tribu paisible, meharrin comme r'edem des cherifs Beni Arous. Ne paient pas d'impôts.

Relèvent exclusivement des Beni Arous.

BENI GORFIT.

Territoire. — Sur la bordure occidentale du Djebel el Alem, à la limite de la plaine du R'arb où ils débordent.

Population Djebala où l'élément arabe paraît cependant prédominant comme origine. Les Beni Gorfit ont quelques grands villages, ou pour parler avec plus de précision des groupes de petits hameaux presque contigus. Leur territoire n'a pas ainsi une étendue proportionnée à leur importance numérique. On rencontre quelques tentes dans la plaine.

Tribu soumise mais remuante, principalement les Beni Gorfit de la montagne, chez lesquels l'action du caïd est nulle dans les affaires intérieures, ils sont souvent en lutte avec leurs voisins de la montagne, et en meilleurs termes avec ceux de la plaine, les Khlout, auxquels ils se mélangent. Ils sont divisés en deux tribus qui relèvent, l'une d'El Araïch (Beni Gorfit el Djebel) ou de la montagne, l'autre du R'arb, commandement d'El Abassi (Beni Gorfit el Outa) ou de la plaine.

Deux divisions administratives :

Ahl el Djebel, Ahl el Outa.

Principaux villages :

Aouarmouts	300	fusils environ.
El Haoutsa	300	» »
Ser'ra	320	» »
Lahra	400	» »
Zoua	200	» »
Bouhani	200	» »
El Kifan	150	» »
El R'tot	130	» »
Sef flalda	140	» »
Chnaïla	70	» »
Dar el Karmoud	200	» »
Zerrakin	200	» »
(Zaouïa de Sidi Amar R'aïlan)		
Erremela	150	» »
Chfraouche	150	» »
El Aïoun	100	» »
Sef R'emsinc	40	» »

Population totale armée d'environ 3,300 à 3,400 fantassins.

Zaouïa de Derkaoua assez réputée à El Ahra.

Marabout local avec zaouïa El Ouerd.

Quelques Aïssaoua.

Assez nombreux serviteurs de Dar Ouazzan. Mais les Beni Gorfit sont principalement serviteurs de Sidi Abdesselam ben Mechich.

BENI ISSEF ou BENI IOUSSEF.

Territoire. — Dans la vallée de l'oued El Roûts, entre les territoires des Ahl Serif, des Beni Arous, des Er Rhouna et des Beni Zekkat.

Djebala habitant en villages assez resserrés.

Les Beni Issef dépendent d'El Araïch, mais ils sont presque indépendants, au moins quant aux affaires intérieures.

En 1889, leur arriéré d'impôts était de sept années. Principaux villages :

Emsila,
Gla el Haram,
Beni Sliman,
Feddan Djebel,
Sfifa,
Tsaria,
El R'arba,
Bouda,
El R'nadak,
El Ouadeïne,
Beni Iahia,
El Ousar ben Abdallah,
Kendammass,
Bouberkak,
Aïn Kelba,
Amgadé,
Aïn Chak,
Ousar el Hadj,
Chebika dib,
El Hamma,
Amartchak,
Feddan Dra,
Gla Ezlaouïn,
Aour'razen,
Tsimezlan,
El Guezisa,
Adr'ous,
Dar Outa,
Edjebila.

Les Beni Issef sont exclusivement serviteurs de Sidi Abdesselam ben Mechich et inféodés au groupe du djebel Alem.

Quelques familles de cherifs : Oulad Sidi Moussa ben Mechich et Oulad Sidi bou Thami, dans les tribus.

Ils réuniraient 2,500 fantassins environ.

AHL SERIF.

Territoire. — Du versant occidental du Djebel Moulai Abdesselam ou Djebel Alem jusque et y compris le territoire des Beni Arous à l'ouest, et des Beni Gorfit au nord jusqu'à la vallée du haut Loukkos, tel est le territoire montagneux désigné sous le nom de Sérif et qui échappe de fait presque complètement à l'autorité du Sultan.

Semi-djebala, semi-arabe. Villages dans la montagne. Dans la plaine, tentes sédentaires, c'est-à-dire avec enceinte d'épines, haies de figuiers de Barbarie et huttes.

Les Ahl Serif dépendent nominalement d'El Araïch. Ceux de la montagne sont indépendants. Ceux de la plaine, au contraire, sont tranquilles et en main.

Deux divisions administratives :

    Ahl Serif el Djebel,
    Ahl Serif el Outa.

Principaux villages :

El Guissa........ 40 fusils environ	Aïn Hajel........ 60 fusils environ
Beni R'alead..... 30 » »	Dar Maïza........ 30 » »
Ketsama.........160 » »	El Maudjera..... 30 » »
Mimouna......... 25 » »	Ezaazaa.......... 60 » »
R'andak el Hamra 50 » »	Beni Saïn........150 » »
Beni Maafa....... 50 » »	El Biar........... 80 » »
Dchar el Arab ... 20 » »	El Kous.......... 60 » »
Sebbab......... 120 » »	Bakkara......... 12 » »
Mektir............ 60 » »	El Gara.......... 50 » »
El Euche........100 » »	Megadi...........130 » »
Dar Ouzari....... 60 » »	Aïn Dib.......... 12 » »
Outtah .... 30 » »	Djahjouka ....100 » »
Miliana...........130 » »	La population de ce dernier village fournit les clarinettes pour la musique du Sultan. (H. M.)
El Gaïza.......... 20 » »	
Beni Gueddour ..150 » »	

Demna	40 fusils environ	Dar el oued	160 fusils environ	
Ser'erets el Kat..	20 » »	Bir douar	60 » »	
Sef tsraoula	25 » »	Aïn bou ameur	120 » »	
Dar el Attar	20 » »	Ani Smeu	70 » »	
Ce village appartient aux cheurfa Oulad Bekkal.		Boujedian	100 » »	
		Aïn Ksab	12 » »	
Dlem el R'emik..	30 » »	El R'orraf	80 » »	
Beni Sfar	30 » »	Sef el R'ellaf	50 » »	
Aouadja	30 » »	Aïn bou Kerchoun	30 » »	
Tseffer	30 » »	El Klia	30 » »	
El Azib	130 » »	Tsissimulal	12 » »	
Keskaz	20 » »	Aïn Mamoun	80 » »	
Hameïmoun	200 » »	Aïn Mansour	80 » »	
Feddan Kebir	40 » »	Beni Merki	130 » »	
Bonadran	60 » »	Aïn Mir	50 » »	
Si bou Sefra	20 » »	Sefsaf	200 » »	
R'emareuche	20 » »	Lahnia	12 » »	
El Ousar	150 » »	Sour'emari	40 » »	
Alma	50 » »	El Bestioun	60 » »	
Tsar'arrabouts	12 » »	Ces deux derniers villages sont mélangés de populations appartenant au Djebel Sarsar. (H. M.)		
Echaara	25 » »			
Dar S'af	100 » »			

On peut estimer à environ 4,000 à 4,200 fantassins armés le nombre de fusils de la région du Sérif.

Les Ahl Serif el Djebel sont serviteurs du Djebel Alem et les Ahl Serif el Outa, serviteurs de Dar Ouazzan en majorité.

Quelques Aïssaoua.

Zaouïa Derkaoua de la branche de Sidi Mohammed el Harrak à Aïn Mansour.

Zaouïa Hamadcha à Sidi Ali bou Soufa; la secte des fidèles de Sidi Ali ben Hamdouch compte de très nombreux fidèles dans toute la région, les renseignements précédents ont été recueillis près d'un moggadem de l'ordre.

BENI HASAN.

Dans le massif montagneux dit Djebel Beni Hasan, qui s'étend de Chechaouen à Tétouan, et la vallée de l'oued Chechaouen, entre les R'omara, les Akhmas au sud, les Beni Saïd à l'est, dont ils sont séparés par l'oued Si Fellaou, les Beni Aouzmer au nord, les Beni Ider à l'ouest. C'est non loin du confluent de l'oued Arezaz, avec l'oued Isoumaten et au sud, que commence le territoire des Akhmas et le Blad es Siba.

Djebala du sof des R'omara.

Ils habitent en petits villages disséminés au pied des hauteurs, avec quelques groupes dans la montagne, sur des points escarpés.

Les Beni Hasan dépendent de Tétouan et ont deux cheikh : un pour les Sefeliin, gens de la plaine, un pour les Foukaniin, gens de la montagne. Ils sont batailleurs, fréquemment en lutte avec leurs voisins, les Akhmas, et peu en main.

Quatre fractions, khemis, correspondant à quatre marchés et à une subdivision territoriale par marché :

   El Khoums,
   Chérouta, dans la montagne à l'est,
   Beni Ilits, au sud-ouest,
   Beni Moussa.

Les Beni Hasan sont fort dévots et surtout serviteurs

de Sidi Abdesselam ben Mechich et de Sidi Mohammed ben el Hadj, un de ses descendants, dont la zaouïa est chez eux.

Quelques serviteurs de Dar Ouazzan.

Aïssaoua en petit nombre.

Zaouïa Sid el R'azi (R'aziin du Tafilelt) et Zaouïa Sidi Ioussef el Miliani (Ioussefiin de la région de Taza), toutes deux assez importantes.

Les Beni Hasan sont de race et de langue berbère; ils sont très fanatiques.

Tout le massif montagneux auquel ils ont donné leur nom, leur appartient. Cette tribu est riche et nombreuse; son territoire, ses cultures sont des plus prospères.

On peut compter, chez eux, environ 5,000 hommes armés la plupart de fusils modernes à tir rapide.

AKHMAS ou KHAMÈS.

Territoire. — Partie sud-est du massif du Djebel Alem. Ils touchent aux R'omara du Rif et aux Beni Hasan vers l'est, aux Beni Ahmed et R'omara au sud; aux Beni Arous et Beni Leit à l'ouest; aux Beni Ider et Beni Hasan au nord.

Djebala, parmi lesquels, malgré une instruction arabe prononcée, l'élément berbère domine et a gardé une partie de ses caractères propres.

On trouve encore chez les Akhmas des traces et le souvenir fort récent de l'ancienne organisation berbère:

la djemâa des Aït Arbeïn, le cheikh El Rbeia, l'izref, droit pénal berbère, n'ont disparu que depuis peu. Le régime des clans, des mezrag, est encore en vigueur, et les pénalités appliquées par les djemâa sont celles de l'izref.

Ils ont actuellement deux caïds, mais dont le rôle n'est que nominal. En fait, les Akhmas sont complètement indépendants et d'ailleurs traditionnellement dégagés d'impôts comme tholba de Sidi Abdesselam ben Mechich.

Ce titre de tholba, justifié par une instruction répandue, un grand nombre de marabouts locaux, d'uléma célèbres aux anciens temps, n'empêche pas les Akhmas d'être une des tribus les plus remuantes et batailleuses de la région. Ils sont en hostilité avec tous leurs voisins, notamment les R'omara et les Beni Ahmed.

Ils étaient, en 1891, en lutte avec les R'zaoua et les Beni Issef, à la suite d'un différend où les premiers ont pris parti pour ceux-ci. C'est en même temps une tribu djebala où l'usage du vin frais est le plus répandu.

En 1889, les Akhmas ont refusé de laisser traverser leur territoire par l'Ambassadeur d'Italie qui avait demandé à aller porter ses lettres de créance au Sultan pendant l'expédition de ce dernier.

Deux fractions administratives :

Akhmas Foukaniin,
Akhmas Sefeliin.

Cinq fractions constitutives — Akhmas — connues sous le nom de leur alem ou drapeau de guerre :

> Sid el Hadj Akhitran,
> Sidi Ioussef Tlidi,
> Beni Djebora,
> Alem Sebaa Kebail,
> Sid Ahmed el Alem.

Principaux villages :

> Tisoufa, long de plusieurs kilomètres,
> Amoukhen, célèbre par sa mosquée,
> Beni Derkoul, en montagne,
> Sidi Ioussef Tlidi, en plaine, près des R'omara.

Les Akhmas sont exclusivement serviteurs de Sidi Abdesselam ben Mechich, mais indépendants du groupe du djebel Alem (Voir Beni Arous).

Ils constituent une des plus nombreuses tribus du nord du Maroc; ne comptant point de cavaliers, ils ont, par contre, de redoutables fantassins; comme tous les Djebala, et d'après les informations les plus sûres, puisées aux sources les plus dignes de foi, ils pourraient armer 10.000 hommes. Les fusils modernes y commencent à se répandre; on en comptait déjà beaucoup en 1891. En 1889, lors de la colonne du Sultan, ils ont refusé à l'armée, forte de 10.000 hommes, le droit de prendre de la paille, ce qui témoigne de leur esprit d'indépendance [1].

[1] Cap. Thomas. Itinéraire de l'expédition du Sultan en 1889.

BENI AROUS, et SOUMATA.

Le territoire des Beni Arous, très montagneux, est borné au nord par la petite vallée de l'oued El Kharoub; il se prolonge dans l'est jusqu'aux Akhmas, englobant tout le massif du Djebel Moulai Abdesselam ou Djebel Alem; au sud, il s'arrête aux Soumata et Beni Gorfit, tandis que dans l'ouest il domine la plaine ondulée qui s'étend jusqu'aux rives de l'Océan.

Les Beni Arous ont un grand nombre de villages fort importants; leur territoire est renommé pour ses vignes.

La tribu comprend trois éléments :

1° Les cherifs Beni Arous, ou El Aroussiïn, qui représentent plus ou moins directement la descendance de Sidi Abdesselam ben Mechich dont le tombeau est au Djebel Alem, sur leur territoire, et sert de lieu de pèlerinage vénéré dans toute la région des Djebala et dans une grande partie du Rif;

2° Les Soumata, sorte de clients religieux et politiques, des Beni Arous ;

3° Les Ommiïn, qui sont aussi des clients, mais plus exactement des serfs ou cultivateurs attachés à la glèbe, en cultivant les terres des cherifs El Aroussiïn.

Les Beni Arous sont exempts d'impôts, de redevance et de toute prestation en qualité de cherifs. Les Ommiin jouissent des mêmes privilèges comme serviteurs des Beni Arous. Quant aux Soumata, ils forment, depuis l'expédition du Sultan en 1889, une tribu indépendante de ces castes religieuses, et soumise, au mois pour la forme, à l'impôt.

Les Beni Arous nomment dans leur tribu, pour le règlement des affaires intérieures, un cheikh suivant la mode berbère; mais le titulaire n'a aucune influence; en réalité, chacun agit à sa guise. Quant au caïd de parade que le Sultan y a nommé durant son expédition de 1889, il a une autorité encore plus précaire.

Les Soumata, dont la réputation de courage est établie dans tout le nord du Maroc, peuvent réunir environ 700 fantassins.

Principaux villages :

Arregen.		Bou Homsi......	50 fusils environ
El R'riba.......	140 fusils environ	A Kersanel foki	50 » »
Tsafrants.......	30 » »	» Habti	50 » »
Dar Errâti.....	30 » »	Tsaberdouts.....	3 » »
El Adjas	30 » »	Dar Mekkach...	8 » »
Aïn el Beïda.....	60 » »	Altaïn...........	15 » »
Satel Haman....		R'enimen.......	8 » »
El Melaâb.......	10 » »	Afra.............	12 » »
R'riba Chnadja..	40 » »	Zeïtsouna	50 » »
Tsaoula	50 » »	El Horcha......	8 » »
Rokbat Errous..	10 » »	Beni Adour.....	40 » »

A Dar Errati se trouve la zaouïa de Sidi Mezzouas. Le village de Arreguen ne se compose que des propriétés du Cadi et de son frère.

Les Soumata comprennent, outre une fraction de ce nom, les Ahl el Djir.

Les Beni Arous comprennent trois fractions :

> El Khekharza, la plus influente,
> Oulad Abdelouahab,
> Teidiin.

Les Cherifs et les Ommiin sont également répartis dans ces trois fractions. Les derniers moins nombreux que les premiers.

Principaux villages :

> El Harcha (Soumata, Marchammed),
> Bou Amsid,   Aïne el Hadid,
> Ou Altaid,   Boudjaria,
> Ou Akersou,   Tardan[1].

BENI AHMED.

Territoire. — Au sud du massif du Djebel Alem, dans les bassins de l'oued Oulai et de l'oued Maoudour, affluents de droite de l'oued Ouar'ra. Territoire peu accidenté, tout en cultures et jardins. Tribus voisines : Beni Mestara et R'zaoua à l'ouest, Beni Zeroual au sud, R'omara et Akhmas au nord et à l'est.

Tribu de djebala, mais où prédomine l'élément arabe. La population de plusieurs villages est issue d'Abid Bokhari[2].

Villages en général étendus.

Tribu très belliqueuse et pillarde.

Les Beni Ahmed coupent souvent les chemins qui

---

[1] Pour la situation politique et religieuse des Soumata et des Beni Arous, voir le chapitre « Influences religieuses ».

[2] Voir volumes III et IV.

traversent leur territoire et font de très fréquentes incursions chez leurs voisins. Ils sont en hostilité avec presque tous, et les luttes de village existent également. Ils relèvent du R'arb, commandement d'Ould el Abassi ; ils ont deux cheikh nommés par lui, mais ils sont très indépendants. La seule autorité qu'ils reconnaissent un peu est celle des chefs des Djemaa des villages. Ils pourraient mettre en ligne 3000 fantassins.

Deux divisions administratives :

> Beni Ahmed el Foukani,
> Beni Ahmed el Selfi.

On y ajoute une sous-fraction, les Chellal [1].

Les Beni Ahmed sont pour la plupart serviteurs de Sidi Abdesselam ben Mechich, mais sans être du groupe politique du Djebel Alem. Beaucoup aussi sont serviteurs religieux de la maison de Ouazzan.

Assez grand nombre de Derkaoua relevant de la zaouïa de Bou Berih des Beni Zeroual.

POPULATIONS DU DJEBEL SARSAR.

Territoire. — Tout le massif du djebel Sarsar [2], surtout sur le versant nord.

Les Ahl Sarsar sont djebala et habitent des villages.

---

[1] Capitaine Thomas. Itinéraire de l'expédition du Sultan en 1889.

[2] Le Sarsar, montagne située au sud du ksar Denhadja, château où étaient établis les rois du Maghreb aux temps antiques, était occupé à l'époque d'El Bekri par des peuplades appartenant aux tribus de Ketama d'Assada.

Ils descendent d'une fraction de berbères, serviteurs religieux de Moulai Abdallah Chérif, ancêtre des cherifs d'Ouazzan. Ce sont eux qui l'ont amené à Ouazzan, et l'ont aidé à s'y établir.

La tribu fournit des contingents irréguliers au Sultan et paie l'impôt. Elle est relativement peu pressurée en raison de son origine, et relève soit d'El Araïch, soit du caïd Ben Aouda, d'après les modifications de l'administration du gouvernement marocain.

Les Ahl Sarsar, sans être précisément serviteurs des cherifs actuels d'Ouazzan, en raison de leur origine, n'en appartiennent pas moins aux groupes religieux et politiques que dirige la famille Ouazzan.

Principaux villages :

Demna	60 fusils environ	
El Berrakni	80	»
Zaouïa	100	»
Zaouïa de Sidi Ali ben Ahmed.		
Nehal	100	»
Hjaoudj	60	»
Ras el Mekil	80	»

On peut estimer de 480 à 500 le nombre de fantassins armés.

MASMOUDA.

Territoire. — Au sud-est du djebel Sarsar, dans les hauteurs qui forment, aux abords de ce massif, la plaine sud de la vallée de l'oued el R'oùts. Tribus voisines : Sarsar, R'arb, Er Rhama, Beni Mestara.

Djebala vivant en villages. Ils descendent de l'ancienne tribu berbère [1] de ce nom.

Tribu tour à tour tranquille et révoltée. Par moment fournissant des contingents au Sultan. Dépendant du R'arb, caïdat de Er Remouch ben Aouda des Oulad Sefian en 1890 et du pacha de Tanger en 1892.

Principaux villages : [2]

Fersiou	200 fusils.	Er Ramel	100 fusils.
Dchar Lemnazel	25 »	Mazraf	100 »
El Khansousi	25 »	El Hammarit	100 »
Dchar Agallel	100 »	Ez-Zaouïa Dabour	
Khandaq El Bir	150 »	Hessina	60 »
Tislâou	150 »	Bou Ziouï	100 »
Ed Daher et Beïnout	100 »	Ledjelaoulaoua	30 »
Gouna	80 »	Beni Aham	100 »
Djebel Laherech	80 »	Dchar Alïa	100 »
Sgara	100 »	Touïzta	60 »
Erkouna Et Thatia	100 »	Et Taouret	100 »
Erkouna Et Fouguia	100 »	Oulad Bou Anone	30 »
Oulad Si ali ben Azuz	30 »	Lahouitet	40 »
Bou Hammou	150 »	Beni Jammen	40 »
El Haït	100 »	Azrazer	40 »
Er Bouïïn	100 »	Dar Ed Deba	60 »
El Harts	150 »	Djebel Serserkla	1200(?) »
Bou Hessin	100 »		

La tribu entière des Masmouda pourrait donc réunir un total de 4090 fusils environ.

[1] La plus grande partie des habitants du Maghreb El Aksa appartient à la tribu des Masmouda. (Ibn Khaldoun, I, 194).

Les Masmouda, à peu d'exceptions près, composent les habitants de la partie montagneuse du Maghreb El Aksa. (Ibn Khaldoun, II, p. 135).

[2] Renseignements statistiques. — H. de La Martinière.

Quelques Aïssaoua.

Influence dominante de Dar Ouazzan.

Au djebel Sedjen, se voit un tombeau juif où les israélites du Maroc se rendent en pèlerinage, ils y entretiennent une garde de Masmouda.

ER REHOUNA.

Territoire. — Entre l'oued R'oûts et l'oued Ouar'ra, au sud des Ahl Serif.

Djebala vivant en villages.

Petite tribu très belliqueuse et de bravoure réputée.

Peu soumise, elle relève du commandement de Fez, mais, sauf lors du passage des colonnes, comme en 1889, elle est à peu près indépendante.

Trois fractions :

> Beni Sedjel,
> Beni Smeah,
> Beni Grir.

Principaux villages : [1]

Aïn Michallou	100 fusils.	Batnou	50 fusils.
Ellous	100 »	El Bâadjine	80 »
Amzou	60 »	El Kalâa	60 »
Bou Nidar	50 »	El Anser	40 »
Dar el R'ebbas	50 »	Adchiïr	30 »
Ez-Zitouna	100 »	El Achchen	200 »
Essaf	120 »	Edouahir	100 »
Azâanâan	150 »	Farcha	100 »
Zidour	150 »	Akda	100 »
En Nacharine	100 »	El Ballount	150 »

[1] Renseignements statistiques. — H. de la Martinière.

Brikecha............	100 fusils.	Guetina.............	50 fusils.
El R'ar.............	50 »	Beni M'hammed....	100 »
Tala................	100 »	Lemsabcha.........	150 »
Niten...............	50 »	Zarradou...........	150 »
Akanetour..........	50 »	Dchar Zaktaoua....	50 »
Sguifa	50 »	Mazzou el Fouqui..	50 »
Harsal	50 »	Khandaq Ezziara...	10 »

La tribu pourrait donc réunir un total d'environ 2400 fusils.

Grande zaouïa de Sidi Aïssa Ould Sidi Sellam, des Cherifs Oulad Sidi ben Mechich, patron de la tribu et dont l'alem ou drapeau sort le premier en cas de guerre. Zaouïa de Sidi Ahmed Mousebaa.

Grande zaouïa d'Aïssaoua, dont le mokaddem actuel, Sidi Thami, paraît assez influent. Zaouïa de Hamadcha à Boumidar.

BENI MESTA'RA [1].

Territoire. — Dans le bassin de l'oued Ouar'ra, entre les Beni Mesguilda, les Beni Zeroual, les Er Rehouna, les Masmouda, les Aouf et les R'zaoua.

Djebala vivant en villages.

Les Beni Mestara sont la tribu la plus pillarde et la plus remuante de tous les Djebala. Les routes de leur territoire sont constamment coupées. Ils volent sans cesse leurs voisins et viennent par moment même piller

---

[1] Beni Messara suivant El Bekri qui les rangeait à son époque dans la tribu des Homeïd, par conséquent alliés aux R'omara (El Bekri, p. 246).

les maisons, enlever des jeunes garçons et des filles dans l'intérieur même d'Ouazzan.

En 1882, ils ont presque assiégé la ville, arrêtant tous les voyageurs entre la ville et Kucheriin [1] ou sur la route de Fez. Grands buveurs de vin et très adonnés pour leur propre compte aux danses des deux sexes ; ils vendent aussi de côté et d'autre les enfants qu'ils volent.

Complètement indépendants, ils n'ont pu être maîtrisés en 1882-83, qu'après l'envoi de deux petites colonnes dont la première avait été battue.

En 1889, le Sultan leur a donné un caïd de chez eux, avec le concours duquel une partie des brigands attitrés de la tribu ont pu être arrêtés. Deux mois après, le frère du caïd a été tué dans une émeute, et il a fallu envoyer de nouvelles troupes pour rétablir l'ordre.

Deux divisions administratives : [2]

Outaouiin .... { Djahra (voisins de Ouazzan).
               { Beni Mestara Oulad el Outa.

Djebala ...... { Beni R'iiz.
               { Oulad ben Talba ou ben Tala.

La tribu des Beni Mestara comprend sept fractions locales ; ce sont avec leurs principaux villages : [3]

---

[1] Kucheriin, faubourg occidental de Ouazzan.
[2] Cap. Thomas. *l. c.*
[3] Renseignements statistiques. — H. de La Martinière.

DJEBALA.

1ʳᵉ fraction : Bou Garra, 805 fusils environ.

Villages :

Beni Koulch........	50 fusils.	Rachgach..........	40 fusils.
Si El Hadj El Abbès.	25 »	Bou Garra.........	70 »
Tinzah	30 »	Kachkach	20 »
Oulad Ben Dahla...	50 »	Manaah............	20 ?
Amadhas	30 »	Oued El Fahs......	20 »
Kef el R'oul........	30 »	Ez-Zaouïa	100 »
Daher Mengach....	25 »	Achehiba..........	40 »
Galâat Edjala......	40 »	Ar'il	50 »
Atsoul	15 »	Tifit...............	20 »
El Halhal..........	30 »	El Habbadjine.....	80 »
El Oued Es Saïr...	30 »		

2ᵉ fraction : Beni Guis, 700 fusils environ.

Villages :

Afsa................	100 fusils.	Aïn Agtar..........	150 fusils.
Ler'acheda	200 »	El Behira..........	150 »
Bab Diouar........	100 »		

3ᵉ fraction : Beni Iammal, 750 fusils environ.

Villages :

Laoua..............	50 fusils.	Tichakrane	40 fusils.
Laouhaheda	30 »	El Herraguine......	100 »
Ech-Châaline......	80 »	Agrine	70 »
Ouled Ben Tammou	50 »	Ed Daher..........	70 »
El Galâa...........	80 »	R'elila	80 »
Anafezi	100 »		

4ᵉ fraction : El Hadjera, 440 fusils environ.

Villages :

El Hadjera.........	30 fusils.	Edjeraoua.........	30 fusils.
Khalda.............	100 »	Saggni	40 »
Oulad El Hadj.....	70 »	Aïn El Djaïa.......	40 »
En-Nadamine	50 »	Agrar.............	50 »
Erhouniach........	30 »		

5ᵉ fraction : Beni Raous, 520 fusils environ.

Villages :

Lahsakra	70 fusils.	Lâazaïbia	60 fusils.
El Gueliâa	60 »	El Haddada	50 »
Er-Remela	60 »	Lahouaoura	40 »
Lamonalda	60 »	Er-Riasine	30 »
Chadîan	30 »	Zouma	60 »

6ᵉ fraction : Metiïoua, 970 fusils environ.

Villages :

El Harrag	60 fusils.	Azrouf	40 fusils.
El Hourach	70 »	Adouïkar Dazit	40 »
Beni Amran	50 »	El Khis	60 »
Es Sabanine	50 »	Oulad ben Dalha (ce nom est aussi porté par un des villages de la fraction Bougarra).	50 »
Ouled ben Radouane	70 »		
El Hamria	60 »		
Oulad ben Achebika	70 »	Asfal	50 »
El Melh	40 »	Aïn Yammal	50 »
Ler'ouina	80 »	Sidi Abdelkader	50 »
Tir'nif	40 »	Ouled ben Atrabeg	50 »

7ᵉ fraction : Beni Koulla, 1520 fusils environ.

Villages :

Bou Serour	60 fusils.	El Gaddarine	100 fusils.
Lemnaser	50 »	Es Sand	40 »
Er-Ramel	50 »	Ouled ben Hannou	30 »
Dehahena	40 »	Aïn Bouzid	40 »
Asakkar	40 »	Maouna	40 »
Aïn El Oullig	40 »	Ez-Zaouaguine	250 »
Zerga	30 »	El Guitoun	100 »
Fendag El Djirane	40 »	Legzira	40 »
Azamourine	100 »	Lakherachech	40 »
Adacherine	50 »	El Kharfane	50 »
Sidi Qassem	40 »	Oulad Yagoub	60 »
Aziatine	30 »	Lâanaser	100 »
Tagachchert	60 »		

On peut compter dans toute la tribu des Beni Mestara, 5700 fusils environ.

Les Beni Mestara sont, au point de vue religieux, serviteurs de la famille de Ouazzan, mais ils sont politiquement très hostiles à la branche aînée, c'est-à-dire aux fils d'El Hadj Abdesselam. Ils avaient voulu empêcher Moulai Abdallah Chérif de s'établir à Ouazzan et depuis, tout en allant en ziara à son tombeau, ils volent à l'occasion jusqu'aux draperies de son cercueil. D'autre part, dans leurs incursions à main armée, ils ne ménagent pas plus les filles des chérifs que les autres. Les Beni Mestara sèment la terreur dans toute la région avoisinante de leur territoire et pourtant, d'après les renseignements précités, ils seraient relativement peu nombreux. En 1889, l'armée du Sultan dut séjourner du 2 au 24 août, au camp de Mazir'art pour en imposer aux tribus des Beni Mestara et des Beni Ahmed, afin de les décider à payer un long arriéré d'impôts, encore ne s'y exécutèrent-elles qu'après de longs marchandages et après avoir épuisé avec le Sultan lui-même, tous les moyens dilatoires [1].

BENI MESGUILDA [2].

Territoire. — Sur l'oued Aoudour, affluent de l'Ouar'ra, entre les Beni Mestara, les Setta, les Cheraga, les Fichtala et les Beni Zeroual.

[1] Cap. Thomas, *l. c.*

[2] L'itinéraire d'Antonin nous a transmis le nom d'une station.

Djebala vivant en villages. Les Beni Mesguilda sont en général tholba, presque tous savent écrire. Mais ils n'en sont pas moins fort adonnés au « *samt* », pillards, coupeurs de routes, en lutte avec tous leurs voisins.

Tribu peu en main, presque complètement indépendante. Elle dépend nominalement du R'arb commandement Ould el Abbassi, mais a eu à payer, lors du passage de la colonne en 1889, sept années d'arriéré d'impôts.

Trois fractions :

>Dar el Oued,
>Omana,
>El Argoub.

Principaux villages : [1]

Bab Djebel Zerka,	El Argoub,
Koudiia,	Oumana,
Beni Rbeia,	Oulad Abdallah,
Sidi Allal el Zerari,	Sidi Zitoun,
Moulai bou Cheta ez Zrira,	Djemaa el Oued.
(Moulai bou Cheta bou R'obréin),	

Pas d'influence extérieure, en raison du grand nombre de tholba dans la tribu.

Nombreux marabouts locaux.

ou ville romaine de Gilda ou Guilda, située dans les mêmes parages que ceux habités par la tribu des Mesguilda ; il est facile de retrouver dans ce composé berbère, le nom de la station antique précédé du mot libyen « *Mes* » qui a la même signification que le mot arabe « *Beni* ».

[1] Renseignements statistiques. — H. de La Martinière.

FICHTALA.

Territoire. — Bassin de l'Ouar'ra, autour du Djebel Moulai bou Cheta et du djebel de Sidi Mergo, entre les Beni Mesguilda, Beni Ouriar'al bou Cheraga et Oulad Aïssa.

Tribu renfermant en majorité des éléments arabes [1], mais djebala de mœurs, et d'habitat [2].

Tribu dépendant du commandement de Fez (Ould Bà Mohammed)[3], soumise et assez bien en main.

Quelques serviteurs de Dar Ouazzan, mais l'ensemble de la tribu reconnaît surtout pour patron Moulai bou Cheta.

SETTA.

Territoire. — Bassin de l'oued Ouar'ra, entre les Oulad Aïssa, El R'arb, les Cheraga, les Beni Mesguilda, les Beni Mestara et Aouf.

Djebala très arabisés, vivant en villages.

Les Setta dépendent du R'arb, commandement d'El Abbassi. Ils sont assez tranquilles et en main.

---

[1] Les Fichtala étaient déjà arabisants à l'époque où écrivait Ibn Khaldoun ; l'auteur de l'histoire des Berbères leur assigne comme territoire, toute la partie de l'Atlas au Rif qu'ils partageaient avec les Beni Ouriar'al et les R'omara.

[2] Les Fichtala (Ibn Khaldoun) étaient déjà cités par l'auteur de l'histoire des Berbères, tome II, p. 123, avec les Mesguilda et les Beni Ouriar'al comme habitant les territoires du Ouar'ra.

[3] 1893.

Villages :

Medjenoula,	Dar Hadden,
Kherb en Naïn,	Aïn el Oued,
El Khazzen,	Aïn el Raha,
Maalil,	Dchar Sidi Mimoun.

Les Setta sont serviteurs de Dar Ouazzan, pour la plupart, et Derkaoua.

BENI ZEKKAT.

Petite tribu de Djebala située entre les Er Rehouna, Beni Issef, les Akhmas et les Rzaoua, dont ils dépendaient primitivement. Les Beni Zekkat sont seïbin comme ces derniers, quoique relevant du R'arb, commandement des Oulad Sefian [1].

Ils sont surtout serviteurs de Sidi Allal ben el Hadj, des cherifs Oulad el Bekkal, et aussi de Sidi Abdesselam ben Mechich.

R'ZAOUA.

Territoire. — Dans le bassin de l'Ouer'ra, entre les Beni Mestara, les Er Rehouna, les Beni Zekkat, les Beni Ahmed et les Akhmas.

Tribu djebala vivant en villages, où les tholba sont fort nombreux. Les R'zaoua dépendent du R'arb, commandement des Oulad Sefian. Mais ils sont assez indépendants, peu en main. Jusqu'en 1889, ils se contentaient, comme achour, d'envoyer 14 bœufs à la

---

[1] Er Remouche en 1893.

koubba du djebel Alem et ne payaient rien au Makhzen. Moulai el Hassan a réussi à leur faire donner une partie de leurs impôts arriérés. Ils sont actuellement en hostilité avec les Akhmas, à cause des Beni Issef, dont ils ont embrassé le parti.

Il existe une fraction isolée formant une tribu à part : les El Harraïk, dans le djebel de ce nom qui se continue chez les Akhmas, sous celui de djebel Haoulen.

Principales fractions et villages des R'zaoua [1].

1re fraction : Beni Medracen.

Villages :

Taria	100 fusils.	Ed-Dardar	50 fusils.
Beni Sedjel	200 »	El Khallafine	20 »
Doukkala	150 »	Et-Tasudiin	60 »
Ez-Zoureg	80 »	El Guedmiin	20 »
R'ilmen	80 »	Mada	20 »
Beni Barou ou Baroua	100 »	El Oust	40 »
		En-Nadjarine	50 »
Beni Iazeren	150 »	Tiliouan	50 »
Iamakout	70 »	Amtal	100 »
Ar'eram	80 »	Ech-Charatine	50 »
Ouchach	60 »	El Guitoum	30 »
El Bellouta	50 »	Er'cladem	40 »
El Ahraïg	150 »	Beni Anâïem. El Kalâa	150 »
Fifi	200 »		
Es-Salb	60 »		

On peut évaluer la force des Beni Medracen à environ 2260 fusils.

[1] Renseignements statistiques. — H. de La Martinière.

2ᵉ fraction : Beni Far'eloum.

Villages :

Et-Touzaïen	40 fusils.	Bou Er-Raf	40 fusils
Lâazaïeb	40 »	Beni Ebrih	30 »
Amergou	20 »	Eshana	40 »
Lechiakh	50 »	Lemsag	50 »
Dar Khoukh	50 »	El Barriet	40 »
Beni Mâaouia	50 »	Oum Guersa	30 »
Ardaouna	80 »	Es-Send	30 »
Armoud	50 »	El Madjdjamine	30 »
Ekhliâa	20 »	Oued Engoucht	40 »
Etâalab	10 »	Et Tialine	40 »
Esbout	60 »		

Les Beni Far'eloum possèdent environ 840 fusils.

3ᵉ fraction : Bou Hessan.

Villages :

Er-Remla	150 fusils.	Dar el Oued	100 fusils.
Oulad Sidi Amar	80 »	Dar Heïdour	70 »
En-Nazia	40 »	Ech-Châara	40 »
Aïn Bou Hassan	40 »	Aïn Lagbou	100 »
Laazaïeb	30 »	El Kalâa	50 »
Lahraïef	50 »	Fidj El Hamoud	40 »
Adjenane	30 »	Ar'bal El Fouki	50 »
Ar'bal	80 »	Tatoult	30 »
Ed-Daher	80 »		

Les Bou Hessan possèdent environ 1060 fusils.

4ᵉ fraction : Beni Letnah.

Villages :

Ahammar	40 fusils.	Takmacht	50 fusils.
Herrara	40 »	Lekrakra	40 »
Bou Kamous	30 »	Amalou	80 »
El Ouediïne	50 »	Lemgasab	50 »

El Kantra..........	50 fusils.	Alabra........	50 fusils.
El Kalâa (même nom que dans la fraction précédente).........	60 »	Bouchouck ,........	40 »
		Trachelah	40 »
Aferzimen....	40 »	Ferraha.............	50 »
Fidj Enssour.......	20 »	Er Remel Dagratet.	50 »

Les Beni Letnah possèdent environ 780 fusils.

5ᵉ fraction : **Beni Routab.**

Villages :

Mazzar	50 fusils.	Oulad ben Atsman.	50 fusils.
Chabtal.............	50 »	Galâat Beni Routen.	150 »
Oulad Ayad........	50 »	Beni Zekkar........	70 »
Ler'bou	60 »	Khandag El Djeuna	50 »
Tazga	40 »	Aïn Aziaten.........	70 »
Alma.................	40 »	Ed-dar el Kedima..	50 »
Fatras...............	80 »	Inasel...............	30 »
Er-Rihane..........	100 »	Ferrara.............	40 »
Agrazen	70 »	Tazrout.............	80 «
Harrou..........	40 »	Mekraza............	50 «
Tib...................	30 »		

Les Beni Routab ont 1300 fusils environ et le total des fantassins armés dans toute la tribu des R'zaoua atteindrait 6240 hommes.

Nombreux cherifs Oulad el Bekkal, de la famille de Sidi Allal ben el Hadj, dont les descendants vivent à El Harraïk, grand village tout entier à leur dévotion.

Nombreux Khouan Derkaoua, relevant de deux zaouïa : Zaouïa Sidi Cherif, chez les Beni Naïn, qui dépend de celle de Bou Berih, chez les Beni Zeroual, et Zaouïa Sid El Hadj Er Radi, de la branche de Sidi Mohammed el Harrak.

Serviteurs de Sidi Ahmed Mouseba, ouali local.

En outre, les R'zaoua sont tous serviteurs de Sidi ben Mechich.

BENI ZEROUAL.

Territoire. — Bassin de l'oued Mezaz, affluent de l'Ouar'ra, à sa sortie des territoires Ketama, et bassin de l'oued Oulaïl, autre affluent de l'Ouar'ra.

Entre ces deux cours d'eau, massif montagneux assez élevé, on rencontre le djebel Outka et quelques autres massifs plus petits, tels que la montagne où est située la fameuse fontaine dite Aïn Berda.

Par suite de confusion, Ibn Khaldoun appelle leur territoire Djebel Serif.

Les Beni Zeroual sont d'origine berbère, mais très arabisés. Ils comptent, en outre, d'assez nombreux descendants des Abid Bokhari[1]. Ils vivent en villages très resserrés et compacts, entourés de jardins de tous côtés. Une seule de ces localités, celle dite Aïn el Berda, couvre tout un versant de la montagne de ce nom. On y compte six mosquées et elle peut mettre en ligne douze cents fusils.

Les Beni Zeroual forment la plus grosse tribu de tous les Djebala. S'ils étaient moins divisés, aucune de celles qui les avoisinent ne pourrait leur tenir tête.

Le capitaine Thomas donne le chiffre de 20.000 à 40.000 fusils. Mais ils sont constamment en lutte entre eux de même qu'avec leurs voisins. C'est ainsi que

---

[1] Voir Tome III.

Moulai el Hassan a pu les rapprocher un peu du Makhzen, camper chez eux en 1889 avec sa colonne et leur faire accepter quatre caïds. Ceux-ci n'ont d'ailleurs guère d'autorité, et il paraît peu probable que les Beni Zeroual continuent à payer l'impôt. Leur ancienne organisation intérieure, qui paraît avoir été très forte, a à peu près disparu. Les affaires de la tribu, des villages, sont traitées en miad, où tout le monde a rang égal, et où les plus turbulents l'emportent souvent. Il reste cependant quelques-unes des vieilles institutions locales.

Ainsi, dans chaque village, se trouve une pierre dressée devant la mosquée principale. Les indigènes qui ont à se plaindre de quelque vol ou de tout autre tort fait à leurs droits, sacrifient une poule, une chèvre, sur cette pierre. Le cheikh el djemâa doit s'y rendre aussitôt et ouvrir, en faisant comparaître témoins et défendeur, une sorte d'assise populaire, un miad, où se règle le litige.

Les quatre caïds sont placés à :

1° Chahrira, avec commandement des Beni Mka et Beni Medjerou, Bou Maam et Oulad Kacem ;

2° Azaïs, fraction des Beni Iadmi ;

3° Oulad Ialah, fraction des Beni Brahim ;

4° Aïn el Berda.

Outre Aïn el Berda, les principaux villages sont :

Tazerdra, Bab el Bir, Ar'afsil, } forment une djemâa qui relève du caïd d'Aïn el Berda, mais est hostile à cette fraction.

Beni Brahim :

El Oglaïa,	Oulad Salah,
Afouzal,	Oulad Attia,
Sensia,	Ouar'out,
Afiguel,	Bou Thaam (cherifs Smainiin).
Tidoufa,	} dans le djebel Outka.
El Mchaa,
Nokla.

Beni Meka :

    Taenza. Beni Medjera.

On compte, en outre, avec les Beni Zeroual, deux petites tribus : Oulad bou Rima (200 fusils), Oulad Bekkar (100 fusils), issues de tribus jadis importantes détruites aujourd'hui et presque complètement absorbées.

Les Oulad Bekkar ont une petite kasbah sur l'oued Meknoun.

Le capitaine Thomas donne à la tribu des Beni Zeroual un groupement un peu différent, et la divise en six fractions :

> Beni Brahim, les plus nombreux, qui forment à eux seuls le tiers de la tribu,
> Aïn Berda,
> Beni Iadmi,
> Beni Mekka, qui se subdivisent en Beni Medjerou,
> Beni bou Maham,
> Oulad Kassem.

Les trois premières fractions ayant chacune un caïd particulier, les trois dernières sont réunies sous le commandement du quatrième caïd.

Quelques fidèles de Dar Ouazzan représentés par quelques familles de cherifs.

Quelques Aïssaoua.

Les Beni Zeroual sont, en outre, serviteurs de Sidi Abdesselam ben Mechich.

EL DJAÏA.

Territoire. — Entre les Sélès, les Haïaïna, les Beni Ouriar'al, les Beni Zeroual.

Djebala avec prédominance de l'élément arabe.

Les El Djaïa sont commandés par un caïd de leur tribu, mais dont l'influence est nulle en dehors de son propre parti. L'ensemble de la tribu doit être considéré comme seïbin ou indépendant. Ils sont, du reste, coupeurs de routes déterminés.

Trois fractions :

Oulad bou Zoulat et Oulad R'oroum (près des Haïaïna),
Beni Mohammed,
Senouber.

Principaux villages :

Beni bou Zoulat,   Oulad R'oroum,
Senouber,   Djeber Mechit.
Zirarda,

Les El Djaïa sont pour la plupart serviteurs du djebel Alem. Ils ont chez eux quelques cherifs Beni Arous et une zaouïa leur appartenant. Azib et serviteurs de Dar Ouazzan. Quelques fidèles R'aziin.

BENI OURIAR'AL[1].

Territoire. — Presque complètement entourés par les Beni Zeroual. Voisins sur leur frontière libre des Chéraga et des Fichtala.

Tribu relevant de Fez (caïd Ould Bâ Mohammed)[2]; à peu près indépendante comme ses voisins, les Beni Zeroual.

Divisions administratives :

> Beni Ouriar'al Sefeliin,
> Beni Ourier'al Foukaniin,

Principaux villages :

> Ardour,   Tinguiran,
> Beni Guisal,   Derdour,
> El Guitoun,

Serviteurs de Dar Ouazzan et de Moulai bou Cheta.

Les Beni Ouriar'al de cette partie occidentale du Maroc réunissent environ 1,000 fusils.

SÉLÈS.

Territoire. — Entre les rivières Ouar'ra et Sebou, vers leur partie supérieure, la région est montagneuse,

---

[1] Les Beni Ouriar'al sont arabisants, quoique berbères purs ; ils étaient déjà classés et qualifiés comme tels à l'époque d'Ibn Khaldoun qui leur donne comme territoire toute l'immense étendue de l'Atlas au Rif concurremment avec les Fichtala et les R'omara.

[2] 1893.

très rocheuse et bien arrosée. Voisins : El Djaïa, Beni Ouriar'al, Chéraga, Haiaïna. Les Sélès sont les derniers descendants des Beni Merin et Beni Outas qui habitaient la région de Fez avant les Idrissiin. Ils sont djebala et vivent en villages.

Tribu tranquille et considérée, d'ailleurs, comme d'extraction noble et relativement peu exploitée. Elle a un caïd pris parmi ses kebars ou personnages notables.

Villages :

El Amser, Sidi Mohammed Senni,
Aïn Deuma, Herran.
Oulad bou Chérif,

Serviteurs de Dar Ouazzan et de Sidi Abdesselam ben Mechich.

MEZZIATE.

Territoire. — Bassin de l'oued Ouar'ra, entre les Haïaïna, les Mettioua, les Beni Zeroual et les Sanhadja.

Relèvent du caïd de Fez Djedid, El Ferradji. Sont tranquilles, mais doivent à leur position au milieu de tribus seïbin, une semi-indépendance.

Deux fractions :

Oulad bou Sultan, Mezziate.

Les influences religieuses prédominantes sont celles des cherifs de Ouazzan, puis ensuite vient la confrérie du Derkaoua et enfin on trouve aussi quelques Aïssaoua.

METTIOUA.

Territoire. — Sur l'oued Imezzaz, affluent de l'oued Ouar'ra, entre les Beni Zeroual, les Beni Ahmed, les Sanhadja et les Mezziate.

Originaires du Rif, mais sortis de cette région et arabisés comme langue; djebala de lef, quoique ayant conservé les villages rifains, par maisons isolées. Ils sont de même souche que les Mettioua el Bahr du Rif; ils occupent un immense territoire.

Les Mettioua étaient complètement seïbin avant la campagne de 1889. Ils ont accepté, lors de la colonne de l'été 1889, d'être placés sous le commandement d'un des caïds résidant à Fez, Ould el Daoudi, mais ils n'en sont pas moins restés fort indépendants. Ils sont pillards et très batailleurs. Ainsi, peu de temps avant l'arrivée du Sultan, qui a réglé ce différend, il y avait une lutte acharnée entre les deux fractions : En Nador et Oulad bou Hama. Les premiers avaient eu 80 hommes tués ou blessés.

Deux fractions :

Mettioua Djebala.	Ich, En Nador, El Glâa de Beni Oum res.
Mettioua el Outa.	Mechkour, El Oglâa, Tar'ia.

Les Mettioua Djebala sont surtout serviteurs des Derkaoua Oulad Akhemlich, au nombre des clients desquels ils comptent comme les Sanhadja.

Nombreux fidèles de Dar Ouazzan.

Le capitaine Thomas, qui a visité cette contrée avec la colonne du Sultan, les divise en :

1° Mettioua el Bahr sur la côte de la Méditerranée, du côté de Badès ;

2° Mettioua El Djebel dans le Rif ;

3° Mettioua Djebala, les seuls dont nous ayons à nous occuper en ce moment. Ces derniers comprenant eux-mêmes deux fractions principales : Mettioua el Adjer Foukaniin, Mettioua el Outa ou Sefeliin, et plusieurs sous-fractions dont l'une sur le territoire de laquelle passa l'expédition du Sultan, les R'rioua.

FENNASSA.

Territoire. — Petite tribu située dans le bassin de l'oued Ouar'ra, entre les Sanhadja et les Mettioua, dont elle dépend comme commandement.

Ainsi que les Mettioua, elle est en fait seïba, sauf au passage des colonnes.

BENI OUANDJEN.

Territoire. — Dans le bassin supérieur de l'Ouar'ra, entre les Sanhadja et les Mar'nissa. Tribu composée par moitié de R'omara et de Sanhadja, réunies au cours de luttes locales. Malgré leur origine rifaine, ils sont djebala. Les Beni Ouandjen dépendent du caïd Daoudi des Mettioua, et comme eux sont presque seïbin. Influence de Dar Ouazzan en première ligne.

Quelques Derkaoua, Aïssaoua, etc. Sidi Ali ben Daoud, ouali de Mar'nissa, marabout local.

BENI BOU SLAMA.

Territoire. — Dans le bassin du Sébou, entre les Beni Ahmed, Mettioua, Beni Ouriar'al et Fennassa.

Djebala vivant en villages.

Les Oulad bou Slama dépendent des Mettioua, caïd Daoudi. Mais ils sont presque complètement indépendants. Leur territoire inaccessible les met à l'abri de toute tentative contre leur autonomie.

Ils sont serviteurs religieux, des Oulad Akhemlich (Derkaoua), de Dar Ouazzan et de Sidi Abdesselam ben Mechich.

BENI OULID.

Petite tribu enclavée au milieu du territoire des Sanhadja Ser'ir, dans le bassin de l'Ouar'ra.

Djebala vivant en villages.

Les Beni Oulid sont rattachés au commandement d'Ould Ba Mohammed de Fez, mais à peu près indépendants en temps normal.

Principaux villages :

   El R'orfa,
   Oued el Ouen,
   Aïn Abdoul.

Les Beni Oulid, comme les Sanhadja, sont inféodés aux Oulad Akhemlich.

Serviteurs des Nasseriin.

MAR'NISSA.

Territoire. — Bassin de l'oued Ouar'ra, entre les Beni Ammart et les Guezennaïa du Rif, les Sanhadja d Reddou et les Tar'zonist des Sanhadja d Se'rir.

Les Mar'nissa se rattachent à l'élément rifain. Leurs villages sont, comme ceux du Rif, formés de maisons isolées, mais ils sont djebala de langue et leur territoire ne compte pas dans le Rif.

Les Mar'nissa dépendent du caïd Daoudi el Mettiouï, mais en fait ils sont à peu près indépendants. Ils sont très r'eddara, coupeurs de routes et pillards. Le mezrag n'a aucune valeur chez eux. Ils sont exclusivement serviteurs de Sidi Ali Ben Daoud, des Oulad Sidi Ben Nasser, sans postérité, mais à la koubba duquel se trouve une zaouïa importante où l'on vient chercher les ziara de Tamegrout. Ibn Khaldoun (tome I, p. 171), range les Mar'nissa dans les frères des Soumata, des R'assassa.

R'RIOUA.

Territoire. — Dans la vallée supérieure de l'oued Ouar'ra, entre les Mezziate, Mettioua, Haïaïna et Sanhadja d Mousebaa.

Les R'rioua dépendent de Fez, caïd el Feradji. Récemment encore seïbin, très remuants malgré leur petit nombre, ils paraissent maintenant mieux en main.

Serviteurs de Moulai bou Cheta et surtout Sidi

ben Nasser, branche des Oulad Akhemlich, dont ils sont clients.

HAÏAÏNA [1].

Les Haïaïna sont rangés politiquement dans les Djebala, car ils occupent la bande de territoire qui en est la continuation; mais, ainsi que les Tesoul, ils sont d'origine arabe. Ils habitent la région qui s'étend depuis le bas de la vallée de l'oued Innaouen jusque dans l'est aux premiers contreforts des montagnes des R'iatsa, au sud ils s'arrêtent avec la vallée de l'oued Innaouen aux prolongements du Djebel des Beni Ouaraïne et au nord ils sont limités par le massif des Tesoul. Quoi qu'il en soit, l'étendue de leur territoire est difficilement appréciable, car elle diminue presque chaque année par l'occupation progressive [2] des cantons les plus orientaux par les R'iatsa.

Les Haïaïna habitent généralement dans des villages, sauf les groupes qui occupent la vallée proprement dite de l'oued Innaouen et qui possèdent des douars.

Les Haïaïna sont assez soumis à l'autorité du Makhzen; en butte aux incursions des R'iatsa avec lesquels ils sont constamment en lutte et où ils succombent, ils s'appuient volontiers sur l'autorité de la cour de Fez. Aussi bien ils ont d'eux-mêmes réclamé la construction d'une kasba au souk Djemáa des Beni Stiten,

---

[1] Houdas orthographie Haiaïna dans sa traduction d'Abou el Qassem Ez Ziani.

[2] Voir Itinéraire de Fez à Oudjda.

fraction dont le territoire est le plus en butte aux déprédations des R'iatsa. Les Haïaïna forment une tribu importante et susceptible, assure-t-on, de mettre sur pied jusqu'à 20,000 fusils et 2,000 chevaux.

Ils comprennent trois fractions :

> Oulad Hamran,
> Oulad Trik,
> Oulad Errian.

Ces dernières se subdivisent en plusieurs sous-fractions :

> Oulad Assera,
> Oulad Hallel,
> Oulad Aïade,
> Beni Khalifa,
> Beni Stiten.
> Oulad Abd el Kerim.

Il convient d'ajouter les Oulad Sékhir, les Lâasra, les Lehbardja, les Oulad bou Zian, les Beni Rached, les Ler'ouel, les Laatsema, et une fraction des Houara qui campe avec eux.

Le Gouvernement marocain divise administrativement la tribu des Haïaina d'une façon différente et d'après le groupement de ces populations dans les vallées des cours d'eau qui arrosent le territoire.

1° Les tribus dites de l'Ouad Innaouen où se rencontrent les sous-fractions suivantes :

> Oulad Riab, Châachaa, Oulad Iahia ; caïd Ould Djilali
> ben Mohammed.

on y comptait 1.500 cavaliers, 7.000 fusils.

2° Les tribus de l'Ouad El Leben avec les sous-fractions suivantes ; 1.200 cavaliers, 6.000 fusils :

> El R'oal, caïd Mohammed Enbigui.
> Oulad Abd el Kerim, caïd El Hassen ould Kaddour.
> El Meskrin, caïd Dris Ould d Rouïchi.
> Oulad Aadja, caïd Ould Es-Saheli.

3° Les tribus de l'Ouad Ouar'ra avec 800 cavaliers et 5.000 fusils :

> Djâafra, caïd Ould el Meddad.
> El Mehirrin, caïd Ould el Meharrari.
> Oulad Aïssa, caïd Mohammed ben El Hadj.

(Les indications de commandement des caïds se rapportent au mois de novembre 1893).

Ces informations diffèrent un peu de celles fournies par le capitaine Thomas comme chiffre de combattants, notamment sur le nombre des cavaliers, mais quant aux totaux des fusils ils se rapprochent dans l'un et l'autre cas.

Les Haïaïna sont cités fréquemment dans l'histoire moderne du Maghreb ; après avoir été à demi détruits en 1662-1663 par Moulai Mohammed ben Cherif, ils furent dans la suite fortement mêlés, vers la fin de ce siècle, à tous les soulèvements de l'empire ; ils se réfugiaient alors chez les R'iatsa, quand les Sultans les poursuivaient.

Les Haïaïna seraient en grande partie serviteurs de la maison de Ouazzan, toutefois, on y rencontre aussi des Derkaoua.

TESOUL.

Territoire. — Dans le bassin du haut Sebou, sur l'oued Innaouen, affluent de l'oued Ouar'ra. Voisins des R'iatsa, des Mar'nissa, des Branes, et des Haïaïna.

Tribu formée d'éléments berbères (Djebala) et arabes [1]. Ils habitent pour la plupart en villages, mais ont aussi quelques tentes, Mezrag, cheikh el djemâa et inéad. Leur territoire est fertile et bien arrosé par de nombreuses sources. Tribu indépendante, qui dépendait primitivement de Taza et, depuis 1889, le Makhzen marocain y a nommé les six caïds suivants pris dans le sein de la tribu : Kaddour ben Amar, Kaddour ben El Hadi, Tahar Ould Si Amara, Graoui ben Abou, El Mokhtar Ould el Hadj Ali et Hadj bou Zouata.

Ce dernier est plus influent que tous les autres.

Le Gouvernement marocain a divisé les Tesoul en quatre tribus subdivisées elles-mêmes en fractions, savoir :

1° Tribu des Oulad Cherif, 200 cavaliers, 650 fusils [2], comprenant les fractions suivantes :

Beni Oummer............	60 cavaliers.	150 fusils.
Oulad Zeber ou Zebair.....	80 »	200 »
Beni Medjdoul	» »	» »

[1] Voir Ibn Khaldoun, p. 266, t. I. El Bekri nous a transmis la description d'une ville de Teçoul, p. 316, qui était déjà détruite de son temps, mais qui avait été très prospère et avait été anéantie lors des luttes entre les Fatimides et les Omeïades. La tribu est d'illustre origine. Les Beni Abi-l-Afia étaient rois de Teçoul et de Fez.

[2] Ces chiffres indiquent le total des tribus et sous-fractions réunies.

2° Tribu de Legraoua, 160 cavaliers, 350 fusils, comprenant les fractions suivantes :

Beni Frasen	60 cavaliers.	150 fusils.
Tamdert	40 »	100 »

3° Tribu des Engoucht, 160 cavaliers, 400 fusils, comprenant les fractions suivantes :

Bab el Heracha	40 cavaliers.	100 fusils.
El Khandok	60 »	150 »

4° Tribu de Beni Abdallah, 200 cavaliers, 500 fusils, comprenant les fractions :

Oulad Abdaleah ou Moussa	80 cavaliers.	200 fusils.
Beni Meggoura	60 »	150 »

Beaucoup de serviteurs de Dar Ouazzan. Quelques Derkaoua, Aïssaoua, Nasseriin.

Les Tesoul se divisent en Beni Ferasson, Groua, Beni Medjedoul, Oulad Zebaïr, Beni Ali, El Amal, Lembaïla, Beni Ouaza, Diab, Beni Four'ad et Tamdert.

Les Tesoul sont presque toujours en lutte avec les R'iatsa.

BRANES.

Territoire. — Sur l'oued el Fodda, affluent de l'Ouar'ra, entre les Tsoul, Mar'nissa, Guezennaïa (Rif et Sanhadja.

Arabes de langue et de territoire, mais se rattachant à l'élément rifain par la nature de leurs villages.

Dépendent de Taza, mais à peu près indépendants.

Ils ont adopté les coutumes des djebala, quoique ayant seulement des cheikh el djemâa, et règlent leurs affaires intérieures ou extérieures par miad. Ils sont très pillards, batailleurs, souvent en lutte avec leurs voisins.

Les Branes sont divisés en cinq tribus elles-mêmes subdivisées en sous-fractions.

1° Oulad Djerou............	140 cavaliers[1].	450 fusils.	
Subdivisés en :			
El Helha.....................	80	»	150 »
Traïba	60	»	150 »
Beni Fettah	40	»	100 »
2° Tribu des Oulad Aïssa........	250	»	600 »
Subdivisés en :			
Oulad Abbou...................	60	»	150 »
Tribâgea.....................	70	»	150 »
Ahl Tenasset..................	40	»	100 »
3° Tribu des Fezazera...........	220	»	550 »
Subdivisés en :			
El Krakra.....................	40	»	100 »
El R'erbïen	60	»	150 »
Lâamarna	60	»	150 »
4° Tribu des Oulad Bou Sâadau.	240	»	600 »
Subdivisés en :			
Beni Mehammed.....	60	»	150 »
Legta ou Lakta	60	»	150 »
Ahl Bou Helil.................	40	»	100 »

[1] Ces chiffres indiquent le total des tribus et sous-fractions.

5° Tribu des Beni Ouria'rel (Beranes)............	200 cavaliers.		500 fusils.
Subdivisés en :			
Chegarna	40	»	100 »
Ahl Teouan	40	»	100 »
El Fraïma....................	60	»	150 »

Très nombreux serviteurs de Dar Ouazzan.

Sidi Mohammed Zerrouk, marabout local.

Zaouïa Tidjaniia.

Quelques Bou Abid, Nasseriin, Raziin, Aïssaoua.

Les Beranes paraissent être les derniers et authentiques représentants de la grande famille des Bernès, à laquelle Ibn Khaldoun consacre tout un chapitre dans son histoire des Berbères, et qui avait fourni les Azadja, Masmouda, les Aureba, les Adjiça, les Ketama, les Sauhadja, les Aurir'ha, les Lampa, les Heskoura, les Guezoula.

Vivien de Saint-Martin, p. 131, *Le Nord de l'Afrique*, cite les Beranes comme les Berbères de l'ouest; il range les Masmouda parmi leurs groupes principaux, dont les Guezoula ou Gétules faisaient partie.

CHAPITRE XI.

Résumé d'itinéraires du Maroc vers la frontière.

Résumé d'Itinéraire de Fez a Oudjda
et description succincte de la contrée parcourue
(par M. de La Martinière, Juillet 1891[1]).

1re Étape. — De Fez à l'azib du chérif Sidi Abdallah ben abd el Djelil, territoire des Oulad Aïad fraction des Haïaïna.

Nous sortons de la ville par la porte dite Bab Segma et contournons les remparts en franchissant l'oued Fez[2], petite rivière qui alimente d'eau courante les d ux villes de Fez. Nous croisons le chemin de Sefrou et du Tafilalet, défilant ainsi devant le flanc oriental du Djebel Zalar', au pied duquel s'étage la cité fondée par Moula Idris Ser'ir. Nous laissons sur notre droite

---

[1] Il a paru utile de donner dans cet itinéraire un certain développement à la partie descriptive, en raison de l'intérêt qu'il convient d'attacher à la région médiane qui sépare le royaume de Fez de la province d'Oran. Pour le tracé de l'itinéraire, voir dans le tome III, la carte au 1 : 800.000 du Maroc.

[2] L'ouad Fez ou l'ouad el Djouhor des auteurs arabes du moyen-âge, prend sa source à peu de distance et dans le S.-E. de la ville à un endroit de la ville nommé Ras el mâ. (Voir description et monographie de Fez, dans le tome III).

la porte située au sud de la ville et connue sous le nom de Bab Fetouh[1], celle où passe la route ordinaire de Taza et d'Oudjda. La ville est surmontée d'un immense cimetière étalé sur les contreforts de la montagne, les mausolées de personnages importants et de saints encombrent cet espace qu'entourent des bois d'oliviers. Au sommet de la colline, se voit un vieux fortin[2] en pisé à demi démoli mais dont les portes ont été murées, et dans le sud de la ville, sur le plateau à mi-côte duquel nous passons, se trouve un autre ouvrage semblable. A travers des haies de vergers, nous rejoignons la piste de Bab el Fetouh, et qui suivant la direction S.-E. conduit au pont du Sebou, tandis que la vallée sinueuse du petit oued Fez disparaît sous la verdure, et descend vers le fleuve.

Par une marche de 35 minutes sur un chemin excellent à cette époque de l'année, mais complètement impraticable après les pluies de l'hiver et du printemps qui détrempent les glaises argileuses, nous

---

[1] La porte de la Victoire, fait partie du quartier des Andalous et elle était déjà indiquée par El Bekri, p. 315, dans son itinéraire de Fez à Tétouan.

[2] Ces deux bastions furent construits sous le règne du Sultan Abou el Abbas Ahmed el Mansour el Dehbi vers 1588 (J.-C.), l'un en dehors de la porte Eldjisa, l'autre en face de la porte El Fetouh, (la première est disparue aujourd'hui). L'auteur ingénu du Nozhet el Hadi (traduction de Houdas), nous apprend que ces deux forteresses, connues de son temps sous le nom de El Besatin, mot dont le singulier est bastion, étaient d'une telle solidité qu'on ne pouvait s'en rendre compte qu'en les voyant.

atteignons à 7 h. 50 du matin, le Pont ou Kantara du Sebou [1].

Le pont sur lequel on traverse le Sebou a environ deux cents mètres de longueur; il est supporté par huit arches d'inégales ouvertures, il a huit mètres de largeur, la chaussée pavée de galets est assez bien

---

[1] J'ai été accompagné jusque-là par le chérif Sidi Ahmida ben Tsami, de la famille de Ouazzan, qui habite Fez, où il est allié directement avec les Drissiin. Possédant une grande influence dans toute la vallée de l'oued Innaouen, parmi les R'iatsa, les Miknassa, il a bien voulu donner l'ordre à son neveu, que je rencontrerai à la limite du territoire des Haïaïna et de celui des R'iatsa, de m'escorter jusqu'à Oudjda. Grâce à la lettre que le chef des Taïbia, El Hadj Abdesselam el Ouazzani, m'avait donnée, j'ai donc pu obtenir les protections locales, indispensables pour exécuter un voyage dont les difficultés résident dans le fanatisme des habitants et dans la hardiesse des pillards.

De l'avis de tous les voyageurs, le chemin de Fez à la frontière algérienne par Oudjda, est difficile ; si on n'est pas sérieusement escorté, on court le risque d'être dépouillé par diverses tribus notamment par celle des Miknassa (Erkmann « Le Maroc moderne »). Les tribus que l'on rencontre, Haïaïna, Tesoul, Miknassa, sont pour la plupart à peine soumises, leur pays est peu sûr : on n'y voyage guère isolé ; quant aux R'iatsa, ils sont célèbres par leurs violences et par leurs brigandages.

Il faut ajouter les obstacles accumulés par le gouvernement du Sultan, afin de décourager les tentatives de relations directes de Tlemcen à Fez. C'est la théorie de l'État tampon, avec tous ses inconvénients d'insécurité.

En 1720 toutefois, sous le Sultan Moula Ismael, la sécurité était si grande dans toutes ces mêmes régions, qu'Abou el Qassem ez Ziani nous apprend qu'une femme ou un juif, pouvaient aller de Oudjda à l'oued Noun, sans que personne osât leur demander d'où ils venaient et où ils allaient. Dans tout le Maghreb, on n'aurait trouvé ni un voleur ni un coupeur de route. Ce sont là de lointains souvenirs dont on aimerait à voir le souverain actuel s'inspirer.

entretenue ; on rapporte qu'il fut construit par le Sultan Moulai Rechid en 1669-1670, avec le produit de l'argent que le souverain avait prêté, quelque temps auparavant, aux négociants de Fez. Au pied des piles du pont se trouve un gué [1]. Le Sebou vient du S.-S.-E., il décrit des méandres multiples, son eau jaune et limoneuse est chargée d'argile et inonde les rives découpées à pic dans un terrain glaiseux. Le débit du fleuve est extrêmement variable, impétueux et profond en hiver, il ne conserve durant l'été que des filets d'eau de quelques mètres seulement de largeur. Des cultures maraîchères existent ici sur ses deux rives, tandis que en aval, on trouve quelques beaux vergers d'orangers.

A environ deux kilomètres en aval du port est le confluent de l'oued Fez ; le Sebou décrit ensuite presque à angle droit un crochet dans l'est, provoqué par les prolongements du Djebel Zalar'. Plus loin le fleuve tourne au N.-E. puis au N. en baignant le pied d'une autre chaîne de collines. Ces dernières sont séparées du massif précédent par un profond ravin dont l'orientation est N.-S. et le fleuve en prolonge la direction. A l'endroit où nous la traversons, la vallée du Sebou n'a qu'un demi-kilomètre de largeur sur sa rive orientale, elle semble moins large encore sur la rive occidentale au bas du Zalar' ; elle est peu cultivée,

---

[1] A l'époque où écrivait El Bekri (vers 1050 J.-C.), le pont n'existait pas et le géographe arabe nous apprend que l'endroit de ce gué et les rives du fleuve assez marécageuses en hiver se nommaient Merdjd' Ibn Hicham.

car on n'y rencontre que des câpriers ; il n'y existe pas de chemin, mais seulement des pistes étroites tracées à flanc de coteau sur les dernières pentes argileuses, où elles deviennent très difficiles en hiver, par les pluies.

A la sortie du pont, nous suivons pendant peu de temps une direction méridionale, afin d'atteindre au point le plus favorable, le pied des collines qui constituent l'Akbat [1] el Djemel [2], et qui dominent d'environ 280 mètres le fond de la vallée. La montagne est nue, escarpée ici, coupée de nombreux ravins présentant l'aspect d'un immense bloc d'argile. Nous nous élevons par une piste très étroite sur des pentes fortement inclinées, entre des ravins creusés par les pluies et au milieu d'affleurements de tufs. La montée dure une heure, on débouche alors sur un vaste plateau peu accidenté tout d'abord et dont l'inclinaison est dans une orientation N. O. S. E. Le territoire appartient aux Oulad el Hadj [3], fraction de l'importante tribu du même nom, qui habite une partie de la vallée supérieure de la Moulouïa. Elle occupe ici toutes les terres depuis les rives du Sebou jusqu'aux abords de la vallée de l'oued Innaouen [4] ; les cultures sont rares car la

[1] La montée du chameau.

[2] Vraisemblablement l'Akbat el Beguer ou montée des bœufs, indiquée par El Bekri dans sa route de Fez à Kairouan, page 316.

[3] On trouve quelques campements des Oulad El Hadj aussi dans le Garet, ils y sont venus avec le nouveau caïd des Kebdana (1892).

[4] Appelé oued Yenaoul par Ali bey, page 315, et Aïnaoul par Edrisi.

proximité de la ville de Fez met cette population à l'entière discrétion du Makhzen, et, ainsi qu'on le remarque dans toute la partie soumise du Maroc, les tribus pressurées d'impôts n'ont point d'intérêt à augmenter leurs récoltes. Cette partie des Oulad el Hadj dépend du commandement du pacha de Fez. Elle est réputée pour la beauté de ses chevaux, dont quelques-uns atteignent, paraît-il, le prix très élevé de 400 douros. La fraction est peu nombreuse, elle ne compte guère que 1,900 fusils et 400 chevaux, elle se décompose en Oulad El Hadj proprement dits, Oulad Hamid et Oulad Saïd[1].

Après une heure de marche sur ce plateau et suivant une direction nettement orientale, le terrain change d'aspect et devient mamelonné. Un quart d'heure plus loin, nous arrivons dans un ravin sinueux dont la direction générale est N. E. Le fond en est marqué par un ruisselet nommé par les indigènes

[1] Les tribus que je rencontrerai sur la route d'ici à la Moulouïa sont les Oulad El Hadj, population arabe, les Haïaïna, les Branes, les Tesoul qui parlent un mélange d'arabe et de berbère et qu'on est convenu de ranger parmi les Djebalu. Dans le sud, je laisserai à droite de l'itinéraire les Beni Ouaraïne, population purement berbère, qui parle le chelha ou le berbère méridional, et qui vit en partie sous la tente comme les Guerouan, les Zemmour et autres berbères des environs de Meknas, et en partie dans des maisons de pierre solides et assez bien bâties, comme les montagnards de l'Atlas, ensuite les R'iatsa, tribu d'origine berbère, mais arabisée et dont le territoire est à cheval entre les Djebala, tels que les Tesoul, les Haïaïna et les Cheleuhs Beni Ouaraïne. Quant aux Miknassa et les populations de la plaine de la Moulouïa, telles que les Houara, elles sont purement arabes.

Sehbt el Touïl, certaines parties sont garnies d'efflorescences salines. Un sentier étroit, mais assez bon, suit ce mouvement de terrain et franchit plusieurs fois le même lit de ruisseau, presque partout rocheux et formé de schistes désagrégés; quant aux flancs du ravin, ils sont dénudés, à pentes rapides avec des surfaces argileuses.

A quarante minutes de marche du point où nous avons rencontré pour la première fois le ruisselet, nous arrivons, après être passé devant les Aïoun [1] el Tin desséchés, aux Aïoun Sokof, situés sur le versant oriental de la chaîne que nous venons de traverser et qui marquent le commencement du territoire des Haïaïna. Le pays est désert et la température déjà élevée devient accablante [2]; nous ne tardons pas à découvrir toute la vallée de l'oued Innaouen dont les terres paraissent assez bien cultivées. On y voit quelques bouquets d'oliviers; la rivière décrit un demi-cercle au pied des collines que nous venons de traverser, puis s'échappe vers le N. O. pour rejoindre le Sebou.

L'oued Innaouen est formé de la réunion de l'oued Ouartsa, qui reçoit lui-même la petite rivière de Miknassa, venant du massif des Branes et de l'oued Taza, qui passe à la ville de ce nom et prend naissance dans les montagnes des R'iatsa. La longueur du cours

[1] L'Aïn et Tin d'El Bekri que le géographe arabe indique en dernier dans sa route d'Oudjda à Fez, page 205.

[2] $+ 45°$ au thermomètre fronde à 10 heures 1/2. H. B. 736^m.

de l'oued Innaouen atteint 150 kilom. C'est une rivière dont le débit est abondant même en été et dont l'eau claire et fort bonne coule sur un sol de gros graviers. Sa largeur moyenne est de 25^m et sa profondeur, à l'époque où nous l'avons traversée, environ 0^{m}60. Les berges à pic de 2 à 3^m sont bordées de lauriers-roses. Nous noterons durant la route, tous les affluents que nous rencontrerons ; toutefois le cours d'eau le plus important que reçoit, dans le nord, l'oued Innaouen avant de se jeter dans le Sebou est l'oued El Leben [1]. La vallée de l'oued Innaouen est bordée au nord par les montagnes des Haïaïna et des Tesoul et au sud par le massif des R'iatsa et par la chaîne allongée des Beni Ouaraïne.

Deux heures et demie après les Aïoun Sokof, remontant la vallée de la rivière, nous arrivons au territoire des Oulad Aïad, fraction des Haïaïna. Dans cette tribu et sur les contreforts méridionaux qui bordent la vallée, nous couchons à l'azib du chérif Sidi Abdallah ben Abd el Djelil, près d'un puits médiocre, mais à proximité de l'oued bou Zennelane dont l'eau est excellente. Les cultures environnantes sont prospères, orge et blé, la moisson est faite, le douar a un aspect de richesse qui contraste avec les territoires traversés.

---

[1] C'est près de la réunion de l'oued Innaouen et de l'oued El Leben, qu'eut lieu en 1558, une grande bataille où les troupes turques, sous le commandement du pacha Hosaïn, fils de Kheir Eddine Ettorki, furent défaites par Moulai Abdallah.

2º Étape.— *De l'azib du chérif Sidi Abdallah ben Abd el Djelil, territoire des Oulad Diad, fraction des Haïaïna, à l'azib du chérif Moulai Kassem el Ouazzani de l'Ouad Innaouen.*

Nous partons à cinq heures et demie et suivons une direction N. E. ; à 15 minutes du douar, nous traversons l'oued bou Zemelane, qui sort des montagnes des Beni Ouaraïne ; c'est un ruisselet à l'eau courante et fraîche, nous remontons toujours la vallée de l'oued Innaouen assez généralement cultivée où se voient de nombreux douars et huttes de boue séchée des Haïaïna.

Cinquante minutes plus loin, nous traversons un autre affluent de gauche de l'oued Innaouen. C'est l'oued Matmata, il vient également du massif des Beni Ouaraïne et sa petite vallée fort encaissée est nettement séparée de celle de l'oued bou Zemelane, par un chaînon projeté au nord et que nous avons franchi. Les bords de l'oued Matmata sont couverts de quelques vergers abandonnés et on remarque les ruines d'une ancienne Kasba dite de l'oued Allal, construction en pisé du siècle de Moula Ismael [1] ; on sait qu'à l'époque de splendeur de ce souverain, une série de forteresses avaient été construites le long de la route d'Oudjda, elles étaient gardées par des contingents de la garde noire ou Abid Bokhari. Une demi-heure plus loin, la vallée de l'oued Innaouen se rétrécit considérablement, et la rivière décrit un crochet dans le nord, que provoque un accident orographique remarquable. C'est un

---

[1] Aboul Qassem Ezziani. Trad. de Houdas, p. 31.

chaînon rocheux, appelé dans le pays Hadjera Mektouba, sorte de promontoire à pic qui, dans le nord, détourne l'oued Innaouen. La vallée est extrêmement resserrée, car sur la rive droite, on remarque un autre chaînon, mais de nature argileuse. Au sommet se trouve le marabout de Sidi Ioub et un grand village du nom d'Aïn Gueddar, qu'arrose une source renommée. A l'hadjera Mektouba, le bled Makhzen cesse et l'on entre dans la région où il convient de prendre des précautions.

Tandis que la vallée était peuplée, le pays devient maintenant absolument vide jusqu'au grand village de El Ahsara, qui couronne le bord du plateau rocheux et dans le S.-O.-O. l'oued Innaouen. On découvre alors distinctement dans l'est, tout le massif des R'iatsa et la forme de la vallée avec les montagnes des Branes et des Tesoul. Peu après avoir quitté ce point nous retrouvons la rivière, dont les bords sont ici extrêmement cultivés. La vallée est la propriété des cherifs Drissiin et El Abedïïn de Fez, ces derniers alliés à la famille de Ouazzan. De très bonne heure, à neuf heures du matin, après avoir traversé l'azib de Sidi Mohammed ould Sidi Dris el Abedi, nous arrivons à la maison du chérif Ouazzani Moulai Kassem qui doit m'accompagner jusqu'à Oudjda. Nous y séjournerons jusqu'au dimanche soir.

La demeure de Moulai Kassem est à deux cents mètres environ de la rive gauche de l'oued Innaouen et presque au milieu de la vallée sur le territoire des

Haïaïna, mais dans une région médiane qui sépare cette tribu des R'iatsa, nommée Bou Hellou et dont l'insécurité est grande. Le caractère religieux de notre hôte, son alliance avec la maison de Ouazzan le mettent à l'abri des incursions des R'iatsa, pillards légendaires. D'ici nous découvrons aussi bien le massif régulier et très boisé du Djebel R'iatsa, sur le flanc oriental duquel se trouve la petite ville de Taza et qui nous est cachée par toute la chaîne des Beni Ouaraïne. Les pics les plus éloignés dans le sud sont encore couverts de neige; on nous les désigne sous le nom de Djebel Bouïbelane, ils paraissent dans l'est du prolongement du méridien du Djebel R'iatsa. Ils appartiennent sans aucun doute au même soulèvement géologique : ce sont de hautes cimes boisées, m'assure-t-on, et où la population de Cheleuh trouve les ressources les plus abondantes pour son existence. De nombreuses vallées bien arrosées y existent et sont cultivées par les Beni Ouaraïne dont le territoire est encore inexploré. Cette tribu ne souffre sur son territoire le passage d'aucun fonctionnaire du Makhzen. Quant au massif des R'iatsa, il est boisé, de beaucoup moindre étendue, et on prétend qu'il renferme quelques gisements de plomb argentifère[1]. Les Beni Ouaraïne sont, ainsi que je viens de le dire, Cheleuh; plusieurs fractions de la tribu habitent sous la tente, et, de notre

[1] El Bekri, au sujet minier, est plus positif: il croit que l'on trouve dans les montagnes de cette tribu de l'or parfaitement pur et de qualité excellente.

campement, nous distinguions quelques-uns de leurs douars sur les dernières ondulations qui bordent au sud la vallée de l'oued Innaouen. Le djebel R'iatsa projeté par la chaîne des Beni Ouaraïne, détourne vers le nord le cours de l'oued et toute la vallée décrit un arc de cercle assez nettement tracé depuis la crête du point dit l'hadjera Mektouba jusqu'aux pieds de la montagne de Taza.

Quant à la face méridionale, elle est entièrement constituée par les derniers contreforts du massif du Rif qu'habitent ici les Djebala, Haïaïna, Tesoul et Branes. Ce sont des hauteurs de glaise, de marne, profondément ravinées par les pluies de l'hiver, abondantes en ces régions, et minérales d'aspect ; on y rencontre peu de végétation ; les villages eux-mêmes, agglomération en dchour de maisonnettes de terre battue, n'ont que peu de vergers, les luttes de tribu à tribu de ce territoire ne permettant guère les cultures.

Les Haïaïna, importante tribu que l'on range généralement dans les Djebala[1], sont en train de perdre tous leurs terrains que viennent occuper les armes à la main les R'iatsa. Déjà les Beni Khalifa et une partie des Oulad Abdel Kerim, fractions des Haïaïna, ont été dépossédés de cette manière ; ce mouvement d'expansion occidentale de la tribu envahissante est très remarquable et s'accuse d'année en année.

Nous sommes à une heure et demie de marche dans

---

[1] Voir au chapitre Djebala.

le N.-N.-E. du Souk Djemaa des Beni Stiten, sous-fraction des Haïaïna et où le Sultan fait établir une grande kasba dont les travaux durent depuis deux années et servent de prétexte aux exactions commises par les caïds sur les populations. Cette construction est destinée à maintenir les R'iatsa dans les limites de leur territoire, tandis que dans le N.-O.-O., à deux heures et demie, se trouve le Souk Tleta des Haïaïna. Nous sommes ici à une grande journée et demie de marche du Djebel Moulai bou Cheta. Le chemin pour accéder à cette montagne, siège de la zaouïa du même nom si vénérée dans tout le R'arb de l'est, traverse d'abord le pays des Haïaïna, puis longe la limite entre les Cheraga et les Setta et finalement aboutit aux Fichtala. Notre séjour ici se prolonge pour attendre l'arrivée de Moulai Kassem et me permet de relever trois erreurs sur le très consciencieux itinéraire de de Foucauld; Hadjera el Kahela [1] est sur l'ouad Amellil, à une heure trente de l'oued Innaouen et non sur cette dernière rivière; puis la zaouïa Abdesselam, indiquée par le célèbre voyageur, est complètement inconnue dans la région, le Souk Tleta des Haiaina n'est pas non plus à l'endroit où le marque son itinéraire; enfin, il n'y a pas de zaouïa de Moulai Abderrahman sur l'oued Innaouen à environ 20 kilomètres de Taza, mais une simple koubba de Sidi Abderrahman Elalloui.

[1] Il est vraisemblable que le guide de de Foucauld lui aura indiqué sous ce nom les rochers de Hadjera Metcouba où nous sommes passés.

3ᵉ Étape. — De l'azib du chérif Moulai Kassem el Ouazzâni,
vallée de l'oued Innaouen, au Ksar de Miknassa.

Le chérif Moulai Kassem, enfin arrivé, s'occupe avec zèle et dévouement d'organiser notre voyage dont les difficultés sont d'autant plus réelles qu'il s'agit de traverser le territoire des Oulad Abd el Kerim, sous-fraction des Haïaïna qui a été récemment envahie après de nombreux combats par les R'iatsa [1].

Nous nous mettons en route à neuf heures et demie ; nous suivons une direction N., traversant tout d'abord l'oued Innaouen, laissant peu après sur notre droite le dchar el Merabtin, et nous commençons de suite à nous élever sur les collines qui terminent le nord de la vallée. Environ deux heures après le départ, le terrain devient plus difficile, nous suivons la crête de vallonnements, nous n'avons rencontré qu'un village sur notre route jusqu'à notre arrivée sur le territoire des Oulad Abd el Kerim, récemment envahi par les R'iatsa [2] qui en ont chassé la population et en occupent les villages. Peu de temps ensuite nous passons à une grande source, l'Aïn R'ameledj. Une demi-heure plus loin, à l'Aïn Doukarat et un quart d'heure peu après,

---

[1] Notre séjour assez long dans la vallée de l'oued Innaouen avait donné tout le temps à cette tribu de pillards d'apprendre notre venue, et, afin d'éviter une affaire que le prestige religieux de notre protecteur eût été à peine suffisant à empêcher, on décida de profiter du clair de lune pour faire durant cette nuit le chemin d'ici à Miknassa où nous devons arriver, à moins d'encombre, demain lundi vers midi.

[2] Voir Haïaïna, article Djebala.

à l'Aïn Cheurbouarer. Notre route, presqu'au N.-N.-O. jusqu'alors, prend une direction plus orientale. Une heure après avoir passé à la dernière fontaine, nous entrons dans la région des Beni Khalifa, dernier canton des Haïaïna, aussi et récemment envahi par les R'iatsa. Nous passons près d'un gros village du même nom, et, à peine un kilomètre plus loin dans le N.-E., on commence à descendre. Nous entrons alors dans la petite vallée de l'oued Amellil sur les bords duquel se trouve la zaouïa de Sidi Abd el Kader avec un grand douar de Haïaïna. Grâce à la protection religieuse de ce tombeau vénéré, la population de ce canton est respectée par les R'iatsa. Nous traversons deux fois l'oued Amellil, petite rivière aux eaux claires, coulant sur un fond de gravier. L'oued Amellil semble sortir du massif rifain et traverse le territoire des Branes. Une heure exactement après avoir quitté la zaouïa, nous arrivons au district d'El Methara qui est considéré comme formant la limite entre l'ancien territoire des Haïaïna et celui des R'iatsa.

Nous traversons la vallée durant environ une demi-heure, laissant la rivière sur notre gauche venant du nord, tandis que nous arrivons au bout d'une demi-heure environ dans une direction nettement orientale au fond d'un vallonnement qui porte le nom de Zouitina.

Le sentier très étroit que nous suivons escalade de suite les pentes argileuses très raides et, après une montée d'une heure et demie à travers une contrée qui paraît déserte et sans cultures, nous arrivons à une sorte de col très remarquable à l'altitude de 625 mètres et qui est formé par des collines semblables et symétriquement placées de chaque côté de la route. Sur le flanc méridional de l'une de ces collines située dans le nord de notre route, se trouve une azib des chérifs de Ouazzan, dite azib de Bab El Hamama, du nom du col donnant passage dans la vallée du territoire des Oulad Chérif, première fraction des Branes et où nous arrivons après une descente d'une demi-heure. Au fond de cette vallée, nous traversons l'emplacement du Souk Tleta des Oulad Chérif où sont des sources dites Aïoun Oulad Chérif. Le pays est absolument dénudé et l'aspect est des plus misérables. Nous sommes entrés dans une des régions les plus tourmentées du Maroc au point de vue politique. Le territoire des Branes qui fait suite au Rif, participe, en effet, de la véritable et constante insurrection de cette partie du nord du Maroc. Les Branes, quoique comptés dans les Djebala, paraissent d'origine arabe. Les luttes de tribu à tribu qui s'y livrent constituent un des dangers de la route de Fez à Oudjda. Environ trois quarts d'heure après avoir quitté le Souk Tleta des Oulad Chérif, nous entrons dans un canton nommé Blad el Mellali et une demi-heure plus loin nous voyons un assez grand douar sur notre gauche, à l'Aïn Omar qui coule sur le flanc du Djebel Oumdjeniba. Les Aïoun du Tleta, aussi bien que cette dernière source, sont tributaires de l'oued el Hader où nous arrivons après quelques minutes de marche. L'ouad el Hader est une rivière importante d'environ 25 mètres de large aux eaux claires et abondantes coulant sur un fond de gravier, elle sort du territoire des Branes, et forme dans le bas de la vallée la limite des Miknassa. On m'assure que la rivière prend sa source au Djebel Gouïn. Après une heure et quart de marche, suivant toujours la direction de l'est, le sentier ayant traversé une région mamelonnée et de plus monotone, nous mène à l'oued Ouartsa, cours d'eau qui sort des montagnes des Metalsa. Les bords sont couverts de lauriers-roses, l'eau abondante roule sur un fond de galets et sur une largeur d'environ 30 mètres et une profondeur de 40 centimètres. L'oued Ouartsa serpente dans une vallée qui pourrait produire de belles cultures ; c'est un affluent de l'oued el Hader, il baigne à droite de notre route et à 2500 mètres le pied de la colline du petit village de Miknassa des Beni Stiten, tandis que l'autre Miknassa vers lequel nous nous dirigeons, se nomme Miknassa des Beni Ali. Une colline allongée sépare les deux vallées, et, dans l'est, celle de l'oued Ouartsa est terminée par une ligne de hauteurs dont le point culminant paraît se trouver à peu de distance de la route que nous allons suivre et au marabout de Si Mohammed Zouaoui ; à ce dernier point un passage existe. Nous y arrivons une heure et demie après avoir passé l'oued el Hader et découvrons à environ 3000 mètres le village Miknassa des Beni Ali perché de l'autre côté de la vallée de l'oued Errbar ou oued Miknassa, appelé aussi oued el Arba, qui vient du territoire des Guezennaïa. Une descente assez accentuée nous mène bientôt à la rivière et de suite nous entrons dans le Ksar qui est un amas de maisons basses en pierres grises et mal bâties : la plupart des constructions revêtent le caractère de huttes[1] en pierres sèches avec des terrasses en pisé. Seule la demeure du mokaddem des Taïbia et la zaouïa des cherifs de Ouazzan font exception. Ainsi que nous venons de voir, il existe deux ksour de Miknassa. Cette tribu[2], une des plus illustres du Maroc, une de celles qui furent le plus intimement et le plus fréquemment mêlées à l'histoire de ce pays, ne paraît plus compter que les populations assez restreintes de ce district. Les Miknassa, au VIIIe siècle, alors que le « *Maghreb el Aksa* » était indépendant, dominaient dans la vallée de la Moulouïa en étendant leur influence jusque sur les oasis du désert marocain et dans les contrées qu'arrose l'ouad Ziz[3]. El Bekri, en effet, nous apprend qu'ayant adopté les doctrines kharedjites, c'est

[1] El Bekri écrivait que les Miknassa habitent des huttes de broussailles, p. 205.

[2] Pour l'histoire des origines des Miknassa, voir Ibn Khaldoun, I, page 258 et suivantes. L'origine du mot Miknassa vient de Meknas, mais il est difficile d'en tirer l'étymologie ; [Voir chapitre V, p. 256] on ne peut que citer comme mémoire la généalogie indiquée dans le Nozhet el Hadi, page 326. Les Oulad Mahalli auraient quitté Meknas pour aller à Sidjilmassa ; une partie de leurs descendants, sous le nom de Miknassa, se seraient établis dans le district de Tlemcen.

[3] Ibn Khaldoun, t. III, p. 199.

à eux que remonte la fondation de la ville de Sidjilmassa. Profitant de l'affaiblissement de la dynastie Idrissite et sous la conduite de son chef Messala ben Habbous, elle avait soumis tout le territoire compris entre les Tesoul [1], Taza et presque toute la région du Maghreb oriental.

Les deux fractions des Miknassa, les Beni Ali et les Beni Stiten [2], habitent dans deux Ksour distincts à environ 17,500 mètres l'une de l'autre ; nous avons vu la situation du second ; dans le premier, grand village d'environ 2,000 habitants, l'autorité locale aussi bien qu'aux environs, était dévolue en 1891 au mokaddem des cherifs d'Ouazzan, Si Mohammed et Khelili, fanatique personnage dont la moralité ne paraissait pas irréprochable. Une des occupations et une source de profits pour sa tribu, est en effet aussi bien d'escorter les caravanes, que de dépouiller celles qui n'ont pas eu recours à lui, ou qui ne paient le droit de passage. Les Beni Ali sont de hardis cavaliers bien montés, armés de fusils Remington et abondamment pourvus de munitions qu'ils achètent à Melila. C'est ici qu'apparaissent, pour la première fois, les selles de forme

---

[1] Voir chapitre Djebula, à ce mot.

[2] Au village de Miknassa des Beni Stiten, on m'a assuré que résidait un fonctionnaire décoré du nom de caïd et investi par le Sultan. Au moment de notre passage, ce fonctionnaire avait été expulsé par la populace et on ne connaissait pas encore son successeur.

Située par 560 mètres d'altitude sur le sommet du prolongement d'une colline haute d'une centaine de mètres et dominant la vallée de l'oued Errbar, sa situation stratégique paraît meilleure.

algérienne, provenant presque toutes de Tlemcen. La tribu est d'origine arabe et le renom du courage de ses membres est établi au loin, en imposant même aux sauvages montagnards du Rif, aussi bien qu'aux R'iatsa.

L'importance politique et stratégique de la tribu des Miknassa et du territoire qu'elle occupe est primordiale.

Le territoire de Miknassa est borné à l'ouest[1] par les Tesoul, au nord par les Metalsa frères des Miknassa, d'après Ibn Khaldoun, et au nord-est par les montagnes des Guezennaïa, (ces tribus comptent dans le Rif), à l'est par les Oulad Bekhar qui servent de transition avec les Houara nettement arabes, qui occupent le sud-sud-est de la tribu ; au sud ce sont les R'iatsa.

La région de Miknassa, située entièrement sur le flanc méridional des derniers contreforts du système montagneux du Rif, est bien arrosée. On y rencontre d'étroites vallées dont le fond est cultivé ; on y récolte l'orge, le blé, tandis que sur les flancs marneux et crayeux, nous avons remarqué d'assez nombreux vergers d'oliviers. Quant aux cours d'eau des Miknassa, ils viennent du massif du djebel Gouïn, situé au nord des Metalsa et qui, ainsi que nous l'avons vu (description

---

[1] A l'époque où écrivait El Bekri, le territoire des Miknassa semblait commencer dans l'ouest à un point nommé par le géographe arabe « Khandoc el Foul », le ravin des fèves ; on a perdu actuellement le souvenir de cette dénomination.

géographique du Rif), donne naissance à tous les cours d'eau de cette partie du nord du Maroc. L'oued Errbar et l'oued el Hader y prennent leur source, et ce sont les hauteurs de Bab Tamalou qui forment la séparation du bassin des deux systèmes du Sebou et de la Moulouïa. Sur le versant occidental, la petite source de l'Aïn Lar'laka verse ses eaux aux affluents de l'oued Innaouen, tandis que l'autre côté du col, sur le versant oriental, l'Aïn Nakhla appartient à l'oued Messoun qui bordent le territoire qui nous occupe.

On sait qu'un des caractères les plus saillants de la topographie du nord du Maroc est de présenter une véritable voie de pénétration, du territoire oranais, vers le cœur même de l'empire chérifien. Une sorte de trouée, qui sépare distinctement le système orographique rifain des prolongements de l'Atlas, mène en effet de la ville frontière d'Oudjda jusqu'aux portes de Fez. Or, la séparation des deux bassins de la Moulouïa et du Sebou, c'est-à-dire de l'oued Messoun, affluent du premier fleuve et des ruisseaux de tête de l'oued Innaouen, tributaires du second, a lieu au massif même de Miknaça.

On passe d'un bassin dans l'autre, au col de Tamalou par une altitude de 1000^m environ. Bab Tamalou n'est qu'à une heure dans l'ouest du Ksar des Beni Ali, et les luttes de tribus à tribus empêchent la route de prendre une direction un peu plus méridionale où l'altitude de la séparation des deux bassins paraît moindre.

On peut dire que la région [1] des Hauts Plateaux algériens commence à cet endroit et que le Tell Marocain s'arrête avec la vallée de l'oued Innaouen. La tribu des Miknassa, qui occupe en le commandant le passage de ces régions, a donc une importance stratégique des plus considérables et qui est doublée par le prestige de son courage, de sa hardiesse et par l'influence que lui donne le grand nombre de fidèles de l'ordre de Moulai Taïeb que l'on y compte. On peut estimer à environ 4,000 fantassins et 3,000 cavaliers la totalité de ses combattants, ces chiffres n'étant donnés que comme très approximatifs et rien ne nous ayant permis de les contrôler. Toutefois l'influence de cette tribu [2] sur les régions environnantes est en partie bien établie, notamment sur la ville de Taza des R'iatsa. On ne compte guère qu'une heure et demie de marche de Miknassa des Beni Ali à Taza [3], et chaque mercredi

[1] Quand ce n'était pas à l'ouest de ce passage et dans la vallée de l'oued Innaouen, aussi bien qu'à Taza ou sous les murs de cette ville que se livraient les combats qui assuraient au vainqueur la prépondérance dans le royaume de Fez, c'était sur le flanc oriental et à l'est du passage, à la fin des Hauts Plateaux, dans la vallée de l'oued Messoun, qu'avaient lieu les luttes qui décidaient de la possession du royaume de Fez. Telle la victoire que les Idrissides remportèrent sous la conduite d'Ibrahim en 933 J.-C. contre Moussa ben Abou el Afia. Elle est connue sous le nom de bataille de Messoun, et permit le rétablissement de l'autorité fatimide au Maghreb.

[2] Ibn Khaldoun nous apprend que les Miknassa, à l'époque des fatimides, gouvernaient tout le pays de Tesoul, Guercif et Taza.

[3] Taza n'a été visitée que par deux européens: Ali bey au commencement de ce siècle, qui nous en a laissé une courte description, et par

le mokaddem de la ville de Ouazzan, m'a-t-on affirmé, va y rendre une manière de justice et aider le caïd du Sultan dont l'influence aussi bien que l'autorité sont illusoires et qui n'ose sortir de sa demeure.

Quant à la position stratégique de Taza, elle est importante ; à une altitude moindre on peut dire que relativement au passage [1] de l'Algérie vers le Maroc, elle occupe une situation homologue de celle de Miknassa. Aussi cette ville a-t-elle joué un rôle considérable dans l'histoire des relations des deux pays et les souverains du Maghreb ont-ils compris de tout temps l'importance qu'il fallait attacher à sa possession.

Malgré l'expédition du Sultan contre les R'iatsa, malgré surtout la diplomatie de la cour de Fez, ne négligeant aucun procédé pour s'attacher le concours

---

de Foucauld en 1884, à qui nous devons sur la ville aussi bien que sur les R'iatsa, un travail qui est un modèle de précision et de conscience. Quoi qu'il en soit, il y a lieu de le compléter en y ajoutant quelques noms de fractions. D'après mes renseignements, les R'iatsa se subdivisent en Miassa, à l'extrémité méridionale du territoire de la tribu, le long des Beni Ouaraïne, Ahl Bou Driss, Oulad Aïache, Beni Methir (ces deux dernières fractions sont étrangères à la tribu et n'y sont que depuis une vingtaine d'années). Lem Kakis, Beni Oualechen fixées sur le territoire des Haïaïna Oulad Hedjadj, dans la vallée de l'oued Innaouen Beni Mira, Ahl el Oued, Beni Snane, Beni Oualdjane Beni bou Guittoun, Beni bou Iahmed, et Ahl el Doula, ces cinq dernières fractions échelonnées le long de la limite des Beni Ouaraïne. Les R'iatsa ont, en effet, le sud-est, le sud et le sud-ouest de leur territoire entouré par cette dernière tribu.

[1] A l'époque d'El Bekri le passage se nommait le défilé de Taza ou el Fedj Taza ; la localité appartenait aux Miknassa ; de là on se rendait à l'oued Messoun.

des cherifs El Abedin et ceux de la famille de Ouazzan, dont nous avons étudié l'influence et les attaches en cette région [1], on remarque toutefois que dans le massif des R'iatsa, l'autorité du gouvernement marocain est des plus faibles.

Il n'en a pas toujours été ainsi dans l'histoire du Maghreb, lorsque des souverains, comprenant l'importance de cette ville pour leur domination [2], s'attachèrent à la posséder, tel Moulai Rechid, qui en 1666, porta à la mort de Moulai Mohammed, toutes ses forces pour s'emparer après une longue lutte de Taza, avant de tenter même d'entrer à Fez [3]. L'histoire moderne des souverains du Maroc, témoigne fréquemment de cette nécessité où ils se trouvaient de ne confier le commandement de la ville qu'à des serviteurs de grande habileté et d'une loyauté éprouvée.

On peut dire que Taza [4] et Miknassa sont les véritables portes de Fez et du Maroc central; il n'y a

[1] Ibn Khaldoun compte les R'iatsa parmi les tribus qui professaient le judaïsme au moment de la conquête arabe.

[2] Ils y fondèrent un couvent ou Ribat qui était célèbre au XVIe siècle.

[3] C'est la garnison de Taza qui contribua à assurer la victoire à la grande bataille de Dar el Abbas, où le Sultan Abdallah triompha, en 1747, d'un des plus gros mouvements insurrectionnels que nous offre l'histoire du Maghreb.

[4] La route rationnelle qui franchit au point le plus bas, le seuil des deux bassins et qui suit le thalweg de l'Innaouen, passe presque sous les murs de Taza.

qu'une grande journée et demie de marche sur un terrain facile, de la première de ces localités à Fez et l'armée d'envahissement qui occupera Taza possédera Fez du même coup [1]. L'importance de Taza dans les relations avec l'Algérie n'est pas moindre ; il a paru, à ce sujet, opportun de rappeler que ce fut à Taza qu'Abd el Kader reçut jadis le burnous d'investiture que le Sultan Moulai Abderrahman donnait à notre grand rebelle.

El Bekri nous a transmis le nom d'une ville de Tesoul, appelée de son temps aussi Aïn Ishac et qui avait déjà été depuis longtemps, à l'époque où écrivait le géographe arabe, la capitale des États de Moussa ibn Abi el Afia. Elle avait été détruite, mais le renom de sa splendeur était parvenu jusqu'à El Obéid qui nous vante ses bazars et sa mosquée.

Rien n'a pu, durant mon court séjour à Miknassa, me permettre de proposer une assimilation pour cette ville, située à 10 milles au nord du château de Gormal, localité elle-même inconnue à notre époque et qui était à deux journées de marche de Fez sur la route

---

[1] C'est ainsi que le comprenaient les Mérinides ; un des princes de cette illustre dynastie fit bâtir la Kasba de la ville, en octobre 1287, on la remarquait déjà à l'époque d'Ibn Khaldoun. (Ibn Khaldoun, T. IV, page 140).

Quant à la fondation de la ville, si nous en croyons le même auteur, elle remonterait à l'année 900 de J.-C. et serait due aux Beni Abi el Afia, dynastie miknassienne qui régna dans le Tesoul, et El Bekri, dans son itinéraire de Fez à Kairouan, semble nous confirmer cette origine en citant toute la région de Taza comme appartenant aux Miknassa.

d'Oudjda. D'après ces distances, il conviendrait de placer cette forteresse aux environs de Miknassa, plus vraisemblablement dans la vallée de l'oued el Hader. La région de ce point à Fez était, au temps d'El Bekri, habitée par la tribu des Metr'arssa fraction des Miknassa, venue des Oasis du Sahara, mais de nos jours tous ces souvenirs sont perdus.

4ᵉ Étape. — Du Ksar de Miknassa à la Kasba de l'oued Messoun.

On ne compte qu'une heure de marche du Ksar des Beni Ali à la Kasba de Tamalou, assez grand village situé à environ trois kilomètres à l'ouest du col ou Bab Tamalou. Nous partons à 5 heures 15, la route descend le flanc oriental de la colline, que supporte le Ksar, traverse la petite vallée et de suite escalade les hauteurs du Djebel Taourirt, chaînon que projette le massif des Guezennaïa. Le sentier est difficile et passe dans des bois d'oliviers pour atteindre une contrée rocheuse, et une demi-heure après le départ, nous arrivons à l'Aïn Lar'laka, 740ᵐ d'altitude, puis encore une demi-heure de route dans la direction orientale nous amène au col même ou Bab Tamalou ; à notre droite nous avons le djebel Taourirt, tandis que nous découvrons dans le bas et au sud, toute la plaine mamelonnée qui s'étend aux alentours de la ville de Taza et des montagnes des R'iatsa. La séparation des deux bassins de l'oued Innaouen et de l'oued Messoun semble peu perceptible et dans cette région restreinte, c'est la continuation des hauts plateaux de l'est du

Maroc, qui doit en former le seuil. Le fond de notre horizon méridional, très étendu, s'arrête aux montagnes des Beni Ouaraïne et du djebel Beni bou Belane, pic élevé de cette chaîne où nous distinguons encore des traces neigeuses. A gauche du col se trouve un assez grand village dit Kasba Tamalou, du nom d'une ancienne Kasba de l'époque de Moula Ismaël. La route suit toujours la même direction orientale, quelques minutes après nous passons à l'Aïn el Nakhla, qui appartient au bassin de l'oued Messoun; puis une demi-heure plus loin, au milieu de terrains rocailleux et stériles, apparaissent les douars des Chiana, sous-fraction de Houara, et enfin après deux heures de marche rapide nous arrivons aux bords de l'oued Messoun, à une altitude sensiblement égale à celle de la Kasba des Beni Ali. Nous entrons dans une région qui est le prolongement du Dahra [1].

L'oued Messoun [2] coule à 400 mètres de la Kasba, entre deux berges ravinées hautes de 10 mètres environ et sur un fond de gravier, le cours en est rapide et les eaux légèrement salées; la largeur de la rivière, à

---

[1] Le Dahra ou le Fhama est le nom que portent les hauts plateaux dans la région marocaine. De Foucauld l'arrête dans le nord, aux montagnes de Debdou et des Oulad Amer. En réalité, on peut dire que toute la partie occidentale qui précède la vallée de la Moulouïa, ainsi que la plaine où coule l'oued Messoun, participent des mêmes caractères que le Dahra. L'altitude moyenne est d'environ 560^m, dans la partie qui nous occupe.

[2] L'Ouadi Ouarogguin d'El Bekri, et qui, à l'époque de ce géographe, coulait entièrement dans le territoire des Miknassa.

l'époque où je l'ai traversée, ne dépassait pas 20 mètres, mais au printemps, elle inonde les terrains environnants. Les bords de l'oued Messoun sont inhabités, les R'iatsa y viennent en incursion attaquer les voyageurs isolés, couper la route et rançonner les caravanes. C'est un des endroits, avec le territoire des Miknassa et la région qui s'étend de l'oued Innaouen à Bab Hammamat, où il convient de prendre des précautions.

La Kasba de Messoun[1] est un grand parallélogramme, dont les murs en pisé ne renferment à l'intérieur qu'un amas informe de constructions en ruines, datant de l'époque de Moula Ismaël. La description d'Ali bey, qui y passa en 1803, s'applique encore exactement à cet ensemble de masures et à l'enceinte de pisé. La même mosquée y est toujours en ruines et la désolation de ce lieu est semblable à celle qui avait frappé Ali bey, au commencement du siècle. La Kasba dépend du territoire des Houara et de la fraction des Oulad Hammou ou Moussa, le caïd de cette dernière tribu en a aussi le commandement. Il réside dans un douar qui était, au moment de notre passage, à une heure dans le nord.

Les Houara ont une origine ethnographique qui paraît douteuse. Ibn Khaldoun cite deux versions, la première qui rattache cette population aux Branes, et la seconde qui la fait descendre des arabes du Yemen.

[1] Temessouïïn d'Ali bey, p. 319.

C'est une tribu nomade se disant de race arabe. On en compte des représentants dans la vallée de l'oued Sous et aussi aux environs de Tanger, sur le littoral Atlantique, entre cette dernière ville et Acila, et cités déjà par El Bekri, page 256. Les Houara de cette partie du Maroc, se divisent en six fractions :

Mezarcha, Oulad Sedira, Athamna, Oulad Messaoud, Zergan et Oulad Hammou ou Moussa. Ils ont quatre kasba qui leur servent de magasins pour leurs grains. Ce sont: Kasba Messoun, Kasba Guercif et Kasba Oulad Hammou ou Moussa, ces deux dernières sur la rive gauche de la Moulouïa. On prétend qu'ils peuvent lever environ 800 cavaliers et 1700 fantassins; leurs chevaux sont renommés.

La position stratégique de la Kasba de Messoun est mauvaise, elle ne commande en réalité aucun passage. La position maîtresse de la route de Fez, ainsi que nous l'avons déjà vu, serait bien plutôt, soit dans le bas de la plaine au pied de Taza, faisant alors double emploi avec cette dernière ville, ou mieux encore sur le sommet du col de Tamalou.

A la Kasba de Messoun, on quitte en se rendant à Oudjda, le Maroc géographique et l'on aborde une région qui dépend véritablement par ses caractères, de l'Algérie. Le Tell marocain s'arrête à l'oued Innaouen, et là il n'est séparé du Rif que par l'épaisseur du massif allongé des Djebala qui forme aussi la séparation de la vallée du Ouar'ra de celle de l'Innaouen. La région montagneuse des Miknassa, celle que nous désignerons sous le nom de Djebel Taourirt, ménage la transition en formant la séparation entre le haut de l'Innaouen et le Fhama, contrée orientale qui commence à la Kasba de Messoun. Le Fhama ressemble à certaines parties des hauts plateaux algériens. C'est la même nature de sol rocailleux et stérile en été où de loin en loin se rencontrent quelques buissons rabougris et chétifs ; à la moindre pluie ces terrains se recouvrent d'une végétation herbacée qui alimente les troupeaux des nomades. Quelques r'edirs, sortes de mares où séjourne l'eau de pluie, quelques citernes telles que le Djeboub qui se voit au nord-ouest et à 10 kilomètres de la Kasba de Messoun, dernier reste d'une splendeur à jamais éteinte pour le Maroc, alors que le Sultan Moula Ismaël avait ménagé sur toutes les routes de son empire la sécurité des voyageurs, sont les seules sources d'eau de cette contrée déshéritée qui est bornée au nord par les montagnes des Oulad Bekkar, puis par le Guelez et au sud par le Djebel Taourirt et par la région des Beni Ouaraïne. Sur la rive droite de la Moulouïa, on peut dire que le Fhama se prolonge jusqu'aux montagnes des Beni bou Zeggou. La pente est peu prononcée dans la Fhama occidental. Il débute à une altitude de 570 à la Kasba de Messoun, tandis que la rive de la Moulouïa est à 370. La différence de niveau de 200 mètres porte sur une étendue moyenne de 35 kilomètres. Le Fhama est aux Houara qui s'y déplacent indéfiniment d'après les époques de l'année pour les besoins de l'alimentation de leurs troupeaux dans sa partie occidentale, tandis que sur la rive droite de la Moulouïa, ce sont les Hallaf qui l'occupent. Le Fhama paraît dans le sud et à droite de la Moulouïa, se confondre avec la plaine de Tafrata.

5ᵉ Étape. — De la kasba de l'ouad Messoun au douar des cherifs Oulad Sidi Mohammed Hossein, fraction des Hallaf, sur la rive gauche de la Moulouïa.

Nous reprenons au lever du jour la direction de l'est et nous nous engageons dans l'immense plaine que rien ne paraît borner à l'Orient. Nous laissons dans le sud, à environ 4000 mètres, la petite koubba du marabout de Sidi Saada. Une heure vingt après le départ, nous retrouvons l'oued Messoun qui décrit entre ce point et la Kasba une boucle dans le sud; il prend alors une direction N.-E.-E., et nous ne le retrouvons plus que dans les marécages qu'il forme au moment de son confluent avec la Moulouïa. Les hauteurs des Oulad Bekkar, à l'extrémité méridionale où est construite la Kasba, s'éloignent dans le nord; plus loin dans la même direction, ce sont les collines du Guelez, et, entre ces deux hauteurs, nous distinguons la trouée de la vallée de l'oued Tinsin. Une heure et demie après avoir quitté l'oued, je perçois, à environ 800 mètres dans le sud de notre route, les ruines d'une autre Kasba de l'époque de Moula Ismaël, nommée Tha Dzart, et une heure quarante minutes plus loin, le terrain s'abaissant, nous apercevons la vallée de la Moulouïa, le lit de la rivière est indiqué par une ligne de végétation dont la couleur se distingue de très loin. Nous laissons à peu de distance dans le sud le pays de Guercif, rien n'en révèle plus la splendeur passée ; ce n'est qu'un nom de district qui indique simplement une étape et un canton à traverser. Personne parmi les indigènes n'a pu nous indiquer même les vestiges du bourg florissant de Guercif que l'on voyait à l'époque d'El Bekri sur les bords de la Moulouïa et désigné alors sous le même nom que celui de la région environnante. Ibn Khaldoun citait cette contrée parmi les pays soumis aux Miknassa ; la ville avait été fondée vers l'an 900, à la même époque que le « ribath » ou couvent de Taza. Guercif était le Garsis de Léon l'Africain qui place « ce château » sur un roc auprès du fleuve Mulvia, à 30 milles de distance de Teurert (Taourirt) de l'oued Za. Quant à Marmol, qui copie toujours si exactement Léon l'Africain, il voit dans ce Ksar bâti selon lui par les Beni Merin, l'antique Galafa de Ptolémée.

Après trois heures de marche, on arrive sur les bords du fleuve que nous longeons pendant quelque temps, puis on traverse les marais qu'y forme l'oued Messoun au milieu de joncs et de roseaux, pour trouver le gué ou Mechraa de Sidi Abdallah Sebahri, du nom d'un petit marabout voisin qui est situé sur la rive droite du fleuve.

Au point précis où nous avons abordé la Moulouïa, avant d'en descendre la rive, nous avions vu une grande Kasba en ruines, ancien magasin d'une fraction aujourd'hui éteinte de Houara, les Oulad Beni Zaho, qui furent exterminés dans une lutte avec les Lamtana ou Amtana. En face de ces ruines, sur la rive droite du fleuve et sur une petite éminence, on remarque d'autres ruines au lieu dit Emmerada ; le vulgaire les attribue aux Roumis ; ce sont, en réalité, des vestiges de constructions en pisé du XVIIe siècle.

A l'époque et à l'endroit où nous l'avons franchi, l'oued Moulouïa a 50 mètres de large [1] et coule sur un fond de galets entre deux berges peu élevées. Le lit a environ 140 mètres. L'eau est claire, montant jusqu'au poitrail des chevaux. Le courant, extrêmement rapide en cette saison, est alimenté par la fonte des neiges du Djebel El Aïachi. Mais en hiver et au printemps, au moment des grandes pluies, la Moulouïa est généralement infranchissable au gué où nous l'avons passée ; on en est réduit à descendre jusque près de l'embouchure, à 5 kilomètres en amont, où se trouve, paraît-il, un bac, non loin du petit marabout de Sidi Mohammed Amezzian, situé sur la rive gauche.

La vallée de la Moulouïa, dans laquelle nous avons marché depuis neuf heures trente jusqu'à midi quarante-cinq, est de nature argileuse ; cultivée, elle donnerait de bonnes récoltes, toute l'étendue nous en a paru en friche et nous n'avons rencontré aucun douar ni aucun habitant. Les campements des Houara se

---

[1] La Moulouïa est en général peu large en comparaison de son débit d'eau. Duveyrier, qui l'a franchie à son embouchure, ne lui attribue que 40 mètres, et de Foucauld, qui l'a traversée bien en amont, indique sensiblement le même chiffre.

dirigent en été vers les flancs du djebel Guelez ou dans la vallée de l'oued Tinsin. La rive droite du fleuve appartient aux Hallaf qui nomadisent du fleuve jusqu'à l'oued Za, et au pied du Djebel Gelob, qui sépare les vallées de la Moulouïa et de l'oued Za. A quelques centaines de mètres de la Moulouïa, suivant une direction orientale, nous atteignons le petit marabout de Sidi Abdallah el Zebahri qui a donné son nom au gué, et autour de ce sanctuaire campe une fraction des Hallaf, les Oulad Sidi Mohammed Hossein, cherifs filali chez lesquels nous couchons dans le propre douar du chérif, chef de la fraction. Leur campement est assez misérable. C'est la plus petite fraction des Hallaf; elle ne s'éloigne guère du chemin d'Oudjda à la Moulouïa. Les Hallaf sont d'origine arabe et se divisent [1] en deux groupes : les Ahl Refoula dont les terrains de parcours sont dans la vallée de la Moulouïa et à laquelle appartient la fraction où nous passons la nuit, et enfin les Hallaf proprement dits qui s'étendent jusqu'à la vallée de l'oued Za et se subdivisent en Medafra, Oulad Rehou, Oulad Mahdi, El Arba et Oulad Seliman, et enfin Kerarma ; cette dernière fraction, très importante, campe dans le bassin de l'oued Za et possède un caïd qui administre, au moins nominativement, tout le groupe de la population.

---

[1] C'est, à peu de chose près, la division indiquée par de Foucauld. Toutefois ce voyageur fait déborder les Hallaf sur la rive gauche du fleuve, alors qu'il m'a été affirmé par le vieux Mohammed el Hossein lui-même qu'ils ne dépassaient jamais l'espace médian entre la Moulouïa et l'oued Za.

6ᵉ Étape. — Du douar des cherifs Oulad Sidi Mohammed Hossein, fraction des Hallaf, sur la rive gauche de la Moulouïa, à la demeure d'un chérif Oukili, près du marabout de Sidi Mohammed ben Ali el Hassani, dans la vallée de l'oued Za.

La route que nous devons suivre, dans la même direction orientale, franchit les chaînons que projette dans le nord le Djebel el Guelob. L'altitude de l'oued Za, à l'endroit où nous le traverserons, est à 500ᵐ, tandis que le gué de la Moulouïa n'atteignait pas 320ᵐ.

La région que traverse la piste suivie, est rocheuse et absolument dénudée, on n'y rencontre aucun douar. Nous étant mis en route à 4 heures 35 du matin, nous franchissons successivement à 4 h. 58[1], 5 h. 10[2], 5 h. 30[3], 7 h. 25[4] plusieurs lits de ruisseau. Tous sont à sec et ce phénomène, rare pour un voyageur qui arrive du riche Maroc si bien arrosé, indique la proximité de l'Algérie.

Une heure et demie après notre départ nous sommes par le travers du Djebel Guelez, à gauche du chemin et de l'autre côté de la Moulouïa. Nous longeons alors le Djebel el Guelob[5] qui termine, au sud, notre horizon. Il est habité par les Hallaf; nous traversons

[1] Oued Telar'.
[2] Oued El Biodh.
[3] Oued Guettara.
[4] Oued el Abd.
[5] Le Djebel el Guelob appartient au système orographique des montagnes des Beni bou Zeggou ; il en est l'extrémité la plus occidentale ; il nous masquait, au sud, la grande plaine de Tafrata, à laquelle on accède par le passage de Foum el Djir.

le pays appelé Errejeim Châada. Dans l'extrême lointain nous percevons, à l'ouest, les cimes bleuâtres du Djebel des Beni Ouaraïne et dans le nord, plus près de nous, les montagnes des Beni bou Iahi et du Rif.

Cinq heures et demie après avoir quitté le douar de Si Hosseïn nous entrons dans la région dite Kerarma, appelée aussi Blad Za, où coule l'oued Za au milieu d'une très étroite mais riche vallée que bordent des collines rocheuses très découpées et absolument arides, de conglomérat et de calcaire avec de nombreux gisements de fer oligiste. L'aspect en est désertique et le contraste est frappant avec les cultures prospères qu'arrose la rivière; celle-ci a un lit d'environ 70 mètres de largeur, 20 mètres de largeur de courant. Son eau est claire, excellente et ne tarit jamais, le lit est formé de sable à l'endroit où je l'ai traversé.

Nous descendons cette vallée durant environ trois kilomètres pour arriver au marabout de Sidi Mohammed ben Ali el Hassani, chérif oukili [1], ancêtre vénéré d'un chérif, chez lequel nous coucherons et dont la maison et la zaouïa, solidement construites et installées, sont tout auprès de ce tombeau et à, exactement, deux kilomètres N. N. E. de la Kasba ruinée dite de Moula Ismael, du nom du Sultan qui la fit construire. La colline rocheuse où elle se trouve se nomme Taourirt. C'est le magasin de grains d'une grande partie de la tribu des Hallaf. Elle s'élève sur un mamelon domi-

---

[1] Voir à ce nom le chapitre III.

nant la vallée de l'oued Za, qui s'évase à cet endroit. Il s'y tient, le mardi, un marché fréquenté, le Souk el Tenin [1] de l'oued Za et où viennent surtout les Hallaf, les Beni bou Zeggou et les Juifs de Debdou et même les Houara. La contrée a bon air, elle est parsemée de canaux d'irrigation qu'alimente abondamment la rivière, arrosant des champs, des cultures diverses d'arbres fruitiers et autres. Les campements des Oukili exempts de toute redevance par le Makhzen, en tant que cherifs, sont très prospères. Ce sont, au surplus, de grands coupeurs de route que ces marabouts. (Voir Beni Oukil) [2].

7ᵉ Étape. — De la demeure d'un chérif Oukili, près du marabout de Sidi Mohammed ben Ali el Hassâni dans la vallée de l'oued Za, à la Kasba de Aïoun Sidi Mellouk.

La contrée de l'oued Za à la Kasba de Aïoun Sidi Mellouk était difficile à traverser au moment de mon voyage. Les luttes de tribu à tribu, entre les Beni bou

---

[1] Le marché se tient exactement à deux kilomètres S. E. de la Kasba, à côté d'une maison de commandement où réside le caïd des Hallaf.

[2] Si on ne les a pas pour escorter sa caravane, on court grand risque d'être inquiété ou dépouillé par ceux-là mêmes qui perçoivent un droit élevé pour accompagner les voyageurs ou les préserver des entreprises de leurs frères. Une partie de nos animaux étant demeurés en arrière, furent attaqués et nos propres cavaliers étaient sur le point d'engager une lutte meurtrière quand le chérif oukili, qui nous accompagnait en avant, accourut et fit reculer les agresseurs qui étaient de ses propres serviteurs toujours à l'affût d'un bon coup à faire et qui, en cette occurrence, s'étaient mépris ainsi qu'ils nous l'avouèrent ingénument.

Zeggou et les Sedjâa et l'impuissance du caïd de la Kasba el Aïoun, avaient provoqué un réel état d'insécurité. Avant d'arriver à el Aïoun, nous devions rencontrer de nombreux cadavres de chevaux, tués au cours d'un combat qui s'y était livré quelques jours auparavant.

Ce que l'on convient d'appeler le désert d'Angad sépare la vallée de l'oued Za des environs de la ville d'Oudjda. La description que nous en a laissé Ali bey, donne à cette contrée un aspect désertique des plus exagérés et les souffrances que ce voyageur semble y avoir éprouvées au commencement de ce siècle, reproduites plus ou moins fidèlement depuis cette époque, ont contribué à égarer l'opinion. En réalité la région qui sépare la Kasba de Messoun, ainsi que nous avons vu, est dépourvue d'eau et celle qui s'étend entre le gué où nous avons franchi le fleuve et l'oued Za nous a également paru manquer de ressources, sauf le douar des Oulad Mohammed el Hosseïn, mais les distances extrêmes qu'il y a à parcourir dans chacune de ces étapes ne dépassent point respectivement 35 ou 40 kilomètres et il a donc fallu toute l'imprévoyance ou la mauvaise organisation de la caravane d'Ali bey pour avoir été sur le point, ainsi qu'il nous l'écrit complaisamment, de périr de soif en cette région [1].

La région médiane entre le blad Za et la Kasba el

---

[1] Pages 335 et suivantes. Voyages d'Ali bey.

Aïoun Sidi Mellouk, appartient, de fait, au Sedjâa ou Chedja, tribu nomade de race arabe qui nomadise dans la vaste étendue de territoire, bornée au nord par les montagnes des Beni Snassen, au sud par l'oued Debdou, à l'ouest par l'oued Za et à l'est par le Koudiat el Khodra d'Oudjda. Elle est donc en contact ou opposition d'intérêt avec les Angad et les Beni bou Zeggou et aussi avec les Hallaf; il en résulte un état politique fréquemment troublé au milieu duquel s'agite, impuissant, le caïd que le Makhzen marocain lui a attribué et qui réside dans la Kasba d'el Aïoun Sidi Mellouk.

Nous partons à cinq heures et après une heure et demie de marche, nous traversons un petit ruisseau d'eau salée, l'oued Emmeridjer, laissant sur notre gauche la Koubba du marabout de Sidi Mohammed ben Abd el Kader. La direction de la route a été jusqu'à présent N. E. magnétique (270°-280°). Elle se maintient ainsi depuis le départ de l'oued Messoun. L'oued Emmeridjer ainsi que tous les cours d'eau, ou pour parler plus exactement, tous les lits de ruisseaux que nous rencontrerons sur notre route aujourd'hui, descend des montagnes des Beni bou Zeggou, dont les derniers contreforts prennent le nom de Djebel Chraïa, tandis que dans le nord nous avons, nettement dessiné, le massif des Beni Snassen, enfin dans le sud-ouest, nous commençons à distinguer le Djebel Zekkara, dernière hauteur avant les cîmes bleuâtres de l'Algérie, du côté de Gar Rouban.

L'oued Cheriat[1] est à exactement deux heures de marche de la Kasba el Aïoun ; sur ses bords s'est livré il y a trois jours, un combat meurtrier, dont nous distinguons encore toutes les traces. La rivière coule sur un fond de sable ; il n'y a qu'un filet d'eau, mais on trouve une bonne source au bas d'un des talus assez escarpés qui bordent le lit. Aux environs de la Kasba apparaissent quelques cultures. Le sol est moins ingrat, mieux arrosé et le territoire dont la sécurité est protégée par la petite garnison du fort, produit quelques récoltes. Non loin de l'édifice, et près des marabouts de Sidi Mellouk et de Sidi Mahrok, jaillissent plusieurs sources, qui ne tarissent jamais ; elles se déversent dans le petit oued el Ksob, que l'on franchit à quelques centaines de mètres de la Kasba. Cette dernière a été décrite par de Foucauld, avec le soin et la conscience qui caractérisaient ce voyageur et il n'y a pas à ajouter quoi que ce soit[2]. Nous campâmes sur le terre-plein qui s'étend au sud de la porte principale[3].

8ᵉ Étape. — De la Kasba d'el Aïoun de Sidi Mellouk à Oudjda.

On compte environ 52 kil. de la Kasba à Oudjda, en un terrain plat sur lequel chemine, sans aucun

[1] Cette rivière qui conserve de l'eau tout l'été, m'assure-t-on, prendrait sa source dans les montagnes des Beni bou Zeggou, dans la coupée que l'on distingue entre cette chaîne et le Djebel Zekkara, non loin du territoire des Beni Iala.

[2] Voir Chapitre II, page 130.

[3] Pour cette dernière partie de la route, voir itinéraire de Debdou à Oudjda, d'après de Foucauld.

accident et avec les mêmes horizons, la route d'hier. Le sol devient sablonneux jusqu'aux approches d'Oudjda, où deux heures et quart avant d'arriver, on traverse l'oued Isly, qui ne tarit jamais même en été, et de suite on s'élève sur le chaînon de la Koudiat el Khodra, d'où l'on aperçoit la ville et son bois d'oliviers se détachant sur la plaine qui précède Lalla Mar'nia.

Par la route que nous avons suivie, on compte au pas allongé des mules peu chargées et à celui de mes cavaliers marocains, 56 heures 16 minutes de marche du Pont du Sebou à la porte d'Oudjda.

On m'a assuré toutefois que des cavaliers isolés et bien montés pouvaient faire la même route en cinq journées.

Itinéraire de Debdou a Lalla Mar'nia
(d'après de Foucauld, Mai 1884).

1ʳᵉ étape. — De Debdou à Taourirt (Kasba Moula Ismael).

En quittant Debdou, on suit la vallée de l'oued Debdou. Cette rivière sans berges avait, en mai 1884, 3 mètres de large et 20 centimètres de profondeur; elle contenait une eau claire et courante coulant sur un lit de gravier.

Le sol de sa vallée est terreux, semé de quelques pierres. Les cultures diminuent d'importance au fur et à mesure que l'on se rapproche du débouché dans la plaine de Tafrata; elles n'occupent bientôt qu'une partie du fond, tout le reste se couvre de hautes broussailles, d'où surgissent çà et là quelques grands arbres.

Après une heure et demie de marche on débouche dans la plaine de Tafrata.

C'est une immense étendue, déserte, complètement unie, qui reste souvent pendant plusieurs années stérile et sans végétation. Quelques pluies lui donnent bien vite mais momentanément, un aspect verdoyant. On y trouve un bas-fond au sol vaseux, coupé de flaques d'eau et couvert de hautes herbes, c'est Mader Tafrata Tahtani, près duquel se rencontre l'oued bou Rzab.

Au bout de six heures et demie de chemin, on arrive à Foum el Djir, qui marque l'entrée de la hauteur nommée El Guelob. Celle-ci est un bourrelet calcaire de peu d'élévation que l'on franchit en quelques minutes. La plaine se continue ensuite ; elle est ondulée ; son sol est terreux, de couleur jaune, semé de pierres, mais presque nu. On y trouve, au tiers du chemin entre El Guelob et Taourirt, un courant d'eau nommé Aïn Hammou qui, en mai 1884, coulait sur 2 mètres de profondeur, dans un lit large de 4 mètres, encaissé entre des berges de sable de 15 mètres de haut. Après 8 heures 50 minutes de route, on arrive à la crête du talus qui domine la vallée de l'oued Za.

Le talus que l'on descend pour gagner le fond de la vallée, est composé de sable et de galets roulés ; il est peu élevé et en pente douce. Toute la vallée est remplie de cultures, d'où émergent de nombreux douars, et au milieu desquelles surgit Taourirt (Kasba Moula Ismael). On y arrive après neuf heures de marche.

2ᵉ étape. — De Taourirt à l'oued Mesegmar.

A partir de Taourirt, on remonte la riche vallée de l'oued Za, couverte de cultures et très peuplée.

Après trois quarts d'heure de marche on parvient à Dar ech Chaoui, résidence du caïd des Kerarma, située au haut du talus, sur le flanc gauche de la vallée. Un marché se tient chaque lundi sous ses murs; il est très fréquenté par les tribus voisines des deux rives de la Moulouïa.

Redescendant dans la vallée de l'oued Za, qui coulait, en mai 1884, sur une largeur de 20 mètres et une profondeur de $0^m,80$, dans un lit de sable de 80 mètres de largeur, on traverse la rivière et on gravit le talus qui en forme le flanc droit. Arrivé au sommet, on se trouve dans une plaine sablonneuse et ondulée : c'est le désert d'Angad.

Cette vaste plaine est parfaitement plate au centre et ondulée sur ses lisières nord et sud, d'une manière d'autant plus accentuée qu'on se rapproche davantage des massifs montagneux qui la bordent. Le sol sablonneux est dur quand il est sec, vaseux, glissant et impraticable à la marche dès qu'il pleut.

Entre l'oued Za et l'oued Mesegmar, on rencontre aux trois quarts du chemin l'oued Ouseddan et ensuite plusieurs autres ruisseaux sans importance, encaissés entre des berges escarpées, hautes de 7 à 8 mètres et qui ne contiennent d'eau qu'au moment des pluies.

Après cinq heures de marche on arrive à l'oued Mesegmar, large de 6 mètres dont 3 d'eau courante (mai 1884), encaissé entre des berges de 20 mètres à 45 mètres. Les deux rives sont garnies de cultures au milieu desquelles se dressent de nombreuses tentes.

3ᵉ étape. — De l'oued Mesegmar à Kasba el Aïoun Sidi Mellouk.

Six heures de marche dans la plaine d'Angad.

On rencontre deux cours d'eau dans le trajet :

L'oued Metlili qui vient de chez les Beni Iala, lit de 5 mètres ; 1^{m}50 d'eau ; berges de sable de 12^m de hauteur (mai 1884).

L'oued el Ksob qui vient également de chez les Beni Iala et reçoit l'oued Mesegmar ; lit de 25 mètres, rempli de galets, à sec ; berges de sable de 15 mètres à pic (mai 1884).

4ᵉ étape. — De Kasba el Aïoun Sidi Mellouk à Oudjda.

A partir de Kasba el Aïoun Sidi Mellouk, on continue à marcher dans la plaine, toujours sablonneuse, apercevant au nord le Djebel Beni Snassen, parsemé de points noirs (villages et cultures). On franchit bientôt l'oued bou Redim dont le lit, assez large, est généralement à sec.

En approchant d'Oudjda seulement, on trouve deux accidents de terrain qui changent un peu la monotonie du pays toujours plat jusqu'alors ; c'est d'abord une colline peu élevée qui se détache du massif des Beni Snassen et vient mourir sur l'oued Isly. C'est ensuite le Coudiat El Khodra, où s'est livrée la bataille d'Isly et vers laquelle on se dirige.

Au bout de huit heures de marche, on parvient à l'oued Isly. Cette rivière avait, en mai 1884, 12 mètres de large et 0^m70 de profondeur ; le courant était rapide ; le lit, composé de gros galets, était en entier occupé par les eaux ; des berges de sable hautes de 8 mètres à 45° l'encaissaient.

On traverse l'oued Isly, pour gravir la Koudiat el Khodra. Il faut 10 minutes pour arriver au sommet, qui ferme un plateau pierreux et même rocheux. Il faut une heure pour traverser ce plateau, d'où l'on aperçoit Oudjda. On arrive dans cette ville après neuf heures et demie de marche.

5ᵉ Étape. — D'Oudjda à Lalla Mar'nia.

Trois heures de marche séparent Oudjda de Lalla Mar'nia. La distance qui existe entre ces deux localités est exactement de 24 kilomètres.

En quittant Oudjda on marche pendant près de deux kilomètres, à travers le bois d'oliviers qui entoure la ville.

A six kilomètres d'Oudjda, le chemin arrive à l'oued bou Chetat, qui devient plus bas l'oued Ouerdefou. On le franchit à pied sec. On trouve de l'eau à 2 kilomètres en amont de ce passage.

Le chemin atteint ensuite El Betimat (lieu marqué

par trois térébinthes) et coupe la frontière algérienne à une distance de 1200 mètres en deçà du puits de Zoudj El Ber'al.

Ce puits, où l'on arrive ensuite, est maçonné ; il a une profondeur de vingt mètres et se trouve à six kilomètres du passage de l'oued bou Chetat.

Enfin quittant la plaine d'Oudjda, le chemin traverse à gué l'oued el Atchane et l'oued Ouerdefou, avant d'arriver à Lalla Mar'nia.

Douze kilomètres séparent Zoudj el Ber'al de Lalla Mar'nia.

Itinéraire de la route suivie de Tanger a Nedroma par le Mokaddem Mahmoud des cherifs de Ouazzan et par Si Sliman ben Abdel Kerim
(Octobre 1893).

1re Étape. — Fondouk d'Aïn Djedida.

Traversé les villages de la banlieue de Tanger ; passé par les villages des Sioufa, qui font partie de la tribu Oued Ras. Près des villages des Sioufa, existe un marché fréquenté le mardi (Souk Tleta) ; à proximité de ce marché coule l'oued du Tleta des Sioufa. Coucher au Fondouk (caravansérail) d'Aïn Djedida, situé à proximité de la tribu de l'Oued Ras.

2e Étape. — Tétouan.

Suivi le chemin qui passe entre la tribu de l'Oued Ras

et la tribu des Beni Ider; traversé l'oued Ifiha; Tétouan.

3ᵉ Étape. — Oued Sifellaou.

Passé dans la tribu des Beni Mâadan, puis dans celle des Beni Saïd, arrivé à l'oued Tamsa vers onze heures; traversé l'oued Merabet vers 1 heure 1/2, pénétré dans de nombreuses montagnes; coucher à l'oued Sifellaou, tribu des Beni Saïd, dans la maison de Sidi Mohammed Er-Rasouli.

L'oued Sifellaou prend sa source près de la ville de Ech-Chaoun et se jette dans la mer, entre les tribus des Beni Saïd et des R'omara, à l'endroit appelé Gâasras, point qui sert de limite entre les tribus des Beni Saïd, des R'omara à droite et des Beni Hasan (à gauche).

4ᵉ Étape. — Oued Tiguisas.

Traversé Gâasras qui sert de gué à l'oued Sifellaou; pénétré dans la tribu des R'omara, dont tout le territoire est formé par de très hautes montagnes; coucher dans la maison des cherifs d'Ouazzan, située à l'oued Tiguisas, dans la tribu des R'omara.

5ᵉ Étape. — Tir'assa.

Passé près de la Koubba du marabout Sidi Ahmed el Filali; pris le chemin qui se trouve à proximité et à droite de cette Koubba. Ce chemin s'appelle Sebâa

Louïat (les 7 détours), il se compose de sept montagnes et de sept ravins, et il faut environ sept heures de marche pour en sortir : toutes ces montagnes s'inclinent vers le bord de la mer. Traversé une grande rivière appelée oued Tarer'a. Sur les rives de cet oued se trouvent un grand nombre de Koubbas, parmi lesquelles celle du marabout Sidi El R'ezzal qui était cheikh de la djemâa : il y existe aussi de nombreux villages faisant partie de la tribu des R'omara. Coucher à Tir'assa, tribu des R'omara, dans la maison de Si Tahar, mokaddem des cherifs d'Ouazzan.

6ᵉ Étape. — Bou Hannine.

Passé à la Koubba du marabout Sidi El Attar. Là se trouve une rade fréquentée par des pêcheurs (Pointe des pêcheurs). Suivi le bord de la mer pendant deux heures. Remonté l'oued Ourinega pendant trois heures. Dans le lit de cette rivière se trouve un marché fréquenté le mardi et appelé Souk Tleta d'Ourinega. Pénétré dans la tribu des Mettioua. Coucher dans le village Bou Hannine (tribu des Mettioua), chez le cheikh Mohammedine.

7ᵉ Étape. — Dechera du Raïs Ali.

Pénétré dans la tribu Tazariaret, marché à travers cette tribu pendant une heure. Entré dans la ville de Mestassa, qui contient 300 hommes. Traversé un pays désert, appelé Bou Khachkhach, et situé entre la tribu des Mestassa et la tribu des Beni Guemil. Entré dans la tribu des Beni Ouferah (Bou Ferah). Coucher dans le village des Raïs Ali, tribu des Beni Ouferah.

8ᵉ Étape. — Kasba ed Djennada.

Entré dans la tribu des Beni Iteft. Après trois heures de marche, arrivé à la Kasba ed Djennada : c'est un grand fort occupé par trente cavaliers, fournis par les Oudaïa (tribu qui fournit la garnison de la Kasba). Coucher à Kasba el Djennada, tribu des Beni Iteft, dans la maison des cherifs d'Ouazzan, dont le chef se nomme Sidi Abdallah, fils de Sidi Brahim, cousin de Sidi El Hadj Abdesselam.

9ᵉ Étape. — Mehaouline.

Passé à l'extrémité des tribus Bokouïa, Azemouren, Beni Ouriar'al. Coucher dans le village de Mehaouline, de la tribu des Beni Ouriar'al.

10ᵉ Étape. — Kasba Ed Deher.

Traversé l'oued R'is. Entré dans la tribu Tam Saman (tribu très grande). Passé à la maison d'Ould El Hadj bou Azza, caïd de la tribu Tam Saman, près de laquelle se trouve le marabout Sidi Bou Daoud. Traversé l'oued Er'ezar ou R'anem, dont les bords sont couverts d'un grand nombre de villages appartenant à la tribu Tam Saman. Coucher dans la Kasba Ed Deher (tribu Tam Saman), dont tous les habitants sont des Derkaoua.

11ᵉ Étape. — Dar Sidi El Hadj Hammou Hadri (Beni Saïd du Rif).

Traversé l'oued El Djemâa. Entré dans la tribu des Beni Oulichek. Passé sur un très grand marché fréquenté le vendredi. Pénétré dans la tribu des Beni Saïd. Reçu dans la maison du caïd des Beni Saïd, nommé Akchich. Coucher dans la maison de Sidi El Hadj Hammou el Hadri (tribu des Beni Saïd du Rif).

12ᵉ Étape. — Dar Mohammed ben Abdallah (tribu des Guelaïa).

Traversé l'oued Aït Bou Gafer. Entré dans la tribu des Guelaïa. Coucher dans la maison de Mohammed ben Abdallah, mokaddem de la zaouïa d'Ouazzan, près du marché de Tleta (mardi) des Guelaïa.

13ᵉ Étape. — Zaouïa d'Ouazzan dans la tribu Kebdana.

Passé au marché du dimanche de Azr'enr'en dans la tribu Guelaïa. Passé à la Kasba Selouan. Entré dans la tribu des Oulad Settout (toute en plaine). Pénétré dans la tribu des Kebdana. Coucher dans la zaouïa d'Ouazzan (tribu des Kebdana).

14ᵉ Étape. — Oued Moulouïa.

Passé auprès d'un grand nombre de villages de la tribu des Kebdana, appelés Legratite. Passé près de la Koubba du marabout Sidi Brahim. Coucher à l'oued Moulouïa (tribu des Kebdana).

15ᵉ Étape. — **El Anabra** (près de Zaouiet El Mira).

Entré dans la tribu des Haouara. Après deux heures de marche, arrivé dans la tribu des Oulad Mansour. Passé près de la Kasba Saïdia, bordj marocain qui est en face du fortin français. Traversé l'oued Adjeroud. Coucher à El Anabra (village français d'Algérie).

16ᵉ Étape. — **Nedroma.**

TRAITÉ DE TANGER.

Convention conclue a Tanger, le 10 Septembre 1844, pour régler les différends survenus entre la France et le Maroc [1].

Sa Majesté l'Empereur des Français [2], d'une part, et Sa Majesté l'Empereur de Maroc, Roi de Fez et de Suz, de l'autre part, désirant régler et terminer les différends survenus entre la France et le Maroc, et rétablir, conformément aux anciens Traités, les rapports de bonne amitié qui ont été un instant suspendus entre les deux Empires, ont nommé et désigné pour leurs Plénipotentiaires :

Sa Majesté l'Empereur des Français, le sieur *Antoine-Marie-Daniel Doré de Nion*, officier de la Légion d'honneur, chevalier de l'ordre royal d'Isabelle la Catholique, chevalier de première classe de l'ordre Grand-Ducal de Louis de Hesse, son Consul général et chargé d'affaires près Sa Majesté l'Empereur de Maroc, et le sieur *Louis-Charles-Elie Decazes*, comte *Decazes*, duc *de Glücksberg*, chevalier de l'ordre royal

---

[1] Bulletin des lois, 9ᵉ série, partie principale, N° 1158. Année 1844, page 997. Reproduction littérale.

[2] Dans tous les actes politiques passés avec les princes mahométans, il est d'usage, depuis François 1ᵉʳ, que les Rois de France prennent le titre d'Empereur.

de la Légion d'honneur, commandeur de l'ordre royal de Danebrog et de l'ordre royal de Charles III d'Espagne, Chambellan de Sa Majesté Danoise, chargé d'affaires de Sa Majesté l'Empereur des Français près Sa Majesté l'Empereur de Maroc ;

Et Sa Majesté l'Empereur de Maroc, Roi de Fez et de Suz, l'agent de la Cour très élevée par Dieu *Sid-Bou-Selam-Ben-Ali*.

Lesquels ont arrêté les stipulations suivantes :

Art. 1er. Les troupes marocaines réunies extraordinairement sur la frontière des deux Empires, ou dans le voisinage de ladite frontière, seront licenciées.

Sa Majesté l'Empereur de Maroc s'engage à empêcher désormais tout rassemblement de cette nature. Il restera seulement, sous le commandement du caïd de Oueschda[1], un corps dont la force ne pourra excéder habituellement deux mille hommes. Ce nombre pourra toutefois être augmenté si des circonstances extraordinaires, et reconnues telles par les deux Gouvernements, le rendaient nécessaire dans l'intérêt commun.

2. Un châtiment exemplaire sera infligé aux chefs marocains qui ont dirigé ou toléré les actes d'agression commis en temps de paix sur le territoire de l'Algérie contre les troupes de Sa Majesté l'Empereur des Français. Le Gouvernement marocain fera connaître au Gouvernement français les mesures qui auront été prises pour l'exécution de la présente clause.

[1] Oudjda.

3. Sa Majesté l'Empereur de Maroc s'engage de nouveau, de la manière la plus formelle et la plus absolue, à ne donner, ni permettre qu'il soit donné, dans ses États, ni assistance, ni secours en armes, munitions ou objets quelconques de guerre, à aucun sujet rebelle ou à aucun ennemi de la France.

4. *Hadj-Abd-el-Kader* est mis hors la loi dans toute l'étendue de l'Empire de Maroc, aussi bien qu'en Algérie.

Il sera, en conséquence, poursuivi à main armée par les Français sur le territoire de l'Algérie, et par les Marocains sur leur territoire, jusqu'à ce qu'il en soit expulsé ou qu'il soit tombé au pouvoir de l'une ou de l'autre nation.

Dans le cas où *Abd-el-Kader* tomberait au pouvoir des troupes françaises, le Gouvernement de Sa Majesté l'Empereur des Français s'engage à le traiter avec égards et générosité.

Dans le cas où *Abd-el-Kader* tomberait au pouvoir des troupes marocaines, Sa Majesté l'Empereur de Maroc s'engage à l'interner dans une des villes du littéral ouest de l'empire, jusqu'à ce que les deux Gouvernements aient adopté, de concert, les mesures indispensables pour qu'*Abd-el-Kader* ne puisse, en aucun cas, reprendre les armes et troubler de nouveau la tranquillité de l'Algérie et du Maroc.

5. La délimitation des frontières entre les possessions de Sa Majesté l'Empereur des Français et celles de Sa Majesté l'Empereur de Maroc reste fixée et

convenue conformément à l'état des choses reconnu par le Gouvernement marocain à l'époque de la domination des Turcs en Algérie.

L'exécution complète et régulière de la présente clause fera l'objet d'une Convention spéciale négociée et conclue sur les lieux, entre le Plénipotentiaire désigné à cet effet par Sa Majesté l'Empereur des Français et un délégué du Gouvernement marocain. Sa Majesté l'Empereur de Maroc s'engage à prendre sans délai, dans ce but, les mesures convenables, et à en informer le Gouvernement français.

6. Aussitôt après la signature de la présente Convention, les hostilités cesseront de part et d'autre. Dès que les stipulations comprises dans les articles 1, 2, 4 et 5 auront été exécutées à la satisfaction du Gouvernement français, les troupes françaises évacueront l'île de Mogador, ainsi que la ville de Oueschda, et tous les prisonniers faits de part et d'autre seront mis immédiatement à la disposition de leurs nations respectives.

7. Les Hautes Parties contractantes s'engagent à procéder de bon accord, et le plus promptement possible, à la conclusion d'un nouveau Traité qui, basé sur les Traités actuellement en vigueur, aura pour but de les consolider et de les compléter, dans l'intérêt des relations politiques et commerciales des deux Empires.

En attendant, les anciens Traités seront scrupuleusement respectés et observés dans toutes leurs clauses, et la France jouira, en toute chose et en toute occasion, du traitement de la nation la plus favorisée.

8. La présente Convention sera ratifiée, et les ratifications en seront échangées dans un délai de deux mois, ou plus tôt, si faire se peut [1].

Cejourd'hui, le 10 septembre de l'an de grâce 1844 (correspondant au 25 du mois de châaban de l'an de l'hégire 1260), les Plénipotentiaires ci-dessus désignés de Leurs Majestés les Empereurs des Français et de Maroc, ont signé la présente Convention, et y ont apposé leurs sceaux respectifs.

(L. S.) Signé : ANT. M. D. Doré de Nion,

(L. S.) Signé : Decazes, duc de Glücksberg.

(Place du cachet du Plénipotentiaire marocain).

---

[1] Les ratifications furent échangées le 26 octobre 1844.

TRAITÉ DU 18 MARS 1845

ou

DE LALLA MAR'NIA.

Traité[1] conclu entre les Plénipotentiaires de l'Empereur des Français et des possessions de l'Empire d'Algérie, et de l'Empereur de Maroc, de Suz, de Fez et des possessions de l'Empire d'Occident.

Les deux Empereurs, animés d'un égal désir de consolider la paix heureusement rétablie entre eux, et voulant, pour cela, régler d'une manière définitive l'exécution de l'article 5 du traité du 10 septembre de l'an de grâce 1844 (24 cha'ban de l'an 1260 de l'hégire).

Ont nommé, pour leurs Commissaires plénipotentiaires, à l'effet de procéder à la fixation exacte et définitive de la limite de souveraineté entre les deux pays, savoir :

L'Empereur des Français, le sieur *Aristide Isidore*, comte DE LA RUË, Maréchal de camp dans ses armées, Commandeur de l'ordre Impérial de la Légion d'honneur, Commandeur de l'ordre d'Isabelle la Catholique, et Chevalier de deuxième classe de l'ordre de Saint-Ferdinand d'Espagne ;

---

[1] Bulletin des lois, 9ᵉ série, partie principale, N° 1234. Année 1845, page 501. Reproduction littérale.

L'Empereur de Maroc, le Sid Ahmida-Ben-Ali-El-Sudjâaï, gouverneur d'une des provinces de l'Empire;

Lesquels, après s'être réciproquement communiqué leurs pleins pouvoirs, sont convenus des articles suivants, dans le but du mutuel avantage des deux Pays et d'ajouter aux liens d'amitié qui les unissent :

Article 1er. Les deux Plénipotentiaires sont convenus que les limites qui existaient autrefois entre le Maroc et la Turquie resteraient les mêmes entre l'Algérie et le Maroc. Aucun des deux Empereurs ne dépassera la limite de l'autre ; aucun d'eux n'élèvera à l'avenir de nouvelles constructions sur le tracé de la limite ; elle ne sera pas désignée par des pierres. Elle restera, en un mot, telle qu'elle existait entre les deux Pays, avant la conquête de l'Empire d'Algérie par les Français.

2. Les Plénipotentiaires ont tracé la limite au moyen des lieux par lesquels elle passe et touchant lesquels ils sont tombés d'accord, en sorte que cette limite est devenue aussi claire et aussi évidente que le serait une ligne tracée.

Ce qui est à l'est de cette ligne frontière appartient à l'Empire d'Algérie.

Ce qui est à l'ouest appartient à l'Empire du Maroc.

3. La désignation du commencement de la limite et des lieux par lesquels elle passe est ainsi qu'il suit : cette ligne commence à l'embouchure de l'oued (c'est-à-dire cours d'eau) *Adjeroud* dans la mer ; elle remonte avec ce cours d'eau jusqu'au gué où il prend le nom

de *Kis*; puis elle remonte encore le même cours d'eau jusqu'à la source qui est nommée *Ras-el-Aïoun*, et qui se trouve au pied des trois collines portant le nom de *Menasseb-Kis*, lesquelles, par leur situation à l'est de l'oued, appartiennent à l'Algérie. De Ras-el-Aïoun, cette même ligne remonte sur la crête des montagnes avoisinantes jusqu'à ce qu'elle arrive à Drâ-el-Doum; puis elle descend dans la plaine nommée *El-Aoudj*. De là, elle se dirige à peu près en ligne droite sur Haouch-Sidi-Aïêd. Toutefois, le Haouch lui-même reste à cinq cents coudées (deux cent cinquante mètres) environ, du côté de l'est, dans les limites algériennes. De Haouch-Sidi-Aïêd, elle va sur Djerf-el-Baroud, situé sur l'oued-bou-Nâïm; de là, elle arrive à Kerkour-Sidi-Hamza; de Kerkour-Sidi-Hamza à Zoudj-el-Beghal; puis, longeant à gauche le pays des Ouled-Ali-ben-Talha, jusqu'à Sidi-Zahir, qui est sur le territoire algérien, elle remonte sur la grande route jusqu'à Aïn-Takbalet, qui se trouve entre l'Oued-Bou-Erda et les deux oliviers nommés *El-Toumiet*, qui sont sur le territoire marocain. De Aïn-Takbalet, elle remonte avec l'oued Roubban jusqu'à Ras-Asfour; elle suit au-delà le Kef, en laissant à l'est le marabout de Sidi-Abd-Allah-ben-Mehammed-el-Hamlili; puis, après s'être dirigée vers l'ouest, en suivant le col de El-Mechêmiche, elle va en ligne droite jusqu'au marabout de Sidi-Aïssa, qui est à la fin de la plaine de Missiouin. Ce marabout et ses dépendances sont sur le territoire algérien. De là, elle court vers le sud jusqu'à Koudiet-el-Debbagh, colline située sur la limite extrême du Tell (c'est-à-dire le pays cultivé). De là, elle prend la direction sud jusqu'à Kheneg-el-Hada, d'où elle marche sur Tenïet-el-Sassi, col dont la jouissance appartient aux deux Empires.

Pour établir plus nettement la délimitation à partir de la mer jusqu'au commencement du désert, il ne faut point omettre de faire mention, et du terrain qui touche immédiatement à l'est la ligne sus-désignée, et du nom des tribus qui y sont établies.

A partir de la mer, les premiers territoires et tribus sont ceux des Beni-Mengouche-Tahta et des Aâtïa. Ces deux tribus se composent de sujets marocains qui sont venus habiter sur le territoire de l'Algérie, par suite de graves dissentiments soulevés entre eux et leurs frères du Maroc. Ils s'en séparèrent à la suite de ces discussions, et vinrent chercher un refuge sur la terre qu'ils occupent aujourd'hui et dont ils n'ont pas cessé jusqu'à présent d'obtenir la jouissance du souverain de l'Algérie, moyennant une redevance annuelle.

Mais le Commissaire plénipotentiaire de l'Empereur des Français, voulant donner au représentant de l'Empereur de Maroc une preuve de la générosité française et de sa disposition à resserrer l'amitié et entretenir les bonnes relations entre les deux États, a consenti au représentant marocain, à titre de don d'hospitalité, la remise de cette redevance annuelle, (cinq cents francs pour chacune des deux tribus) ; de sorte que les deux tribus sus-nommées n'auront rien à payer, à aucun titre que ce soit, au gouvernement d'Alger, tant que la paix et la bonne intelligence dureront entre les deux Empereurs des Français et du Maroc.

Après le territoire des Aâttïa, vient celui des Messirda, des Achâche, des Ouled-Mellouk, des Beni-bou-Sâïd, des Beni-Senous et des Ouled-el-Nahr. Ces six dernières tribus font partie de celles qui sont sous la domination de l'Empire d'Alger.

Il est également nécessaire de mentionner le territoire qui touche immédiatement, à l'ouest, la ligne sus-désignée, et de nommer les tribus qui habitent sur ce territoire. A partir de la mer, le premier territoire et les premières tribus sont ceux des Ouled-Mansour-Rel-Trifa, ceux des Beni-Iznèssen, des Mezaouir, des Ouled-Ahmed-ben-Brahim, des Ouled-el-Abbès, des Ouled-Ali-ben-Talha, des Ouled-Azouz, des Beni-bou-Hamdoun, des Beni-Hamlil et des Beni-Mathar-Rel-Ras-el-Aïn. Toutes ces tribus dépendent de l'Empire du Maroc.

4. Dans le Sahra (désert), il n'y a pas de limite territoriale à établir entre les deux Pays, puisque la terre ne se laboure pas et qu'elle sert de pacage aux Arabes des deux Empires, qui viennent y camper pour y trouver les pâturages et les eaux qui leur sont nécessaires. Les deux Souverains exerceront de la manière qu'ils l'entendront, toute la plénitude de leurs droits sur leurs sujets respectifs dans le Sahra. Et, toutefois,

si l'un des deux Souverains avait à procéder contre ses ses sujets, au moment où ces derniers seraient mêlés avec ceux de l'autre État, il procédera comme il l'entendra sur les siens, mais il s'abstiendra envers les sujets de l'autre gouvernement.

Ceux des Arabes qui dépendent de l'Empire du Maroc sont : les M'beïa[1], les Beni-Guil, les Hamian-Djenba, les Eûmour-Sahra et les Ouled-Sidi-Cheikh-el-Gharaba.

Ceux des Arabes qui dépendent de l'Algérie sont : les Ouled-Sidi-el-Cheikh-el-Cheraga et tous les Hamian, excepté les Hamian-Djenba sus-nommés.

5. Cet article est relatif à la désignation des kessours (villages du désert) des deux Empires. Les deux Souverains suivront, à ce sujet, l'ancienne coutume établie par le temps, et accorderont, par considération l'un pour l'autre, égards et bienveillance aux habitants de ces kessours.

Les kessours qui appartiennent au Maroc sont ceux de Yiche et de Figuigue.

Les kessours qui appartiennent à l'Algérie sont : Aïn-Safra, S'fissifa, Assla, Tiout, Chellala, El-Abiad et Bou-Semghoune.

6. Quant au pays qui est au sud des kessours des deux Gouvernements, comme il n'y a pas d'eau, qu'il est inhabitable, et que c'est le désert proprement dit, la délimitation en serait superflue.

---

[1] Les Mehaïa.

7. Tout individu qui se réfugiera d'un État dans l'autre, ne sera pas rendu au Gouvernement qu'il aura quitté par celui auprès duquel il se sera réfugié, tant qu'il voudra y rester.

S'il voulait, au contraire, retourner sur le territoire de son Gouvernement, les autorités du lieu où il se sera réfugié ne pourront apporter la moindre entrave à son départ. S'il veut rester, il se conformera aux lois du pays, et il trouvera protection et garantie pour sa personne et ses biens. Par cette clause, les deux Souverains ont voulu se donner une marque de leur mutuelle considération.

Il est bien entendu que le présent article ne concerne en rien les tribus; l'Empire auquel elles appartiennent étant suffisamment établi dans les articles qui précèdent.

Il est notoire aussi que *El-Hadj-Abd-el-Kader* et tous ses partisans ne jouiront pas du bénéfice de cette Convention, attendu que ce serait porter atteinte à l'article 4 du traité du 10 septembre 1844, tandis que l'intention formelle des Hautes Parties contractantes est de continuer à donner force et vigueur à cette stipulation, émanée de la volonté de leurs Souverains, et dont l'accomplissement affermira l'amitié et assurera pour toujours la paix et les bons rapports entre les deux États.

Le présent Traité, dressé en deux exemplaires, sera soumis à la ratification et au scel des deux Empereurs, pour être ensuite fidèlement exécuté.

L'échange des ratifications aura lieu à Tanger, sitôt que faire se pourra[1].

En foi de quoi, les Commissaires plénipotentiaires susnommés ont apposé au bas de chacun des exemplaires leurs signatures et leurs cachets.

Fait sur le territoire français voisin des limites, le 18 mars 1845 (9 de râbiâ el oouel 1261 de l'hégire).

Puisse Dieu améliorer cet état de choses dans le présent et dans le futur !

(L. S.) Signé : Le Général Comte DE LA RUË.
(L. S.) Signé : AHMIDA-BEN-ALI.

[1] Les ratifications furent échangées le 6 août 1845.

وتصحيح المحبة وإبقا المودة بين الدولتين والالفة بين الجانبيـن
وبعد المطلوب من السلطانين الرضى بما ذكر اعلاه والوبا به ولا بد
من كتب نسختين لتقييد الشروط المذكورة بتطبع نسخة منها بطابع
سلطان الفرانصيص وياخذها سيادة سلطان المغرب وتطبـع نسخة
اخرى بطابـع سلطان المغرب وياخذها سيادة سلطان الفرانصيص
وتبديل النسختين انما يكون في طنجة عن قريب ان شا الله بعدان
يضع كل واحد من النايبيـن المذكوريـن خط يده وخاتمه في كل
نسخة من النسختين وذالك بقرب الحــــــدود

بتاريخ ٩ ربيع الاول سنه ١٢٦١ الموافق اليوم الثامن عشر من مرص
سنه ١٨٤٥ من تاريخ المسيح والله يصلح الحالي والعالي

واسفله خط يد النايب الفرانصوي
الجليل انار كونت دولاروا

واسفله خط يد النايب المغربي
السيد حميدة بن علي

الشيخ الغرابه وعمور الصحرا وحميان الجنبه والاعراب الشرفيه هم
اولاد سيدى الشيخ الشراقه وكافه حميان من غير حميان الجنبه
الشرط الخامس رع تعيين فصور ايالة المملكتين بى الصحرا بعلى
الملكين اتبع الطريق السابقه وتوفير اهل هذه الفصور رعيا لجانب
المخامين اما فصور بجيج وفصر بيش بلعملة المغرب واما العين
الصفراء وسجيسيبة وعلة وتيوت وشلالة ولابيض وبو سمغون وللعملة
الشرفيــــــه
الشرط السادس ان الارض التى هى قبلة فصور البريفين بى الصحرا
لا ما بيها فلا تحتاج لتحديد لكونها ارض بـــلات
الشرط السابع ان جميع من التجا من رعية البريفين الى لاخر فلا يرده
من التجا اليه لموضعه حيث اراد البفا بملتجاه ولا بمن اراد الرجوع
لموضعه فلا يتعرض له عامل ولا غيره وحيث غرم على البفا بيبقى
تحت حكم عامل المكان الملتجا اليه ويكون امنا بى نبسه وما له
احتراما من السلطانين لبعضهما بعضا وهذا الشرط لا تدخل بيه القبايل
الذين عملتهم مبينه بى الشروط اعلاه وغير خبى ان الحاج عبد القادر
ومن بى حزبه غير داخل بى هذا الشرط لان دخوله بيه موجب
لبطلان الشرط الرابع فى مكتوب الصلح المنبرم ١٥ شتنبرو سنه ١٨٤٤
بان العمل والوبا به من اهم لامور الموجبة لنبوذ كلمة السلطانين

على نايب سلطان المغرب بالوظيفة التي تودي‍ا هاتان القبيلتـان المذكورتان لسلطان العملة الشرقية بلا يطالبون بقليل ولا كثير ولا جليل ولا خطير رغبة في كاستيلاب وابقاء للمحبة وجلبا للمودة بين الفريقين مدة الخير والصل والمهادنة وصيانة من النايب المتبرع المذكور على السيد النايب عن سلطان المغرب المسطور ثم يجاور تراب الفرقتين المذكورتين تراب مسيردة ولاعشاش واولاد ملوك وبنى بو سعيد وبنى سنوس واولاد نهار وبهذه القبايل الستة من جهة عملة الجزاير وكذلك ذكر للارض الملاصقة الحدود غربا وذكر القبايـل النازلة فيها باول لارض والقبايل ارض اولاد منصور اهل تريبة وبنى يزناسن والمزاور واولاد احمد بن ابراهيم واولاد العباس واولاد علي بن طالحة واولاد عزوز وبنى بو حمدون وبنى حميل وبنى مطهـر اهل راس العين وهولا القبايل بمنازلهم لعملة المغرب

الشرط الرابع ان ارض الصحرا لا حد فيها بين الجانبيـن لكونهـا لا تحرث وانما هي مرعى بفط لعرب كلا يالتين التي تنـزل فيهـا وتنتفـع بخصبها وماها ولكلا السلطانيـن التصرف في رعيتـه بـا شـا وكيف شا من غير معارض ان امتازت ولا فيمن اراد احداث امر في رعيته حالة اختلاطها برعية غيره فليكن عن غير رعيته ويحدث و رعيته ما يشا بالاعراب الغربية هم المهاية وبنى فيل واولاد سيدى

حمزه ومنه الى زوج البغال وسر منه مياسرا لبلد الطلح الى سيدي الزهار المعلوم للعملة الشرفيه ومنه سر مع الطريف الجادة الى عين تفبالت التي هي بين البوارده والزبوجتين المسماتين بالستوميات المعروبتين لايالة مملكة المغرب واصعد من عين تفبالت مع وادي ربان الى راس عصبور وسر كذلك مع الكهو واترك شرفا فبة سيدي عبد الله بن محمد الحمليلي وغرب مع ثنية المشاميش وسر كذلك غير مشرف وغير مغرب الى ان تبلغ فبة سيدي عيسى الكاينة بمنتهى طرب مسيون والفبة وحرمها داخلان بي ايالة المملكة الشرفيه وسر مستفبلا من الفبة المذكورة الى ان تبلغ كدية الدبغ وهي تهام حد التل ومنها سر مستفبلا الى ان تبلغ الى خنيف الحدا ومنه الى ثنية الساسى المعلومة لايالة المملكتين والحدادة المذكورة من البحر الى الصحرا من تهامها ذكر لارض الملاصقة للحدود شرفا وذكر القبايل النازلة بها باول لارض والفبايل ارض بني منفوش التحائف وعطيه الذين هم لايالة مملكة المغرب ومنزلهم ارض ايالة مملكة المشرف وسبب نزولهم وفعة وفعت بينهم وبين اخوانهم الغرابة فانهزموا فالتجوا الى المنازل التى هى سكناهم لان ولا زالوا يتصرفون فى المنازل المذكورة بالكرا من مالك ايالة المملكة الشرفيه الى لان وحتى لان لاكن تكرم وتبرء النايب عن سلطان البرانصيص

الشرط الاول اتفق الوكيلان على ابقا الحدود بين ايالتي المغرب والجزاير كما كانت سابقا بين ملوك الترك وملوك الغرب السابقين بحيث لا يتعدى احد حدود الاخر ولا يحدث بنا في الحدود في المستقبل ولا تمييزا بالجبارة بل تبقى كما كانت قبل استيلا الفرانصيص على مملكة الجزاير

الشرط الثاني عين الوكيلان الحدود بالاماكن التي هي ممر الحدادة وتراضيا عليها بحيث انها صارت واضحة معلومة كالخط فما كان غربي الخط يعني الحد فلايالة مملكة المغرب وما كان شرقي الحد فلايالة مملكه الهشرق

الشرط الثالث ذكر مبدا الحدود والاماكن التي تمر عليها الحدادة ومبداها ملتقى وادي عجرود مع البحر واصعد مع الوادي الى ان تبلغ المشرع المسمى كيس وسر كذلك مع الوادي الى ان تبلغ راس العيون الكاينة بجبر الكديات الثلاثة المسمات مناصب كيس وهذه الكديات الثلاثة داخلة في الحد الشرقي وسرمن راس العيون مع الحمار الى ان تبلغ ذراع الدوم واهبط الى الوطا المسمى لاعوج وسر كذلك وحوشى سيدي عياد كالمقابل لك غير ان الحوشى بنفسه يبقى داخل الجهة الشرفيه بنحو الخمسماية ذراع وسر كذلك الى جرف البارود الكاين بوادي بو نعيم ومنه الى كركور سيدي

TRAITÉ DU 18 MARS 1845

(TEXTE ARABE)[1].

الحمد لله وحده   و لا يدوم إلا ملكه

هذا تفييد ما اتفق عليه نايب سلطان مراكش وفاس وسوس
لافصا و نايب سلطان الفرانصيص و ساير مملكة الجزاير
بمراد السلطانين هو تصحيح عقد المحبة السابقة وثبوتها ولذالك
ترى كل واحد منهما يطلب من الاخر الوفا بالشرط الخامس في مكتوب
الصلح المبرم ١٥ اشتنبر و١٨٤٤ عام من تاريخ المسيح ومصادفا لتاريخ
٢٥ من شعبان ١٢٦٠ سنة من الهجرة و عين كلا السلطانين نايبه على
تحديد الحدود بين الايالتين و تصحيحها نيابه تفويض بنايب
سلطان المغرب هو الفقيه السيد حميدة بن علي الشجعي عامل بعض
مملكة المغرب و نايب سلطان الفرانصيص هو الجنيرال اريسطيد
يزيدور كونت دلاروا صاحب نيشان لافتخار دولة الفرانصيص
ودولة صبانيه فبعد الملافاة بينهما و اتيان كلاهما برسم التفويض من
سلطانه اتفقا على ما فيه مصلحة الفريفين و جلب المحبة بين
الجانبين وهاهو مذكور اسفله

---

[1] Extrait du *Moniteur algérien* (journal officiel de la Colonie) du 15 septembre 1845.

PRINCIPAUX OUVRAGES CONSULTÉS

Salluste. — Jugurtha.

Strabon.

Pline.

Ptolémée.

Itinéraire d'Antonin.

Étienne de Byzance.

Anonyme de Ravenne.

Edrisi (Abou Abdallah Mohammed ben Mohammed el).— Description de l'Afrique et de l'Espagne, traduction Dozy et de Gœje.

El Bekri (Abou El Obeïd). — Description de l'Afrique septentrionale, traduction de Slane.

Ibn Khaldoun (Abou Zeïd Abderrahman). — Histoire des Berbères, traduction de Slane.

Abou el Qassem ben Ahmed ez Ziani (Ettordjeman). Le Maroc de 1631 à 1812, traduction Houdas.

Mohammed es Ser'ir ben el Hadj ben Abdallah el Oufrani (Nozhet el Hadi). — Histoire des souverains du XIe siècle, traduction Houdas.

Imam Abou Mohammed Salah ben Abd el Halim el R'arnati (Roudh el Kartas).— Histoire des souverains du Maghreb et Annales de la ville de Fez, traduction Beaumier.

Roland Fréjus. Relation d'un voyage fait en 1666 aux royaumes de Maroc et de Fez.

E. Renou. — Description de l'empire du Maroc.

Vivien de St-Martin. — Le Nord de l'Afrique dans l'antiquité.

Tissot. — Recherches sur la géographie de la Maurétanie Tingitane.

Tissot et Broca. — Sur les monuments mégalithiques et les populations blondes du Maroc.

Faidherbe. — Aperçus ethnographiques sur les Numides.

Müller. — Numismatique de l'ancienne Afrique.

O. Lenz. — Tombouctou.

J. D. Hooker. — Journal of a Tour in Morocco. London, 1878.

Abbé Léon Godard. — Description et histoire du Maroc.

Walsin Esterhazy. — De la domination turque dans l'ancienne régence d'Alger (1840).

Le même. — Notice historique sur le Makhzen d'Oran (1849).

De Foucauld. — Reconnaissance au Maroc.

A. Berbrugger. — Les frontières de l'Algérie. (Revue africaine, vol. IV, p. 401).

Lieutenant-Colonel Sir R. L. Playfair and D' R. Brown. — A Bibliography of Morocco.

E. Mercier. — Histoire de l'Afrique septentrionale.

A. du Mazet. — La frontière marocaine. (Revue de Géographie, t. IX (1881), p. 444).

Pellissier de Reynaud. — Annales algériennes.

Général de Martimprey. — Souvenirs d'un officier d'état-major.

Léon Roches. — Trente-deux ans à travers l'Islam.

H. Duveyrier. — La dernière partie inconnue du littoral de la Méditerranée. — Le Rif (1888).

Erckmann. — Le Maroc moderne.

Ali bey el Abassi (pseudonyme de Domingo Badia y Leblich). — Voyages en Afrique et en Asie pendant les années 1803-1807).

DOCUMENTS MANUSCRITS MIS A CONTRIBUTION.

Capitaine Colonieu, commandant supérieur du cercle de Sebdou. — Cols conduisant des Hauts Plateaux dans le Tell marocain. 29 septembre 1859.

OUVRAGES CONSULTÉS. 539

Colonel Chanzy, commandant par intérim la subdivision de Tlemcen. — Exposé des difficultés de frontière soulevées par l'application du sénatus-consulte chez les Beni Ouassin du cercle de Lalla Mar'nia. 29 juillet 1866.

Capitaine Bouisson, adjoint au Bureau arabe de Sebdou. — Rapport sur la situation de la frontière dans le cercle de Sebdou. 21 juillet 1866.

Capitaine Hoguenbill, chef du Bureau arabe de Nemours. — Rapport sur les revendications qui peuvent être faites à titre melk par les Algériens ou les Marocains le long de la frontière entre le Maroc et le cercle de Nemours. 18 juillet 1866.

Capitaine Boutan, chef du Bureau arabe de Lalla Mar'nia. — Rapport établi à la suite d'une convention passée avec les autorités marocaines. Janvier 1874.

Capitaine de Breuille, commandant supérieur du cercle de Lalla Mar'nia. — Notice sur les tribus marocaines du Rif et autres, depuis la Moulouïa jusqu'à Taza. Septembre 1880.

Le même. — Notice sommaire sur la confédération des Angad et sur quelques tribus nomades de l'oued Za. Septembre 1880.

Capitaine Journée, membre de la mission militaire française au Maroc. — Mémoire descriptif d'Oudjda et de ses environs. 1880.

Capitaine Graulle, chef du Bureau arabe de Tlemcen. — Notice historique sur les Beni Snassen. 30 juin 1884.

Le même. — Renseignements sommaires sur la région et les tribus marocaines voisines de notre frontière. 25 avril 1885.

Lieutenant de Beaufort, adjoint au Bureau arabe de Lalla Mar'nia. — Notice sommaire sur les tribus marocaines comprises entre la Moulouïa et la frontière algérienne. 8 juin 1893.

Capitaine Poindrelle, chef de l'Annexe d'El Aricha. — Renseignements sur les tribus de l'Ouest et du Sud-Ouest. 14 août 1893.

Capitaine Pansard, chef du Bureau arabe de Tlemcen. — Étude historique sur la frontière de l'Ouest. 1893.

Archives de la section des Affaires indigènes de l'État-Major de la division d'Oran.

Archives du Service des Affaires indigènes au Gouvernement général de l'Algérie.

Archives du deuxième Bureau au Ministère de la Guerre.

Documents inédits provenant des papiers laissés par Henri Duveyrier après sa mort, et qui furent remis par M. Henri Maunoir, son exécuteur testamentaire, à M. de La Martinière.

Documents inédits provenant des papiers de Tissot, et qui furent confiés par M. Salomon Reinach à M. de La Martinière.

Renseignements statistiques recueillis par le Capitaine Le Chatelier.

Rapports sur ses missions au Maroc, par M. de La Martinière.

TABLE DES MATIÈRES

	PAGES
Avertissement	VII
Observations et abréviations	XV

CHAPITRE PREMIER

ÉTUDE HISTORIQUE ET DESCRIPTIVE DE LA FRONTIÈRE ENTRE L'ALGÉRIE ET LE MAROC.

La frontière aux premiers temps de l'histoire.	1
Après la conquête arabe.	4
Depuis l'occupation turque jusqu'en 1795.	16
De 1795 à 1830.	17
Première apparition des Français dans l'ouest de l'Algérie ; occupation de Tlemcen (1836).	19
Deuxième occupation de Tlemcen (1842).	22
Campagne du Maroc (1844). Traité de Lalla Mar'nia (18 mars 1845).	24
Le général Pélissier demande la révision de la délimitation (12 juin 1849).	31
Nouveaux projets de révision (1853).	38
Campagne de 1859 chez les Beni Snassen.	41
Etude de la situation de la frontière provoquée par l'application du sénatus-consulte de 1863, dans la tribu des Beni Ouassin (1866).	43
1° Enquête du colonel Chanzy dans le cercle de Lalla Mar'nia.	44
2° Enquête dans le cercle de Sebdou.	51
3° Enquête dans le cercle de Nemours.	54

542   TABLE DES MATIÈRES.

	PAGES
Résultats de l'enquête de 1866.	56
Difficultés constantes créées par le paiement de l'impôt dû par les Marocains cultivant en Algérie.	57
Reconnaissance de la frontière exécutée, pour remédier à la situation précédente, par le capitaine Boutan de concert avec les autorités marocaines. — Adoption d'un « modus vivendi ».	57
Incidents récents.	65
Comparaison entre la carte annexée au traité de 1845 et les documents cartographiques actuels.	69
Aperçu topographique de la région frontière ; situation de nos postes militaires	71
Incertitude des points de délimitation désignés dans le traité.	75
Facilité d'accès et insécurité de la frontière adoptée.	77
Organisation de la police de la frontière.	82
Insuffisance de la frontière au point de vue de la perception des droits de douane. — Situation commerciale ; marché d'El Heïmer.	85
Le commerce de la poudre sur la frontière.	96
Impuissance des fonctionnaires marocains.	97
Notre attitude actuelle vis-à-vis des tribus marocaines.	98
Relevé des tentes d'origine algérienne réfugiées dans les tribus du Nord-Est marocain.	100
Cartographie	105

CHAPITRE DEUXIÈME

DESCRIPTION DE LA RÉGION MAROCAINE IMMÉDIATEMENT LIMITROPHE DE NOTRE FRONTIÈRE. — ROUTES. — LIEUX HABITÉS. — ORDRES RELIGIEUX.

Description de la région.	109
Orographie	112
Hydrographie.	113

TABLE DES MATIÈRES. 543

	PAGES
Routes	117
Lieux habités. — Ksour	121
1° Ksour du Djebel Debdou	122
2° Ksour de l'Oued Za	126
3° Kasba El Aïoun Sidi Mellouk	130
4° Oudjda	131
Ordres religieux. — Zaouïa. — Marabouts	135

CHAPITRE TROISIÈME

ÉTUDE DES TRIBUS PLACÉES ENTRE LA FRONTIÈRE ET LA MOULOUÏA.

Description succincte de la région, énumération des tribus qui l'habitent	138
Résumé historique des faits survenus dans l'amalat d'Oudjda, de 1830 à nos jours	140
Personnalités influentes de la région	156
Étude des tribus qui habitent la région :	
Houara	158
Hallaf	160
Beni Oukil	162
Beni bou Zeggou	165
Oulad Amer	167
Oulad Bakhti	167
Oulad El Mihdi	168
Beni Our'ar	168
Beni Chebel	168
Beni Koulal	169
Kerarma	171
Beni Iala	171
Zekkara	175
Beni Mathar	178

TABLE DES MATIÈRES.

	PAGES
Mehaïa	**179**
Sedjaa	184
Angad	186
Attia	189
Zaouia Oulad Sidi Moussa el Berrichi	193
Beni bou Hamdoun	193
Beni Hamlil	194
Beni Snassen	196
Oulad Mansour	214
Administration de l'amalat; armement des tribus	217
Renseignements statistiques sur l'amalat d'Oudjda	220

CHAPITRE QUATRIÈME

DESCRIPTION DE LA RÉGION A L'OUEST DE LA MOULOUÏA. — ÉTUDE DES TRIBUS QUI L'HABITENT.

Orographie	221
Hydrographie	225
Populations	232
Houara, Hallaf, Beni Oukil, Sedjâa	233
Oulad bou Ajouj, Oulad Settout, Beni bou Iahi, Metalsa	234
Kebdana	235
Guelaïa :	239
1° Mezoudja	247
2° Beni Chiker	248
3° Beni bou Gafer	249
4° Ahl el Gada (Beni Sedal)	250
5° Beni bou Ifrour	251

TABLE DES MATIÈRES.

CHAPITRE CINQUIÈME

APERÇU HISTORIQUE SUR LE RIF, ET SUR LES POPULATIONS PRIMITIVES DE CETTE PARTIE DU NORD DE L'AFRIQUE.

	PAGES
Temps primitifs	255
Époque romaine	258
Le christianisme, le mosaïsme et l'islamisme dans le Rif	260
Les Idrissides. — Lutte constante des populations du Rif contre les souverains marocains jusqu'aux Cherifs saadiens.	264
Le Rif sous les Cherifs saadiens et filali	269
Le Rif pendant notre lutte contre l'émir Abdelkader	277
Résumé des événements de 1850 à nos jours	279
État politique du Rif à l'époque actuelle ; situation des présides espagnoles ; incidents de Melila	282
Convention entre l'Espagne et le Maroc du 5 mars 1894	292
Projets d'établissement d'une nation européenne sur la côte du Rif	299

CHAPITRE SIXIÈME

DESCRIPTION GÉNÉRALE DU RIF.

État actuel de nos connaissances géographiques sus le Rif	305
Tentatives européennes pour pénétrer dans le Rif : de Chavagnac, de Foucauld, Duveyrier	309
Manière de voyager au Maroc	312
Connaissances géographiques des anciens sur le Rif	314
Essai d'orographie du Rif	317
Renseignements que nous possédons sur l'hydrographie du Rif	319
La végétation dans le Rif	324
La faune du Rif	325

	PAGES
Les richesses minérales	326
Les populations du Rif d'après les auteurs anciens	326
Les limites du Rif à travers l'histoire.	328

CHAPITRE SEPTIÈME

GÉOGRAPHIE POLITIQUE DU RIF.

Esquisse de division administrative. Groupement général des populations.	330
Beni Saïd	333
Beni Oulichek	334
Beni Tam Saman.	335
Beni Ouriar'al (Beni Aour'ir'el)	337
Guezennaïa	338
Beni bou Iahïin	338
Beni Touzin	339
Sanhadja	339
Beni Mezdoui	342
Beni Ammart.	342
Beni bou Ferah (Beni Ouferah)	342
Mettioua el Bahr.	343
Bokouïa.	343
Mesettasa (Mestassa).	345
Mediouna	345
Beni Iteft	345
Tsarguist	346
Beni Seddet	346
Tar'zout	346
Ketama.	347
R'omara	347
Beni Saïd	351

TABLE DES MATIÈRES.

	PAGES
Beni Madaan	352
Chechaouen	353
Relations des Rifains avec l'Algérie; influence relative de notre civilisation sur ces populations.	354
Etat actuel de nos connaissances sur les positions relatives des tribus du Rif.	356
Deux anciennes villes du Rif: Tezzota, Nokour.	358

CHAPITRE HUITIÈME

INFLUENCES RELIGIEUSES ET POLITIQUES DU NORD-EST DU MAROC.

Zaouïa de Moula Idris Ser'ir à Fez. — Cherifs Idrissides ou Drissiin.	361
Oulad Abd es Selam ben Mechich. — Cherifs Beni Arouss, Akhmas, Soumata et Cherifs de Chechaouen.	368
Cherifs de Ouazzan et Zaouïa de Moulai Taïeb à Ouazzan.	372
Influences religieuses diverses. — Derkaoua et Moulai Bou Cheta.	386
Derkaoua et Zaouïa de Bou Berih.	386
Zaouïa de Moulai Bou Cheta.	387
Zaouïa des Oulad Abdesselam.	387
Zaouïa des Oulad El Hadj Abdelkader, de l'ordre de Sidi Abdelkader el Djilani.	388
Zaouïa de Sidi El Hadj Mohammed bou Abder Rahman ben Abou Zian	388
Zaouïa du Cheikh Mohammed el Hâbri, de Drioua.	389

CHAPITRE NEUVIÈME

DESCRIPTION SUCCINCTE DES PRÉSIDES ESPAGNOLS DE LA CÔTE DU RIF.

Iles Zafarines.	392
Melila	396

Alhucemas 402
Peñon de Velez de la Gomera 404

CHAPITRE DIXIÈME

DJEBALA.

Les Djebala, le pays qu'ils occupent. 407
Enumération des tribus de l'Haous (au N. de Tétouan) et du
    Djebel Alem 409
Enumération du bassin du Sebou. 410
Andjera. 411
Haous 413
Tétouan 414
Beni Oued Ras 415
Beni Messaouar 416
Beni Aouzmer. 417
Beni Ider 418
Djebel Habib. 419
Beni Leit 420
Beni Gorfit. 421
Beni Issef (Beni Ioussef). 422
Ahl Serif 423
Beni Hasan 426
Akhmas (**Khamès**) 427
Beni Arous. 430
Soumata 430
Beni Ahmed 432
Populations du Djebel Sarsar ou Ahl Sarsar. 433
Masmouda. 434
Er Rehouna 436
Beni Mestara ou Beni Messara. 437
Beni Mesguilda 441

TABLE DES MATIÈRES.

	PAGES
Fichtala	443
Setta	443
Beni Zekkat	444
R'zaoua	445
Beni Zeroual	448
El Djaïa	451
Beni Ouriar'al	452
Seles	452
Mezziate	453
Mettioua	454
Fennassa	455
Beni Ouandjen	455
Beni Bou S'lama	456
Beni Oulid	456
Mar'nissa	457
R'rioua	457
Haïaïna	458
Tesoul	461
Branes	462

CHAPITRE ONZIÈME

RÉSUMÉ D'ITINÉRAIRES DU MAROC VERS LA FRONTIÈRE.

Résumé d'itinéraire de Fez à Oudjda et description succincte de la contrée parcourue par M. de La Martinière, juillet 1891.	465
Itinéraire de Debdou à Lalla Mar'nia, d'après de Foucauld	505
Itinéraire de la route suivie, de Tanger à Nedroma, par le Mokaddem Mahmoud des cherifs de Ouazzan et par Si Sliman ben abd el Kerim (Octobre 1893).	510

Traité de Tanger.

Convention conclue à Tanger le 10 Septembre 1844, pour régler les différends survenus entre la France et le Maroc . . 517

Traité du 18 Mars 1845 ou de Lalla Mar'nia.

Traité conclu entre les plénipotentiaires de l'Empereur des Français et des possessions de l'Empire d'Algérie, et de l'Empereur de Maroc, de Suz, de Fez et des possessions de l'Empire d'Occident 522

Texte arabe du traité du 18 Mars 1845 ou de Lalla Mar'nia . 535

Principaux ouvrages consultés. 537

TABLE DES PLANCHES ([1])

	PAGES
PLANCHE I. — Reproduction d'une partie d'une carte, gravée en 1840, sur laquelle a été indiquée, en 1843, la frontière présumée à cette époque	23
PLANCHE II. — Reproduction d'un croquis dressé en 1849 et indiquant le territoire que le traité de 1845 a enlevé aux Beni bou Saïd.	32
PLANCHE III. — Reproduction d'un croquis dressé en 1866, à la suite de l'enquête faite par le colonel Chanzy dans le cercle de Lalla Mar'nia	44
PLANCHE IV. — Reproduction d'un croquis dressé en 1866, à la suite de l'enquête prescrite par le colonel Chanzy dans le cercle de Sebdou	51
PLANCHE V. — Reproduction d'un croquis dressé en 1866, à la suite de l'enquête prescrite par le colonel Chanzy dans le cercle de Nemours.	54
PLANCHE VI. — Reproduction d'un croquis dressé en 1874, indiquant les zones neutres adoptées à cette époque . . .	58
PLANCHE VII. — Réduction de la carte jointe au traité de 1845	68

(1) Ces planches ont été reproduites sous la direction de M. Accardo, géomètre principal du Service topographique de l'Algérie, chef du Service des cartes et plans du Gouvernement général de l'Algérie.

TABLE DES PLANCHES.

PAGES.

PLANCHE VIII. — Réduction de la dernière carte de la frontière publiée (1893) par le Service Géographique de l'Armée 68

PLANCHE IX. — Croquis d'une partie de la frontière entre Dra ed Doum et Haouch Sidi Aïed montrant les prétentions successives émises par les Marocains depuis 1874 . . . 77

PLANCHE X. — Environs d'Oudjda. 132

PLANCHE XI. — Plan d'Oudjda . . . 134

Vue du marché d'El Heïmer 93

Achevé d'imprimer le 30 septembre 1894,

par la Maison L. DANEL, de Lille.

www.ingramcontent.com/pod-product-compliance
Lightning Source LLC
Chambersburg PA
CBHW060506230426
43665CB00013B/1409